SAS Data Analytic Development

Dimensions of Software Quality

SAS 数据分析开发之道

软件质量的维度

[美]特洛伊·马丁·休斯（TROY MARTIN HUGHES） 著

谢金秀 宫鑫 陈志明 译

人民邮电出版社

北京

图书在版编目（CIP）数据

SAS数据分析开发之道 ：软件质量的维度 / （美）特洛伊·马丁·休斯（TROY MARTIN HUGHES）著 ；谢金秀，宫鑫，陈志明译. -- 北京 ：人民邮电出版社，2020.5
ISBN 978-7-115-53477-4

Ⅰ. ①S… Ⅱ. ①特… ②谢… ③宫… ④陈… Ⅲ. ①统计分析—应用软件 Ⅳ. ①C819

中国版本图书馆CIP数据核字(2020)第037524号

版权声明

内容提要

本书介绍了国际标准组织软件产品质量模型，通过几百个 Base SAS 软件案例以及 4 000 多行代码，展示了代表软件质量维度的 15 个性能要求，包括可靠性、可恢复性、稳健性、运行效率（速度）、效率、可扩展性、可移植性、安全性、自动化、可维护性、模块化、可读性、可测试性、稳定性以及复用性。

本书适合 SAS 软件开发人员、使用人员以及管理人员阅读。

◆ 著　[美] 特洛伊·马丁·休斯（TROY MARTIN HUGHES）
译　谢金秀　宫　鑫　陈志明
责任编辑　李　强
责任印制　彭志环
◆ 人民邮电出版社出版发行　北京市丰台区成寿寺路 11 号
邮编　100164　电子邮件　315@ptpress.com.cn
网址　https://www.ptpress.com.cn
固安县铭成印刷有限公司印刷
◆ 开本：787×1092　1/16
印张：34.75　2020 年 5 月第 1 版
字数：633 千字　2020 年 5 月河北第 1 次印刷
著作权合同登记号　图字：01-2016-8284 号

定价：199.00 元

读者服务热线：(010)81055493　印装质量热线：(010)81055316
反盗版热线：(010)81055315
广告经营许可证：京东工商广登字 20170147 号

关于作者

特洛伊·马丁·休斯（TROY MARTIN HUGHES）在 SAS 公司从业已经超过 15 年，主要负责一些支持联邦政府、州政府以及地方政府立法程序的 SAS 项目。他是一位 SAS 注册高级程序员、SAS 注册数据库程序员、SAS 注册临床试验程序员及 SAS 专业 V8 程序员。他获得了信息系统管理的工商管理硕士学位，同时还获得很多证书，包括 PMP、PMI-ACP、PMI-PBA、PMI-RMP、CISSP、CSSLP、CSM、CSD、CSPO、CSP 以及 ITIL v3 Foundation。他经常受邀出席 SAS 用户会议，包括 SAS 全球论坛、WUSS、MWSUG、SCSUG、SESUG 和 PharmaSUG。TROY 是一位美国海军老兵，还是一位志愿消防员和急诊医师。

感谢生命中给我许多帮助的人，也感谢他们在本书写作过程中直接或间接给予我的鼓励，使我顺利完成本书。

为了顺利完成本书，我曾在4个月内驾车去了24个州，感谢在这段时间内被我忽视的家人及朋友，感谢他们对我的爱、耐心、理解及指导。

感谢我的老师，是他们让我爱上了写作，感谢他们多年来对我的指导和鼓励：Sister Mary Katherine Gallagher、Estelle McCarthy、Lorinne McKnight、Dolores Cummings、Millie Bizzini、Patty Ely、Jo Berry、Liana Hachiya、Audrey Musson、Dana Trevethan、Cheri Rowton、Annette Simmons和Robyn Bell博士。

感谢我的良师益友，他们的话一直激励着我，感谢他们给予我的指导：Cathy Schuman博士、Barton Palmer博士、Kiko Gladsjo博士、Mina Chang博士、Dean Kauffman、Rich Nagy、Jim Martin和Jeff Stillman。

感谢SAS方面的专家，感谢他们与我们分享自己的成功的经验与失败的教训：Gerhard Svolba博士、Art Carpenter、Kirk Paul Lafler、Susan Slaughter、Lora Delwiche、Peter Eberhardt、Ron Cody、Charlie Shipp和Thomas Billings。

感谢SAS公司，感谢它推出SAS University Edition软件，同时感谢它提供的其他免费软件，如果没有这些软件，我将不能顺利完成本书。

最后，感谢John Wiley & Sons公司对本书写作的支持和耐心等待。

前言

Preface

SAS 从业人员同时也是软件开发人员！

SAS 将关注的重点放在数据质量上，而不再将软件质量看作是工作的重心。无论是在图书、白皮书、技术文档还是公司发布的职位描述中，SAS 所提到的质量大都是指数据或数据产品的质量。

对数据质量的关注以及对传统软件开发工作重点的转移并不是没有道理的，数据分析的发展就是软件的发展，但最终的商业价值并不是来自软件产品本身，而是来自附属的数据产品。为了追求数据质量，数据分析开发环境将会重点向软件功能性需求方面倾斜，而不是只满足软件的性能需求。当 SAS 文献描述性能最佳操作时，它通常只提到如何使 SAS 软件更加迅速有效，而不会提到软件质量的其他方面。

但是，软件的可靠性、可扩展性、安全性、可维护性或模块化，又或是其他软件质量特征该如何去评估呢？对于所有的 SAS 从业人员来讲，包括开发人员、生物统计人员、计量经济学家、研究人员、学生、项目经理、市场分析人员、数据科学家以及其他相关人员等，本书向他们展示了一个软件质量模型。该质量模型是由国际标准化组织（ISO）发布的，旨在促进软件质量的评估和发展。

非技术性的利益相关者，包括项目经理、职能经理、客户、赞助商以及企业分析人员将学习如何识别质量纳入的价值以及质量排除所面临的风险。从对质量更加全面了解的角度来讲，SAS 软件质量归根结底相当于 SAS 数据质量。

为什么不断地追求 SAS 软件质量？因为 SAS 从业人员无论背负着什么样的头衔，他们归根结底都是软件开发人员，应该从行业标准及最佳操作中获利。软件质量能够而且也应该在任何环境中获得较大的发展。

目标

本书的第一个目标是在 ISO 软件产品质量模型框架中描述并展示 SAS 软件的发展。该模型界定了《系统和软件质量要求与评估（SQuaRE）》系列（ISO/IEC 25000:2014）软件质量的特征。通过本书中所介绍的 15 个相互联系的软件质量维度，读者将能够理解、评估软件质量，而且更重要的是，能够重视软件质量。

第二个目标是说明软件开发生命周期（SDLC，Software Development Life Cycle）在提升软件质量方面的重要性以及作用。因此，质量维度是以持久性原则的形式呈现的，它们能影响软件的规划、设计、开发、测试、校验、接收、部署、操作以及维护。SDLC 是在一个基于需求的框架中展示的，在基于需求的框架中，终端企业需求会带动大量的科技需求，科技需求进而推动软件质量的纳入和排除。需求首先为软件设计提供基础，但最终也是评估软件质量的参考标准。

第三个目标是在风险管理框架中展示 SAS 软件开发。风险管理框架能识别劣质软件对商业价值构成的威胁。在 SAS 领域，劣质数据被看作是对商业价值的一个威胁，而劣质编码同样能造成项目的失败。本书并不主张将软件质量的每一个维度融合到所有软件中，我们的目标是实现结构的形式化，通过这一形式化的结构来识别威胁和漏洞以及它们对软件的威胁。因此，当我们理解了性能需求纳入的优势及其排除的危险后，才能正确实施性能需求。

读者

本书的目标读者是专业的 SAS 从业人员，他们借助 SAS 应用程序使用 Base SAS 语言编写软件，建议但不强制要求读者熟练掌握 Base SAS，包括 SAS 宏语言。

其他能够从本书中获益的利益相关者包括赞助商、客户、经理、敏捷软件开发团队成员、软件测试人员以及任何想理解或提高软件性能的人员。从总体来讲，非技术性的利益相关者对 SAS 语言或软件开发的理解有限，但也会产生一些能够推动软件项目发展的需求。这些利益相关人员能够从软件特征的引入中获益，而软件特征应该被用于界定软件需求、评估软件性能。

内容的应用

ISO 软件产品质量模型与行业、团队规模、组织结构（如职能化组织、项目化组织、矩阵组织）、开发方法［如 Agile（敏捷）、Scrum、Lean、Extreme Programming（极限编程）、Waterfall］以及开发人员角色（如开发人员、终端用户开发人员）无关。使用 SAS 客户机工作的研究人员从本书中学习到的内容和一般开发人员获得的见解一样多，这些开发人员可能工作于高度结构化的环境，该环境中的开发、测试和生产服务器都是独立的。

尽管本书展示的大部分 Base SAS 代码可在 SAS 界面和计算机运行环境之间移植，但一些输入 / 输出（I/O）和其他系统函数、选项及参数都是操作系统（OS）或界面专用的。本书所使用的编码范例均已通过 SAS Windows 显示管理器、SAS Windows 企业向导及 SAS University Edition 测试。这些应用程序之间的功能性差异会在本书中体现出来，并且会在第 10 章“可移植性”中讲述。

尽管本书包括几百个 SAS 代码范例，展示了质量特征的有效执行及评估，但本书不同于其他 SAS 文献，因为它并非能够代表 SAS 软件最佳实践的汇编，它呈现的是 SAS 代码在支持 SDLC 中软件产品质量模型方面的应用。因此，代码范例显示的是软件性能，而不是软件的功能性。

结构

大部分软件图书的组织架构都是围绕着功能性展开——自上而下的行文方式，首先介绍一个功能性目标，然后罗列各种能实现该目标的方法；第二种是自下而上的方式，主要介绍某个具体的 SAS 函数、程序及指令的用途和说明。由于本书采用的是 ISO 软件产品质量模型，而且重点是介绍性能而不是功能性，所以它没有沿用 SAS 文献传统的以功能性为中心的结构。相反，全书都是围绕一个动态或静态的性能特征——软件质量的单一维度。每章列举的编码都是比较多的，每实现一个质量目标，我们都会举一个例子，而且还会介绍相关的质量特征以便后期参考和阅读。

本书共包含 3 个部分，18 章内容。

第一部分——概览。本部分包含 3 章，介绍了质量的概念、ISO 软件产品质量模型、SDLC、风险管理、Agile 和 Waterfall 开发方法、异常处理以及其他比较关键的信息和概念。即便是那些迫不及待想了解后续内容的读者，也应该浏览本部分内容，简单了解一下数据分析开发环境中软件质量的来龙去脉。

第二部分——动态性能。本部分共包含 9 章，介绍了动态性能要求——演示、评估，并通过软件执行验证过的软件质量属性。例如，通过运行编码及评估运行时间和系统资源（如 CPU 和内存使用）演示软件的效率，包括"可靠性""可恢复性""稳健性""运行效率""效率""可扩展性""可移植性""安全性""自动化"9 章。

第三部分——静态性能。本部分共包含 6 章，介绍了静态性能要求——通过编码检验而不是运行来评估的软件质量属性。例如，打开并检验编码之后，我们才能确定软件的模块化程度，可以通过人工审校和自动化测试软件来检验，包括"可维护性""模块化""可读性""可测试性""稳定性""复用性"6 章。

图书结构的标准化便于实现 SAS 编码的可读性，规定图书的格式并不是为了展示最佳操作，而是为了实现标准化。所有使用的代码范例都用小写的字母，但本书中引用的代码还是遵循以下惯例。

■ SAS 库用的是大写字母，如 WORK 库或者 PERM 库内的 PERM. Burrito 数据集。

■ 出现在句子中的 SAS 数据集，如 Chimichanga 数据集或 WORK.Tacos_are_forever 数据集。

■ SAS 保留字——包括计算机程序指令、函数及程序名称都是大写的，如 UPCASE 函数或 MEANS 程序。

■ DATA 步骤也是使用大写字母，例如，若 SQL 程序被执行，则可删除 DATA 步骤。

■ DATA 步骤或 SAS 程序内使用的变量都用大写字母，如 CHARI 变量丢失。

■ SAS 用户自定义的格式使用大写字母，如 MONTHS 格式。

■ SAS 宏指令使用大写字母，且指令前面带有 %，如 %LOCKITDOWN 宏指令防止文件访问冲突。

■ SAS 宏指令变量使用大写字母，如 &DSN 宏指令变量通常指代数据集名称。

■ 传送到宏指令的 SAS 参数使用大写字母，如 %GOBIG 宏指令调用的 DSN 参数。

目录

第一部分　概览

第1章　引言

第2章　质量

第3章　通信交流

第二部分　动态性能

第 4 章　可靠性

第 5 章　可恢复性

第 6 章　稳健性

第 7 章 运行效率

第 8 章 效率

第 9 章 可扩展性

第 10 章 可移植性

第 11 章 安全性

第 12 章 自动化

第三部分 静态性能

第 13 章 可维护性

第 14 章　模块化

第 15 章　可读性

第 16 章　可测试性

第 17 章　稳定性

第 18 章　复用性

第一部分　概览

01 Chapter

第1章 引言

数据分析开发

在软件开发过程中，最终的商业价值并非来自于软件产品，而是源于附属的数据产品，包括数据集、数据库、分析、报告及数据驱动的决策。

在数据分析开发中，软件的创建和使用便意味着一种结束，但软件本身并不是最终的产品。相反，软件被设计用于实现数据提取、筛选、转化、分析、呈现及其他围绕数据等过程的自动化。通过产生的结果，后续的数据产品为利益相关者带去他们所需要的信息和知识。因此，软件产品本身可能并没有什么商业价值，但它是价值产生的关键——生成宝贵的数据产品。作为数据分析开发的语言，Base SAS 用于开发 SAS 软件产品（SAS 从业人员创建的程序），这些软件产品会在 SAS 应用程序（SAS 编辑器）中编辑和运行，用于各种各样从 SAS 公司购买或由其提供的 SAS 界面中（如 SAS Display Manager、SAS Enterprise Guide、SAS University Edition）。

数据分析软件通常会在一个称为终端用户开发环境中产生，在该环境中，软件开发人员同时也是软件的终端用户。在终端用户开发环境中，软件永远不会被转让或卖给第三方，而是由开发人员或开发团队来使用和维护。例如，一名金融欺诈分析专员可能需要生成一份周报表，详细地罗列出可疑的信用卡交易来验证和调整欺诈检测算法。他需要开发出一套可重复的 SAS 程序，以生成能够满足客户需要的结果。但是，该分析专员是一个终端用户开发人员，因为他负责编写软件，同时也负责参照数据输出生成一份周报表。需要注意的是，该例子代表的是终端用户开发环境中的数据分析开发。

传统的、以用户为中心的软件应用程序开发与数据分析开发形成强烈的对比，因为其终端商业价值是通过软件自身的生产和递送产生的。例如，当 Microsoft 公司开发人员创建出如 Microsoft Word 或 Excel 等产品时，这些软件产品一旦运行就会带来商业价值，因为产品是由第三方用户使用和购买的。SDLC 在购买之后将继续延续，但只是存在于 Microsoft 的维护活动中，如开发和发布软件修补程序。下面我们会将数据分析开发环境与终端用户开发环境和传统开发环境进行对比和分析。

区分数据分析开发

我们为什么要区分数据分析开发环境呢？因为它们不仅影响软件的质量和性能，还能帮助我们更好地理解每种开发环境的优缺点。

讲得更清楚的一点是，数据分析开发环境、终端用户开发环境以及传统开发环境之间并不是相互孤立的，图 1-1 所示为 3 种开发环境之间的相互关系，数据分析开发的大部分内容都离不开终端用户开发环境。

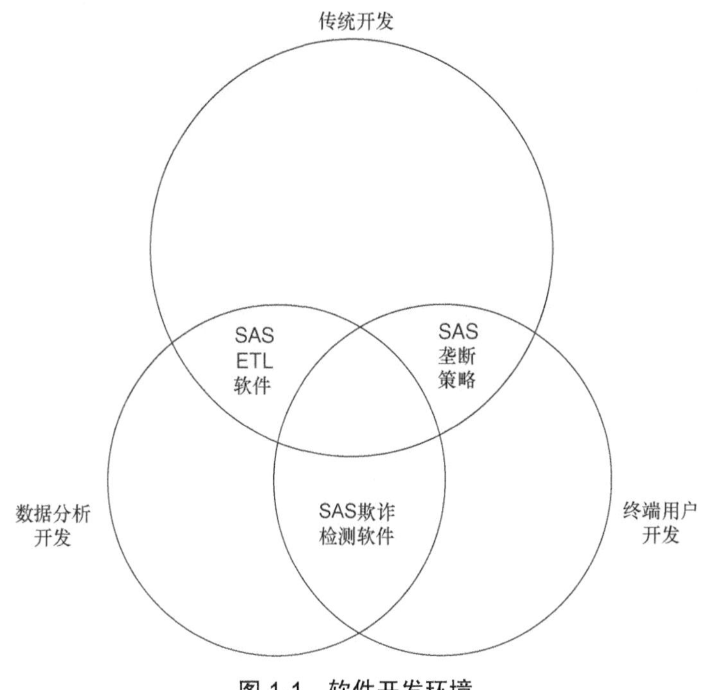

图 1-1 软件开发环境

基于许多原因，数据分析 - 终端用户开发环境融合模式是数据分析开发中最常见的模式，主要是数据分析软件的创建并不是为了获得软件，而是需要解决一些问题，生成某些结果或制定一些决策。例如，金融专员需要撰写一份欺诈类别及欺诈检测精度的报告，然后会创建 SAS 软件实现报告撰写的自动化和标准化。创建数据分析软件的 SAS 从业人员通常需要对手头处理、分析或使用的数据有非常深入的了解，这样才能确保自己创建出有效的数据产品，做出正确的决定。因此，SAS 从业人员首先应该是一位金融专员，但是主要的责任是软件开发、测试、运行及维护。

Base SAS 软件在技术层面的缺陷也促使数据分析开发环境依赖于终端用户开发环

境。由于 Base SAS 软件需要在执行时进行编辑，因此，该软件的代码在开发测试和生产阶段都是没有加密过的文件，这样做的弊端是无法实现标准化和软件加密所需的确定性，而加密则是软件开发过程中所必需的。出于这一原因，针对第三方用户数据库研发和销售 SAS 软件的公司根本就没有销售市场，因为软件的深层代码能够被他人自由检测、复制和转发。而且，没有加密，Base SAS 代码的可获得性使 SAS 从业人员能轻而易举地探索和干预代码，降低了软件的安全性和整合性。

数据分析 – 传统开发环境融合模式在 SAS 软件中不像上述模式那么常见，但描述了数据分析软件，让人们知道该软件确实能够带来最终的商业价值，而并非是一个最终的产品。该模式在开发环境中也是比较常见的，在该模式下，除了分析团队或软件操作团队之外，还有独立的研发团队，例如，SAS 开发人员的一个团队可能会编写提取 – 转化 – 加载（ETL）软件或分析软件，之后该软件会交给一个独立的分析专业团队或其他专业团队，这些人员会使用该软件及其相关的数据产品。开发团队可能会负责该软件的操作及维护（O&M），包括软件使用培训、维护及计算软件的使用期限，但除此之外，开发团队不会使用自己开发的软件，也不会与软件进行互动。

数据分析 – 传统开发环境确实存在，它们创建的软件通常只供团队内部使用。开发团队与其支持的团队之间有时会有服务等级协议（SLA，Service Level Agreement），但开发出的 SAS 软件通常不会进行销售。由于 SAS 代码是没有加密过的文件，可随意进行检测，因此，SAS 开发团队几乎不会将软件销售出去。所以，SAS 专业人员通常会在这个小环境中运作，为企业提供有针对性的软件开发支持。

终端用户 – 传统开发环境融合模式中的软件是由 SAS 从业人员开发的，也是供这些人员使用的，但这些软件并不是以数据为中心的。此类 SAS 软件不会处理或分析各种各样的数据，它是一个由用户输入信息驱动的、独立的应用程序。例如，如果某个 SAS 从业人员花费了几周的时间在 Base SAS 编辑和创建 Parker Brother 梦幻棋盘游戏 Monopoly，那么软件本身就是最终的产品。当然，一个分析专员是否能够保住自己的工作，取决于他的管理层是否能够认识到他所带来的价值。

由于数据分析开发可能会在终端用户开发环境中进行，因此，本书只讨论传统开发环境和其他开发环境的优缺点，而不详细讲述传统开发环境。我们将在下一部分讲述终端用户开发环境的优缺点。

终端用户开发

许多终端用户开发人员可能都不会把自己看作是软件开发人员，我在美国退伍军人管理局精神科工作时第一次接触到SAS，我的老师都是心理学家、精神病理学家、统计学家及其他研究人员。我们接诊病人，记录并输入数据，编写和维护我们自己的软件，分析临床试验数据，就各种精神病主题展开调查并发表论文。尽管我们中一半以上的人都进行过多种形式的数据分析，但我们中并没有一位真正意义上的“程序员”。然而，由于我们首先是医生，其次才是研究人员，因此，对许多人来说，把自己看作是软件开发人员的想法听起来非常奇怪。

实际上，这种身份认同危机正是我用“SAS从业人员”来代替专业人员称呼的原因，专业人员使用Base SAS语言开发软件，而我们这些人中大部分都认为自己只是“客串”软件开发人员（尽管我们可能会创建许多SAS软件）。本书代表着我们向前迈出了一步，逐渐接受自己作为软件开发人员的角色——无论大小。

终端用户开发人员最大的优点是帮助行业专家设计软件——行业专家了解最终的项目意图及数据。精神病医生不需要媒介来辅助传达技术性概念，因为他们自己就能创建软件。同时，商业分析专员也不需要向开发人员传达终端商业需求及软件意图，因为开发人员就是精神病医生——是行业内的专家。由于终端用户开发人员同时具备行业知识及技术能力，因此，无须商业分析员或其他经纪人，他们就能够迅速实施技术性解决方案满足企业需求。

相比之下，传统的软件开发环境通常有一个“行业知识划分”，在这一部分，我们必须要向软件开发人员说明高级项目意图及需求（开发人员缺乏行业专业知识），同时又必须要向客户解释软件的技术信息（客户缺乏计算机科学或软件开发方面的技术性专业知识）。随着时间的推移，利益相关人员就需要扩展自己的工作角色，扩充自己的知识，但如果操作不当，行业知识划分可能会导致交流障碍、软件意图或需求的错误解读，造成软件功能较少或质量较低。在这些环境中，商业分析人员和其他经纪人具有非常重要的作用，他们能够确保行业知识、项目需求及目标和技术需求之间的顺畅交流。

传统的软件开发环境在某些方面的表现确实要优于终端用户环境。由于传统环境中的开发人员本身就是软件开发人员，因此，他们更有可能会接受软件设计、计算机技术、系统管理或其他技术领域方面的教育和培训。但终端用户开发人员（如临床医生或精神病理学家）可能缺乏相关的计算机专业知识来继续后续的工作，因此，他们可能想获得机会去学习软件开发的相关知识。例如，我在美国退伍军人管理局精神科工作时，接受的培训都是与病人护理、精神病学、隐私规则或其他一些医学重点学科相关的知识。我们阅读并撰写与精神病话题相关的刊物——但从来不会涉及软件开发的相关知识。

由于需要掌握较多的行业专业知识，并参加相关的教育和培训，因此，终端用户开发人员不大可能去使用软件开发领域已建立的最佳实践（而且在某些情况下，可能完全不了解最佳实践），如对软件开发生命周期（SDLC）的依赖、敏捷（Agile）开发方法及性能要求——如国际标准化组织（ISO）软件产品质量模型中提到的那些性能要求。因此，与传统软件开发人员相比，在软件开发最佳实践及软件开发环境中所提及的最佳实践方面，终端用户开发人员处于相对劣势。

为了克服终端用户开发环境内在的弱点，在该环境中操作的 SAS 从业人员应该参加软件开发的学习与培训，完成自己的软件开发任务。回首自己在退伍军人管理局精神科工作并创建出一些质量还算不错的软件时，如果我当时读过一些精神疾病诊断与统计手册（DSM）的案例研究，并多读一些 SAS 白皮书和计算机科学方面的图书，那么我的技能（以及软件技能）会有很大提升。

软件开发生命周期

SDLC 描述的是软件从雏形到终结的各个阶段。从更广泛的意义上来讲，SDLC 也被称作系统开发生命周期，两个名词的缩写是一样的。行业内有许多对 SDLC 的解读，图 1-2 所示是一种比较常见的模式。

在许多数据分析和终端用户开发环境中，SDLC 都是不到位的，而且软件都是使用一种自由散漫的方法创建的，这种散漫的方法有时被称为“牛仔式编码”。尽管这不是什么缺点，而且也不考虑 SDLC 各个阶段是否正式确认或执行，ISO 软件产品质量模型确实有益于这些宽泛的开发环境。由于本书会反复提到 SDLC 的各个阶段，因此，对正式开发环境缺少经验的读者需要学习与每个阶段相关的概念，这样才能在阅读本书的过程中将这些概念（即便不进行具体操作实践）运用到自己特定的环境中。

规划。确定项目需求，进行高层次的讨论，如“创建还是购买”决定——确定开发软件，或购买解决方案或放弃项目。后续的讨论应该决定出既定软件的功能及性能，进而确定软件的目标质量。

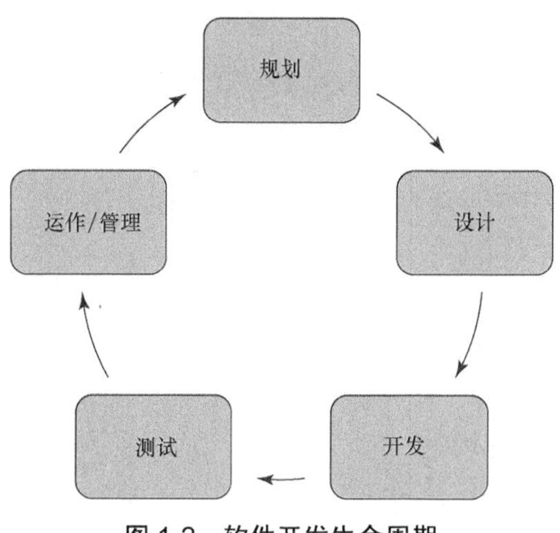

图 1-2 软件开发生命周期

设计。讨论功能和性能，因为它们涉及技术实施。规划是围绕着需求展开的，而设计和后续几个阶段则是基于解决方案和软件的。谈到质量，我们需要构建具体、可评估的性能需求，而且如果需要进行正式的软件测试，则需要创建一个含有测试案例的测试计划。

开发。创建能满足项目需求的软件，包括配套的文件和其他相关产品。

测试。测试并调整软件，使其满足需求（如果测试计划存在，则对照测试计划中的测试案例及测试数据对软件进行测试）。

接受。软件经过测试满足既定的功能和性能目标，符合项目需求，并被利益相关人员正式接受。

运作。软件被具体运用到实践中，尽管软件的操作和维护是由不同的个人或小组负责，但软件的操作和维护是同步的。

维护。软件在实际的操作过程中需要进行维护和调整。我们会在第 13 章“可维护性”中讨论各种维护，开发完成之后，用户（终端用户开发环境中）、原始开发人员或支持软件维护的 O&M 小组对软件进行维护。

终结。软件在某一时刻退出使用，被其他新的软件取代，然而这是由利益相关人员内部决定的，而不是由于软件质量较差或者无法满足功能与性能的要求而被撤回的。

尽管在一般的描述中 SDLC 包含的是独立的阶段，但各个阶段之间并不是完全孤立的，而是相互联系的。例如，在设计阶段，开发人员可能需要拿出几天的时间来做一些开发工作，验证自己的某个理论，从而确定该理论是否能为软件项目提供可行的解决方案；或者，在寻找软件漏洞或缺陷的测试阶段，开发人员可能需要仔细检查软件，包括重新设计和开发。因此，尽管 SDLC 各个阶段代表了当前工作的中心和焦点，但并不排除在每个阶段中掺杂其他阶段的工作。

SDLC 角色

“客户”“软件开发人员”“测试人员”及“用户”等角色在软件开发文献中都有特定的意义，尽管在其他环境中，跨功能开发团队可能会根据角色划分责任，但角色和责任是直接联系的。我们常见的一个例子是，在终端用户开发环境中，开发人员编写、测试并使用自己的软件，之后，开发人员、测试人员、用户或者客户也会接触到这些软件。SAS 终端用户开发人员通常是研究人员、分析专员、科学家及其他专业人员，在自己各自的行业内担任要职，其开发的软件是为了后期的工作。

利益相关人员指的是个人或组织在满足其需求和期望的系统或系统的某些特征中有直接相关的利益、股权或所有权。由于本书后面的部分会提到以下不同的利益相关人员，因此，读者应该根据环境的具体要求解读以下定义，有可能在你的开发环境中一人分饰多个角色，抑或没有某些角色。

赞助者指的是以现金或其他方式为项目提供资金支持的个人或组织。赞助者在本书中出现的频率较低，但作为软件的资金支持者，他们通常会提出对软件质量的要求。

客户指的是在设定或创建的系统中，需求得到满足的个人或团体。客户可能是产品拥有者（在 Agile 或 Scrum 环境中）、项目经理、赞助者或其他提出需求的权威人物。这与其他软件开发文献不同，尤其是与 Agile 相关的文献不同，在这类文献中，“客户”指的是软件的终端用户。

SAS 从业人员 / 开发人员指的是编写 SAS 代码的人。本书会交叉使用“从业人员”和“开发人员”两个词汇，但更倾向于使用“SAS 从业人员”，因为它涵盖了所有使用 SAS 应用程序来编写 SAS 软件以支持自己具体工作的专业人员。

软件测试人员运行质量保证功能以确定软件是否能满足要求及其他技术规格。测试人员可能是编写代码的开发人员，可能是一个独立的开发人员（如在软件同行评议中），也可能是主要负责测试软件的个人或质量保证小组。

用户指的是“使用项目产品的个人或组织。”在终端用户开发环境中，用户是编写该软件的 SAS 从业人员；而在其他环境中，用户则可能是分析专员或其他使用 SAS 软件但不负责软件开发、测试或维护的利益相关者。

瀑布模型

瀑布式软件开发模型采用的是阶段式软件开发方法，各个独立的阶段是逐级进行的。例如，图 1–3 所示为，规划阶段之后，再进入设计阶段，而所有的设计结束之后，才进入开发阶段。该方法通常称作“大量预先设计”（BDUF），因为在最初的设计阶段，软件的最终形态就已经被充分预设，后续设计都要严格遵守设计理念。

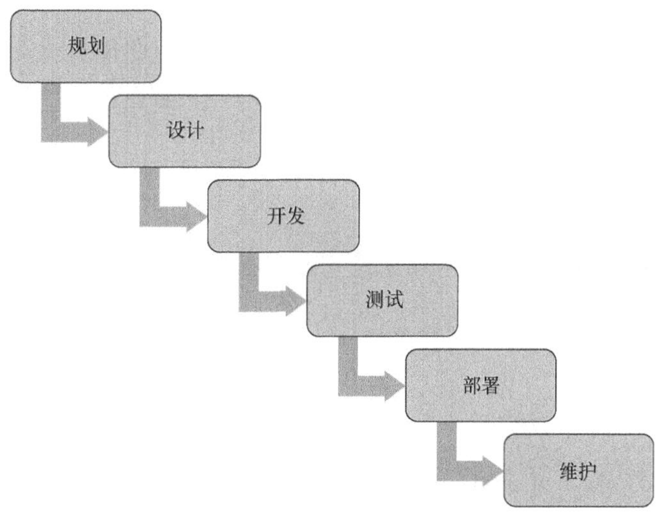

图 1-3 瀑布模型

多年以来，瀑布模型一直被看作“传统的”软件开发模式，但 21 世纪初敏捷（Agile）软件开发模式的兴起，催生了一批新的软件开发人员，他们很幸运地没有被呆板的瀑布模式浸染，因此，这一传统的模式也逐渐退出历史的舞台。瀑布开发模式经常受到抨击，因为它迫使客户要提前预测所有的商业需求，这降低了初期设计的灵活性；而且，软件产品也可能需要准时交付，但几周或几个月之后，客户的需求或目标可能早就已经转移了。因此，这就造成开发出的软件产品符合“预设的”需求，但无法满足“当前的”需要。

尽管当前的软件开发文献对瀑布模型进行了猛烈的抨击，但它仍有一个优点是SDLC 阶段分明，尽管各个阶段是强制进行的，但它的这个优点不可否认。例如，由于开发要以规划、设计为前提，所以软件开发人员只在充分考虑商业需求之后才编写软件，使软件能满足既定的目标。而且，由于所有的软件开发过程都在测试阶段之前完成，所以测试阶段能对照要求全面地审查软件的功能和性能。因此，尽管该模式比较呆板，但阶段分明的方法有利于控制 SDLC 各个阶段的质量。

敏捷软件开发

敏捷软件开发模型与瀑布模型不同，敏捷模型强调通过快速迭代反复式的设计和开发。敏捷模型遵循敏捷软件开发宣言（AKA 敏捷宣言），包括 Scrum、Lean、Extreme Programming (XP)、Crystal、Scaled Agile Framework（SAFe）、Kanban 等。

2001 年，17 位软件专家聚集在犹他州的 Snowbird，一起创建并提出了敏捷宣言，规定了软件开发的最佳实践。

敏捷软件开发宣言

我们一直在实践中探寻更好的软件开发方法，身体力行的同时也帮助他人。由此我们建立了以下价值观：

个体和互动 高于 流程和工具
工作的软件 高于 详尽的文档
客户合作 高于 合同谈判
响应变化 高于 遵循计划

也就是说，尽管右项有价值，
但我们更重视左项的价值。

在敏捷开发环境中，软件是通过迭代开发生成的，整个 SDLC 都在一个具有时间限制的迭代中，通常从两周到八周不等。每次迭代都包含软件设计、开发、测试、验证及生产等阶段，这样一来，可运行的软件便会在迭代结束时递交到客户手中，那时，客户会提出其他的功能或性能需求，添加到后续的开发迭代中。这样做对客户有利，因为他们能够在软件的开发过程中追求新的机会和商业价值，而不用被迫向已贬值的软件项目中继续投入资金——软件项目之所以贬值可能是因为商业需求、机会、风险及关注中心的改变使 SDLC 延长。图 1-4 所示是敏捷软件开发模式，在该环境下，软件的开发是通过一系列周期为两周的迭代完成的。

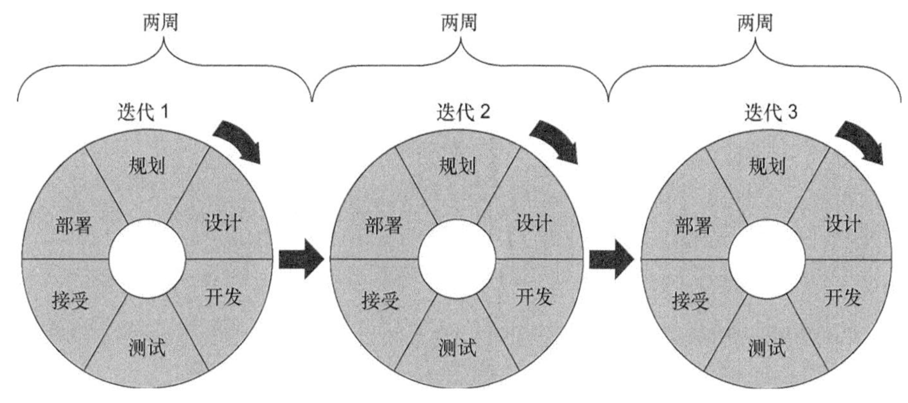

图 1-4 敏捷软件开发模式

敏捷模型有时被看作是一系列短小的 SDLC，尽管这确实体现了敏捷开发的迭代性，但没有完全抓住敏捷模型的原则和过程。例如，由于敏捷开发迭代地发布软件，因此当前迭代中可能会出现上一迭代的维护问题，这就迫使开发人员（或客户）必须要在进行维护和如期发布新功能或性能之间做出选择。因此，敏捷开发的一个弱点就是新功能开发和旧功能维护之间存在的不可兼顾性，我们将在第 13 章讲述这一内容。不可兼顾性与瀑布模型环境不同，在瀑布环境中，软件的维护主要是在软件开发过程大部分已经完成且已进入生产过程时进行。

尽管敏捷模式存在上述弊端，但近十年来，该模式已被看作是软件开发领域的一个最佳实践，而且定义了 21 世纪的软件开发。然而，它虽在传统应用程序开发环境中赢得了好的声望，但还未扎根于数据分析开发环境中，一部分原因是终端用户开发人员的倾向，他们支持数据分析环境，而且关注的是特定领域的最佳实践而非软件开发方法及最佳实践。

另一个缺点来自敏捷模型文献，此类图书经常描述一种理想化的“开发人员”原型，他们只负责可发布代码的开发，而不关注数据产品的创作，也不参与其他能带来商业价值的操作。在这些以软件为中心的敏捷模型描述中，数据分析开发环境中常见的活动（如数据分析或报表撰写）通常都不会涉及，或者只是略微一提。尽管敏捷模型文献有这类缺点，但敏捷方法、原则及技巧都可应用于且建议用于数据分析开发。

对于那些想探究敏捷模型的人来说，有许多好的资源可以借鉴，尽管这些资料描述的都是传统软件应用程序开发的，但还是值得参阅的。我在另一本书中讲述了敏捷模型对 SAS 软件开发的作用——软件开发是你的方法但不是你最终的产品：提取敏捷模型用于终端用户开发及分析程序，帮你简单了解敏捷模型支持数据分析开发。

风险

从软件开发角度来讲，基本的风险包括软件功能性故障和性能故障。例如，一个无恶意的“威胁”（如大数据）会利用软件的“漏洞”（如一个潜在的错误，当遇到大数据时，该错误能限制有效范围），给商业价值带来“风险”（无效性能或功能性故障），这些术语的定义在下面的“威胁、漏洞及风险”文本框中。尽管“项目管理知识体系”（PMBOK）及其他资料将“正面的风险”看作机会，但本书只讨论负面的风险。

威胁、漏洞及风险

威胁“可能会为一个或多个项目目标带来负面影响的风险。”“系统或系统环境的一种状态，该状态会从一个或多个已知的风险维度造成不利影响。”

漏洞“信息系统、密码系统或部件（如系统安全程序、硬件设计、内部控制）存在的缺点，这些缺点可能会被其他程序利用。”

风险“一种未知的事件或情况，一旦发生，就会对一个或多个项目目标造成正面或负面的影响。”“系统组件、运算符、用户及环境中，非常态事件或故障发生的可能性与该事件或故障产生后果的组合。”

故障

软件故障通常是由利用漏洞的威胁引起的，但并不是所有的威胁和漏洞都会导致软件故障。错误（人为错误）可能会隐藏在代码中，开发人员可能会也可能不会发现这些漏洞。隐含的漏洞包括编码错误（缺陷），这些错误还不会导致故障，而已知的漏洞所包含的编码错误（潜在缺陷）则已经被识别，但尚待解决。第 4 章将深入探究并区分这些术语。

例如，下面的 SAS 代码在文献中通常看作是一种决定数据集中观测数据量的方法：

```
proc sql noprint;
    select count(*)
    into :obstot
    from temp;
quit;
```

该代码对观测数据少于 1 亿的数据集有效，但由于这个阈值是交叉的，所以 &OBSTOT 会在数字记数法和科学记数法之间变化。例如，含有 1000 万个观测数据的数据集会被表示为 10 000 000，而含有 1 亿个观测数据的数据集则被表示为 1E8（1×10^8）。对于运行此代码的 SAS 从业人员来讲，若要查看日志中观测数据的数量，这一差异不会有什么问题。然而，若后续的程序试图评价或比较 &OBSTOT，且被评价的数据是在科学记数法模式下，则会出现运行错误，错误代码如下：

```
%let obstot=1E8;
%if &obstot<5000000 %then %put LESS THAN 5 MILLION;
%else %put GREATER THAN 5 MILLION;

LESS THAN 5 MILLION
```

很显然，1 亿并不小于 500 万，但由于有两个潜在的错误，所以代码会存在漏洞，而改正其中一个错误就可消除漏洞，改变 &OBSTOT 的赋值，添加一个能容纳更大数据的格式就可消除第一个错误，如使用 FORMAT 指令进行演示。通过在 %SYSEVALF 宏函数中添加数值比较就可消除第二个错误，这样会将 1E8 解释为数字，而不是文本。我们对两种解决方案都进行了演示，而且改正任何一处错误都会消除漏洞，防止故障的发生。

```
proc sql noprint;
    select count(*) format=15.0
    into :obstot
    from temp;
```

```
quit;

%if %sysevalf(&obstot<5000000) %then %put LESS THAN 5 MILLION;
%else %put GREATER THAN 5 MILLION;

GREATER THAN 5 MILLION
```

因为故障只发生在观测数据增加时，所以可以称作可扩展性错误。SAS 从业人员没有预料到（并测试）遇到大型数据集时会出现什么状况。但如果 1 亿个观测数据阈值不交叉，即便存在错误，代码也会继续运行，而不会出现故障。我们将在第 9 章“可扩展性”的“SAS 应用阈值”部分深入讨论这种错误类型。

开发人员经常会有意地在软件中添加漏洞，例如，一个熟悉前述软件漏洞（被大数据漏动利用）的开发人员在设计能够处理含有小于 1 万个观测数据的数据集软件时，可能会选择忽略软件中的这一错误。因为风险可忽略不计，因此，可以接受并如期发布含有漏洞的软件。在其他情况下，威胁可能会带来较大的风险，但这些风险也会被接受，因为消除或降低风险所花费的成本要远高于从中获得的好处。

未被利用的漏洞不会降低软件的可靠性，因为不会发生任何故障。例如，上述的潜在漏洞永远不会被利用，因为不会遇到大数据。然而，漏洞确实会增加软件发生故障的风险，因此，开发人员应知道软件的具体风险是什么。在这个例子中，风险是由 SQL 程序内大数据的意外处理引起的，如果漏洞被利用，造成了“运行时错误”或其他故障，那么软件的可靠性就会降低。我们在下一部分要讲到的风险登记表能帮助 SAS 从业人员记录已知漏洞、预期风险及初步解决方案，以更好地评估和管理软件产品的风险级别。

风险登记表

风险登记表旨在记录被识别的风险的相关信息。风险是所有软件应用程序内在的属性，因此，风险登记表（有时也称为缺陷数据库）记录整个 SDLC 中的风险、威胁、漏洞及其他相关信息。开发人员和其他利益相关者应该确定在软件中添加哪些性能要求，但不能在所有的软件中包含全部的性能要求。由于软件中会存在漏洞，因此，漏洞的识别、检测和记录是非常重要的，这能帮助我们查明它们对软件操作造成的特定风险。

风险登记表能定性和定量地记录已知的漏洞及软件功能或性能的相关威胁和风险，主要包括以下内容：

- 漏洞描述；
- 漏洞位置；
- 漏洞的威胁；
- 漏洞被利用的风险；
- 风险级别；
- 风险发生的概率；
- 风险被发现的概率；
- 消除或降低风险的成本；
- 建议的解决方案。

有些风险登记表是按照漏洞等级组织的，而另外一些则是按照威胁或风险等级组织的。漏洞等级风险登记表在软件开发领域比较常见，因为尽管有许多威胁超出了开发人员的可控范围，但可以利用编程解决方案来消除或弥补特定的漏洞。而且，在一个软件产品内，类似“大数据”这种常见的威胁可以利用无数个不相关的漏洞。

表 1-1 是一个简化的风险登记表，记录了代码中的两个错误。风险的级别、风险发生的概率、风险被发现的可能性及实施解决方案所需要的成本的数值范围（1 ~ 5），5 表示风险比较严重、发生的概率比较大、被发现的可能性比较小、修复的成本较高。

表 1-1 风险登记表范例

顺序	漏洞	位置	风险	风险级别	风险发生的概率	风险被发现的概率	风险成本
1	%SYSEVALF 应该用在评估中	小于运算符	科技符号未正确解读	5	1	5	1
2	没有格式指令	PROC SQL 的 SELECT 指令	科技符号未正确解读	5	1	5	1

第一个和第二个风险描述的是两个不同的漏洞，每一个都被含有 1 亿个以上观测数据的数据集威胁所利用。尽管遇到威胁时，5 表示最严重，但其发生的概率比较小，数值是 1，因为在该开发环境中，从未遇到过这么大的文件。

如果仅考虑上述两个因素，开发团队可能会鉴于漏洞发生的概率比较小，接受风险并发布含有漏洞的软件。但由于被发现的概率比较小（5）——如果遇到威胁，不会出现警告或“运行时错误”——而且因为实施补救措施（修改其中一行代码）的成本较低（1），开发团队可能转而会修改代码，消除风险，而不是接受风险。

建议的解决方案描述的是管理风险所选定的路径——通常有避开、转移、接受或降低，但表 1-1 中没有提到，我们会在后续部分进行讲述。建议的解决方案可能包括一个技术说明，说明如何管理风险。例如，如果要消除风险，那么解决方案可能会从编程方面描述如何消除或控制相关威胁，如何消除相关漏洞以避免被威胁利用。

风险管理

风险管理指的是指导和管理企业风险的协调活动。ISO 进一步定义了风险管理架构：一系列提供理论依据和组织安排的组件，帮助企业设计、实施、监测、审查及提升风险管理能力。本书所提到的操作软件风险指的是软件故障——与功能或性能相关的故障，风险管理接受故障，将其看作是一个不可避免的事实，并努力去消除风险，向利益相关者交付一个可接受的风险。故障并不能表示一定出现了运行错误，但能表示软件不能再满足功能或性能要求。

风险登记表不仅包括理论上的、未被利用的软件漏洞，还包括实际的软件故障中出现的漏洞。如果有故障日志，那么后一种故障便会出现在故障日志中（第 4 章会讲到这一点）。风险解决方案并不表示风险被消除，在许多情况下，漏洞一旦被识别，开发人员就决定接受风险，保持源代码不变。常见的风险解决方案模式如下。

风险规避：不参与或撤回某项活动以避免特定风险的知情决策。例如，如果软件发生故障，则停止使用。

风险共享：根据商定的风险分配协议与他人共担风险的处理模式。例如，有些服务等级协议规定，如果出现电源故障（引起生产软件故障），则事故责任转移到公司，而不是由 O&M 团队、开发人员或用户承担。PMBOK 和其他系统使用另外一个术语“风险转移”。

风险保留：接受某个风险的潜在利润或损失的责任。利益相关人员在进行综合评价之后，认为解决风险是不合算的，他们就会保留或接受风险。PMBOK 和其他系统使用的是“风险接受“这个术语。

风险消减“降低风险发生的概率及风险潜在损失所采取的措施。”例如，使用程序化解决方案来减少或消除软件的漏洞，如删除某个错误。

风险登记表对生产软件至关重要，因为它为内部利益相关人员提供了一个通用的架构来测定软件的优点或缺点。在某些情况下，一个注册簿中会创建一个独立的量化优先级，因此，开发人员可能会优先校正代码的一个元素，而客户可能会优先校正其他的元素，而利益相关者需要做的是投票选出如何有效地调整软件。通过评估软件的总风险，所有的利益相关者能清楚地掌握软件的质量。而且，由于风险登记表是一个不断变化、灵活的文件，因此，如果软件总风险随着时间推移越来越高，那么之前可被接受的风险之后可能需要被消除或减弱，使风险回到一个可接受的水平。

接下来要讲什么

在第 2 章中，我们会讨论质量的技术性和非技术性定义，包括个人观点如何影响质量的阐释。另外，我们还会介绍 ISO 软件产品质量模型及它对 SAS 从业人员和开发团队的作用，介绍功能性和性能（非功能性）要求，以及清晰、可评估的技术性要求的重要性。

02

Chapter

第2章 质量

“这是幼羊驼绒，喜欢吗？”

“我不喜欢。”

“这布料很好，非常软，来试试！”你刚拒绝了落满灰尘的羊驼绒，它立刻又摆在了你的面前，没有什么比这个更令人厌恶了。我迅速从自己所站的位置走开，躲开了这令人反感的举动。

“不，我不需要！”

“你想买什么？”

“我想买点老式一点儿的东西……”

智利，特木科。不，没有人要向我推销幼羊驼绒，但我确实在街边市场的小货摊上寻找纺织品和小饰品。货主是马普切人，马普切是一个因生产做工精细的纺织品而著名的安第斯民族，他们生产纺织品的历史长达一千年，在技艺上始终追求一丝不苟、细致入微。我操着绊绊磕磕的西班牙语与他们讨价还价，他们则操着不流利的英语向我展示一件又一件外套（安第斯西班牙语中的披风），有羊绒的、羊毛的、棉的，各种面料都有，整个下午就在讨价还价中度过了。对于马普切人来讲，幼羊驼绒是质量的代名词，但于我而言，它暗含的意思则是“这件外套价格非常高”。

“老式一点儿的？设计还是外形？”我不以为然地翻了个白眼，用手指拨弄着她刚刚递给我的那件外套，翻看着它拙劣的针脚，货主 Maria 意识到自己眼前站着的人不是普通的游客，你瞧，我是外套方面的行家……

我徒步旅行了几个月，穿越了中美洲和南美洲，参观了库斯科、拉巴斯、圣地亚哥、瓦尔帕莱索及其他地方的纺织博物馆，大部分时间都是在拍摄和访问工作中的土著技工，观察他们的技巧，学习他们如何评价和区别纺织品的质量。

“幼羊驼绒？！”

我转了个身，对她的喋喋不休感到很无奈，但幸运的是，货主的注意力转移到了刚来的顾客身上，刚来的外国顾客对到手的第一件披风就赞不绝口：“哦，好软啊！”

我哼了一声，笨蛋！

这是一件机器制作的披风，显然不是幼羊驼绒的，洗的时候可能会变形、掉色，这些外国顾客却心满意足地离开了。

Maria 又穷追不舍地走到我身边，手里抱着几件不知从哪淘来的老式外套。漂亮的针脚、自然的颜色、精心的设计和具有历史印记的图形：我终于找到了马普切人因之闻名于世的高质量纺织品，是它曾吸引着我来到巴塔哥尼亚。

■ ■ ■

我对高质量披风的孜孜追求与我对软件质量的追求高度相似，当然，对于披风而言，我只是一个使用者；而对于软件而言，我却是一个创造者。从以上情景中，我们能够推断出以下几条常规的质量原则。

质量，像审美一样，都是“情人眼里出西施”，我们所认为的高质量在他人眼里并非也是如此。Maria 认为（或至少努力在传达）“幼羊驼绒”指的质量较高，而我看重的却是针脚和古朴的设计。软件质量并不是一个看得见、摸得着的实体，即便抛开利益相关者的意图和看法，也不是能明明白白确定下来的。

质量包括许多不同的特征，任何人都无法面面俱到地对它所有的特征做出评价。这些特征里包括功能性，如披风最重要的一点是防寒保暖；也包括性能，如披风的耐穿性或不褪色。软件质量模型也包括功能性和性能维度，它们规定了软件应达成什么目标以及如何实现目标。如针脚较差的披风一般，软件有时能满足功能性需求，但时间久了或用的时间长了，就会开线。

质量（或质量不高）并不总是能觉察到，如果对产品或产品类型没有系统的理解，则不能准确地确定（优先考虑）质量。我曾深入地研究过纺织品，并且有质量评估的客观参考标准，但我遇见的那些游客并不像我一样做过这些准备。质量模型中有许多描述软件质量的特征，而且对这些维度和各个维度之间相互作用的理解能够提供一种参考框架和一套词汇，便于参照国际公认的标准对质量进行站得住脚的、标准化的评估。

质量标准应该是可评估的，如果不能参照一个基准线评估和验证软件标准，那么即便质量标准是有帮助的，也是无效的。我不能区分幼羊驼绒和成年羊驼毛纤维，因此，即便知道自己是在为不确定的东西付出高额的费用，也没有什么意义。软件开发同样也会从可评估的要求中受益，它不仅能指导研发过程本身，还便于向客户和其他利益相关者解释软件质量。若没有可评估的标准，SAS 从业人员如何能知道自己何时完成软件开发，或者软件是否能满足产品的意图？他们不知道。

质量并不总是我们追求的目标，因为它有内在的权衡取舍。游客购买物品时，我确实会突然插话，试图引导他们去追求“更高质量”的披风——至少是我心目中的高质量，但他们总是委婉礼貌地讲出自己的购买需求，披风是给孩子买的，所以不要求耐穿和高质量——他们只是想要点儿东西罢了。而且，他们需要赶公车，只有一点点购物的时间，因此，对他们而言购物经历比产品质量更重要。软件开发中总有一些权衡取舍，而且选择哪种构想都是经过深思熟虑的，而不是随意就做出决定。功能和性能决定质量，但两者在本质上又存在竞争关系。而且，软件质量与项目预算和项目成本之间也存在竞争关系，因此，许多开发项目可能会有许多质量之外的目标，或者有一些仅涉及功能而不涉及性能的要求。排除质量维度的决定通常需要有强有力的理由支撑，需要谨慎。

质量缺失会带来内在的风险，不管质量是被无意忽略还是有意排除。游客要离开时，我在他们后面大声地喊："洗的时候一定要用护丽洗涤剂，这样就不会缩水了！"我是提醒他们洗衣机可能会带来的风险——暴露廉价披风的弱点（缺点）。所有软件开发项目都存在固有的风险，但若开发项目更重视其他概念，而在质量上侧重较少，那么开发人员就应该清楚软件的漏洞以及这些漏洞会带来的具体风险。这样，质量包含的好处和商业价值就能与质量排除的风险进行比较与权衡了。

质量的定义

从常规、非技术层面来讲，质量可定义为"事物、产品或工作的优劣程度"。游客因为不了解哥伦布时代以前的纺织品，因此会说："这是一件质量上乘的披风！"然而，从技术层面来讲，质量通常与需求互联。美国电气与电子工程师学会（IEEE）对质量的定义是"系统、元件或过程满足具体要求的程度"。国际标准化组织（ISO）对软件质量的定义是"在特定的使用条件下，软件产品满足明确或隐含需求的程度"。这种技术性与非技术性的区分对理解本书所涉及的质量至关重要，因为如果不了解软件的功能性和性能意图，我们就无法对软件质量进行评估，不能凭空判断质量的优劣。

软件质量的一个重要方面是它涉及功能性和性能需求。功能性需求规定了软件预期的行为和目标，或它要做什么；而性能需求（以前称为非功能性需求）规定了软件操作的特征或属性，如预期行为完成到什么程度。例如，如果 SAS 分析软件的目标是生成一份 HTML 报表，那么功能性需求中会详细指出该报表的内容、准确性、完整性及格式，以及数据清理操作、数据转换或其他过程。而软件有效使用大数据（可扩展性）的能力和在 Windows 及 UNIX 环境中运行的能力（可移植性）则属于性能方面的要求。

为了有效地开发软件，SAS 从业人员需要了解软件所需的质量维度，质量维度通常可从隐含的需求中推断出来，也可由正式的需求文档指定。质量从软件规划和设计过程开始，这两个阶段会确定软件的需求和技术性要求。没有了要求，开发人员便无法知道自己开发的产品是可靠耐用、经得起反复使用，还是只是一个转瞬即逝的解决方案，只能由一个用户在某个无关重要的系统中运行一次。而且，若缺少一个公认的软件质量模型来界定质量维度和各个维度之间的相互关系，便很难确定软件的开发何时完成，以及软件是否实现了最终目标。

避开质量陷阱

质量在日常交流中出现的频率较高，因此，我们需要区分质量的具体定义和它在软件开发中的含义。通常来讲，当单独提到质量时，如“这是一件质量上乘的毛呢大衣”，我们所表达的是产品或服务的优劣。而且同样的，当我们发现一家“高档的”泰国菜馆时，由于那里的泰式炒宽粉非常好吃，所以我们经常光顾那里！从这个角度来看，质量表示的是对食物的独立评价，或者说它代表的是这家高档泰国菜馆与其他一些食材一般的泰式餐厅之间的对比。因此，在评估或描述质量时，本质上就有对比，但对比并不是直接表达出来的，而是暗含的。

作为软件的使用者，我发现对比质量是比较普遍的。例如，我之所以使用 Gmail，是因为它的功能性和性能要优于其他的电子邮件应用程序。谈到功能性，我比较喜欢线程化邮件、整体一贯的布局及充分进行环境自定义的功能；谈到性能，高可用性的服务是非常可靠的，我相信 Gmail 服务器和基础架构的安全性。但在说到 Gmail 质量较高时，我内心将这个电子邮件应用程序与之前用过的一些应用程序做了比较，之前的那些程序的功能性和性能都差一点。因此，软件使用者通常会根据自己的需求和要求确定软件的质量，同时也可能会比较某个软件程序与其他程序对自己需求的满足程度，在相互比较的基础上确定软件质量的高低。

但作为软件开发人员，我认为软件的质量是由 ISO 和 IEEE 等组织决定的，这些组织规定，质量的评估必须参照需求或要求，而不是孤立地进行评价，或同其他软件进行比较。这些定义与产品和项目管理文献中提到的一致：质量表示“一组固有特性满足要求的程度”。如果不了解软件创建的目的，虽可以描述软件的功能性和性能，但无法确定软件的质量——这就是我们经常遭遇的质量陷阱，而这主要是由质量的通用定义和行业具体定义之间的分歧导致的。

那么，质量这么复杂，我们该如何评估或讨论软件质量呢？如何告知某个同事，他的软件一塌糊涂呢？软件质量模型被看作是一个行业标准，因为它是一个系统的、标准化术语，能全面地描述软件性能。本书的主要目的是解释 ISO 软件产品质量模型、它的优点和缺点及在 SAS 数据分析开发中的有效应用，以及它在介绍软件和软件需求词汇中的使用。

一个新的质量词汇

为了对软件质量进行初步的评估，我们假设存在以下 SAS 数据集：

```
data sample;
   length char1 $20 char2 $20;
   char1="I love SAS";
   char2="SAS loves me";
run;
```

我们现在需要评估以下 SAS 代码的质量，该代码模仿的是提取 – 转换 – 加载（ETL）或其他软件中一个更大的数据转换模块：

```
data uppersample;
   set sample;
   char1=upcase(char1);
   char2=upcase(char2);
run;
```

那么，上面代码的质量是高、低还是介于两者之间呢？换句话说，我们会继续雇佣编写该代码的 SAS 从业人员，还是因他犯了低级错误而解雇他呢？这里就存在质量陷阱。考虑到 ISO 和 IEEE 的质量定义，如果不知道软件背后的目标、需求和要求，我们就无法判断这是一个高质量软件还是低质量的软件。

接下来，我们需要找出要求创建上述代码的经理所发来的邮件：

请将样本数据集转换成大写形式，15 分钟后我要用它进行演示。

此时，我们就能了解最终的项目需求，确定这是一个高质量的代码，因为它满足了所有的要求，而且是迅速创建完成的。唯一的功能性需求是需要大写，而且推测出唯一的性能需求是操作速度，因为经理要求迅速编写并执行代码。它并不是完美无缺的，但实现了客户指定的商业价值。

但现在假设，该经理发送了下面这封电子邮件对软件做出要求：

请创建一个能将样本数据集中所有字符变量变成大写形式的模块。该模块在 DATA 步骤中应能够被调用为宏，而且应该指定被大写化为一个参数的数据集。字符变量应该能被不断地识别和完成大写化，而无须手动搜索变量名称。

上述要求和说明规定软件要有完全一致的功能性（至少用于样本数据集时是如此），但实际更具动态性和复杂性。该经理要求的是一个模块化解决方案，因此，可能需要创建一个 SAS 宏。而且，考虑到宏要求数据集和变量名称是动态的，模块应该能重复利用，在其他情境和后续数据集中依然能执行相同的功能。如果该小组之后需要在更大的数据集中实现多个变量的大写化——手动编码可能需要较长的时间，那么模块的重复利用将是非常有益的。

假设是后者这种比较复杂的要求，那么最初创建的转换代码可能就是低质量的。它能满足最终的功能目标（所有的变量都是大写形式的），但无法满足性能需求——模块化、动态和可重用。第 18 章会介绍能满足这些附加性能需求的 SAS 解决方案。代码复杂性增加，就要考虑质量特性、复杂性和开发时间三者之间的相互关系，这是软件开发中固有的权衡分析。

质量维度

假设质量具体运用到软件开发领域，我们依然需要抛开软件需求，对软件进行描述，显示质量特征（性能需求）的高低程度。例如，回到原来的问题：如果我不知道该经理发送给开发人员的这封对软件要求做出规定的邮件，那么我该如何凭空描述代码的质量呢？

如果非要说，我可能会将这个代码与有类似功能的理论上的代码相比较，然后用“质量相对较低”来描述这个代码。更有可能的是，我会说这个代码不是“生产软件”，参照可能存在的理论性要求评估这个代码，看它是否有关键的基础架构支撑，是否有相关性，是否有多个用户或者有较长的预期使用期限。然而，使用软件质量模型最大的一个好处是不涉及质量便可讨论软件的性能。例如，我可以说这个代码缺少稳定性、复用性及模块化——模块化是在不涉及需求和要求的情况下评估软件的。

使用软件质量模型创建的这个专用词汇有益于开发环境，因为这个派生的词汇对软件性能评估是非常重要的。只有按照明确的科技要求，使用统一的命名法，我们才能在软件中加入并评估质量。有时，我们说软件“缺乏模块化和复用性”要比简单地强调它“没有质量”更具体有效。尽管利益相关者对某些具体产品的质量维度不做要求，但他们会有一个公认的模型和词汇来讨论质量。

数据质量和数据产品质量

在 SAS 文献中，我们所说的质量通常指的是“数据质量”，从更狭义的角度来讲，指的是数据产品的质量，如分析报告等。实际上，在数据分析开发中，质量实际表示的不是软件或代码质量。这与传统的软件开发文献形成鲜明的对比，传统的软件开发文献描述的是软件质量的特征以及设计和创建软件质量所使用的方法。

在传统软件开发环境中，软件本身就是终端产品，而数据分析开发环境通常将数据产品看作是终端产品，是商业价值的来源，考虑到这一点，质量落脚点的转变也是有所期待的。但遗憾的是，让数据质量和数据产品质量来代替代码质量，这使数据分析开发环境无法在 SDLC 中融入性能需求。因此，在确定要求、设计、开发、测试、接受和操作环节中，代码质量都是位居数据质量之后的。

如果支撑数据产品的软件质量不过关，那么这些数据产品的质量又如何能让人信服呢？为了解释清楚这个稀松平常的悖论，我借用一个朋友的分析来进行说明，这个朋友在国防部工作时遇到了一个军衔上有三星的将军，他坚持认为 SAS 生成的分析报表的一些线条（紫色不够深），只关注数据产品的质量，却毫不关心支撑数据产品的软件的质量。这个软件可靠吗，耐用吗，容易受漏洞威胁吗，能够扩展吗，如果将军因战术需要而要求轻微调整分析结果，那么该软件便于修改和改作他用吗？不，与代码质量相关的这些问题他一概不问，而只问：“你能把这个紫色加深吗？”

本书的目的不是淡化数据质量和数据产品质量的重要性，而是将代码质量和数据质量放在了同等重要的位置上，因为基础不良的好建筑是没有的。

软件产品质量模型

软件产品质量模型是“确定的一组特征以及各个特征之间的关系，是一个用于确定质量要求、评估质量的框架”。图 2-1 所示为 ISO 软件产品质量模型，其中列举了 8 个属性和 40 个子属性。

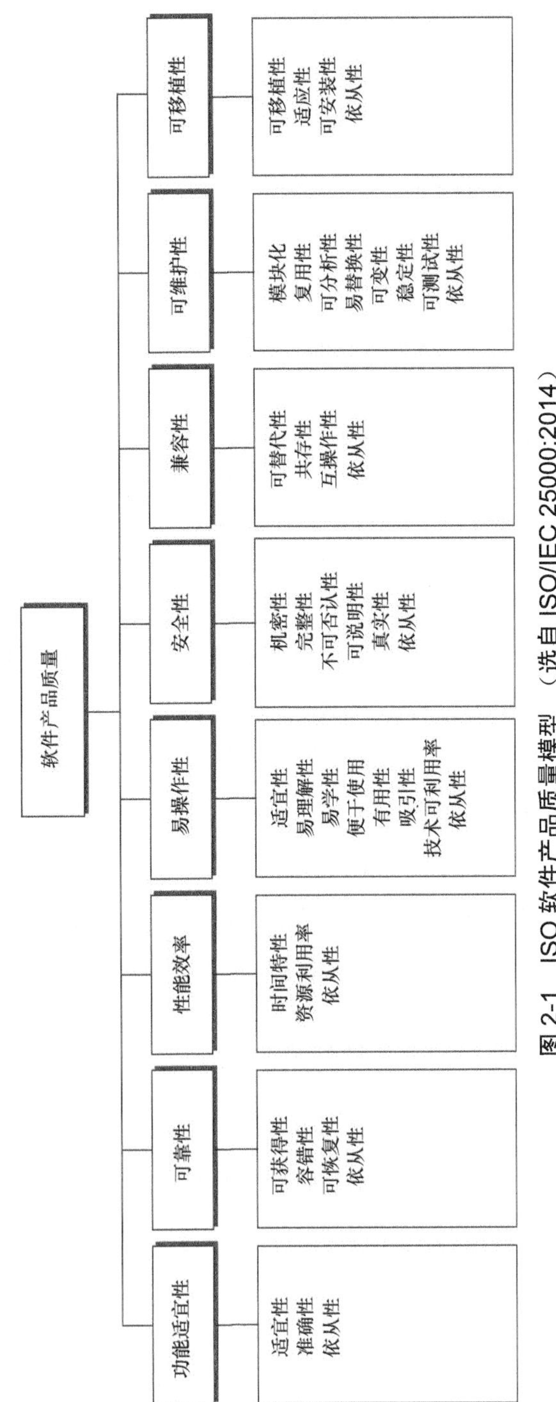

图 2-1 ISO 软件产品质量模型 （选自 ISO/IEC 25000:2014）

ISO 质量模型的一个重要特点是将功能性与其他 7 个质量属性放在平行的位置上。由于每个 SAS 软件产品的功能性各有不同，因此，尽管功能性是每个软件项目的核心，但本书的重点并不在此。除非特别强调，所有的 SAS 代码范例都默认是满足软件的功能性需求的。下面会在每章中对软件产品质量模型中的多个质量模型属性和子属性进行详细讲解。

图 2-1 中的软件产品质量模型与我们在本书中逻辑呈现的模型略有不同，但两者之间并不冲突。动态性能需求中所涉及的外部质量维度包括可靠性、可恢复性、稳健性、运行效率、效率、可扩展性、可移植性、安全性及自动化。静态性能需求中所涉及的内部质量维度包括可维护性、模块化、可读性、可测试性、稳定性及复用性。图 2-2 是本书的结构，它适合 ISO 软件产品质量模型。

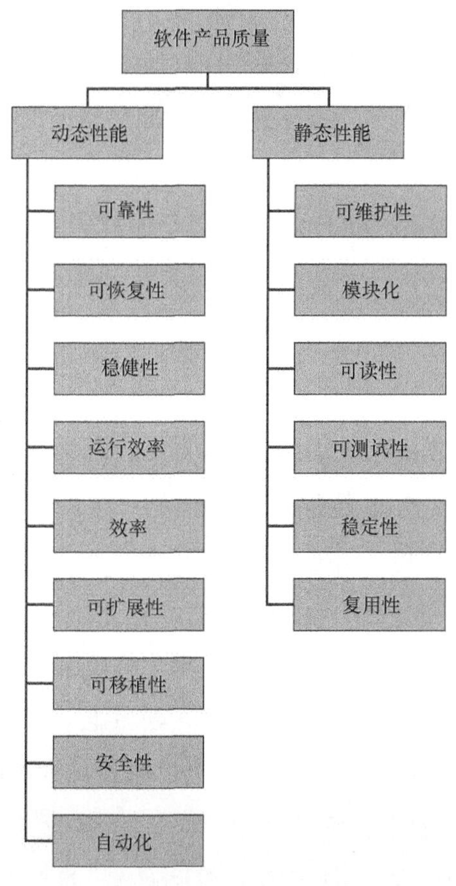

图 2-2 软件质量模型

本书有两个质量维度——稳定性和自动化不在 ISO 模型内，因此单独解释一下。

软件稳定性指软件耐维修、无须修改或仅做轻微变动即可正常运行的能力。在传统的软件开发环境中，由于软件是为第三方用户生产的，所以软件一旦经过测试、验证并投入使用，开发人员便没有机会再接触到自己创建的软件。因此，测试是非常重要的，通过测试，软件的所有缺点和漏洞在发布之前即可消除。软件测试失效就需要向用户发送补丁或更新包，这样做既费时又费力，而且会让用户对软件失去信心。

与许多软件应用程序不同，Base SAS 软件能够在互动模式下运行，在这个模式下，SAS 应用程序是手动打开的，代码是手动执行的，日志是手动浏览的。SAS 代码的互动性鼓励开发人员不断地修改和调整代码，这仅仅是因为他们有权这样做，但这样做降低了软件的稳定性。出于这个原因，我们要用一章来讲述软件稳定性的优点，包括它作为代码测试、复用性、可扩展性和自动化先决条件的作用。

软件自动化指软件在无须人工干涉（或轻微干涉）的情况下自动运行，在传统软件开发中，由于用户希望与一个可执行的程序互动，而不是去处理一些需要自己编译的原生代码，因此，软件的自动化是必需的。SAS 互动模式足以运行一些生产软件，但 SAS 软件必须能可靠、定期地运行，而自动化（以及程序组工作的后续安排）能很好地实现这一目标。SAS 软件的自动化还包括通过软件大规模生产 SAS 会话，借助平行处理提升性能。

外部软件质量

外部软件质量指软件所在的系统在指定条件下使用时，软件产品提供系统行为满足明确和隐含要求的能力。外部质量特征指软件运行过程中可观察的特征。例如，软件未出现运行故障，由此便可证明是可靠的；软件能有效处理大数据，而未遇到故障或出现效率低的情况，便可看作是可扩展的。

外部软件质量有时又叫作黑盒质量方法，因为质量的评估只通过检测软件执行而无须检查代码即可完成。因此，软件效率的黑盒视角能评估诸如运行时间或资源利用率之类的指标，但无法确定支撑高效运行的 SAS 最佳技术操作是否运行。黑盒测试会在第 16 章“可测试性”部分进行讲解。

在传统的软件应用程序中，用户无法获得代码，只能通过黑盒测试方法评估外部的软件质量。因此，尽管外部软件质量特征对创建可靠、耐用、易于维护的代码非常重要，但我们只能向客户、用户及其他无法获取代码的利益相关者展示外部软件的质量特征。由于 SAS 软件用户通常都能获取基础的代码，因此，相对于其他语言来讲，黑盒和白盒测试（测试外部软件质量，后面部分会讲到这一点）之间的差别在 SAS 软件开发中就显得不那么重要了。

功能性

功能的适用性指软件产品在特定条件下使用时，提供满足明确和隐含要求的功能的能力。但是，本书与 ISO 标准和大部分文献保持一致，使用的是功能性，而不是功能的适用性。而且，在需求文档中，功能性需求指的是技术性而非性能上的要求——例如，规定紫色为分析报告中的准确色调以满足大众要求。

外部软件质量的核心特点是功能性，缺少了功能性，软件便没有了目标。本书和其他许多软件开发类文献省略了功能性，因为它描述的是具体的软件意图，而性能质量特征含义更广。去掉功能性，剩余其他的外部软件特征包含动态性能属性，如可靠性或效率，但如果缺少了功能，可靠和效率则无从谈起。

动态性能需求

性能需求指确定某个功能质量属性或某个功能性需求必须要达到某种程度的可衡量的标准。动态性能需求指在软件运行过程中可观测的性能属性，换句话说，它们表示的是除功能性之外的所有外部软件质量特征，如图 2-3 所示。动态指的是软件必须在运行中（在运转中）进行评估，而静态性能属性则指必须在软件的静止状态下，通过代码检验进行软件评估。

在本书中，性能需求有时称作性能属性，尤其是描述一个在特定软件中并未要求的质量特征时，我们会用性能属性来表示。例如，如果某个 SAS 从业人员打算在软件计划中应用可扩展性和安全性原则，但又决定忽略安全性，那么由于软件并未要求或应用质量特征，安全性就会称作性能属性，而不是性能需求，以避免混乱。但通常来讲，这两个词是可以互换的。

由于所有的利益相关者都能观察到动态性能需求，所以通常来讲，动态性能需求要比静态性能需求更重要，因此，也更容易被优先添加到软件设计和要求中。例如，客户更容易理解运行速度较快的软件的优点，因为速度是可测量的。但是，除非该客户有软件开发方面的背景，否则他可能很难理解在软件中添加模块化或可测试性的优点，因为这些属性是无法直接测量的，它们的效果在运行中也是无法观测的。

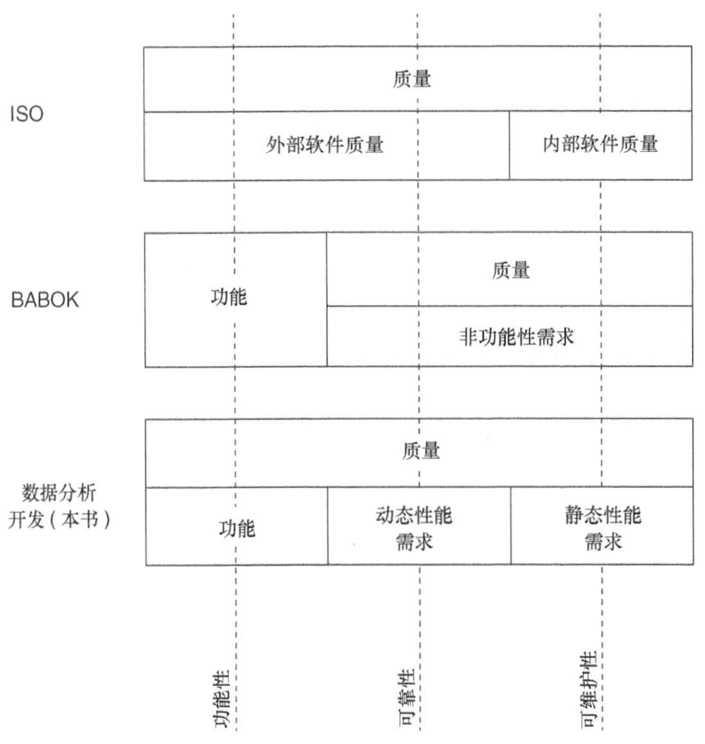

图 2-3　软件质量架构和维度的互动

内部软件质量

内部软件质量的定义是软件产品在特定条件下使用时，它们的一组静态属性满足明确和隐含要求的能力。这些特征只能通过代码的静态审查观测，可读性有时会在附加的软件文档中体现。可测试性有时可通过一个正式的测试计划和测试案例进行评估，第 16 章“可测试性”会讲到这一点。

内部软件质量有时被称作白盒质量方法（玻璃箱），因为质量的评估是通过代码监测而不是代码执行完成的。软件复用的白盒视图是根据复用原则评估软件可被复用的程度，但要求手动查看代码，或通过解析代码的第三方软件审查代码。由于在传统加密的软件应用程序中，用户无法获取基础的代码，因此，他们无法评估内部的软件质量；如果他们缺少技术方面的经验，那么他们可能甚至都不知道内部软件质量这个概念。

静态性能需求

静态性能需求指内部软件质量，如可维护性、模块化或稳定性。在某些组织和软件项目中，由于内部软件质量特征具有本质上的不显露性，所以与那些更容易观察的动态性能需求比起来，我们更难让利益相关者重视并进而将这些静态质量特征考虑进软件内。例如，我们很容易向客户阐释速度提升的好处，但若要解释清楚提升复用性的好处，则需要介绍复用性和软件的重复利用。

静态性能需求除了更难观测之外，它给利益相关人员带来的也不是即时的满足，而代表的是对软件产品的未来投资。例如，当完善动态性能以提升软件运行速度时，这效果不仅是可观测的，还是即时的。若要完善静态性能以提升软件的可读性或模块化时，这些改变是无法观测的（通过软件性能），而且，我们只能在下次软件需要审查或修改时才能看到此次改进的益处。模块化能够助长被改进的动态性能的功效，第 7 章“运行效率”会讲到这一点，但通常来讲，静态性能需求既无法观测，又不能获得即时的效果。但随着软件的预期使用期限不断延长，静态性能需求也变得越来越重要，因为它们能提升软件的可维护性——这是增加软件寿命最关键的特征之一。

混合质量

单个软件质量维度的组织是非常简单的，但由于术语定义的多样化，高级结构中（如质量模型）质量维度的组织可能是非常复杂的。例如，外部软件质量包括功能性和性能需求，软件的文献中通常会将这两种要求分开。这一点反映在 ISO 软件产品质量模型中，该模型将功能的适用性（功能性）划归为软件产品质量。

其他质量模型包含了性能特征但删掉了功能性。例如，铁三角（项目范围、进度和成本之间的联系）的许多定义将范围解释为具有独立质量和功能性的组件，这表明它是一个不包含功能性的质量模型。国际商业分析研究所在“业务分析知识体系指南”（BABOK Guide ®）中的需求定义中将质量与功能性进行了区分：

- 功能性需求：系统在所管理的行为和信息方面应具有的功能；
- 非功能性需求或服务质量需求：与系统的功能性行为没有直接的联系，而是指系统必须保持有效的运转状况或者系统必须具有的质量。

较多的质量模型混合存在，因为软件性能需求既包括动态性能需求，又包括静态性能需求，前者代表的是外部软件质量特征（删除功能性），而后者指内部软件质量特征。由于本书主要讲述软件性能，而不提及功能性（假设功能性需求在所有情况下均已达到），因此，本书所涉及的质量结构体现的是动态和静态性能的二元现象。

图 2-3 展示的是混合质量结构，在对质量的多种诠释中，突出强调的是功能性、可靠性和可维护性。无论功能性是软件的一个成分，还是功能性和质量都是范围属性的成分，有一点是非常清楚的——软件功能性和软件性能之间确实会相互竞争资源，以期被优先考虑到软件产品需求中，质量的这一方面及其他权衡取舍会在后面部分进行讲解。

质量成本

如图 2-3 所示，在软件或其他产品的开发过程中，确实会存在内部的权衡取舍，我们称之为约束条件。PMBOK 指南将质量和其他 5 个架构作为项目的主要约束条件，但同时也指出，这些约束条件不应该看作是完全详尽的。作为一个约束条件，在软件项目的规划和设计过程中，质量与其他架构之间存在价值和优先次序的竞争。实际上，开发人员从软件中删除性能时，关注的是他们可以得到所有奇妙的东西！

增加范围 开发人员无须将性能需求编码到软件中，他们关注的是附加的功能性。例如，相比提升 SAS 软件的稳健性以避免故障，开发人员可能会选择创建附加分析报告。

安排 性能需求的添加通常会使代码更冗长、更复杂，因此相应的，设计、开发和测试阶段也会延长。若不优先考虑性能，客户和其他利益相关者就能够更快地收到软件。

预算 由于性能需求的执行需要耗费一定的时间，但时间就是金钱，项目预算通常会随着性能需求的增加而增加。通过删除软件中的性能，开发团队能节省一部分预算，或者将节省下来的资金用到其他方面，何其快哉？

资源 项目资源不仅包括人力资源，还包括水电资源。随着性能需求的牺牲，项目所需的开发人员相应也会减少，同时消耗的资源也会减少。

风险 风险不是益处，而是未优先考虑性能时所遇到的意想不到的结果。由于许多性能需求被设计用来减少或消除软件中的漏洞，因此，当忽略性能需求时，风险通常也会随之增加。

尽管约束条件意味着限制性，但我们也可以从机会成本的角度来看待约束条件。例如，开发人员可以在软件中添加性能要求，或者他们可以选择不添加，以生产出速度更快、价格更低廉或功能更强的软件。但若要评估某个机会，我们就需要知道机会的价值所在。因此，本书的一个目标是让开发人员熟悉在软件中插入性能需求的好处，从而帮助他们判定出质量的机会成本。例如，如果利益相关者已经决定执行附加的功能性（因此排除附加的性能），那么利益相关者至少已经弄清楚了所要添加的性能的价值，而且已经根据该性能的机会成本做出了明智的决定。只有当利益相关者了解了质量的价值及质量缺少的风险时，才能对照其他项目约束条件评估质量，如进度、范围和预算。

确定质量的价值是比较困难的，尤其是当软件开发项目中的各个利益相关者对架构的优先顺序存在争议时，质量价值的确定就是一件很棘手的事。投资软件开发的投资者希望用较少的资金创建软件，而等着使用软件的用户则希望软件能迅速地创建完成。一些开发人员比较关注软件的功能，而不是特别在乎性能属性，但其他的 SAS 从业人员可能希望软件具有可靠性、稳健性、可维护性及模块化。因此，在软件质量包含哪些特征及如何评估质量（对照其他项目架构）等问题上，达成共识是比较困难的。然而，利益相关者——包括开发人员和非开发人员，如果能使用软件产品质量模型中规定的统一的术语，他们便能更好地讨论质量特征的添加问题。

SDLC 的质量

我们在第 1 章“软件开发生命周期”部分介绍过 SDLC 的各个阶段。在 SDLC 中，最好将质量添加到软件中，包括在编写代码之前的软件规划过程也要考虑到质量。在一个非常简单的例子中，假设我们需要对一个数据集进行分类以保留独特的观察结果。类似这样的功能性需求（但显然更加复杂）在软件项目中出现的频率是非常高的，而且大多数情况下，项目开始只介绍功能性目标。

但是行业和公司目标、其他规定和标准及总体的软件目标规定软件必须完成的操作及必须实现的程度。性能目标包括软件预期的运行方式，但是，性能目标在软件生命周期中会发生变化，初期目标和要求应该看作是潜在的软件性能需求。表 2-1 所示为软件规划过程中考虑加入性能时会与性能相关的问题。

表 2-1　常见的目标和问题

性能目标	性能问题
可靠性、使用寿命	软件能运行一次、多次还是使用周期较长
可靠性、稳健性	如果出现故障，软件会带来风险吗
效率、运行效率	软件有资源限制或运行时间限制吗
可扩展性	输入的数据集有多大，可以不断扩大吗

续表

性能目标	性能问题
可移植性	软件能够在 SAS 的不同版本或在不同的操作系统中运行吗
复用性	软件的组件将来能重复利用吗
可测试性	软件应该以可测试的形式编写吗，例如，是否要使用一个正式的测试计划

只有清楚功能性和性能方面的问题，利益相关者才能真正地理解软件及其复杂性。一旦在规划阶段确定了软件真正的需求，接下来就可以讨论其他类似创建还是购买之类的问题。例如，编写（修改）SAS 软件是将数据集分类还是从第三方销售商购买此功能？

正式设计阶段的另一个优点是能够重新定义和优先考虑项目的需求，即便是比较小的软件项目，也仅需要 1 小时的时间进行讨论。在最初的场景中，最终的目标是通过分类识别独特的观察值。然而，SAS 指数无须对数据进行分类即可完成这一目标，因此，设计阶段可能会讨论提出的技术解决方案的优缺点。规划和设计阶段的区别在于规划阶段注重需求，而设计和开发阶段关注解决方案和软件。因此，软件规划阶段应确定和理解客户的需求和目标，但达成这些目标的具体的技术性方法会随着时间的推移慢慢出现。

质量要求

质量的一切问题都围绕着需求——始于需求，终于需求。需求规定了软件必须达到的技术性目标，在设计和开发过程中指导着软件的创建。这些需求是否得到满足需要通过测试来决定，测试能够证实软件的完成情况，说明预期的质量。

在介绍动态性能需求时，讲述了如何将每个质量特征的技术性需求融合到需求中，该部分的目的是：尽管加入性能非常重要，而且 SDLC 中也经常这样做，但最好是在规划设计阶段就落实，并且要反映具体的要求和需求。

随着软件项目中利益相关者的不断增加，形式化需求的重要性也相应地越来越突出。当利益相关者就是开发人员，共同协作以创建软件的各个组件时，需求能够帮助他们确定大家是否都在按照相同的要求朝着共同的目标努力。需求能清楚地描述开发工作的内容，这使开发人员能够依靠既定的信息而不是对信息的诠释展开工作。在项目规划阶段，利益相关者对软件预期的功能和性能的看法很少一致，但借助需求，他们能够统一对软件目标和后期功能及性能的看法，开启软件项目。

如果没有统一的软件需求，那么在软件完成时，利益相关者可能对于软件是高质量、低质量甚至是否创建完成的问题看法不一。没有公认的软件需求，利益相关者只能对照自己的需求来评估软件，而每个人都有自己不同的看法，因此，软件的评估缺乏客观性。而且，在 SDLC 的“范围扩展”中，不成文的需求随时都会发生变化。当软件超出或无法满足客户需求时，软件需求能够帮助避免这种偏差，如图 2-4 所示，后面部分会继续讲述这一点。

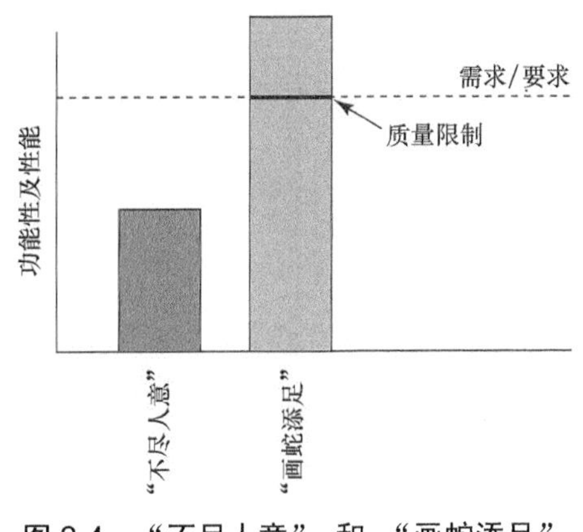

图 2-4　“不尽人意” 和 “画蛇添足”

需要注意的是，尽管“画蛇添足”会提供一些附加的功能或性能，但这并不会提升软件的质量，因为客户不需要、未做出要求或者无法从中获得额外的商业价值。

避免“不尽人意”

在我们的职业生涯中，有些时候，“不尽人意”并不表示我们就是失败者，客户可能在看过软件之后告诉我们软件没有达到标准。我们没有满足技术要求中明确和隐含的功能性目标或性能目标，因此我们的软件没有达到预期的质量。“不尽人意”指预期质量和实际表现的质量之间的偏差。然而，某些环境主要依赖隐含的性能需求而不是技术需求中明确表示的要求，如果在这些环境中出现了不尽人意的情况，那么这种模棱两可可能造成利益相关者的慌乱。开发人员可能认为自己给出的是预期的软件，但客户和用户会觉得功能性或性能没有达到要求。

若经理要求创建高效的软件，规定了运行时间、速度及内存利用率的阈值，但我们所创建的软件并没有满足这些目标，这时候就出现了性能差距。从功能性来看，软件是合理的，但质量差强人意，因为性能未达到要求。如果预期的性能没有通过需求明确地表达出来，而只有暗示，那该怎么办呢？经理或许会认为我们已经知道软件需要在 15 分钟之内创建完成，但他实际上并没有明确地传达这一信息，或者只是在软件规划阶段提出其他需求时有所暗示。经理需要的是“快速的 SAS”，而且我们也认为自己给出的是“快速的 SAS”，但由于性能需求未陈述清楚或未经过公认（以便进行评估和验证），我们在评估软件质量时要参考哪一方对“快速的 SAS”的定义呢？

公认的、可评估的需求能够避免出现“不尽人意”的情况，它能够为 SAS 从业人员提供一个核对表以便他们对照评估自己的代码。代码满足所有的功能性需求吗？满足；能满足所有的性能需求吗？满足；能满足正式的测试计划中所有的测试案例吗？满足。建立需求能够确保在软件规划阶段共同确定质量，在软件完成阶段共同评估和验证质量。

避免“画蛇添足”

从“SDLC 中的质量”部分中的开发场景继续往下讲，我们是研究人员，需要编写 SAS 软件对数据进行分类，以筛选出独特的观测结果。在软件规划阶段，我们问了自己几个与性能相关的问题，而且在终端用户开发环境中，商业价值主要通过功能性而非性能实现。因此，关键的一点是 SAS 软件能够筛选出独特的观测结果并生成一个详细的数据集。如果程序失败，我们作为终端用户开发人员可以重新开始，所以稳健性并不是那么重要。因为数据集不是很大，几秒就可以处理完，所以运行效率也不是首要的考虑因素。而且由于数据集不会随着时间的推移而不断扩充，因此，数据的可扩展性也不是开发过程中关注的重点。

这并不是说质量在这种情境下或在终端用户开发环境中不重要，而是指如果性能属性的添加没有任何价值，或者性能属性的缺失也不会带来负面的影响（至少在可接受范围内），则无须考虑添加性能属性。因此，在这种情况下，如果我们凭着以前的经验，花费了几小时来测试 SAS Index 函数、SQL 程序、混合 SORT 程序或 DATA 步骤是否能生成运行速度最快的代码，那么完全就是在浪费时间——至少在这个项目中是如此，因为这不会带来任何额外的商业价值，而且还会拖慢软件完成的进度。即便我们确实成功地提高了利用率，软件质量显然也不会增加，因为附加的性能没有实现任何性能需求。

当软件需求缺乏明确性，留有解释或假想的空间时，就会出现“画蛇添足”的情况。一个 SAS 从业人员可能会自豪地推出一个稳健、高效的程序，期望能够获得经理的赞赏，但最终等来的却是责备，因为软件不需要稳健。相反，它应该是早已完成的，而且，性能的添加实际降低了软件的价值，因为它拖慢了分析师使用合成数据集或数据产品的速度。通过在项目初始阶段提出技术性要求，开发团队能够对软件价值形成统一的认识和理解，指导 SAS 从业人员只关注全体公认的、有价值的功能性和性能。

实质上，“画蛇添足”回答的问题是：我们能有太多的质量吗？是的，我们能。增添意料之外的性能有时能拉近我们与客户之间的距离——老板未要求我们提高软件的处理速度，但我们这样做了，因为我们就是这样的善解人意，所以老板会从心底感谢我们提升了软件的速度。但是，额外添加一些不必要的性能并不会提升软件的质量，而且如前所述，这样做还会降低软件的价值，因为它拖慢了进度，增加了预算，影响了有价值的功能和性能作用的发挥，所以，随意添加或改变软件是非常危险的，需要我们慎重考虑。

对质量说“不”

避免“画蛇添足”的一个技巧是明确地规定软件中应该包含哪些性能属性，以及不应该添加哪些质量特征。并非所有的软件都用于生产或为了获得较长的使用期限，通常在分析环境中，许多 SAS 代码片段的编写都只是权宜之计，在分析完结果之后就会被丢弃或者修改。对于这种应急的软件而言，多个性能特征的叠加未必能起到好的作用。但如果随着时间的推移，创建该软件的目的不再是权宜之计，而是战略需要，不再是发挥辅助的作用，而是至关重要的基础结构，那么同样的性能稍后就需要被添加到该软件中。

这同样又说明，一些 SAS 软件不需要考虑性能需求，只需功能性需求即可界定。在软件意图会随着时间推移不断变化的情况下，我们需要重新进行评估，确定软件需求——包括功能性和性能需求是否仍然适用。但在某些情况下，比如性能不能为软件带来任何内在价值时，我们需要考虑的就不是性能特征，而应优先考虑机会成本——如附加的功能或降低的项目成本。

对质量说“是”

软件意图或开发环境的某些方面能够保证软件的高效率。在某些情况下，性能如功能性一样都会获得高度重视，对软件至关重要。这主要因为附加的功能被看作是非常有用的，或者从风险管理的角度来看，优先考虑性能可以减轻或消除某些具体的风险。下面这些情况就需要软件具有高性能。

行业规定 某些行业具有具体的、必须遵守的软件开发规章制度，通常，这类软件可能会或将要由政府机构进行审查。例如，用于支撑临床试验研究的 SAS 软件通常必须遵守美国食品药品监督管理局（FDA，Food and Drug Administration）的“软件验证通用原则”以确保满足相关的质量及性能标准。

组织内部的指导原则 除了行业规定之外，一些组织或团队通常会制定一些在软件开发中必须遵守的、纲领性的最佳指导原则，而且，这些指导原则通常要求添加质量特征。例如，一些团队要求 SAS 所有的宏都必须包含一个返回代码显示宏的运行或故障，以帮助我们处理异常情况，提升软件的稳健性。

支撑关键基础架构的软件 支撑数据分析架构关键组件的 ETL 或其他 SAS 软件就需要提升性能，以避免出现系统、软件或合成数据产品不可用的风险。

预定的软件 设定为重复执行的自动化 SAS 软件需要具有较高的性能，自动化、预设的 SAS 工作表示 SAS 从业人员无须再手动审查 SAS 日志，因此，对可靠性及稳健性要求较高。

具有独立处理过程或用户的软件 如果 SAS 软件获得高度认可，具有独立的、依赖于该软件的处理过程或用户，那么其性能不仅要能够反映软件自身运行的故障风险，还要能反映出依赖项的故障风险。

具有预期使用寿命的软件 打算使用较长时间的 SAS 软件应该具有较高的性能。静态性能需求在维持软件产品的使用中尤为重要，因为它们支撑着软件的可维护性，软件预期使用周期越长，越能体现该投资的价值。

隐含的需求

我们讲了很多需求，可能许多读者会认为质量就意味着没完没了的文档。某些软件开发环境确实会创建许多文档，这是因为它们确实需要这样做，尤其是当出现“对质量说‘是’”部分所提到的几个或全部特征时。然而，从 ISO 对质量的定义来看，软件质量包括隐含的和明确的需求。而且，敏捷软件开发四条价值中的第二条指出“工作的软件高于详尽的文档”。因此，在组织或团队层面上，利益相关者需要评估哪些类型的需求需要创建具体的文档，哪些需求能够通过对性能和需求的解读推断出来。

举例说明，在一个组织严密的团队中，所有的 SAS 从业人员都知道每个人的优缺点，了解并相信各自的技术能力。如果团队成员技术过硬，并且对哪些质量特征能推进高效能软件的开发了如指掌，那么类似“通过动态 SAS 宏代码模块化创建软件”的需求就显得多此一举，而且如果单独在需求文档中指明这一点，就会显得特别突兀。尤其是在那些配合高效默契的团队中（参照质量模型，确定是否在软件定义中添加技术性需求），我们在技术中完全没有必要过多地提及性能。

质量评估

质量值得追求，但多大的雄心壮志都无法征服一场漫无目的的旅途——一场没有目标、没有终点的旅途。当我背包穿越中美和南美时，我根本不知道自己会搭乘哪辆大巴或出租车，也不知道自己将在何处露宿，但我知道自己的终点在哪：几个月后从布宜诺斯艾利斯起飞。由于航班是确定的，因此这是一个非常清楚的目标，我要么赶上飞机，要么错过，要么改签延长旅行。在旅途中，我不断地调整线路、旅行方式及游览地点，以确保我能准时到达布宜诺斯艾利斯。

对软件质量的追求是一个复杂而曲折的过程，但它应该有一个确定的目标和方向。SAS 从业人员通过性能需求能够知道软件中必须包含哪些质量特征。即便在进行迭代、快速开发的敏捷开发环境中，预期的功能和性能在每个带有时间限制的迭代中都是确定的。性能需求不仅能指导和推动设计与开发过程，而且在软件完成及操作过程中，能够用于质量评估的实现程度。

在介绍动态性能需求的章节中，“评估”部分介绍了定性和定量评估性能的方法。相比于静态性能需求，动态性能需求更容易进行定量评估。我们可以规定软件必须在 15 分钟内创建完成；每小时能够处理 300 万观测结果；每月的故障次数不超过两次；或者适合在 Windows 而非 UNIX 环境中运行。动态性能需求不仅是可评估的，还是可观测的，因此，在需求文档中，通常它们所占的比重要超过静态性能属性。

静态性能需求通常比较适合进行定量、间接性的评估。例如，通过计算每个宏中的行数或确定所有的子进程，生成返回代码向父进程提示成功或故障信号，我们便可以大体估算模块化。然而，模块化更有可能被表述为软件的一大优点，因此，会进行定量评估。一些开发环境同样会追踪特定代码模块重复利用的次数以及模块代码的容量，或者追踪能够提供重复利用指标、借以推断复用性的软件。但对添加（或排除）静态性能需求的最佳评判来自资深的 SAS 从业人员，他们能检测代码，识别质量特征。

接下来要讲什么

在第 3 章中，我们会通过促进软件的交流介绍支撑可靠性、稳健性及模块化软件设计。软件稳健性的提升是通过识别和处理单个 SAS 语句及自动宏变量的返回码。用户生成的返回码能够促进 SAS 母模块和子模块之间的交流，是能够促进 SAS 不同会话和批量处理之间交流的控制台。

03 Chapter

第 3 章 通信交流

看到危地马拉在丛林高处建的树屋，我对“爬上床”这个短语有了新的认识，目睹了玻利维亚完全拿盐块建造的旅店，耳闻了阿根廷畜牧场的奶牛哞哞叫到深夜，在我背包到国外旅行的过程中，我发现了一条住宿的真理：越偏僻的地方，可能越需要注意与外界的通信交流。

旅途中没有信号也是可能会发生的事情，但与其说是苦行者的选择，不如说是被迫的，因为现在的网络连最偏远的住所和场所都覆盖了。背包旅行的互动性越来越强，因此，从某种意义上来讲，在国外比在家里更容易与他人互动。背包客看起来好像必须要保持 Skype、Facebook、Twitter、Instagram、Snapchat 及邮箱的在线状态，随时上传照片和视频，以向他人证明你过得非常愉快。

但是有些通信交流并不仅仅意味着游客在社交媒体上获得愉悦感。

我在危地马拉碰到了几个欧洲人。之后，我们发现自己在相同的时间内分别会在其他 3 个不同的国家，相互通过信息联系，最后在秘鲁会面。

查看电子邮件后，我发现通往哥伦比亚背包客栈的山路被冲垮了，所以我重新预订了其他地方的酒店，避免了自己在泥水中跋涉。

查看了 Facebook 之后，我知道一个朋友刚刚生了孩子，因此，我在厄瓜多尔给她买了一件手工毛毯。

我在秘鲁的阿雷基帕遇上了大雾，错过了去往复活节岛的航班，因此，我到酒店取消了预订的房间，决定继续去智利旅行。而且，当在布宜诺斯艾利斯查看了银行账户之后，我决定放弃继续冒险，选择如期回家。

■ ■ ■

在背包旅行中，如果未能与他人进行通信交流，我可能会错失许多机会，遇到很多危险，总之，我可能会被现实世界遗忘。如果没有通信交流，我的旅行可能不会这样圆满，在某些情况下，通信交流使旅行的价值得到了最大体现。

通信交流使我们能够发送一封电子邮件即可预订哥伦比亚的背包客栈，20 分钟就能在网上订一张机票。软件通常将参数传送给 SAS 宏和程序以提升功能性，如果没有这些行动命令——机票或参数，我们就不会开启冒险之旅。

另外，通信交流都是双向的，通常能提供一个确认功能。预订成功的电子邮件会让我知道自己已经成功地完成预订，可以放心地做其他事情了。软件中的返回码能证明程序的顺利进行，让父进程知道子进程顺利启动并成功完成任务。

在其他情况下，通信交流带来的可能是“不幸的”消息——某条路被冲垮了，或者连续几天会有大雾，但这些“不幸的”消息是非常有价值的。在生活及软件中，借助前摄的交流模式，我们可以规避、降低或消除一些风险。当故障或能够导致故障发生的一些情况被检测并发送出去之后，软件有时依然能借助动态异常处理例程实现全部的商业价值。

但如果故障是突然发生的、毫无征兆的，例如，你无比伤心地发现自己一个周末都不能玩 Rapa Nui，那么交流会帮助你找到其他的替代品。我错过了现场观看摩艾石像的机会，但偶然在智利的瓦尔帕莱索考古学博物馆中看到了一个。另外，软件中的通信交流能指示何时终止某个程序或操作，以避免资源浪费。

每一个背包客都不是孤立的，因为会有更多的人源源不断地加入背包旅行中，他们相互交流信息，几周或几个月后再次相聚，相互分享所见所感之后继续上路。同样的，平行处理包括独立的处理过程，这些独立的处理过程在达成共同目标时可能会采用分散或协调的路径，因此，各个处理过程之间的交流是非常有必要的，它能安排进度，协调结构，排解问题以保证进程有序进行。

尽管以上案例主要介绍内部交流，但外部交流同样也是非常重要的。银行业务活动、求职活动及购买毛毯活动等让我从自我陶醉的状态回到现实世界中，而且这些活动确保我没有返回到杂乱的生活中。软件并不只是内部的交流——它也需要外部交流，需要将程序的效果、故障及性能指标告知利益相关者。

返回码

返回码是软件记录和传输性能指标的首选方法。Base SAS 语言能生成反映常态或非常态（或异常）功能的返回码，若 SAS 代码语法结构正确，但在运行过程中遇到异常情况，通常，日志中就会记录一条提示、警告或“运行时错误”，一个或多个自动返回码就会自动更新。例如，如果 LIBANME 语句提示一个无效的逻辑位置，那么日志中会生成一条提示，SAS 自动宏变量 &SYSLIBRC 就会设置为一个负值。

当 SAS 代码遇到语法错误时，日志会显示“运行时错误”，同时一个或多个返回码更新。如果 LIBNAME 陈述中包含一个语法错误，如遗漏了定义 Library 的引号，那么日志中就会记录一个“运行时错误”，&SYSLIBRC 值会设置为正值。在生产型软件中，上述语法错误在开发和测试阶段就应该纠正，从而避免在软件操作过程中再遇到此类错误。因此，在生产型软件中，返回码主要用于检测环境及其他可能会发生的异常情况，以及验证软件的性能及完成情况。例如，异常情况的处理和传递能有效提升自动防故障装置路径的性能（第 11 章会讲到）。

就像 SAS 自动宏变量作为 SAS 程序、函数、计算机程序指令及 DATA 步骤的返回码一样，用户生成的返回码所起到的作用是沟通交流、验证 SAS 宏。通过在宏中创建一个通用的宏变量，与该宏性能相关的信息会传送回调用该宏的父进程中。验证某个宏或其他 SAS 程序准确完成能够表明该程序的顺利进行，之后程序可以相继启动。当返回码用于异常情况处理框架时，它便能够促进动态的、数据驱动型的程序，在运行过程中灵活应对运行环境。

SAS 中的虚拟返回码

对于比较熟悉第三代语言（3GL）的软件开发人员来说，前面对返回码的解释可能会显得不充分或不准确。实际上，在许多软件语言中，“返回”程序指令的目的是提示终止某个参数，即从子进程向父进程返回某个或某些值。在 SAS 中，系统生成的返回码确实会执行这个功能，然而，%RETURN 宏函数“造成当前运行宏的终止”，但实际并不会返回任何内容。Base SAS 中没有固有的方法用来返回宏的值。

考虑到这种限制，Base SAS 中不能生成真正的返回码，因而需要编写返回码。通过在 SAS 宏中启用通用宏变量，信息能够有效地从子进程传递到父进程中。尽管与其他计算机语言相比，这样做的效率较低，且安全性较差，但确实发挥了它应有的作用，同时，该限制不应该妨碍 SAS 从业人员在其软件中执行返回码。

编写返回码的一个缺点是违反松耦合——通用宏变量一旦创建，所有的子进程便都可调用，而并非只是调用该宏的父进程。因此，软件必须确保所有通用宏变量定义的独特性，以避免它们之间相互影响或干扰其他程序。实现这种安全性的一个方法是将宏名称作为返回码变量名称的基础。在下面的案例中，%CHILD 宏会产生 &CHILDRC 返回码：

```
%macro child();
%let syscc=0;
%global childRC;
%let childRC=GENERAL FAILURE;
```

```
* do some process;
%if &syscc=0 %then %let childRC=;
%mend;
```

编写返回码的另一个缺点是返回码的持续存在性，它会一直存留在以前的程序或在同一 SAS 会话运行的上一项目中。例如，如果代码未将返回码初始化为默认值，那么上一个操作的值可能会继续存留在当前的运行环境中，从而影响该返回码及结果。如前所述，在宏初始阶段将返回码设定为一种故障状态，或者仅在过程已经被证实成功之后再指定一个有效的返回码，通过这两种方式均可以消除上述漏洞（第 11 章会具体讲解）。

系统数字返回码

SAS 系统生成的自动宏变量扮演着多个角色，它们能帮助我们了解 SAS 运行环境及操作系统（OS），控制 SAS 的操作运行方式，记录性能指标。自动宏变量的子集包括描述软件性能的返回码，如特定 SAS 程序指令或功能的成功与失败。在执行过程中出现的警告或运行错误通常会自动地存储在返回码中。返回码一个主要的优点是，它们能够自动驱动动态处理过程，而无须手动识别错误，这避免了 SAS 从业人员费时费力地分析日志结果以搜索出故障或证实软件的成功运行。

《SAS 9.4 宏语言：参考（第 4 版）》（*SAS 9.4 Macro Language: Reference, 4th ed*）中涵盖了多数 SAS 自动宏变量，其余的 SAS 自动宏变量则出现在《SAS 9.4 SQL 程序用户指南（第 3 版）》（*SAS 9.4 SQL Procedure User's Guide, 3rd ed*）中。

数字返回码

&SYSERR 系统错误表示最近运行过程中的错误代码，在每个边界步骤中会重置该错误代码。

&SYSCC 系统当前代码指整个 SAS 工作中产生的最高错误代码，该代码在 SAS 会话中不会进行重置。

&SQLRC SQL 返回码表示最近的 SQL 程序指令——是指令而不是程序——是否被正确执行。

&SYSFILRC 系统文件返回码指 FILENAME 程序指令是否被正确执行。

&SYSLIBRC 系统数据库返回码指 LIBNAME 程序指令是否被准确执行。

&SYSLCKRC 系统锁定返回码指 LOCK 程序指令是否被准确执行。

&SYSRC 系统返回码记录的是与 OS 运行环境直接互动的程序指令的状态，如 X、SYSEXEC、SYSTASK 和 WAITFOR。

SYSRC() 尽管从技术层面来讲系统返回码是一个函数而不是一个返回码，但它返回的是最近执行的输入 / 输出（I/O）函数的状态。

&SYSERR

&SYSERR 宏变量是一个非常重要的返回码，它能显示最近执行过程的成功与失败。下面的输出结果显示的是一个成功的、创建 Final 数据集的 DATA 步骤，由于没有出现任何警告或错误，因此，&SYSERR 的值设置为“0”：

```
data final;
   set original; * data set exists;
run;

NOTE: There were 1 observations read from the data set WORK.ORIGINAL.
NOTE: The data set WORK.FINAL has 1 observations and 0 variables.
NOTE: DATA statement used (Total process time):
      real time           0.01 seconds
      cpu time            0.01 seconds

%put SYSERR: &syserr;
SYSERR: 0
```

若以下输出中，Original 数据集不存在，那么 &SYSERR 将设置为“1012”，这表示 SAS 总体的错误条件：

```
data final;
   set original;
ERROR: File WORK.ORIGINAL.DATA does not exist.
run;

NOTE: The SAS System stopped processing this step because of errors.
```

```
WARNING: The data set WORK.FINAL may be incomplete. When this
step was stopped there were 0 observations and 0 variables.
WARNING: Data set WORK.FINAL was not replaced because this step was
stopped.
NOTE: DATA statement used (Total process time):
      real time            0.01 seconds
      cpu time             0.01 seconds

%put SYSERR: &syserr;
SYSERR: 1012
```

&SYSERR 宏变量是只读模式，开发人员无法直接复制该变量，因此，&SYSERR 通常会包含准确值，然而，通过错误的业务逻辑，可以手动将读写自动化宏变量重置为一个无效的非错误条件。&SYSERR 在每一个步骤边界之后都会进行重置，包括 DATA 步骤及程序。需要特别注意的是，如果两个程序按顺序执行，在程序执行之后评估 &SYSERR 值时，只能评估第二个程序的状态。因此，如果测试和调试序列化的单片 SAS 代码，可能需要重复检查 &SYSERR 的值，以确保能够识别或分离出有故障的程序。

然而，许多特定的故障类型只有借助具体的返回码才能识别。例如，FILENAME 程序指令出现了错误，&SYSERR 依然是“0”（表示操作没有任何错误），这是因为 &SYSFILRC 捕获了异常情况的信息。当 SAS 代码用于宏框架时，尤其需要利用所有相关的返回码来捕获全部的故障信息。例如，当软件遭遇错误情况“T”时，是很麻烦的事情？在下面的例子中，“5”被错误拼写为“T”，尽管宏已进行编译，但依然发生了故障：

```
%macro test;
%let syscc=0; * required to reset SYSCC any time it will be assessed;
data final;
%do i=1 %to T; * software defect in which T should have been 5;
   length char&i $10;
   %end;
run;
%mend;
```

当该代码运行时，DATA 步骤就会出现故障，日志中只会出现提示信息，而此时，&SYSERR 会显示无错误运行。只有 &SYSCC 会准确捕获引起故障的语法错误：

```
%test;

NOTE: The data set WORK.FINAL has 1 observations and 0 variables.
NOTE: DATA statement used (Total process time):
      real time           26.44 seconds
      cpu time            0.90 seconds

ERROR: A character operand was found in the %EVAL function or %IF
condition where a numeric operand is required. The condition was: T
ERROR: The %TO value of the %DO T loop is invalid.
ERROR: The macro TEST will stop executing.

%put SYSERR: &syserr;
SYSERR: 0
%put SYSCC: &syscc;
SYSCC: 1012
```

该代码依然会创建数据集，但由于 LENGTH 程序指令没有运行，因而没有任何变量。对于这种“悲壮”的故障，必须使用 &SYSCC 来捕获错误，因为 &SYSERR 根本不会显示这一故障。

&SYSCC

&SYSCC 自动宏变量代表的是 SAS 会话中遇到的警告或“运行时错误”的最大值。例如，如果遇到的“运行时错误”的值是“1012”和“1014”，那么 &SYSCC 会设置为“1014”，而“1012”错误则会被掩盖。&SYSCC 是累积的，这一点与 &SYSERR 截然相反。当 SAS 边界步骤相互交叉时，&SYSERR 会自动重置，因此，即使 &SYSERR 已经重写为“0”，&SYSCC 也会显示出过去某一时刻所发生的警告或错误。&SYSCC 不能识别全部的错误，因此，经常需要结合其他返回码对它进行检查。例如，当 LIBNAME 程序指令发生故障时，SAS 日志中会出现一条提示，而 &SYSCC 无法以编程方式发现这条提示，只能通过 &SYSLIBRC 发现。

当运行以下代码时，LIBNAME 程序指令会发生故障，因为 C:\neverland 目录不存在，因此，&SYSLIBRC 呈现出来的是一个负值，在后续 LIBNAME 程序指令重置 &SYSLIBRC 之前，该负值会一直存在：

```
%let syscc=0;
libname lib 'c:\neverland\';
NOTE: Library LIB does not exist.

%put SYSCC: &syscc;
SYSCC: 0
%put SYSLIBRC: &syslibrc;
SYSLIBRC: -70008

data lib.mydata;
       length char1 $10;
run;

NOTE: Variable char1 is uninitialized.
ERROR: Library LIB does not exist.
NOTE: The SAS System stopped processing this step because of errors.
NOTE: DATA statement used (Total process time):
      real time           0.01 seconds
      cpu time            0.01 seconds

%put SYSCC: &syscc;
SYSCC: 1012
%put SYSLIBRC: &syslibrc;
SYSLIBRC: -70008
```

由于 LIBNAME 程序指令出现故障，因此，无法找到 LIB.Mydata 数据集，且 DATA 步骤会引起运行错误。尽管这是由上一个 LIBNAME 程序指令故障间接造成的，但 &SYSCC 在出现故障之后只能设置为一个错误代码。&SYSCC 应该用于发现和处理那些不宜捕获的常见或未知错误，但需要注意的是，该代码需要与其他错误返回码结合使用。例如，如果能首先使用 &SYSLIBRC 值评估异常情况处理，就能够发现定义逻辑库时发生的错误，而且，通过动态执行能规避 DATA 步骤故障。

需要注意的是，&SYSCC 必须初始化为“0”，以确保它的值不会从上一个程序运行中存留下来。由于 &SYSCC 具有累积性，因此，它在 SAS 会话中不会自动重置。例如，某个 SAS 从业人员可能运行了上述代码（收到"1012"错误），吃完午饭之后又在同一个 SAS 会话中运行了一个不相关的程序，即使第二个程序运行顺利，但 &SYSCC 的值仍然会是"1012"。以下代码模拟了第二个在同一会话中运行的后续不相关程序：

```
data final;
   set original;
run;

NOTE: There were 1 observations read from the data set WORK.ORIGINAL.
NOTE: The data set WORK.FINAL has 1 observations and 0 variables.
NOTE: DATA statement used (Total process time):
      real time            0.01 seconds
      cpu time             0.00 seconds

%put SYSCC: &syscc;
SYSCC: 1012
```

由于 SAS 应用程序永远不会自动重置 &SYSCC，因而会出现逻辑错误，导致某个程序的错误代码继续存留并影响同一会话模式下运行的其他程序。为了克服这种持续存在性，又因为 &SYSCC 是一个可读写变量（与 &SYSERR 不同），因此，&SYSCC 在执行和测试之前，需要重置为"0"。修改过的代码目前能准确反映出 DATA 步骤没有出现任何错误：

```
%let SYSCC=0;
data final;
   set original;
run;

NOTE: There were 1 observations read from the data set WORK.
ORIGINAL.
NOTE: The data set WORK.FINAL has 1 observations and 0
variables.
NOTE: DATA statement used (Total process time):
      real time            0.01 seconds
```

```
        cpu time                0.00 seconds

%put SYSCC: &syscc;
SYSCC: 0
```

关于 &SYSCC，最后需要指出的一点是，由于只保留最高的错误值，因此，当出现多个错误时，数值较低的错误就会被掩盖。例如，当出现一般的错误时，&SYSCC 会设置为“1012”。然而，如果继续执行且 SAS 应用程序内存已满时，&SYSCC 便会被重写覆盖，设置为“1016”。另外，如果“1016”错误值出现在“1012”之前，那么 &SYSCC 会设置为“1016”，而不会反映出“1012”，因为它已经被覆盖了。这同样又说明在后续进行评估之前，需要将 &SYSCC 重置为“0”。

执行最小异常情况处理的一个方法是，在程序启动之初将 &SYSCC 重置为“0”，而在程序结束时测试它的值。在以下虚拟的提取 – 转换 – 加载（ETL）框架中，任何 &SYSCC>0 就表明出现了警告或错误，进而需要仔细查看日志：

```
%let SYSCC=0;

%macro extract;
%mend;

%macro transform;
%mend;

%macro load;
%mend;

%extract;
%transform;
%load;

%put SYSCC: &syscc;
```

在实际的 ETL 基础结构中，&SYSCC 在程序结束时的非零值可能会使程序日志文件自动保存下来，便于开发人员能够通过浏览该文件分析任何警告或“运行时错误”。如果没有发生任何故障，日志文件就会自动删除。&SYSCC 的一个比较稳健的操作可能是不断地重置及测试其在单个程序内的值。例如，在模块化代码中，宏一旦被调用，&SYSCC 就会重置为“0”，它的值会在宏结束之前被评估，这一操作与上述案例是相同的，但该操作旨在模块级别重复发生时更好地分离出错误发生的位置及原因。而且，一旦识别错误，程序流程就会终止或改变方向，以避免程序因遭受连环错误而发生故障（第 6 章会详细讲解）。

&SQLRC

&SQLRC 自动宏变量功能与 &SYSERR 相似，但不同之处在于，&SQLRC 适用于 SAS 程序及 DATA 步骤，仅表示 SQL 程序中最近运行的 SQL 程序指令的状态。需要注意的是，&SQLRC 仅在 SQL 程序指令之后重置，而不是 SQL 程序——每一个程序都包含多个 SQL 程序指令。与 &SYSERR 不同，&SQLRC 是可读写的，若在同一个 SQL 程序内被多次评估，则需要重置为“0”。然而，由于 &SQLRC 未超出 SQL 程序边界，因此，在 SQL 程序内的第一个 SQL 程序指令之前，&SQLRC 无须重置为“0”。

以下输出信息的目的是确定数据集中观测数据的数量，但由于 Original 数据集不存在，因此目的未能达成。需要注意的是，由于 &SYSCC 是可读写的，也是可累积的，因此，它必须重置为“0”，然而，&SQLRC 在单独使用时则无须进行重置。另外还需要注意，&SQLRC 值为“8”表示的是 SQL 执行过程中的一般性错误：

```
%let syscc=0;

proc sql noprint;
    select count(*)
    into :obstot
    from original;
quit;
ERROR: Table WORK.ORIGINAL doesn't have any columns. PROC SQL requires
each of its tables to have at least 1 column.

%put SYSERR: &syserr;
SYSERR: 1012
%put SYSCC: &SYSCC;
SYSCC: 1012
```

```
%put SQLRC: &SQLRC;
SQLRC: 8
```

&SQLRC 的一个特性是在每个 SQL 程序指令之后都需要对它进行重置，即便是在同一个 SQL 程序内，也需要重置。由于一个 SQL 程序中包含多个 SQL 程序指令，因此，如果在 SQL 程序结束时评估 &SQLRC，它将反映的是最近一个程序指令的成败。在下面代码中，由于 Nodatanodatanodata 数据集不存在，因此，第一个 SQL 程序指令未能正常运行，&SQLRC 暂时设置为“8”：

```
data temp;
   length char1 $10;
run;

%let syscc=0;
proc sql noprint;
   select count(*)
   into :obstot1
   from nodatanodatanodata; * data set does not exist *;
%put SQLRC: &sqlrc;
%put SYSCC: &syscc;
   select count(*)
   into :obstot2
   from temp;
quit;
%put SQLRC: &sqlrc;
%put SYSCC: &syscc;
```

由于第二个 SQL 程序指令顺利运行，&SQLRC 又从 8 重置为 0，从而掩盖了上一个错误。此外，&SYSCC 仅在步骤边界之后设置，因此，在故障后面（但在 QUIT 程序指令之前）的 &SYSCC 值会误保留为“0”。直到在 QUIT 之后，&SYSCC 才能正确地反映出前一个 SQL 程序指令的错误：

```
%let syscc=0;
proc sql noprint;
   select count(*)
   into :obstot1
   from nodatanodatanodata; * data set does not exist *;
```

```
ERROR: File WORK.NODATANODATANODATA.DATA does not exist.
%put SQLRC: &sqlrc;
SQLRC: 8
%put SYSCC: &syscc;
SYSCC: 0
    select count(*)
    into :obstot2
    from temp;
quit;
%put SQLRC: &sqlrc;
SQLRC: 0
%put SYSCC: &syscc;
SYSCC: 1012
```

如上所述，&SYSCC 能检测到包含单个或多个程序指令的 SQL 程序中的故障，但 &SYSCC 无法分离出 SQL 程序中发出警告或“运行时错误”的位置。因此，为了更明确地评估多指令的 SQL 程序，可以评估每个 SQL 程序指令之后的 &SQLRC。

&SYSFILRC

自动宏变量 &SYSFILRC 表示最近 FILENAME 程序指令的顺利运行或故障，若 FILENAME 运行正确，则 &SYSFILRC 为“0”。在另一本书中讲到的一样，FILENAME 程序指令的一个用途是评估某个数据集是否被其他用户或过程锁定。以下代码能确定 WORK.Temp 数据集中保存的是共享锁定还是排他锁定。如果没有锁定，那么数据集可以随意获取使用：

```
data temp;
    length char $10;
run;

%let syscc=0;
%let lib=work;
%let tab=temp;
%let fil=%sysfunc(pathname(&lib))\&tab..sas7bdat;
filename myfile "&fil";
data _null_;
```

```
    excl=fopen('myfile','U');
    if excl=1 then call symput('LOCK','None');
    else do;
       shared=open("&lib..&tab");
       if shared=1 then call symput('LOCK','Shared');
       else call symput('LOCK','Exclusive');
       end;
run;
%put LOCK: &lock;
%put SYSFILRC: &sysfilrc;
%put SYSCC: &syscc;
```

在运行过程中，FILENAME 程序指令顺利进行（&SYSFILRC 是“0”），且数据集没有被锁定（&LOCK 是 None）。如果 Temp 数据集不存在，也未出现“运行时错误”，但 &SYSFILRC 会设置为“1”以反映 FILENAME 程序指令中存在一个异常情况。以下输出信息进一步说明 &SYSCC 的值没有受到 &SYSFILRC 或其他文件丢失的影响：

```
%put LOCK: &lock;
LOCK: None
%put SYSFILRC: &sysfilrc;
SYSFILRC: 1
%put SYSCC: &syscc;
SYSCC: 0
```

由于未检查 &SYSFILRC，输出信息错误地显示 Temp 数据集中没有锁定，其实数据集并不是没有锁定，而是丢失了。当 FILENAME 程序指令出现异常情况时，FOPEN 函数会创建 Temp.sas7bdat 文件，该文件反过来也会（通过 OPEN 功能）显示为未锁定状态。这显示了 &SYSFILRC 在 FILENAME 引用一个丢失文件时的一个重要特点，即生成一个返回码“1”，但是，生成的文件参考是有效的，其一旦被 FOPEN 引用，就会创建出已丢失的文件。这种循环逻辑是非常有必要的，由于要从头开始创建丢失的文件，因此，FOPEN 需要一个 FILENAME 程序指令生成的有效文件参考。“互斥和信号量”部分会进一步解释逻辑错误的必要性。

若在 FILENAME 程序指令之后立即评估 &SYSFILRC，便会阻止 FOPEN 执行并产生这一故障，而且，尽管创建的文件（Temp.sas7bdat）目前确实出现在 WORK 文

件库中，但它实际并不是一个真实存在的 SAS 数据集，因此，它不能在 SAS 中打开或删除，只能通过 OS 删除。

FILENAME 程序指令的另一个常见用途是创建连接 OS 的管道命令，但是，&SYSFILRC 宏变量此时是以不同的方式运行的。在下面的代码中，%GET_FILELIST 宏接受一个参数化的文件内容目录，并创建一个空格分隔的宏变量（&FILELIST），该变量包含该文件内容目录中的所有文件。这是一个非常有效的工具，然而，如下面的输出所示，若参数中指定一个不存在的文件内容目录（C:\neverland），那么这一异常情况会出现在 SAS 日志中，而不会显示在 &SYSFILRC 中，&SYSFILRC 值为“0”则表示“顺利运行”：

```
%macro get_filelist(dir=);
%let syscc=0;
%local i;
%local fil;
%global filelist;
%let filelist=GENERAL ERROR;
filename f pipe "dir /b &dir*.sas";
data _null_;
   length filelist $10000;
   infile f truncover;
   input filename $100.;
   filelist=catx('',filelist,filename);
   call symput('filelist',filelist);
   retain filelist;
run;
%mend;

%get_filelist(dir=c:\neverland\);

NOTE: The infile F is:
      Unnamed Pipe Access Device,
      PROCESS=dir /b c:\neverland\*.sas,RECFM=V,
      LRECL=32767

Stderr output:
```

```
The system cannot find the file specified.
NOTE: 0 records were read from the infile F.
NOTE: DATA statement used (Total process time):
      real time           0.05 seconds
      cpu time            0.01 seconds

264 %put SYSCC: &syscc;
SYSCC: 0
265 %put SYSERR: &syserr;
SYSERR: 0
266 %put SYSFILRC: &sysfilrc;
SYSFILRC: 0
```

为了克服 &SYSFILRC 的这一缺点，首先需要使用一个不包含 PIPE 命令的 FILENAME 程序指令证实文件内容目录的存在，只有确认了该文件目录的存在，才能发布第二个包含 PIPE 命令的 FILENAME 程序指令。

&SYSLCKRC

自动宏变量 &SYSLCKRC 能显示最近 LOCK 程序指令的顺利运行，LOCK 程序指令以往用于显示数据集未被使用，仅能通过某个程序打开。由于 LOCK 程序指令在 Base SAS 软件中的显示缺乏完整性，且通常会生成无效的结果，因此，LOCK 程序指令及 &SYSLCKRC 应该只能用在 SAS/SHARE 环境中，但仅用于说明遗留的 SAS 代码。“互斥和信号量”部分会介绍一个替代 LOCK 功能的方法。

以下内容显示的是 LOCK 程序指令的传统用法——获取 PERM.Final 数据集上的排他文件锁定，从而使其他程序或用户（理论上）无法获取该数据集：

```
data perm.final;
   length char $10;
run;

NOTE: The data set PERM.FINAL has 1 observations and 1 variables.
NOTE: DATA statement used (Total process time):
      real time           0.01 seconds
      cpu time            0.01 seconds

lock perm.final;
```

```
NOTE: PERM.FINAL.DATA is now locked for exclusive access by you.

%macro test;
%if &SYSLCKRC=0 %then %do;
    proc sort data=perm.final;
        by char;
    run;
    %end;
lock PERM.final clear;
%mend;

%test;

NOTE: There were 1 observations read from the data set PERM.FINAL.
NOTE: The data set PERM.FINAL has 1 observations and 1 variables.
NOTE: PROCEDURE SORT used (Total process time):
      real time           0.14 seconds
      cpu time            0.01 seconds

NOTE: PERM.FINAL.DATA is no longer locked by you.
```

在许多情况下，LOCK 程序指令确实能够成功地锁定引用的数据集，阻止其他用户或 SAS 会话获取该数据集。然而，在某些情况下，即便数据集被另一个 SAS 会话独家锁定，但 LOCK 程序指令也会产生一个值为“0”的 &SYSLCKRC。假设出现不一致的情况，则不推荐使用 LOCK 程序指令。

&SYSLIBRC

自动宏变量 &SYSLIBRC 显示的是最近的 LIBNAME 程序指令的成败，如果 LIBNAME 指派一个有效的文件库，则 &SYSLIBRC 显示为“0”。LIBNAME 的一个动态用途是为运行的 SAS 程序的逻辑位置指定一个文件库。例如，如果 SAS 程序 C:\SAS\temp\test.sas 在 SAS 显示管理系统中运行，那么开发人员可能希望将 SAS 文件库 CURRENT 指派到 C:\SAS\temp：

```
* must be saved to a named SAS program to execute;
%let syscc=0;
%let path=%sysget(SAS_EXECFILEPATH);
```

```
%let path=%substr(&path,1,%length(&path)-%length(%scan(&path, -1,\)));
libname current "&path";
%put SYSLIBRC: &SYSLIBRC;
%put SYSCC: &syscc;
```

以下代码使用的是CURRENT文件库，由于LIBNAME程序指令运行正确，因此，&SYSLIBRC 的值设置为“0”：

```
libname current "&path";
NOTE: Libref CURRENT was successfully assigned as follows:
      Engine:        V9
      Physical Name: C:\SAS\temp
%put SYSLIBRC: &SYSLIBRC;
SYSLIBRC: 0
%put SYSCC: &syscc;
SYSCC: 0
```

但是，如果 LIBNAME 程序指令错误地引用了 &PATCH，而非 &PATH，SAS 会产生一个警告，因为它无法解析宏变量 &PATCH。宏变量 &SYSCC 会检测并显示这一警告，警告代码显示为“4”。另外，该错误会导致 LIBNAME 程序指令的运行故障，&SYSLIBRC 的值为负数便反映出程序指令运行故障。

```
libname current "&patch";
WARNING: Apparent symbolic reference PATCH not resolved.
NOTE: Library CURRENT does not exist.
%put SYSLIBRC: &SYSLIBRC;
SYSLIBRC: -70008
%put SYSCC: &syscc;
SYSCC: 4
```

从编程方式来讲，可以借助几个方法检测这些故障。例如，可以使用 %SYMEXIST 评估宏变量 &PATH，以确定它是否丢失，或者使用 %LENGTH 评估 &PATH 是否有一个零字符长度。继 LIBNAME 程序指令之后，还可以验证 &SYSCC 的值以避免在出现警告或“运行错误”时，后续代码继续执行。然而，最可靠的方法是在 LIBNAME 程序指令之后评估 &SYSLIBRC，如果值不是“0”，则需终止程序或跳过后续需要引用 CURRENT 文件库的程序。

例如，C:\neverland 文件目录在以下代码运行时不存在，&SYSLIBRC 的值会显示为负数，反映出异常情况。由于这是一个异常情况，而不是出现了“运行时错误”，因此，&SYSCC 依然显示为“0”：

```
%let syscc=0;
libname current "c:\neverland";
WARNING: Library CURRENT does not exist.
NOTE: Libref CURRENT was successfully assigned as follows:
      Engine:        V9
      Physical Name: c:\neverland
%put SYSCC: &syscc;
SYSCC: 0
%put SYSLIBRC: &syslibrc;
SYSLIBRC: -70008
```

在稳健的设计中，&SYSLIBRC 值应在 LIBNAME 程序指令之后立即进行评估，其他的异常情况处理应该监测 &SYSCC 和整个运行过程中其他相关自动宏变量。

&SYSRC

&SYSRC 自动宏变量能够记录与 OS 运行环境直接进行互动的程序指令的状态，如 X、SYSEXEC、SYSTASK 及 WAITFOR。尽管本书中未详细介绍，但 &SYSRC 在这些程序指令成功完成之后会显示一个“0”值。由于 &SYSRC 在后续 X、SYSEXEC、SYSTASK 或类似程序指令运行之前不能进行重置，而且该宏变量是可读写的，因此，在评估之前需要手动重置该变量的值，这一点与 &SYSCC 的初始化类似。

以下内容说明的是 Windows 运行环境中 X 程序指令获得初步成功，该指令的目的是将当前文件夹的内容输入到文本文件 Dir.txt，随后是一个因 DOS 命令“DIR”错误拼写为“DIRT”而造成的故障：

```
%let sysrc=0;
%let syscc=0;
data _null_;
   x "dir > dir.txt";
run;

NOTE: DATA statement used (Total process time):
      real time           1.66 seconds
      cpu time            0.07 seconds
```

```
%put SYSRC: &sysrc;
SYSRC: 0
%put SYSCC: &syscc;
SYSCC: 0
data _null_;
   x "dirt > dir.txt"
! ;
run;

NOTE: DATA statement used (Total process time):
      real time           0.77 seconds
      cpu time            0.07 seconds

%put SYSRC: &sysrc;
SYSRC: 9009
%put SYSCC: &syscc;
SYSCC: 0
```

&SYSCC 返回码不受 &SYSRC 值的影响，因此，必须通过评估 &SYSRC 处理这些程序指令中的异常情况。&SYSRC 宏变量在第 12 章“自动化”的“批量异常情况处理”部分讲述，它用于异常情况处理框架中显示 SYSTASK 程序指令的顺利运行。

SYSRC()

不要将 SYSRC() 函数与 &SYSRC 自动宏变量混淆，它返回的是最近运行的输入 / 输出（I/O）函数的完成状态。由于 I/O 函数通常是在 %SYSFUNC 宏函数中执行的，因此，SYSRC() 值可被保存为一个宏变量，并且可用于驱动异常情况处理的程序流。

以下代码及输出信息显示的是 Final 数据集中变量的数量：

```
%let dsid=%sysfunc(open(perm.final, i));
%let vars=%sysfunc(attrn(&dsid, nvars));
%let close=%sysfunc(close(&dsid));

%put VARS: &vars;
VARS: 1
```

然而，由于 OPEN 函数需要 PERM.Final 数据集的共享锁定，因此，如果某个独立的用户或 SAS 会话独自锁定该数据集，该代码便会出现故障：

```
%let dsid=%sysfunc(open(perm.final, i));
%let vars=%sysfunc(attrn(&dsid, nvars));
WARNING: Argument 1 to function ATTRN referenced by the %SYSFUNC
or %QSYSFUNC macro function is out of range.
NOTE: Mathematical operations could not be performed during %SYSFUNC
function execution. The result of the operations have been set to
a missing value.
%let close=%sysfunc(close(&dsid));

%put VARS: &vars;
VARS:
```

若 OPEN 发生故障，&DSID 便不会被赋值，因此，ATTRN 函数随后也会发生故障。补救措施是在执行类似 ATTRN 或 CLOSE 等后续相关动作之前，使用 SYSRC 函数测试 I/O 函数的返回码（与 OPEN 相似），由于 I/O 函数正常运行时返回的是“0”，因此，以下代码仅在 OPEN 顺利运行的前提下执行 ATTRN：

```
%macro test;
%let dsid=%sysfunc(open(perm.final, i));
%if %sysfunc(sysrc())=0 %then %do;
   %let vars=%sysfunc(attrn(&dsid, nvars));
   %let close=%sysfunc(close(&dsid));
   %end;
%else %let vars=FAILURE;
%put VARS: &vars;
%mend;

%test;
```

实现类似程序控制的另一个方法是在 OPEN 函数之后立即测试 &DSID，如果值是“0”（表示打开该数据集出现故障），则终止该过程。

系统字母数字返回码

SAS 字母数字返回码在这里不是必需的，因为它们仅反映 &SYSERR 的数字值。

此处虽然进行了介绍，但不建议使用这类返回码。

字母数字返回码

&SYSWARNINGTEXT 系统警告文本包括生成的最后一个警告信息。

&SYSERRORTEXT 系统错误文本包括最后一个生成的错误信息。

&SYSWARNINGTEXT

自动宏变量 &SYSWARNINGTEXT 包括当前 SAS 会话生成的或出现在 SAS 日志中的最近一个警告信息的文本。警告信息并不代表警告实际发生了。例如，用 %PUT 程序指令打印“WARNING: FAKE”将导致 &SYSWARNINGTEXT 改变为 FAKE，如以下输出信息所示。

```
%put BEFORE: &syswarningtext LENGTH: %length(&syswarningtext);
BEFORE:     LENGTH: 0
%put WARNING: FAKE;
WARNING: FAKE
%put AFTER: &syswarningtext    LENGTH: %length(&syswarningtext);
AFTER: FAKE     LENGTH: 4
```

以下输出内容显示的是引用了未初始化的宏变量 &NOTAREALMACRO 时发出的警告。

```
%put BEFORE: &syswarningtext LENGTH: %length(&syswarningtext);
BEFORE:     LENGTH: 0
%put &notarealmacro;
WARNING: Apparent symbolic reference NOTAREALMACRO not resolved.
&notarealmacro
%put AFTER: &syswarningtext    LENGTH: %length(&syswarningtext);
AFTER: Apparent symbolic reference NOTAREALMACRO not resolved.
     LENGTH: 55
```

由于 &SYSWARNINGTEXT 是只读的，只能在新的警告发出之后重置，因此，它不能手动重置为丢失。尽管该代码仅仅是在 SAS 日志中产生一个警告，但该代码的运行依然代表着一个故障，这是因为预期的变量没有显示出来。出于这个原因，在这种情况下，尽管丢失的宏变量在 SAS 日志中显示为“WARNING”，但它依然是一个错误，是“人为的错误”。

由于 &SYSWARNINGTEXT 不能被重置，该宏变量在 SAS 会话结束之前将一直保留在后续程序中。例如，运行上述代码之后，在同一 SAS 会话中将会继续独立运行以下有效的 DATA 步骤，这将会生成非常复杂的输出信息：

```
%let syscc=0;
data final;
   length char $10;
run;

NOTE: The data set WORK.FINAL has 1 observations and 1 variables.
NOTE: DATA statement used (Total process time):
      real time            0.03 seconds
      cpu time             0.03 seconds
%put SYSCC: &syscc;
SYSCC: 0
%put SYSWARNINGTEXT: &syswarningtext;
SYSWARNINGTEXT: Apparent symbolic reference NOTAREALMACRO not
resolved.
```

尽管将该 &SYSCC 重置为“0”，且没有遇到任何警告或“运行时错误”，但该代码还是会错误地显示在上一个不相关程序中保存下来的 &SYSWARNINGTEXT 值。

为了克服这一缺点并确保 &SYSWARNINGTEXT 仅在恰当的时候使用，代码应该仅在 &SYSCC=4 以及 &SYSCC 在程序启动之前重置时再引用 &SYSWARNINGTEXT。然而，如以下“&SYSWARNINGTEXT”部分所介绍的一样，由于在某些情况下，&SYSCC>4（表示存在错误）将掩盖一个警告代码，因此，没有程序化的方法能证实 &SYSWARNINGTEXT 是当前的、相关的。出于这一原因以及前述的一些缺点，我们并不推荐使用 &SYSWARNINGTEXT。

&SYSERRORTEXT

&SYSERRORTEXT 自动宏变量是特殊的，对它进行介绍的唯一理由是尽量避免使用它。它包括当前 SAS 会话中生成的或打印到 SAS 日志中的最近一次错误信

息的文本。一个错误信息并不表示出现了真正的“运行时错误”。例如，用 %PUT 程序指令打印“ERROR:FAKE”将导致 &SYSERRORTEXT 改变为 FAKE，如以下输出信息所示。

```
%put BEFORE: &syserrortext LENGTH: %length(&syserrortext);
BEFORE:     LENGTH: 0
%put ERROR: FAKE;
ERROR: FAKE
%put AFTER: &syserrortext LENGTH: %length(&syserrortext);
AFTER: FAKE    LENGTH: 4
```

下面的输出信息显示的是实际产生的“运行时错误”，该错误是因为 LENGTH 程序指令中增加的美元符号造成了语法错误。由于 &SYSERRORTEXT 宏变量是只读的，而且仅在新的错误出现时重置，因此，它无法手动重置为丢失的。

```
%put BEFORE: &syserrortext LENGTH: %length(&syserrortext);
BEFORE:     LENGTH: 0
data final;
length char $$10;
                      -
                      391
                      76
ERROR 391-185: Expecting a variable length specification.
ERROR 76-322: Syntax error, statement will be ignored.
run;

NOTE: The SAS System stopped processing this step because of errors.
WARNING: The data set WORK.FINAL may be incomplete. When this
step was stopped there were 0 observations and 0 variables.
NOTE: DATA statement used (Total process time):
      real time           0.08 seconds
      cpu time            0.06 seconds

%put AFTER: &syserrortext   LENGTH: %length(&syserrortext);
AFTER: 76-322: Syntax error, statement will be ignored.   LENGTH: 48
```

&SYSERRORTEXT 的另一个警告是它仅能捕获最后的“运行时错误”，而某些缺点会产生多个连续的“运行时错误”。在本例中，增加的美元符号会造成两

个连续的错误（“391-185” 及 “76-322”），因此，若在 DATA 步骤之后立即评估 &SYSERRORTEXT，则只有第二个错误 “语法错误，忽略程序指令将会——被保留下来。这非常令人遗憾，因为第一个错误程序指令相对更加有信息性：“希望获得一个变量长度规格”。

另外，&SYSERRORTEXT 还能隐藏 &SYSWARNINGTEXT 的使用。如前面 “&SYSWARNINGTEXT” 部分所述。&SYSWARNINGTEXT 应该仅在两种情况下被评估：在程序启动之前 &SYSCC 重置以及在程序完成之后 &SYSCC=4 时。在本例中，由于除了警告之外，还出现了错误，&SYSCC 被赋予了较高的错误值，而非警告值 “4”；从编程方式来看，没有办法确定 &SYSWARNINGTEXT 的值是当前的、相关的，因为 &SYSCC 设置为一个错误代码，而不是一个警告代码。

与 &SYSWARNINGTEXT 类似，&SYSERRORTEXT 的值会保留在整个 SAS 会话中，因此，不相关的 &SYSERRORTEXT 值将会影响后续不相关的程序。例如，执行完上述代码之后，一个独立的程序会执行 DATA 步骤，并在不出现任何 “运行时错误” 的情况下成功创建 FINAL2 数据集，&SYSERR 和 &SYSCC 的值均为 “0” 便显示出该程序未出现任何错误。然而，原始程序中 &SYSERRORTEXT 的值会保留在输出信息中，因为这个只读的宏变量无法重置。

```
%let syscc=0;
data final2;
   length num 8;
run;

NOTE: The data set WORK.FINAL2 has 1 observations and 1 variables.
NOTE: DATA statement used (Total process time):
      real time           0.03 seconds
      cpu time            0.03 seconds

%put SYSERR: &syserr;
SYSERR: 0
%put SYSCC: &syscc;
SYSCC: 0
%put SYSWARNINGTEXT: &syswarningtext;
SYSWARNINGTEXT: Data set WORK.FINAL was not replaced because
```

```
this step was stopped.
   %put SYSERRORTEXT: &syserrortext;
   SYSERRORTEXT: 76-322: Syntax error, statement will be ignored.
```

为了克服最后一个缺点并确保 &SYSERRORTEXT 仅在恰当的时候被评估，代码应该仅在两种情况下引用 &SYSERRORTEXT：&SYSCC>4 以及在程序启动之前 &SYSCC 立即重置。由于存在前述介绍的许多缺点且作用有限，不推荐使用 &SYSERRORTEXT。

用户生成的返回码

正如 SAS 系统返回码能显示 SAS 程序、DATA 步骤、函数及程序指令的成败，开发人员应该使用用户生成的返回码来验证自己的宏、进程及程序。在软件设计过程中，应该能够识别那些导致软件故障的漏洞，并确认哪些检测漏洞的程序可以推行到异常情况处理框架中。第 6 章介绍了防错性程序设计，并列举了一些看似简单的 SAS 程序中的漏洞案例，如阅读数据集。

一个软件的最佳操作是要求每个创建的宏都能至少产生一个返回码。在宏指令的第一行将 &SYSCC 赋值为“0”，并在宏结束时检查 &SYSCC 值，这样能够防御一些意想不到的故障，没必要评估子进程中的 &SYSCC 值，但要评估引用宏并依赖子进程顺利进行的父进程中的值。例如，在 DATA 步骤之前，可能想确认被引用的数据集不是空白的。

宏 %GETOBS 能够确定数据集中观测值的数量。如果因某些原因出现了故障，&GETOBS_RC 返回码会显示该故障。

```
data temp;
run;

* determines the number of observations in a data set;
%macro getobs (dsn= /* data set name is LIB.DSN or DSN
   format */);
%let syscc=0;
%global obstot;
%let obstot=;
%global getobs_rc;
```

```
%let getobs_rc=GENERAL FAILURE;
proc sql noprint;
   select count(*)
   into :obstot
   from &dsn;
quit;
%if &syscc>0 %then %let getobs_rc=something aint right!;
%else %let getobs_rc=; * empty shows success;
%mend;

%getobs(dsn=temp);
%put RC: getobs_rc;
RC: something aint right!
```

即便开发人员没有意识到 SQL 程序指令在数据集没有任何变量的情况下会发生故障（如 Temp），&SYSCC 也会捕获这一潜在的、不可预见的错误。“运行时错误”依然会发生，但调用 %GETOBS 的父进程将能够动态变更线路或稳健地终止，而不是受制于连锁故障。需要注意的是，返回码的命名应具有独特性，以避免它与其他程序的返回码混淆。第 11 章“重复宏变量”部分会讲到这一点。用户生成的返回码通常可通过两种方法进行操作：带内信号及带外信号，以下会对这两部分进行介绍。

带内信号

带内信号指通过现有渠道传递元数据，数据主要通过该途径转移。关于软件开发，带内返回码转移的是同一宏变量内的性能信息——元数据，否则数据就会被转移。带内返回码的一个优点是简单，因为无须创建一个单独的通用宏变量。“用户生成的返回码”部分举的例子是一个带外返回码（&GETOBS_RC），该返回码独立于 &OBSTOT 宏变量。相反，带内解决方案在出现异常情况或错误时能够将 &OBSTOT 的值指定为“有些事情不对劲”，从而使得 &OBSTOT 在观测数值计数不能保留的情况下包含观测数值的数量或错误信息。

带内返回码最大的缺点是它们必须能够与有效数据清清楚楚地区分开，若未区分开，有效数据可能会出现在宏变量中。例如，一个用于表示数据集中变量数量的宏变量将包含数值型数据，这使它自身能够通过字母数字数据表达附加的返回码值。字母数字返回码不会与有效数值数据混淆。

在上述“SYSRC()”部分介绍过一个用户生成返回码的例子。若 %TEST 宏发生故障，本地宏变量 &VARS 设置为 FAILURE。%GLOBAL 宏创建该返回码，%LET 程序指令将它的值初始化。初始化能够确保在 ATTRN 发生故障且 &VARS 未被设置为数据集中变量数量的情况下，故障能够显现出来。

```
%macro test;
%let syscc=0;
%global vars;
%let vars=GENERAL FAILURE;
%let dsid=%sysfunc(open(perm.final, i));
%if %sysfunc(sysrc())=0 %then %do;
   %let vars=%sysfunc(attrn(&dsid, nvars));
   %let close=%sysfunc(close(&dsid));
   %end;
%else %let vars=FAILURE;
%mend;

%test;
%put VARS: &vars;
```

在本例中，带内返回码 &VARS 有 3 个可能的结果：如果 &VARS 是一个数字，那么它代表的是 PERM.Final 数据集中出现的变量的数量；如果 &VARS 是 FAILURE，那么它表示的是 OPEN 遇到了异常情况，如一个丢失或锁定的数据集；如果 &VARS 是 GENERAL FAILURE，那么它表示一些其他的异常情况或错误阻止了 &VARS 的赋值。

带内返回码远不如带外信号常见，因为带内信号要求元数据与数据之间界限分明。因此，如果宏变量被设计成包含字母、数字、文本，则更难将有效值与性能元数据区分开，性能元数据是在无法生成有效值的情况下被传递到变量的数据。

带外信号

带外返回码比带内返回码更常见、更有用，因为以下两种情况界限分明：一个值是有效数据和性能元数据可反映出一个错误或故障。另外，由于该返回码依然表示一个通用宏变量，该变量必须初始化和重置，因此，空白返回码表明某个过程未遇到任何警告或“运行时错误”。带外信号唯一的缺点可能是必须创建附加的宏变量以传递该返回码。

“带内信号”部分所举的带内返回码案例稍作修改即可展示带外信号。在本例中，&VARS 现在仅代表数据集中变量的数量，不再传达性能故障。因此，如果出现异常情况，&VARS 依然是丢失的（而不是设置为 FAILURE）。

```
%macro test;
%global vars;
%let vars=;
%global testrc;
%let testrc=GENERAL FAILURE;
%let dsid=%sysfunc(open(perm.final, i));
%if %sysfunc(sysrc())=0 %then %do;
   %let vars=%sysfunc(attrn(&dsid, nvars));
   %let close=%sysfunc(close(&dsid));
   %let testrc=;
   %end;
%else %let testrc=FAILURE;
%mend;

%test;
%put VARS: &vars;
%put TESTRC: &testrc;
```

带外返回码的另一个优点是当空的宏变量用于表示正常运行时，%LENGTH 宏函数将用于评估是否出现了异常情况，因为返回码的长度在正常运行情况下是“0”。

以下修改显示的是 %RUNTEST 宏，它是调用子 %TEST 宏的父进程。如果 %TEST 是成功的，%RUNTEST 会在 PERM.Final 中打印变量的数量；如果不成功，%TEST 将在日志中打印一个错误。当然，在实际的生产软件中，异常情况处理框架不会在日志中打印信息，而是动态地改变以下程序流。

```
%macro runtest;
%test;
%if %length(&testrc)=0 %then %put VARS: &vars;
%else %put An exception caused a failure;
```

```
%mend;

%runtest;
```

创建带外返回码的逻辑必须确保返回码与其所代表进程的宏变量同步。例如，在上述代码中，&TESTRC 表示 %TEST 宏函数的性能，而 &TESTRC 能生成 &VARS。因此，它应该与 &VARS 完美同步。如果 &VARS 包含一个值，&TESTRC 就应该是丢失的；如果 &VARS 是丢失的，&TESTRC 就应该设置为 FAILURE 或 GENERAL FAILURE。

在上述 %TEST 宏中，如果 ATTRN 函数出现异常情况或错误，那么将不会设置 &VARS，因此，它会是空白的。&TESTRC 也会是空白的，因为异常情况处理仅测试 OPEN 函数的故障而非 ATTRN 的故障。尽管这一故障不可能发生，但这种逻辑错误可能会造成故障，两个宏变量都是空白的。为了解决这一漏洞，可以测试 ATTRN 函数是否成功，或者测试 &VARS 的值以验证它被有效赋值。第 6 章进一步讲述返回码的成功运用。

并行处理通信交流

返回码对软件性能至关重要，但它们仅在单个 SAS 会话中可行。一旦会话终止，返回码和其他所有的宏变量均会消除。在使用 SYSTASK 命令大量生产批作业的复杂软件设计中，或者在 SAS 会话并行运行且必须相互交流的运行环境中，返回码是无用的。相反，交叉会话交流需要互斥、信号量、控制表及 SYSPARM 参数。第 11 章将介绍并行处理中存在的其他通信交流复杂性。

互斥和信号量

信号量是一个通过指示某个动作已经完成或者某个事件已经发生来实现并行程序同步化的共享变量。信号量是标识，代表软件中的事件或条件，且通常由变量表示。在 SAS 软件中，由于宏变量不能被多个 SAS 程序读取，因此，必须使用文件或数据集作为各个会话之间传递信息的信号量，类似于海军舰艇之间传递的旗帜信号。信号量最常见的用途之一是标示某个对象是处于可供使用的状态还是正在使用的状态。

在某些情况下，一个对象一次仅能供一个程序使用，例如，当要求专用锁定用于获取和修改某个 SAS 数据集时。互斥信号量（或互斥量）代表一类信号量，这类信号量能确保某些对象的互斥访问，且被定义为“一个实现互斥的机制”。互斥量不仅能确保当前数据集的使用是被标记的，还能确保其他程序在标记被检测到的情况下无法干扰其使用。在前述“&SYSLCKRC”部分 LOCK 程序指令中，由于存在不一致性，因此，需要用互斥来独家锁定一个数据集以促进并行处理中会话之间的通信交流。

在本例中，“互斥”是一个创建的空白文本文件，同样命名为一个数据集。如果存在“互斥”（如文本文件）且其未被任何 SAS 会话锁定，那么当前 SAS 会话将锁定该“互斥”，随后便能够安全地访问相关的数据集；若不需要数据集访问，“互斥”锁定就会被解除。如果 SAS 会话遇到一个被锁定的“互斥”，那么异常情况处理将阻止对相关数据集的访问。这一逻辑使两个或多个并发的 SAS 会话轮流获取数据集，而无须担心出现文件访问冲突或“运行时错误”。

在 SAS 的一个会话中运行以下代码以说明“互斥”的用途。

```
libname perm 'c:\perm';

data perm.test;
   length char1 $10;
run;

%macro mutex(dsn= /* in LIB.DSN format */,
   cnt= /* number of iterations to run */);
%local lib;
%local tab;
%local closed;
%local dsid;
%let lib=%scan(&dsn,1);
%let tab=%scan(&dsn,2);
%let loc=%sysfunc(pathname(&lib))\&tab..txt.lck;
filename myfil "&loc";
%do i=1 %to &cnt;
   %let dsid=%sysfunc(fopen(myfil,u));
   %if &dsid>0 %then %do;
```

```
        data &dsn;
           set &dsn;
        run;
        %let closed=%sysfunc(fclose(&dsid));
        %end;
     %end;
%mend;

%mutex(dsn=perm.test, cnt=1000);
```

在另一个 SAS 会话中，立即执行 LIBNAME 程序指令和 %MUTEX 宏（但不是 DATA 步骤），以便使两个会话并行运行。程序将创建“互斥”（文本文件 C:\perm\test.txt.lck），两个会话会不断地试验该“互斥”以获取 PERM.Test 数据集。只有当一个会话能独家锁定“互斥”时，才能执行后续的 DATA 步骤，从而防止因访问冲突而出现的“运行时错误”。

控制表

控制表指的是从外部存储到程序代码中的数据，该程序代码的作用是帮助数据驱动处理过程，通常是促进双向交流——软件把数据写入控制表同时也从中读取数据。在 SAS 文献中，控制表有时也称为“控制数据集”。这是 SAS 专用术语，该术语不使用相关数据库术语“表”而是使用“数据集”。除了包含动态驱动程序流的数据之外，某些控制表还收集过程中的性能指标，有时反过来还会使用这些指标来驱动下一个处理程序。因此，尽管一些控制表包含足够的信息指示程序流，但有些控制表还会包含以往的性能数据。第 7 章中的表 7-1 及第 9 章中的表 9-1 展示了控制表示例。

控制表和配置文件均能动态驱动程序流，增强灵活性，减少硬编码，提升可用性。然而，配置文件是比较重要的，因为通信流只能从配置文件装入软件。另外，通常仅在软件初始化过程中读取配置文件，而控制表在软件运行的整个过程中均可以读取。配置文件更倾向于手动更新，这样一来，软件在下次运行的过程中会产生不同的结果，而控制表通常是在软件运行过程中创建和修改的。第 17 章会介绍配置文件。

由于宏变量不能在并行运行的独立 SAS 会话中传输，因此，控制表能够促进交叉会话之间的交流，使每个会话中的软件在同一控制表中轮流丢弃和检索信息。数据集的修改要求专用锁定，而且如果两个以上的用户或程序试图同时访问同一个 SAS 数据集，便会出现文件访问冲突。基于以上两个原因，并行程序运行中必须执行“互斥”以避免冲突和“运行时错误”。“互斥”在前面部分已做介绍。在第 7 章会讲述使用控制表支撑并行处理。

控制表的另一个用途是将数据和元数据从子进程返回到父进程。若 SYSTASK 程序指令用于创建批处理流程，除父进程之外，子进程会在一个新的 SAS 会话中大量生成。尽管父进程能够通过 SYSPARM 参数将信息传达给子进程（下一部分介绍），但子进程无法越过会话边界将数据或元数据返回到父进程中。出于这个原因，与控制表促进并行处理的方法相类似，子进程批量处理过程能将数据和元数据汇总到一个控制表中，父进程稍后可检索该控制表以验证批量程序的顺利执行，并检索其他数据或输出信息。

当一个批处理流程在 SYSTASK 大量生产且子进程出现警告或“运行时错误”，父进程将会通过 &SYSRC 宏变量获得这一信息。&SYSRC 宏变量在前面已讲过。另外，第 11 章会对该变量进行详细介绍。由于跟在 SYSTASK 后面的 &SYSRC 数值有限，能够传达的有效信息较少，自定义异常情况处理框架通常必须能够检测和回应批处理过程出现的警告或“运行时错误”。

SYSPARM 参数和宏变量

SYSPARM 是一个命令行选项，它能实现信息在调用 SAS 批量工作时的传递——通过 SAS 程序的 SYSTASK 程序指令或直接从 OS 传递。由于宏变量不能在 SAS 会话之间传递，因此，生成子进程的父进程仅能将信息以 SYSPARM 参数引用文本的形式传递给子进程；子进程反过来能够通过自动宏变量 &SYSPARM 访问该文本。例如，在最简单的调用中，以下 SYSTASK 程序指令会生成一个新的 SAS 会话，运行程序 C:\perm\prog.sas，通过 SYSPARM 参数将 SAS 标题（&TITLE）传递给子进程使用。

```
systask command """%sysget(SASROOT)\SAS.exe"" -noterminal -nosplash
    -sysparm ""&title"" -sysin ""c:\perm\prog.sas""";
```

在子进程（未显示）中，&SYSPARM 值将在批量工作运行过程中自动设置为父进程 &TITLE 的值。第 12 章将讲述 SYSPARM，展示如何通过 SYSPARM 的标记和解析传递复杂的参数。第 16 章介绍的压力测试会给出，由于 SYSTASK 长度的限制，

SYSPARM 值不应超过 8000 个字符。

接下来要讲什么

第 4 章将介绍可靠性，通常可靠性认为比其他软件性能要求重要，即其他性能要求的重要性均次于它。利益相关者能通过软件可靠性确认 SAS 软件的运行是顺利且连续的，同时确定软件能达到预期的使用期限。第 9 章将介绍软件性能的动态方面，描述可在软件运行过程直接监测到的质量维度。

第二部分　动态性能

第 4 章 可靠性

野鸡车。

对于门外汉来讲，野鸡车就是报废的大黄校车，它们被从美国运输、驾驶或拖拽到危地马拉，开始一段新的生命历程，担负新的使命。但若要成为一辆野鸡车，需要满足 4 个标准：野鸡、颜色、金光闪闪及排气装置。

由于大部分玛雅人都居住在相对比较偏远、人迹罕至的地区，因此，在这些村庄中，公共汽车要比私人汽车更受欢迎。作为一个农耕民族，玛雅人使用的交通工具要能将他们的农产品和牲畜运输到大型公共市场中，平均每周运输 2 ~ 3 次。我曾多次在野鸡车中碰到活鸡，不仅如此，我还碰到过山羊、绵羊和狗！那条狗无比丑陋，事到如今，我还认为那是某家人将自家井中的“怪物”押到市场上去卖！

危地马拉是世界上最大的玛雅民族聚居地，它是我所见过的最多姿多彩的高地，玛雅民族也是我所见过的最有意思的民族。几个世纪以来，这里的人们在编织物中喜欢用艳丽的颜色，这一点又被活灵活现地体现在野鸡车上，带着艳丽色彩的野鸡车穿梭在山间马路，这一幕着实令人眼花缭乱。

每辆野鸡车被装饰到极致——护栅、保险杠、轮子、复古的扬声器、奔驰和劳斯莱斯的标志、伪造的烟囱、梯子、扶手以及任何能够加以修整的部位。换句话说，尽管野鸡车每天都需要奔波在铺满鹅卵石、泥泞的道路，但它们的外表要保持完美无瑕。

至于排气装置，危地马拉没有污染物排放标准，也不遵从美国的维修要求，因此，几乎每辆野鸡车的后面都呼呼冒着黑烟，留下乘客在浓浓的黑烟中去质疑服务的真诚性和可靠性。

我们在安提瓜岛到帕纳哈切尔的路上，帕纳哈切尔是靠近阿提兰湖最大的普韦布洛城镇。将近两小时我们都在忍受轰鸣的引擎声、“嘎吱嘎吱”的齿轮声以及粗暴的换挡声，更不用提车上还有牲畜的恶臭，野鸡车最终慢慢上坡，然后沿着路边慢慢停下。经过 20 分钟的不安与骚动之后，要求我们下车。不，这次不是因为遇上强盗，而是又一个发动机出了故障。

我听不到驾驶员最初的命令，因为周围全都是羊叫声和孩子的啼哭声，但当我和 100 个同伴沿着路边溜达时，我们自然而然想到应该去找点什么东西，但是去找什么呢？

一个年轻的学生被我的惊慌失措逗乐了，最终他给我翻译了一下，说我们需要去附近的村庄找一些金属和线——而我们现在只是在这等着，没有行动。

当看着驾驶员检修发动机，用在路边找来的线以及从乘客那里搜集来的各式各样的碎片修补我们的野鸡车时，我是既钦佩又害怕。一小时以后，我们又慢慢踏上了去往湖边的路，看起来好像我们所有人都没有受到今天的野鸡车故障的影响。毫无疑问，大家对这种情况已经司空见惯，因此，它既不会引起人们的愤慨，又不会影响到人们的精神状态。我们该到的目的地到时候就会到了。

■ ■ ■

对于许多危地马拉人来说，野鸡车的可靠性并不是生活中需要优先考虑的事情。他们确实比较看重野鸡车的安全性（没有劫匪），即便野鸡车晚到几个小时或在路上出了故障，他们也不会生气。实际上，他们非常乐意出一份力，到灌木丛里找寻金属、线及其他碎片以帮助处理这意想不到的故障。

在许多终端用户开发环境中，软件可靠性不像其他质量特征一样受重视，尤其是在数据分析开发环境中。获得正确的数据和解析方法是重点，而不是创建出能够可靠运行、无须维护或定期维护的软件。

如果软件遇到意想不到的异常情况或出现故障，SAS 从业人员通常能够当场处理，而无须其他帮助。他们可能是该软件的最初开发人员，但即便不是，SAS 从业人员作为软件开发人员，也能够让软件回到正常的运行轨道。

因此，从某些方面来说，终端用户软件开发就是野鸡车的缩影——驾驶员不仅是一个驾驶高手，他还需具有维修汽车的能力。这样做的好处是非常明显的，因为如果一个技艺娴熟的驾驶员同时也是一个汽车维修工人，他就更有可能察觉出汽车是否将要出现故障；而且，基于对汽车专业知识的把握，他通常能够使汽车重新运行起来——或好或坏的运行，但总归不需要拖车。

由于数据分析开发人员不仅了解行业的专业知识，还熟练掌握了软件开发的知识，因此，他们更有可能察觉出软件何时运行不良、何时生成了无效输出信息或数据产品。找出“运行错误”之后，SAS 从业人员能够搜集必要的碎片来使代码重新运行起来。

然而，数据分析开发的一个弊端是它并不依赖软件的完整性，而是依赖于对它进行维护的终端用户开发人员。为第三方创建软件并且将开发人员与用户隔离开来，使他们双方永不见面，而且用户必须相信软件是可靠的、相容的、能够在预期使用期限内提供准确的结果。用户与开发人员混乱（包括自身同时是开发人员的终端用户），软件的可靠性通常就会大打折扣，因为可靠性被放置在人身上而不是软件上。

本章所介绍的软件可靠性，需要从信任维护软件的人员转到信任软件自身，以提升规避故障的稳健性，保障软件始终运行，同时保障在其预期使用期限内运行流畅而无须大幅度维护或调整。SAS 软件的可靠性一个显著特征是即便只懂得很少的 Base SAS 知识的非开发人员也能在必要的时候运行此软件。

可靠性的定义

在国际标准化组织（ISO）软件产品质量模型中，可靠性的定义是，在特定使用条件下，软件产品能维持特定性能水平的能力。电气和电子工程师学会（IEEE）又在该概念中添加了软件的耐用性，将可靠性定义为一个系统或部件在规定的条件和规定的时间内，完成规定任务的能力。以往的定义通常会在可靠性中加入“故障”，例如，一个系统的软件在规定时间和规定条件内没有发生故障的概率。

可靠性一个更广义的定义是评估性能出现故障的可能性；从数学方面定义，可靠性是指无错误运行的能力。大家可以依赖一个可靠的产品或服务，以一致且可重复的方式使用预期时间内的功能和性能。由于不可靠的产品通常看作是无用的，因此，可靠性通常要比其他性能需求更重要。在 ISO 软件产品质量模型中，可靠性维度还包括从属的可用性（本章介绍）、容错性（第 5 章介绍）及可恢复性（第 6 章介绍）。

访问控制表三元组包括可用性、一致性和耐用性，展示可靠软件必须具有的质量。软件故障及其可能带来的风险是通过错误、异常情况、缺陷、故障、威胁及漏洞等所造成的影响来探索的。通过可靠的软件，SAS 从业人员能够展示自己的技术实力，赢得利益相关者的信任和尊重。这些利益相关者不仅要学习维护技能，更要学会信任开发人员的软件。

故障路径

如果故障能区分可靠性和不可靠性，那么首先最重要的是界定软件故障并将其与其他相关的、容易混合的术语区分开，包括缺陷、差错、漏洞及错误。软件可靠性最终是从客户或赞助者等软件需求发出者的角度来界定。一般认为故障是客户以特定的需求为参考找出了软件的偏差，或者用户从软件销售、使用说明及其他文档出发找出了软件的偏差。利益相关者的立场不同，对故障的界定和诠释也不同，第 5 章会进行介绍。

由于功能性故障或性能故障会降低可靠性，且许多因素都能导致软件出现故障，因此，非常有必要区分这些术语。在下述文本框中，对与故障相关的软件开发术语进行定义，在该文本中，缺陷与 IEEE 定义相一致，指的是能造成故障的不正确代码。错误与缺陷不同，前者能引发后者，后面会进行介绍。

可靠性

可靠性：一个系统或部件在规定条件和规定时间内使用规定功能的能力。

故障：一个产品停止执行某一个特定的功能或无法在之前规定好的限制条件下运行。

缺陷：一个指错误（原因）或故障（结果）的通用术语。

异常情况：造成正常程序不能运行的事件，包括寻址异常、数据异常、操作异常、溢位异常、保护异常、下溢异常。本书不再对具体的异常情况类型进行区分。

差错：软件错误的表现。差错指的是运行过程中发现的缺陷或错误，本书不再进行更深入区分。

错误：一个造成不正确结果的人为错误。

漏洞：一个错误或差错。由于漏洞在以往的使用和定义中并不明确，因此，本书不再进一步区分和使用。

运行错误：在本书中，运行错误称为故障，是在 SAS 软件运行过程中造成语法和其他错误的故障，且该故障会被记录到 SAS 日志中。这种区别是非常重要的，因为 SAS 中出现错误（人为错误）是非常常见的，这些错误能造成代码缺陷，导致不正确的输出信息或结果（故障），但又不会引起运行错误。

错误、异常情况及缺陷

在大部分的软件文献中，认为错误是人为错误的某种变体。错误并不局限于代码，而且实际上通常表示废弃的、不完整的或被误解的软件需求。另外，当接收到不完整的或无效数据及输入信息时，也会发生错误。软件中无效数据的录入可以提示数据输入或数据清理过程中的错误，但如果该软件是可靠的，SAS 软件无法检测并恰当处理无效数据，那么这表示另一个错误——缺乏质量控制。

在本书中，记录到 SAS 日志中的错误称为“运行错误”，以便将它们与 IEEE 的错误区分开，IEEE 中所指的错误是人为错误。若 SAS 从业人员在编写代码时犯了错误（语法错误），则会出现“运行错误”，另外一些类似内存不足的情况也会导致“运行错误”。如果 SAS 内存不足（导致出现“运行时错误”），潜在的错误（人为错误）代表无效编码的 SAS 语法，那么说明内存使用阈值的需求文档无法正常运行，或者 SAS 负责人无法正常获取必需的内存。因此，尽管“运行时错误”可能会导致程序出现故障，但其根源未必是程序的问题。

SAS 语言参考列举了几种软件中常见的错误类型，包括语法、语义、运行时间、数据及宏相关的错误。例如，当执行无效或不完整的代码时，就会出现语法错误。比较常见的是缺少分号：

```
data final
   set original;
run;
```

在本书中，不对语法和语义错误进行区分，因为它们所表示的无效代码不会出现在生产型软件中，且这些无效代码在软件测试阶段就会被发现。在上例中，缺少分号的错误可以看作是缺陷，因为添加分号即可改正这一代码，进而避免出现软件故障。

如果软件遇到一个意外的、无效的、有问题的环境状态、数据或其他元素及动作，就会出现异常情况。例如，如果数据标准规定了变量的数值范围，那么接收超出这些数值范围的无效数据就代表着一个异常情况。或者如果 SAS 软件设计的初衷是在 Windows 中运行，那么 SAS 在 UNIX 环境中运行也会出现异常情况。第 6 章会介绍异常情况，并讲述如何检测并处理异常情况以提升软件的稳健性，促进软件可靠运行。

有些软件异常情况能够在 Base SAS 本机的异常情况处理例程自动处理，如除零检测，该例程会向 SAS 日志记录一条提示，提示检测到了分母为零，但没有引起“运行时错误”。实际上，异常情况处理的一个主要目的是检测一些异常状态（如分母为零），防止“运行时错误”的发生。Base SAS 的本机异常情况处理能力较低，因此，大多数情况下，开发人员需要创建一个异常情况处理框架，抢先一步阻止异常事件及其他可能引起软件故障的漏洞发生。

Base SAS能自主检测和处理除零异常情况，它将预期的分数转变为一个缺失的值，如以下输出结果所示。

```
data temp;
   num=5;
   denom=0;
   div=num/denom; * div set to missing;
run;

NOTE: Division by zero detected at line 1786 column 12.
num=5 denom=0 div=. _ERROR_=1 _N_=1
NOTE: Mathematical operations could not be performed at the following
places. The results of the operations have been set to missing values.
```

由于SAS具有内置的异常情况处理例程来检测除零的错误操作，因此，被记录到日志中的是一条提示而不是错误，而且自动宏变量&SYSCC和&SYSERR的值依然是0，表示无错误运行。如果这是除零操作的预期结果，那么完全可以让SAS本机异常情况处理例程处理除零操作。因此，在上一个例子中，由于缺失值是令人满意的，所以无须额外再使用用户自定义的异常情况处理机制。

在其他情况下，软件需求可能会指出本机异常情况处理不能满足需要。例如，除了设置一个缺失值之外，可能还需要删除整个观测值。零值可能表示其他地方存在较多的数据错误，需要终止程序或进程。在这样的情况下，除零操作可能不仅表示一个异常情况，同时还代表一个由软件错误导致的故障。

在某些情况下，除零异常情况发生的一个前提是，有错误或缺失的异常情况处理，异常情况处理在除零操作之前未检测到分母为零。在下面的例子中，异常情况处理试图阻止除零，但由于印刷的错误，阴差阳错地消除了“1”值。因此，尽管异常情况——除零发生在第四行，但第三行有印刷错误，因此，必须要改正这一错误。

```
data final;
   set original;
   if denom ^ =1 then do;   * typographical error and defect occur here;
      div=num/denom;   * exception occurs here;
      end;
```

```
    else delete;
run;
```

除零异常情况发生的第二个前提是，软件需求中没有规定质量管理检验，从而删除了能检测分母为零的异常情况处理。因此，尽管异常情况出现在代码的第三行，但真正的错误是软件需求创造力的失败：SAS 从业人员忽略了出现“0”值的可能性。在软件设计过程中，异常数据的相关情况应该考虑在内，这样软件才能正确应对突发情况。

```
data final;
    set original;
    div=num/denom; * execution error occurs here;
run;
```

除零异常情况发生的最后一个前提是，需求中含有质量控制（防止分母为零），但该需求没有实现。例如，需求指出第一个 DATA 步骤（创建 Original）应该删除所有的观测数值，因为 Denom 的值是 0 或缺失。但由于忽略了该质量控制，因此，第二个模块中发生了异常情况，这是因为包括 Denom 值为 0 的无效数据被传递过去。该错误最终表示技术需求沟通和解释中的故障：

```
* MODULE 1;
data original;
    set temp; * error (omission of quality control) occurs here;
run;

* MODULE 2;
data final;
    set original;
    div=num/denom;    * exception occurs here;
run;
```

在这种情况下，软件需求规定数据质量控制本应放置在第一个模块中，但实际并没有，因此，这里才出现了关键性的错误及需要纠正的缺陷。然而，在第一个 DATA 步骤中没有发现该错误，这是因为异常情况——除零是在第二个模块中才出现的。为了补救这一异常情况，可以执行所需的异常情况处理来纠正第一个 DATA 步骤中的缺陷，或者修改需求，在第二个 DATA 步骤中执行异常情况处理。任何一个解决方案都能处理该故障，但这说明在指向独立代码或模块中的缺陷及错误时，经常会忽略异常情况或错误代码。

除零表示一个可处理的异常情况，但许多“运行时错误”都是由不可处理的异常情况导致的。例如，DELETE 程序在 SAS 9.4 中进行了介绍，因此，使用以前 SAS 版本中的程序将会导致“运行时错误”和软件故障。对于在代码中执行 DELETE 程序的 SAS 从业人员来讲，异常情况处理需要使该软件能够移植到以前的 SAS 版本，处理方法可能是使用 DATASETS 程序删除数据集。这样，尽管 SAS 9.1 中遇到的异常情况依然会发生，但它能被检测和处理，避免出现“运行时错误”和软件故障。第 10 章进一步讨论这一操作。

故障

如果软件未按照技术需求中需要的、预期的或规定的性能运行，就会发生故障；如果软件未能提供规定的服务、结果或产品，就会出现功能性故障。在数据分析开发中，SAS 软件创建的目的是生成一个分析产品，糅合独立的数据提取、清理、转换及分析步骤。如果最终是因某个软件出现错误而导致分析结果不正确，那么这就出现了功能性故障，因为该分析产品的意图是无用的。

在“错误、异常情况及缺陷”部分所介绍的场景中，软件没有删除除数为 0 的观测值，这就属于功能性故障，因为该软件创建的是一个无效的数据产品。另外，如果分析是正确的，但分析生成的速度比技术需求中规定的要慢，那么就是出现了一个性能故障。由于本书关注的是质量的性能方面，除非另有说明，否则所有场景及代码示例都表示的是具有完整功能性且能生成有效数据产品的纯功能性解决方案，所有的故障都表示性能方面的故障。

除了引发不正确的行为，从大部分定义来看，软件故障还必须是可观察到的——不一定是原因，但最起码是效果。然而，故障可以被观测这一点并不表明它已经被观测到，因此，某些故障可能几天、几周或者整个使用期限都没有被发现。功能性故障的一个极端情况是每次 SAS 软件在运行过程中因使用错误的公式转换数据而生成无效的结果；性能故障的一个极端情况是提取 – 转换 – 加载（ETL）软件，该软件生成有效的数据产品，但速度永远比较慢，这可能是由于无效代码的使用。在这两种情况下，商业价值即便没有完全失去，也会大大受损。

在出现故障、引起“运行时错误”的情况下，通常会存在一些线索能帮助开发人员诊断并弥补缺陷。例如，在“错误、异常情况及缺陷”部分，除零异常情况在 SAS

日志中一条提示以通知用户。SAS“运行时错误”（不管什么类型的错误）的一个好处是它们能通过 SAS 日志轻松地检测到，但这并不表示缺陷就能够轻而易举地发现或弥补，但这确实是调试工作中一个良好的开端。如前所述，一个模块中的错误可能会指向其他模块中潜在的软件缺陷。在其他情况下，一个“运行时错误”确实会指向技术要求定义、解释或实施中的故障。

但是，许多故障并不会引起“运行错误”。功能性故障不知不觉地会生成无效的结果及无价值的数据产品，却展示给大家一个干干净净的 SAS 日志，尤其是在一些存在不正确但从语法上来讲又是有效商业逻辑的地方。不可靠软件的一个特点是它有时会生成正确的结果，但并不总是如此，这一点足够让开发人员抓狂。以下代码的作用是将一系列的值添加到空格分隔的通用宏变量中，而且在第一次执行时，打印了正确的结果。

```
%macro test;
%global var;
%do i=1 %to 5;
   %let var=&var &i;
   %end;
%mend;

%test;
%put VAR: &var;
VAR: 1 2 3 4 5
```

然而在同一个 SAS 会话中第二次执行上述代码时，尽管依然不会出现“运行时错误”，但该代码在功能上出现了故障，生成了无效的结果。

```
%test;
%put VAR: &var;

VAR: 1 2 3 4 5 1 2 3 4 5
```

在本例中，SAS 从业人员错误地认为 %GLOBAL 宏程序指令会创建和初始化宏变量，将变量重置为一个空白值。如 *SAS Macro Language: Reference* 中所述：“如果通用宏变量已经存在，且在 %GLOBAL 程序指令中详细说明了该变量，那么现有的值会保持不变。”为了避免这一故障，&VAR 宏变量必须另外用一行代码初始化。

```
%macro test;
%global var;
%let var=;  * corrects the defect;
%do i=1 %to 5;
   %let var=&var &i;
   %end;
%mend;
```

这一故障降低了代码的可靠性，因为它的结果是前后不一致的——有时准确，有时不准确。在本例中，由于该代码的最终功能也是模棱两可的，因此，不正确的结果说明缺乏准确性，从而导致了代码的不可靠性。

正如上述故障未引起任何“运行错误”，尽管 SAS 日志无任何记录，但还是出现了性能故障。当软件需求规定 ETL 过程必须在 2 小时之内完成时，如果该过程有时是在 3 小时内完成的，就代表存在性能故障，因为这也“按时完成”所规定的时间要慢，是不可靠的。潜在的可能是存在一个程序性错误——无效代码造成偶尔的延迟。一个相关的程序性错误可能是缺少运行可扩展性的 SAS 程序，这是由于较大的数据集引起程序运行变慢，超出了可接受的时间阈值。

非程序性的错误也会造成不可靠性和运行缓慢。例如，尝试在过时的 SAS 软件上运行 ETL 过程，网速慢或硬件错误也会使运行时间延长至 3 小时。另外，代码和硬件质量可能都是过关的，而技术需求自身可能是不现实的。因此，当 SAS 从业人员遇到这一故障时，他们必须决定是执行程序性解决方案还是非程序性方案，或者他们是否应该修改需求（改成 3 小时的运行时间）使所有的性能需求都能满足。

故障原因

本书中，我们只讨论故障的程序性原因及其相应的补救措施。在某些环境中，SAS 从业人员只对自己编写的软件负有监管责任，而无须承担其他信息技术管理的责任。这种范例仅存在于开发团队负责创建 SAS 软件，而由独立的操作与维护（O&M）团队安装、升级、维护、优化及检测 SAS。在一些团队架构中，可能会指派一个或多个开发人员作为 SAS 平台的管理人员，并首当其冲承担 O&M 的责任，这让其他人能将主要精力投入开发中。

对于 SAS 从业人员来讲，这种分工是非常有意义的，因为它使每个人都能够专心地投入到自己所负责的开发工作或其他工作中，避免了 IT 资源及架构的混乱。同时，尽管生物统计学家比较擅长编写 SAS 程序用于分析和研究，但有时他们却因管理 SAS 服务端、购买和优化硬件及配置高可靠性的环境而心烦意乱，而工作的分工恰巧能解决他们的难题。

许多 SAS 团队（尤其是终端用户开发环境的团队）的现实情况是，IT 管理责任是共享的。即便一个员工主要负责管理 SAS 基础架构和承担其他管理责任，但这些责任也可以归类到 SAS 开发和非信息技术类活动。由于 SAS 管理任务在这些环境中优先级较低，因此，SAS 服务器可能永远无法自定义或优化性能。

分工能帮助 SAS 从业人员理解自己的基础架构，包括硬件、网络、相关软件及 SAS 管理功能。一个研究人员可能会遇到 SAS 代码无法在规定时间内完成或因非程序性问题异常关闭的情况。如果没有指定的 O&M 团队或 SAS 管理者，SAS 软件的可靠性及整体性能可能会大大降低。非程序性的故障原因包括以下几种。

■ SAS 系统选项——某些 SAS 系统选项可以从程序中进行修改，但其他一些选项在批处理模式运行下则必须合并到 SAS 配置文件或命令行进行修改。举例说明，如果 SORTSIZE 系统选项过小，排序则可能会因内存被占用而发生故障或运行不流畅。

■ SAS 基础架构——SAS 服务器的不合理配置会导致故障发生。例如，较少 CPU 中运行的 SAS 会话过多可能会招致灾难。

■ 第三方软件——不管最近升级了 Java 还是安装了 Windows 批处理，这些修改都能造成 SAS 应用程序的运行故障，因为这样做造成了互操作性问题。

■ 硬件——处理器内存不足及磁盘驱动器已满。更严重的硬件故障包括因服务器或磁盘驱动器故障而造成 SAS 代码或数据的永久性毁坏。

■ 网络基础设施——如果网速较慢，则可能会引起性能故障；如果网络全部瘫痪，SAS 从业人员就无法获取软件及数据。

■ 用户端错误——软件需求及文档规定了软件应该如何运行及操作，它以明示或暗示的方式指出了用户应如何与软件互动。如果用户运行的软件超出了技术规格——无论是有意还是无意的，都会引起故障。

除了能从程序方面修改的 SAS 系统选项之外，本书将不再深入讨论这些故障原因。然而，SAS 从业人员通过全面了解这些能影响软件性能和故障的非程序性因素，能够极大地提升软件的价值及性能。

故障日志

鉴于风险登记表包括所有已知的软件漏洞——理论上和实际已发生的，以及相关的威胁和风险，故障日志包含每个软件故障的记录。故障并不一定表示软件因出现“运行错误”而终止，或提供了一个无效的解决方案，而是表示一个或多个功能性或性能需求未达成。在第 1 章介绍了风险登记表的内容。

在终端用户开发环境中，一旦软件投入生产，运行故障通常是由开发人员自己识别的。在比较传统的软件开发环境中，软件用户常常会遇到故障，并将其报告给 O&M 团队，然后由该团队将故障信息传递给开发人员。无论故障是怎样发生、由谁记录，最重要的是开发人员要接收到尽可能多的故障信息，以便重建、调查和纠正所有的错误。

在某些情况下，一开始并未将故障看作是一个风险——仅表示代码或需求中的错误，这从来不是优先考虑的事情，因为它是开发人员未能识别并阻止的威胁或漏洞。因此，即使故障是不可避免的，开发人员也最好能提前识别某个缺陷并预测其可能造成的结果。若开发人员总是要处理重复的故障，不能识别、备案或讨论各种各样的错误，那么他可能就会失去利益相关者的信任。故障日志会在可靠性评估部分讲到，某些实际发生的故障作为已识别的风险记录在风险登记表中，通过演示这些故障，SAS 从业人员能显示出他们对软件漏洞的认识，以及他们有能力验证或修改风险管理策略。

故障的定性评估

可靠性的定性评估对生产型软件是非常有益的，因为它们不仅能追踪软件的性能，还能够按合同要求确保软件满足或超出性能需求。随着软件关键性、使用频度及预期使用寿命的提升，可靠性评估的价值也因软件故障造成的风险不断增高而越来越受重视。第 2 章介绍了质量相对较高的软件所具有的特征。

无论是否需要或记录定量可靠性指标，定性评估通常是在故障发生之后进行。评估可能会通过一个正式的流程进行。在该流程中，定性评估被添加到故障日志中，或者通过客户、开发人员及其他利益相关者之间的非正式交流收集故障的相关信息。客户希望获得解答的一些问题如下。

- 故障是由什么引起的？
- 是内部原因还是外部原因？换句话说，SAS 从业人员该怎样阻止该故障？
- 是功能性故障还是性能故障？
- 故障是通过自动质量控制过程发现的，还是手动发现的？
- 故障的原因记录在风险登记表中了吗，或者该故障暴露了新的软件威胁或漏洞吗？
- 以前发生过该故障吗？如果发生过，为什么没有被处理，或者为什么补救措施未能消除该漏洞？
- 该故障还会发生吗？

无论是被明确地记录到故障日志中，还是软件故障发生之后的讨论，这些定性问题随着时间推移都会成为量化趋势。例如，单个故障原因（假设是一个锁定的数据集）的评估是定性的，但随着时间推移，如果故障日志显示 67% 的故障都是由这一原因引起的，那么这便代表着一个值得注意的量化趋势。这样一来，如果在软件运行中追求高可靠性，则应使用故障日志降低或消除那些造成某个软件产品故障的风险。

ACL：可靠性三元组

可靠的软件必须能够防止故障发生，但如何实现这一点呢？可靠性的三个原则——实用性、一致性及耐用性（ACL）都必须体现，否则，可靠性就会受到影响。实用性软件在必要的时候应该是可使用的，在数据分析环境中，这通常意味着集成数据产品也必须是可使用的；一致性表示解决方案的功能和性能的稳定；耐用性（或持久性）表示软件预期使用期限内的一致性。

实用性

由于本书重点讲述软件质量而非系统质量，因此，可靠性和实用性描述的仅是程序方面的内容。然而，系统组件，如网络或基础设施等能够极大地影响软件的可靠性。如后面所讲到的，高实用性是一个经常出现在服务等级协议（SLA，Service Level Agreement）中的可靠性目标，服务等级协议规范关键的基础设施，而高实用性通常被界定为软件及其数据产品必然可用的时间百分比。

在一个简单的系统环境中，终端用户开发人员可能会在笔记本电脑中使用 SAS Display Manager。使用 SAS University Edition 的学生和研究人员非常享用没有服务器、网络及其他工作部件的系统。例如，当我在笔记本电脑上启动SAS Enterprise Guide时，可以立即运行 SAS 软件，而无须其他任何网络连接或前提条件。通常来看，参与的工作部件越少，出现故障的概率就越低。

由于可靠性有时可以用来评估软件无故障运行的时间长度，但经常用于描述软件的平均运行时间，因此，会加入故障持续时间。第二个指标会加入可恢复性和恢复期——软件或集成数据产品回到正常工作状态所需的时间。因此，类似我的笔记本电脑这样简单的基础设施的缺点是，当我把它带到池塘边（自认为这是一个写书的好地方），使它受潮时，我就需要重新购买一台笔记本电脑，重新安装 OS，打电话给 SAS 以修改我的授权协议，并重新安装 SAS 应用程序，之后，我才能重新运行 SAS 软件。简单的基础设施只有迅速恢复才能具有较高的实用性，在这一点上，复杂系统的优点就显现出来了。

复杂性设备的一个特点是稳健的 SAS 系统内含元数据服务器、网络服务器、网格、集群、磁盘阵列（RAID，Redundant Array of Independent Disk）存储器及客户机器，所有这一切都依赖于一个必须进行维护的网络。SAS 系统之所以复杂，不只是因为它们具有较高的处理能力和较大的存储空间能支撑更大的用户群体，而是因为它们支持高实用性，如当主设备出现故障时，硬件系统能立即转移到备用设备中。

SAS 服务器比单用户 SAS 客户端优越的另一个方面是它们能够以最少的服务中断运行更长的时间。在许多专业的环境中，用户在完成工作之后需要退出智能终端。如果没有 SAS 服务器，那么这一惯常的做法会极大地限制 SAS 从业人员进行长时间工作的能力。我曾经工作的一个企业就强制要求夜间注销，而且要求开发人员使用单用户 SAS 客户端。我们白天运行 SAS 软件，如果下班后任务仍在运行，我们就会锁定自己的智能终端，因为我们清楚地知道，如果强制退出系统，任务大约在半夜的时候就会中断。SAS 服务器能够解决这一难题，它允许用户退出智能终端，但同时又能让任务继续在服务器上不受影响地运行，从而实现了高实用性。

关键的一点是，尽管编程最佳实践能够借助故障较少的代码实现较高的实用性，但真正的高实用性只能通过一个稳健的 SAS 系统和基础设施实现，稳健系统中的每条链都是可靠的。第 7 章将会讲述编写非常适合自己系统所需软件的风险。由于高实用性只能通过程序性和非程序性方面的努力来实现，因此，在追求可靠性的同时，你可能会让自己的硬件超负荷。例如，如果支撑 SAS 环境的基础设施或网络不堪一击，每周都会意外地崩溃，那么相比于可靠性，程序的可恢复性可能对你的团队更重要，因为你需要不断地恢复和重启软件。

一致性

据说，变异性是可靠性的反义词，不一致的行为能够降低或消除产品的价值。连锁酒店的一个愿望是老顾客在本国（或世界）的任何一个地方都能去“自己熟知的酒店地点，购买熟知的”口味、质地及质量的产品。例如，尽管 Chipotle 宣称自己通过本地种植者支持计划使用多种产品作为替代，但无论是在加利福尼亚还是弗吉尼亚用餐，老顾客都希望能获得一贯的高质量产品。

软件的一致性同样非常重要，它指的是用户在每次运行软件时都希望获得相似的功能、性能、输出信息及体验。最重要的是，软件应该保持功能的一致性，使每次都能生成正确的输出信息或解决方案。在前面讲述的“故障”部分，其中一个例子演示了功能的不一致，在该例子中，SAS 宏仅在第一次运行时生成了正确的结果（“1 2 3 4 5”），而在同一 SAS 会话中的后续运行过程中生成的都是错误的结果。每当出现功能性故障，如不正确的结果或程序因“运行时错误”而终止，可靠性就会降低。

在数据分析开发中，软件可靠性涉及的一个主要问题是数据注入的变化性，而且这些变异性是软件必须能适应的。尤其是存在必须依靠 SAS 从业人员指挥和控制之外的第三方数据时，数据集结构、格式、数量、完整性、准确性及有效性都是不同的，因此，软件必须预测和应对这些及其他的变异性来源。由于变异性数据——若此变异性在预期范围内——本身会生成多变的结果或输出信息，因此，另一个问题是验证软件结果及输出信息以证明成功和一致性。

由于软件错误并不表示产品寿命的结束，因此，软件可靠性的评估是参考平均故障间隔时间（MTBF）而不是平均无故障时间（MTTF），代表软件未因遇到错误而报废。所有的错误都不会导致软件寿命的结束，但如果发生故障或软件因故障检修而不得不结束，那么这些不可用的时段称为修复期。第 5 章将会介绍修复期和可恢复性。

我们在后面章节中会继续介绍一致性。例如，可移植性的目标是在独立的 OS 及环境中提供前后一致的功能性和性能；可扩展性的目的是随着数据或需求的不断增长，提供持续有效的性能。在某些情况下，性能的一致性会因数据、环境或其他可变因素的影响而降低，但通过执行异常情况处理框架检测和应对变异性，就能保持功能的一致性。

使用期限

IEEE 对可靠性的定义包括耐用性，因为软件应该“在指定的时间内”运行。耐用性反映的是软件应该执行一次、运行两周或运行两年，但在开发启动之前，所有利益相关者都应该了解软件预期使用周期的一些客观知识。此外，软件耐用性的含义应该反映目标软件在预期使用周期内有望修改到什么程度。例如，如果软件因数据或运行环境的改变而变得不必要，出现故障或开始出现运行不良的状况，那么对照软件预期使用周期进行评估时，这一性能变化就表示缺乏耐用性。然而，如果这一变异性是能够提前预测的，那么维修可能是软件耐用性的一个必要环节，而且是唯一能实现延长产品寿命的方式。

软件是独特的，因为故障并不表示产品使用寿命的结束。例如，如果 SAS 服务器崩溃，那么正在运行的生产任务会突然中断。然而，任务不应该被损坏，而且应该能够在服务器恢复正常使用之后重新启动。软件与其他产品截然不同，在其他产品中，出现故障就意味着产品寿命的结束。例如，把你的手机扔在跑步机上，然后踩上两脚，第二天早上你就得去买部新手机。对于实体产品来讲，耐用性是一个关键的可靠性原则，不耐用的产品工艺较差，而且很快就会被淘汰。

从理论上讲，软件应该像劲量兔（北美的一个电池牌子）一样活力四射，但实际情况并非如此。软件依赖于本身的硬件、OS 和诸如 Java 之类的第三方软件及网络基础设施，而它们都会随着时间推移的发展慢慢演变。Base SAS 语言本身也会随着时间逐步变化，即使努力确保每个新版本都能与之前的版本兼容。因此，软件也像实体产品一样表现出衰退现象，虽然不那么明显。

以手机为例，它们并不是突然就坏掉了——用了 6 个月之后，其中一个键失灵了；9 个月之后，屏幕出现了一条小裂缝；18 个月之后，无法打开手机……最终确定手机需要换了。实际上，软件并不会随着时间推移而衰退，但由于 SAS 数据分析

环境是不断变化的，因此，随着数据注入或其他环境因素的变化，软件可能会过时。例如，即使你在一个非常稳定的环境中工作——支撑 SAS 软件的硬件、OS 及其他基础设施都不会改变，但对第三方数据源的依赖可能需要进行软件维修以提升持续的可靠性。

造成数据分析软件性能削弱的因素不是输入信息或运行环境的变异性，而是所处理数据的自然增长性。系统最初的目标是每小时处理 100 万个观测数值的数据流，但之后增长到了每小时 1 亿个观测数值，那么，系统资源的限制可能会降低软件性能，增加软件出现功能性故障的概率。图 4-1 所示为软件衰退持续状态，展示了环境变化、数据结构变化或数量变化造成的软件性能持续下降。

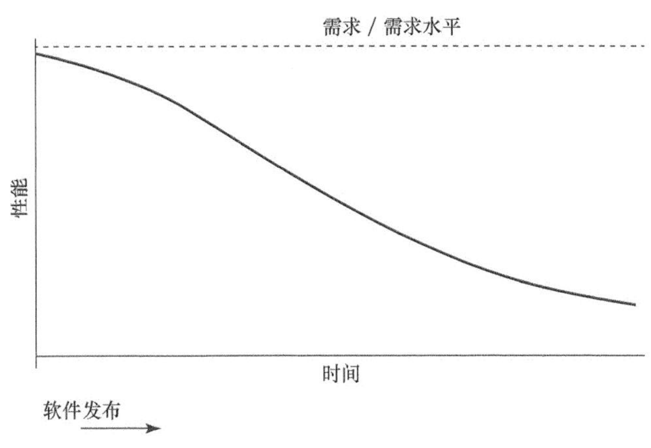

图 4-1　软件衰退持续状态

影响软件耐用性的另一个因素不是性能的改变，而是客户需求或要求的改变。在规划和设计软件的过程中，应该考虑和构建软件的预期使用周期，尽管代码的稳定性有利于产品的使用寿命，但许多数据分析项目是不断变化的，很难在长期内被确定下来。例如，在创建复杂 ETL 架构以从国际资源中提取数据时，我们早就知道数据流格式在接下来的几个月中会不断变动。但我们并没有延迟开发，而是在知道当第三方数据结构被修改之后，就需要对提取模块进行彻底检修的情况下，及时发布了软件的最初版本，以便客户能够迅速获得商业价值。因此，软件的使用周期并没有缩短，但它确实需要维修。

但是，在许多情况下，客户可能无法预测需求或要求的改变。再举一个例子，设计、开发并发布一个独立的 ETL 架构，完成每日一次的数据提取并报告功能性。客户自然而然非常喜欢这个 SAS 软件，所以在经过几个月的可靠运行之后，他认为自己需要时时而不是日日提取和报告。几周之后，当利益相关者依然在讨论重新设计软件的可能性，讨论如何使软件更快、更有效地满足这个极高的阈值时，另一个客户已经优先在 ETL 软件中加入了另外一个独立的数据流。又过了两周，第一个客户又提出了第三个要求，要求更新软件的报告功能。

在这个软件范围渐变的典型案例中，由于这些修改需求是由多个不同的客户提出来的，因此，我们决定汇总 3 个月内所有的新需求，在此之后，设计、创建、测试、发布一个全新的 ETL 架构版本。然而，在发布新版本之前的需求收集及后续 SDLC 阶段中，尽管实际表现出来的性能依然是稳定和可靠的，但软件的相对性能是不断下降的（相对于被采纳的那些不断变化和增加的需求）。该软件发布之后，软件质量又符合标准了，因为所有的功能和性能需求都达到了。

图 4-2 显示了软件最初发布的性能，性能因预期衰退演变有所下降，但产品需求的不断增加又极大地影响了性能。该模式在软件第一次更新之后继续存在，软件在 6 个月第二次更新之后，软件需求稳定下来，性能又重新回到可接受的水平。

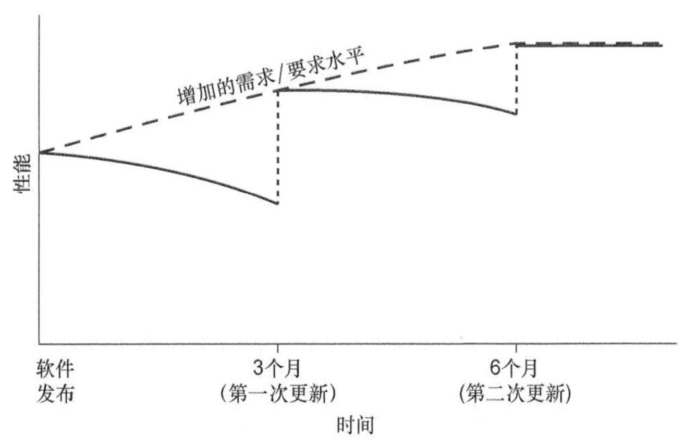

图 4-2　操作阶段中增加的需求

软件维修对软件寿命起着至关重要的作用，由于更具维护性的软件比较容易修改，因此，在出现故障的时候，我们更有可能对软件进行维修而不是使其报废。在第二个例子中，我们能够修改 ETL 软件并发布一个新的版本（而不是一个全新的软件），因为我们在软件创建之初就考虑到了可维护性原则，如灵活性和可扩展性。如果 SAS 软件不具有可维护性，那么它更可能很快失去满足需求的能力，因为它的性能和相对性能会因环境或客户需求的变化而下降，第 17 章将会详细讨论。

SDLC 的可靠性

作为需求文档中出现频率最高的性能属性，哪里有技术性需求，哪里就有软件可靠性。但是，即使需求是以非正式或隐含的方式体现出来的，在软件规划和设计的过程同样也需要考虑到软件产品的可靠性。开发人员需要清楚地知道自己是要造奔驰汽车还是马自达汽车——换句话说，该软件将会成为 SAS 结构永久的基石，还是会成为一两个月就被抛弃的旧机器？SAS 开发中会出现这两种极端情况或其他介于两者之间的任何情况，但 SAS 从业人员在着手软件开发之前，必须知道软件产品的可靠性应达到什么程度。

可靠性要求

由于企业会明确界定可靠性且 SLA 在合约中也对可靠性做出规定，因此，可靠性指标的重要性通常高于其他性能指标。可靠性指标的类型界定取决于软件意图，而且受到软件预期使用寿命及预期执行频率的极大影响。因此，一次性 SAS 软件和永久性软件的可靠性目标是不同的。终端用户开发环境中所创建的软件可能不需要较高的实用性或可靠性，因为 SAS 从业人员可以在必要的时候进行维修或重启软件。

SAS 分析程序可能仅需要运行一次即可实现一个解决方案，在这之后，该软件就会根据经验修改或存档以便进行后续可能的审查。根据经验创建的软件在数据分析开发环境中是比较常见的，这类软件会通过快速递增式开发逐步形成，递增式开发会跟随一些分析线程找出一个解决方案。一次性软件中的可靠性完全可以通过功能性而非性能表示出来，例如，通过示范已经生成的正确解决方案和数据产品。软件寿命或一致性都不会被优先考虑，因为软件的目的不是重复使用或再次运行，在这种情况下，实用性是重点，因为它反映出的是一个正确、实用的数据产品。

其他的 SAS 软件可能需要较长的使用周期，如一年，但可能不需要较高的执行频率。例如，一个 ETL 程序提取数据的频率可能是每天一次，或者每周一次，运行一段时间之后就会处于休眠状态，直到下次运行时才活跃起来。在这些情况下，可靠性是成功运行次数占总运行次数的比例。例如，一个程序需要每天运行一次，一周运行 7 次，9 月运行成功的机会应该是 30 次，如果该软件有两天没有完成运行或生成了无效的结果，那么这一性能表示的可靠性是 28/30 或 93.3%。需求可以简单明了地说明软件必须达到的可靠性阈值，尤其是当软件在其使用周期内按照循环重复的日程安排不断运行时。另一个比较重要的指标是 MTBF。如果 SAS 程序每天只运行一次，而 MTBF 是 4 周，那么你可能认为软件每月会出现一次中断的情况。在构建 MTBF 需求时，要考虑到的一个方面是如何评估那些在下一次预运行时无法补救的故障。例如，如果一个日常 SAS 程序连续两天出现故障，而且原因是它无法在第一次故障之后立即补救，那么即使它表示原始未解决错误或缺陷的延续，第二次故障也应该被计算到 MTBF 估算中吗？因此，尽管非常简单，但本例中 MTBF 的界定必须解决的是将第二个故障作为一个新事件还是作为第一个故障的延续的问题。

其他 SAS 软件可能依然会提出更高的运行频率，如不断变动的系统。提供连续服务的系统通常会通过实用性指标来界定可靠性，如网络服务器、数据库或邮件提供商。例如，Amazon AWS（亚马逊服务）确保其中一个服务器类型的“实用性为 99.999%”，这有效地说明了 AWS 服务器每年瘫痪的时间不超过 5.5 分钟。实用性不仅可以通过有效软件运行的数量或比率来衡量，还可以通过服务或产品运行的总时间百分比来表示。

出现故障的外部原因

你的 SAS 软件出现了故障，但不是因为代码错误，而是厄尔尼诺风暴切断了你所在街区的电路，使 SAS 服务器乃至整个网络中断。对于此种情况来说，预设为每小时都运行的生产型 SAS 软件很明显败局已定。但当你坐在漆黑的工作室中玩弄手指时，某个同事说道：“这会毁了我们这个月的可靠性统计数据！”天灾或其他外部因素能减损本应运行良好的 SAS 软件的可靠性吗？而且，预定下月进行检修以将 SAS 9.3 更新到 9.4 的计划会怎么样呢？这会影响到合约要求或通过指标收集的可靠性吗？

有一点是清楚的：在故障发生并中断了整个系统之后，再摸黑讨论这个问题就已经太迟了。但为时不晚。无论是在计划内（必要的软件更新）或突发（如电力中断）的外部故障原因都会对可靠性造成威胁，即使已经做出决定要接受由此造成的风险，也要慎重讨论这一威胁。这些讨论和决定通常是在团队或组织层面进行的，而不是在项目层面展开的，因此，讨论和决定是在 SDLC 之外（或之前）发生的。

在某些开发环境中，外部原因造成的故障所带来的风险实质上会从开发人员或运营维修团队转移到客户身上，客户承认并接受电力、服务器、网络中断及其他外部原因造成的故障，但这些故障不应该影响到软件的可靠性。SAS 从业人员应该参照可恢复性原则使软件能够从这些故障中恢复正常，但 SAS 从业人员并不负责保护备用发电机、服务器或其他硬件及基础设施以阻止或清除外部故障。例如，如果某个大学的网络连接断开，影响了研究人员获取 SAS 应用程序、软件或数据产品，那么这可能不会记录为一个软件故障，因为它超出了 SAS 从业人员的可控范围。

在其他环境中就比较严苛了，需要 SAS 服务器具有较高或非常高的实用性。SAS 从业人员可能负责维护一个备用的服务器和数据存储以使系统故障能够快速转移，但并不需要准备备用的电源，因为这一责任（和风险）是由公司层面的人承担的。在本例中，如果 SAS 服务器瘫痪并造成生产型软件发生故障，那么可靠性指标会反映出故障已经发生，因为 SAS 系统无法满足高实用性的需求。然而，电力故障出现之后，可靠性指标并不会降低，因为这一风险会转移到客户或企业。

可靠性构件

与其他质量特征相比，可靠性不仅从质量代码中获益，还从外部软件构件中获益，包括故障日志及风险登记表。第一个可靠性构件是风险登记表，它应该被应用于软件开发和测试中，因此，SAS 从业人员及其他利益相关者可以用该登记表评估风险的累积性质、严重性及频率，从而预测软件的性能。因此，软件发布之后，开发人员应该在收集到任何故障指标之前，了解它的优点和缺点以及它在生产过程中可靠运行的程度。

在需要高可靠性的软件中，将风险登记表加入软件设计中是一个不错的开始，这样就能够检测、存档并讨论软件存在的漏洞，从而估算出最终能够在软件发布阶段被接受的风险。由于软件在运行过程中依然需要维护，因此，如果故障预先暴露出未知或未登记的威胁及漏洞，那么就应该被记录到故障日志并添加到风险登记表中（第 1 章有介绍）。

第二个可靠性构件是故障日志，当要求收集和评估可靠性指标时，这是必要的内容。与只计算故障理论性风险的风险登记表不同，故障日志记录的是实际偏离功能性及性能需求的情况。我们有必要按照类型对故障进行排序，或者按照严重性进行排序。例如，如果某个 SAS 程序按照要求应该在 30 分钟内完成，但某天早上因网速缓慢实

际用了 33 分钟才完成，那么这一性能故障就应当记录下来，但其造成的影响可能不如功能性故障那样严重，功能性故障会导致软件突然中断或生成无效的输出信息。检查、整合、分析故障模式——而非单纯地在日志中记录故障——对了解和提升软件在使用周期内的可靠性是非常重要的。

可靠性增长模式

假设软件的故障率是 10%，即每运行 10 次就会出现 1 次功能性或性能故障，如果 Gmail 打开的故障率是 10%，或者 10 封邮件中有一封发送失败，那么这些功能性故障可能会让你选择放弃这一服务，转而去寻找其他的电子邮件服务商。由于可靠性对第三方运营的软件至关重要，如 Gmail 用户，因此，诸如 Google 之类的公司会遵循可靠性增长模式尽量在软件使用寿命内提供较好的性能。例如，Gmail 出现了小故障，弹出的对话框询问你是否要提交错误的数据，这能帮助 Google 了解并消除后期可能会出现的异常情况或错误。

可靠性增长表示“错误改正之后可靠性的提升”。可靠性增长模式指的是软件的可靠性随着时间的推移不断提升，与其他的功能性或性能变化无关。产品发布之后，可能会出现一些在规划和设计阶段不曾预料的异常情况，或者一些在软件测试阶段未发现的软件缺陷。因此，如果软件在操作过程中同时进行维护，且缺陷被识别并解决，那么可靠性可能会在软件预期使用寿命内提升到几乎完美的实用性，如图 4-3 所示。另外需要注意的是，由于可靠性和实用性会被优先考虑到软件设计中，因此，最初的可靠性就已经是 98% 了。

在图 4-3 中，由于利益相关者在软件需求中优先强调了可靠性的价值，因此，可靠性不断提升。由于软件维护也会提升可靠性，因此，故障率和 MTBF 会随着时间推移逐渐下降。因此，构思可靠性增长曲线的另一个方式是假设随着故障的消除，故障发生的时间间距不断延长。如果利益相关者决定不考虑维护，那么可靠性可能会先稳定，后下降，最后连续下降。

在终端用户开发环境中，因考虑到功能性或缩短软件开发周期，因此，可靠性通常不是优先考虑的因素。尤其是在数据分析开发环境中，SAS 从业人员可能急于看到软件的输出结果，因此，他们会进入我们所说的“演示时间”——将数据转变为信息或知识。而且，由于许多 SAS 从业人员本身是技艺娴熟的终端用户开发人员，因此，当出现功能性或性能故障时，他们通常能够立即重启、重构或修改 SAS 软件，不用经历传统开发环境中那样漫长煎熬的修改调整过程。因此，尽管终端用户开发通常会遵循可靠性增长曲线，但其最初的可靠性可能要远远低于软件应用程序被第三方用户使用时所表现出的可靠性，同时其最终体现的可靠性也非常低。图 4–4 所示的典型终端用户开发环境中的可靠性增长曲线，与图 4–3 所示的传统软件提升曲线是不同的。

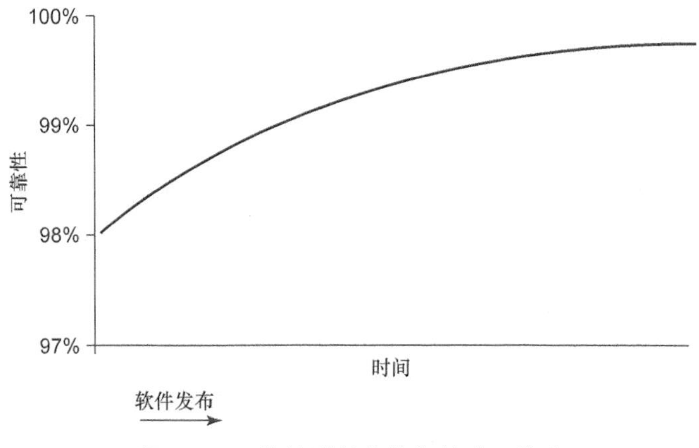

图 4-3 可靠性增长曲线与故障下降率

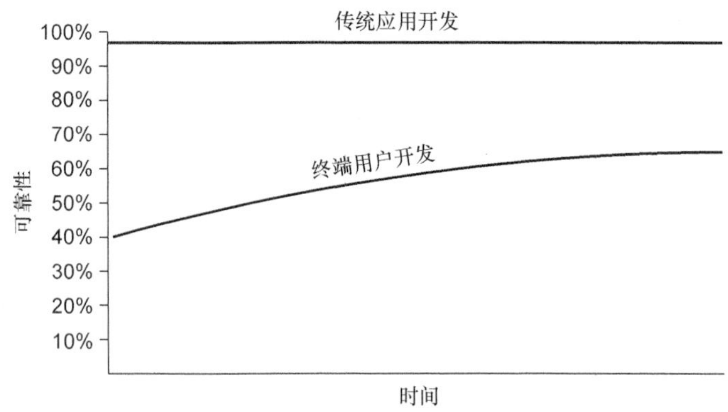

图 4-4 传统应用和终端用户开发可靠性增长曲线

可靠性增长模式及连续下降区间在软件规划和设计过程中是非常有用的，因为它们能够塑造利益相关者对软件预期使用周期的期望。如果客户在软件发布的第一天就追求较高的可靠性或实用性，那么利益相关者必须意识到可能需要进行大量的测试，更不用说需要软件的测试版本来测试实际用户手中的软件。即便 Gmail 有测试版本，功能性和性能也仍然需要不断地调整。更恰当地说，利益相关者可以描述较低的可靠

性，在软件运行的前几周或几个月客户能接受就行，并且，在这段时间内，通过故障检修消除软件的错误或缺陷，使可靠性朝着更高的目标发展。

可靠性评估

根据软件意图及理解故障内部和外部源风险的方式不同，可靠性和实用性指标会有截然不同的用途。SAS 从业人员首先必须弄清楚哪些故障类型对可靠性指标不利，哪些故障代表（如果有）可接受的组织风险，如电路中断、网络故障及必要的软件升级。

表 4-1 是 SAS 软件持续运行两个月（3 ～ 4 月）的故障日志范例。从故障日志中，我们能够计算出可靠性指标，本章后续部分会继续介绍这一点。第 5 章还会提到这一表格，介绍相关的可恢复性指标。

表 4-1　SAS 软件持续运行两个月　（3 ～ 4 月）　的故障日志范例

错误序号	故障日期	恢复日期	外部 / 内部	严重性	描述	解决方案
1	3-16 15:00	3-17 9:00	外部	1	电路中断	等待
2	3-18 14:00	3-19 10:00	内部	1	电路中断 相关的故障	更具可恢复性
3	3-25 10:00	3-25 11:00	外部	1	网络中断	等待
4	4-5 15:00	4-5 16:00	内部	1	SAS 错误 内存已满	重启软件
5	4-22 9:00	4-22 13:00	内部	2	少量产品 HTML 错误	修改 HTML 输出信息

若可靠性描述的软件遇到故障但又必须得恢复使用，那么可靠性就会很复杂。例如，若电力出现故障，首先就要修复电路，其次修复网络和 SAS 服务端，最后恢复 SAS 软件。软件恢复通常会单独体现在恢复指标中，但当使用了实用性指标时，恢复周期会影响到整体的可靠性。第 5 章“可恢复性”会介绍这两个相互交错的软件质量维度之间的相互作用。

可靠性公式

实用性 = 功能性持续时间 / 总服务时间

故障率 = 故障次数 / 总运行次数

兼容的 MTBF= 连续故障间隔时间的总和 / 故障次数

不兼容的 MTBF= 恢复和下次故障间隔时间的总和 / 故障次数

实用性

作为可靠性的一个评估标准，实用性指的是系统或组件在使用过程中的可操作及可使用程序。ISO 进一步阐述了它的定义："通常被看作是一种可能性，实用性是一个时间比率，即服务的实际时间 / 既定的服务运行时间。"实用性是一个经常出现在软件需求文档及 SLA 中的可靠性指标。

故障率及 MTBF 都不能全面地体现可靠性，因为它们通常不是用软件运行故障的时间量来衡量，因此，是不能使用的。换言之，一个几分钟即可清除的、微不足道的性能故障能造成运行过程的短暂停止吗？或者说 SAS 从业人员需要花费几周的时间重新创建软件吗（软件在重建的这段时间内是不可用的）？实用性表示的是系统或软件正常运行与故障状态运行的时间比。这样一来，实用性不仅融合了可靠性，还包括可恢复性的某些子内容。

在要求高实用性的软件中，实用性指标是最常见的。例如，如果 SAS 分析软件每周只运行一次，那么它仅需要保证那一小时是可用的即可，因此，捕捉实用性是非常困难的，或者说是没有意义的，但许多 SAS 服务器都要求是持续可用的，所以即便是在一些环境中，任何一个 SAS 软件都不能从记录实用性指标中获益，实用性也是捕获服务器可靠性最常见的指标。

在软件持续不断运行的情况下，实用性能够弥补故障率和 MTBF，因为它包含了软件处于暂停状态的恢复周期。它与后两个指标的主要不同之处在于：实用性根据持续时间权衡每个故障，而故障率和 MTBF 则不是。从本质上来讲，如果一个 SAS 任务应该每小时执行一次，但某个周一的早上出现了故障，且 4 小时之后才重新启动，那么这仅代表一次故障，即便软件一天之内的预期执行次数是 8 次，但其中有 4 次出现故障或在后续维修中忽略了，故障率仅会显示一次故障，而实用性则会涵盖这 4 次故障。

在表 4-1 中，故障日志记录了 5 次软件故障，原因有内部的，也有外部的。如果利益相关者已经要求软件保证储备电源、网络及其他系统的安全，那么该团队就要承担内部和外部漏洞引起的风险，而且所有这 5 次故障都应计算到实用性指标中。在这种情况下，如果软件的目的是 24×7 小时运行一次，那么第 1 行会导致 18 次故障（因为缺少了 18 次运行），第 2 行表示 20 次故障，以此类推。3 月有 31 天，4 月有 30 天，每天有 24 小时，软件本应共运行 1464 次，但因为出现了故障，或有 44 次是处于故障状态，因此，软件只完成了 1420 次。所以，实用性是 1420/1464，即 96.99%。

使用同样的故障日志，假设不是 24×7 小时运行，SAS 从业人员负责的是实用性相对较低的软件，该软件一周内每天运行 10 小时（8:00 ~ 18:00，一周 7 天）。那么，表 4-1 第 1 行仅表示 4 次软件故障（3 月 16 日 3 次，3 月 17 日 1 次），而不是 18 次。另外，软件预期执行的总次数降至 610 或（61 天 ×10 小时）。鉴于这种新范式，610 次运行中出现了 16 次故障，因此，实用性是 594/610，即 97.38%。这特别需要准确确定软件必须何时运行、何时关闭及何时进行维修。

最后一个例子，假设第 3 个团队也演示了同样的软件故障日志，同时软件运行的时间是每周 7 天，从早上 8 点到下午 6 点，但客户明确指出 SAS 从业人员不需要维护网络、硬件及其他基础设施。这是一个很典型的操作模式，在该模式下，基础设施的故障风险被成功地转移到客户或 IT 小组。若出现电力或网络故障，SAS 从业人员无须承担责任，因此，这些被记录为由“外部”原因引起的故障将不会被包含在可靠性计算中。

若故障的外部原因不考虑到可靠性指标计算中，那么只有 11 次软件运行故障，或因处于故障状态无法运行。因此，实用性上升到 599/610，即 98.2%。实用性比率在这 3 个案例中的扩展突出了在软件发布之前启用风险管理策略的重要性，以及界定软件预期执行时间和方式的重要性。

故障率

故障率指的是既定范围内的故障数与给定测量单位的比率。故障率是量化可靠性的一个简单方式，它能随着时间推移追踪故障次数，也能追踪特定时间段内的故障次数。若纵向追踪故障率，那么可靠性的提升率或下降率就能显示软件性能是随着时间推移提升还是下降。例如，评估 6 个月内每周的故障次数可能会显示出软件在特定可靠性范围内运行时，其故障率的不断升高就表示维修需要在超出可靠性阈值之前进行。

由于故障率可以在不考虑软件运行频率或运行时间间隔的情况下计算，因此，当软件设计的目的是耐用，而不是持续频繁运行时，它是非常重要的。例如，如果分析软件只在每个季度的第一周运行，之后 3 个月处于休眠状态，那么我们便可以使用故障率来计算它的可靠性，因为该指标不会考虑 MTBF 计算复杂化的休眠期。

故障率的一个缺点是它不能解释软件在故障发生之后不能正常操作的时间长度，即恢复期。因此，为了更全面地了解软件的性能，最好计算和追踪恢复期。例如，若 SAS 软件不能满足性能需求，在 3 小时而非 1 小时内完成操作，那么性能故障应该被记录，但没有恢复期（因为软件并没有因“运行时错误”而终止或生成无效结果），软件可以立即重启。然而，在其他故障模式下，软件可能在进行故障检修的一段时间内无法使用。尤其是在这些情况下，恢复指标的使用能够提供更多的环境信息，通过这些信息来理解故障率和严重性。

在软件不断运行的环境中，如在 3 月和 4 月运行 7×24 小时的软件，故障率表示未加权的实用性。因此，当电力故障造成软件在 3 月 16 日和 17 日两天 18 小时的运行中断时，这一中断就会被看作一次故障而非 18 次连续的故障，因为它指向的是一个威胁源。故障率很容易计算，在这个例子中，故障率是两个月 5 次，或者每个月 2.5 次。由于故障率计算起来比较简单，所以我们通常会纵向追踪故障率以显示故障的升高或下降，如 1 月出现 3 次故障，2 月出现 2 次故障。

因为故障率十分简单，因此，许多团队选择使用故障日志中其他的属性特征追踪故障率——通常会细分，如故障的内部或外部原因。这使 SAS 从业人员及其他利益相关者能够证实软件的可靠性，尽管在 SAS 服务器或外部基础设施可靠性降低的情况下依然有可能会上升。或者，它能够表明比较重要的功能性故障呈下降趋势，而性能故障呈上升趋势。这些指标能够使利益相关者优先考虑通过软件维修来提升软件性能。因此，尽管从某些方面来看，故障率过于简单，存在一些局限性，但当与其他定性指标放在一起使用时，它是非常有效的。

MTBF

MTBF 指的是系统或部件中连续故障之间预期的时间或观测到的时间。它通过计算某一特定时间段内故障之间的分钟、小时或天数的平均值来进行评估。MTBF 通常包括故障时间（恢复期），在这段时间内，软件处于故障状态，因此，MTBF 的测算是由一次故障到下一次故障的发生率得出的。例如，如果 SAS 软件在某个周五发生

故障，下周二恢复正常，但下周五又出现了故障，那么 MTBF 依然是 7 天，代表这周五到下周五这个区间。有些 MTBF 定义计算的是恢复点到下次故障的时间，因此，对该指标的界定是非常重要的。这两个定义被呈现在图 4-5 中。

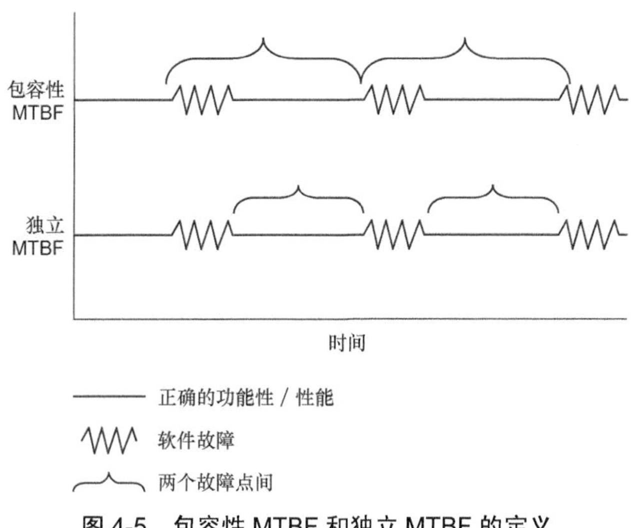

图 4-5　包容性 MTBF 和独立 MTBF 的定义

MTBF 对软件运行频率和软件运行之间的时间间隔比较敏感。例如，如果 SAS 软件在每个月的第一天执行，但在 3 月 1 日出现了故障，那么 4 月 1 日是它恢复运行最早的时间，因此，MTBF 至少是一个月。这一个月的 MTBF 指标也未能体现出软件恢复功能是花费了一天还是三周的时间，假设前提是它在 4 月 1 日之前不需要重新运行。出于这一原因，MTBF 更适合那些运行频率较高的软件，但也需要与实用性和可靠性指标一起使用，可靠性和实用性这两个指标除了涉及运行频率之外，还涉及软件故障的持续时间。

再回到我们之前在表 4-1 的故障日志中提到的 5 个软件故障，软件保证储备电源、网络及其他系统的安全性，因此，该团队需要承担外部或内部威胁带来的一些风险，而且所有这 5 次故障都应该被添加到 MTBF 计算中。在这种情况下，如果软件设计的初衷是一周 7 天、每天 24 小时、每小时运行一次，那么第一个故障是在 15 天、15 小时之后发生（小时的计算是从 3 月 1 日 0 点开始）；第二个故障是在第一个故障之后的 47 小时发生，因此，构成 MTBF 的前两个指标是 15.63 天和 1.96 天，按照这个逻辑继续往后推，剩下的故障时间间隔分别是 6.83 天、11.21 天和 16.75 天。最后阶段是 4 月 22 日 ~ 5 月 1 日，是 8.63 天，但并未包含在内，因为 5 月 1 日表示的是评估周期的结束，不是一次故障。所以 3 ～ 5 月的 MTBF 是 52.38/5，即 10.48 天。

兼容的 MTBF 定义大致等于总评估周期 / 故障次数，在这个案例中是 61/5，即 12.2 天。在不需要特殊性的开发环境中，这完全可以替代 MTBF。稍微复杂一点的 MTBF 定义会将恢复期从计算中剔除。例如，如果电力出现故障，造成 SAS 服务器中断，且两天时间无法恢复，那么在系统或软件中断期间，可靠性不受影响。表 4−2 比较了兼容和不兼容 MTBF 的计算。

表 4-2　兼容和不兼容 MTBF 的计算

错误序号	故障日期	恢复日期	兼容 MTBF	不兼容 MTBF
1	3-16 15:00	3-17 9:00	15.63	15.63
2	3-18 14:00	3-19 10:00	1.96	1.21
3	3-25 10:00	3-25 11:00	6.83	6
4	4-5 15:00	4-5 16:00	11.21	11.67
5	4-22 9:00	4-22 13:00	16.75	16.71
	MTBF		10.48	10.14

尽管测算指标之间的差别很小，但不兼容的 MTBF 会减去软件恢复所消耗的时间。不兼容 MTBF 的计算更加复杂，因为故障和恢复点均需记录。然而，这种方法的一个好处是它能更准确地体现软件实际运行的时间，而没有将软件恢复和维修的时间考虑在内。

换句话说，利益相关者在评估软件性能的时候可能会问一个很基本的问题：“这次你的软件能运行多长时间不出现故障啊？”当以这种方式提出问题时，利益相关者需要的就是不兼容的 MTBF——从上一次恢复点到当前故障进行计算——因为它们不在乎软件在上一次故障之后需要花多长时间去调整或修改。无论选择哪一种方法——内部或外部 MTBF，都应该做到准确无误。

接下来要讲什么

可靠性是最重要的动态性能属性，如前所述，它包含了实用性——对照故障评估性能。正因如此，高实用性要求我们遵循可恢复性原则使软件迅速恢复正常。第 5 章将会介绍可恢复性——ISO 软件产品质量模型中可靠性的一个子成分。

05

Chapter

第 5 章

可恢复性

我在背包穿越中美洲时，一条 505 李维斯牌牛仔裤穿了将近一个月，除了蹭上一些食物残渣和野鸡公车上的污渍，这个牌子的牛仔裤还是非常耐穿的。

搭乘小卡车穿过哥伦比亚之后，我终于到达了圣安德烈斯一个偏远的普韦布洛山区小镇，它毗邻联合国教科文组织遗址铁拉登特罗国家考古公园。此地区遥远偏僻，除了骑马，没有其他交通工具可以到达。铁拉登特罗国家考古公园有许多前哥伦布时期的古墓，这些古墓嵌在山顶上，里面有 7 世纪的陶瓷及彩色画作。

当我搭乘顺风车在去往圣安德烈斯岛的碎石路上颠簸时，偶然碰到了导游的妻子，之后，我骑马跟着导游 Pedro 去游览这数不尽的古墓，沿着岩洞螺旋形阶梯去探寻宽敞的雕刻岩洞和令人难以置信的古物。随着时间的推移，赤道炽热的阳光强烈地照射下来，凉爽的微风吹来，十分惬意，但到了另一个地点之后，风突然强烈起来，我才意识到自己在马背上颠簸时，牛仔裤被彻底地撕裂了！天哪！

牛仔裤从前撕裂到后，这真是太悲惨了，这条牛仔裤的“服役期”也走到了尽头。导游和他的妻子都觉得好笑，回到旅店之后，我才知道她无法用布缝补这条裂口。我要在厄瓜多尔的基多待几天，因此，我下定决心要谦虚谨慎，直到我离开圣安德烈斯岛，继续踏上征途。

由于之前在厄瓜多尔待过，因此，我找到一个在基多的朋友 Andres，尽管 Andres 对我尴尬的旅途取笑了一番，但他还是非常乐意帮助我摆脱眼前的困境。我们一连找了几小时，一家店铺接着一家店铺，尽管带着翻译，但我们依然花了 4 小时才找到一条适合我的牛仔裤。

最后，汤米 · 希尔费格解了我的燃眉之急，尽管价格比较荒唐，需要 124 美元，但这条牛仔裤还是物有所值的，我穿着它走过了南美及其他地方。

■ ■ ■

如果一开始接触的是质量较好的产品，如李维斯牌牛仔裤或汤米 · 希尔费格牌牛仔裤，那么你就不用过于担心衣服出现问题，因为产品本质上是比较可靠耐用的，如果确实出现了质量问题，可恢复性原则应该指出最快恢复需要多长时间。

从理论上来讲，我的牛仔裤本来是可以修补的，但我已经穿了 5 年，有些地方难免会被磨破的。然而，软件不会随着时间的推移而削弱或损耗，因此，通常来讲，故障并不代表产品寿命的结束。例如，若某个倒霉的 SAS 管理员不小心关闭了服务器，造成所有 SAS 任务暂停，那么 SAS 服务器能够重新打开，SAS 任务也能继续执行。

但若是出现了 SAS 从业人员不能掌控的基础设施故障，如电力或网络故障，那么软件恢复时间可能会延迟。在偏远的哥伦比亚山区，无论花费多少努力或时间都不能修复我的牛仔裤，我只能在去往基多的路上安安静静地收紧双腿。SAS 从业人员也会遇到这些由外部原因引起的软件故障，这些故障一时不能修复，只能静静地等着，而可恢复性原则也无法缩短这些延迟的时间。

然而，基础设施恢复之后，或者故障本质上是程序性错误，软件应该能够方便快捷地重启，但有时情况并非如此。就像我在基多驾车几小时，从一个商场跑到另一个商场一样，如果软件需要通过复杂的程序或紧急维修才能恢复功能，那么开发人员可能也会遇到这种效率低的情况，需要耗费大量的时间。

若故障出乎意料且没有相应的恢复策略，或者恢复工作与其他目标相违背，那么效率低的情况是非常有可能出现的。我知道我最终会在基多找到牛仔裤——在这个大城市有许多购物中心，但我不知道商场、品牌、尺寸以及不懂语言，所有这些因素都导致了购物效率降低。当软件在某个周二突然出现故障时，开发人员可能需要立即采取行动，放下手中的其他工作，优先进行维修工作。

可恢复性原则能够减少软件和数据产品在出现故障之后的恢复时间，从而提升软件整体的可靠性和实用性。

可恢复性的定义

可恢复性指软件产品能重建特定性能和恢复直接受故障影响的数据的程度。在出现故障的软件中，故障可能是由 SAS 软件自身或其他基础设施因素造成的，如 SAS 应用程序、SAS 服务器、网络、硬件或者电力供应。可恢复性是可靠性的一个关键要素，尤其是在高实用性的系统中更是如此，这类系统会参照运行时间评估故障状态的持续时间。

软件的恢复不能阻止故障的外部原因，如造成 SAS 软件中断的电力故障，但当故障的原因被消除，SAS 服务器处于运行状态时，可恢复性原则会将 SAS 软件或合成的 SAS 数据产品恢复运行的时间降到最少。软件的可恢复性原则遵循 TEACH 助记符号：软件的恢复应该及时、有效、自主、连续且无害。

在其他一些情况下，软件的故障是由内部原因造成的，如软件缺陷或其他一些需要修正性或调整性维修的错误。软件在恢复之前必须要进行修改，这是非常耗费时间的，而且如果执行了计划外的紧急维修，这一过程又是比较冒险的。第 13 章会讲述可维护性的原则，包括支持有效修正的最佳实践。然而，如果出现故障之后需要进行紧急维护，那么这一维护会作为恢复期的一部分，降低软件整体的可靠性。因此，若恢复操作中必须进行软件的调整修改，可维护性原则和可恢复性原则将同时指导软件的恢复。本章将讲述软件从故障到恢复这一过程中不同阶段的 TEACH 原则。

可恢复性术语

可恢复性：软件产品能重建特定性能和恢复直接受故障影响的数据的程度。

故障：产品不能继续执行某一特定的功能或在先前指定范围内无法继续执行某一功能的情况。

恢复：系统、程序、数据库或其他系统资源重新回到能够正常执行特定功能的状态。

恢复周期：它是故障停机时间的同义词，指系统或部件停止运行或服务的时间段。

平均恢复时间（MTTR）：它是平均修复时间的同义词，指维护团队执行某一变化并将系统恢复到工作状态所需的平均时间。

最大可容忍的故障停机时间（MTD）：在不损失商业价值或出现更大故障的情况下，一个公司可接受的故障持续时间。

恢复时间目标（RTO）：软件在恢复之前能处于故障状态的最大可能容许的时间。RTO 应总是小于 MTD。

可恢复性对可靠性的意义

许多类似牛仔裤的产品一旦出现故障即被处理掉，因为故障的出现表示产品寿命的结束，即便不是如此，至少也表明产品需要修复。从这个意义上来说，软件的 MTTR 在某些环境中应该被替换成平均修复时间，该术语通常用在实体产品中。在实体产品中，平均无故障时间（MTTF）描述的是产品在出现故障之前的寿命，通常希望产品在出现故障之后即被丢弃。然而，在描述软件时，我们会使用平均故障间隔

时间（MTBF）而非平均无故障时间，因为软件故障并不表示软件使用寿命的结束，而表示恢复期的开始，软件在恢复之后又能继续运行。

在许多情况下，性能故障可能会造成软件无法满足性能需求，而不会导致软件的终止或产生无效的数据或数据产品。例如，偶尔运行速度过慢的 SAS 软件若运行时间超过理论要求，就会造成性能故障。除非软件在性能故障之后终止运行，需要 SAS 从业人员执行修复性维护，否则就不会存在所谓的恢复期，因此，可恢复性原则是不适用的。出于这个原因，故障日志（第 4 章介绍过）通常会将功能性故障与性能故障区分开，以便分开追踪。

因此，可恢复性代表质量的一个方面，尽管对软件开发环境非常重要，但在大多数实体产品中是不常见的。图 5-1 比较了诸如牛仔裤之类的实体产品的 MTTF 模式与软件的 MTBF 模式。需要注意的是，对于那些因运行缓慢而导致性能故障的软件是不存在恢复期的。

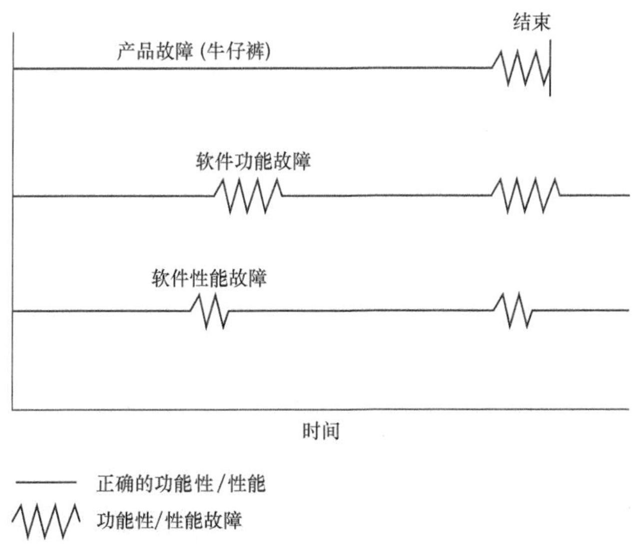

图 5-1　MTTF 和 MTBF 对比

在 ISO 软件产品质量模型中，可恢复性被看作是可靠性的一个组成部分，对软件可靠性具有重要的意义，因为它能够最大限度地缩短恢复期，软件在恢复期内处于故障状态，不会提供或提供有限的商业价值。在实现软件实用性最大化中，获得可靠的软件是最关键的一步，在第一阶段中不会出现故障的代码是不需要恢复的。但由于软件故障是不可避免的，因此，追求高可靠性和实用性的软件必须支持可恢复性原则以实现这两个目标。

环境、网络、系统、数据及其他外部问题都会导致连接失误、内存错误及其他一些能造成不可避免的程序终止的故障。计划内的停运也需要中断 SAS 程序的运行，如 SAS 软件、基础设施、网络及硬件的升级及调整。可恢复性反映的是系统或软件在出现故障或在计划内停运之后恢复功能性或实用性的能力，恢复指的是恢复功能或使用的状态，而恢复周期指的是系统或软件恢复正常所需的时间。

第 4 章介绍了软件可靠性随着软件不断调整的增长趋势。图 5–2 所示为与可靠性增长曲线相关的故障率的下降趋势及 MTBF 的增长趋势，这表示软件的可靠性和维护已经被优先考虑。但是，本例不仅显示出每个故障发生的时间，也显示了故障持续的时间。

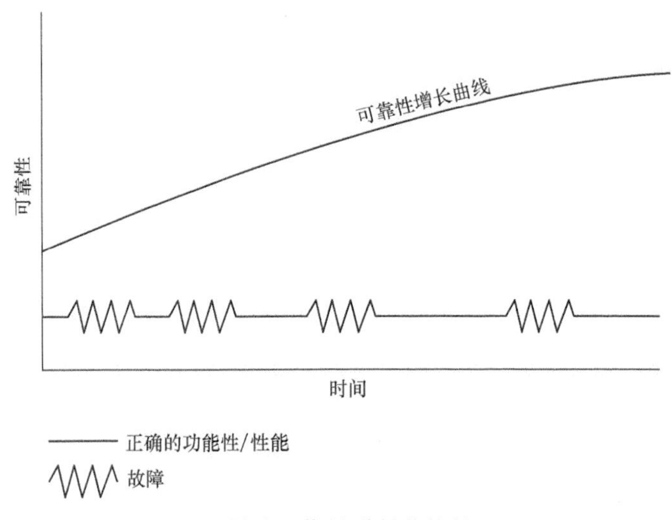

图 5-2　影响可靠性增长曲线的 MTBF

尽管可靠性增长曲线表示故障率不断下降，但它未能显示出每个故障的恢复周期或持续时间。因此，在可靠性增长曲线中能体现实用性提高和故障率下降的关系，而可恢复性增长曲线表示我们能够通过执行可恢复性原则和阶段缩短恢复周期，从而进一步提升实用性。

可恢复性增长模式

可恢复性增长模式是可靠性增长模式的必然结果，这有力地证明了在软件优先考虑可恢复性原则的情况下，软件的恢复应该逐渐减少，逐渐地趋向于理论化、自动、即时的恢复。图 5-3 所示是可恢复性增长曲线，其中，低可恢复性表示恢复时间较长，高可恢复性表示恢复时间较短。

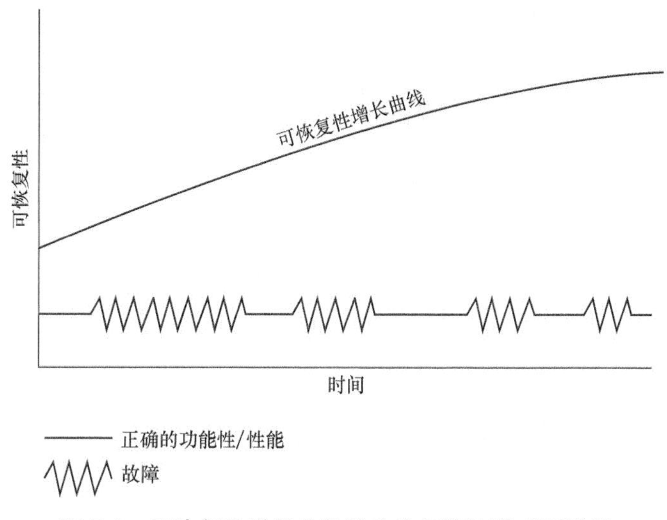

图 5-3　可恢复性增长曲线随着恢复期的递减而增长

可恢复性增长曲线通常与可靠性增长曲线结合在一起，因此，当 SAS 从业人员打磨软件，提升软件恢复能力和稳健性时，他们通常会努力改善恢复性能，因为他们学会了如何消除或使恢复阶段更有效率的方法。

图 5-4 所示为可靠性与可恢复性之间的相互作用和影响，可恢复性曲线与可靠性曲线无关。

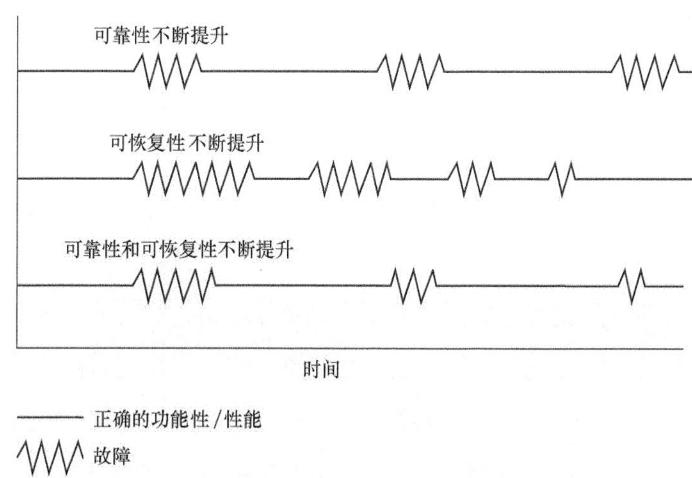

图 5-4　可靠性与可恢复性的相互作用和影响

可用性是通过软件未处于故障状态的时间比来表示的。如图 5-4 所示，尽管可靠性增长曲线与可恢复性增长曲线可以在软件生命周期内单独出现，但只有可靠性和可恢复性达到最大值时，我们才能获得最高的软件可用性。

可恢复性矩阵

我在 2015 年曾介绍过可恢复性矩阵，它阐述了在软件恢复过程中推进软件可恢复性及分散相的指导原则。通过将这些原则加入代码中，SAS 从业人员可以提高代码的可用性，简化甚至完全消除分散相，从而极大地提升恢复体验。

可恢复性原则遵循 TEACH 助记符号，指出软件的恢复应该具有以下特点：

- 及时——尽量缩短恢复时间以实现最大的可用性；
- 有效——恢复应该有效，包括有效地使用软件处理（系统资源），如果恢复过程需要进行维修，要充分利用好开发人员资源；
- 自主——从故障发现到功能恢复，应该尽量避开人为干涉，以智能、自动化的方式完成；
- 连续——在恢复过程中，应尽量避免快速修复、快速启动及一次性代码修复，而应该选择策略性、可重复的、连续的解决方案；
- 无害——恢复过程不应该损坏数据产品或运行环境的其他方面。

上述每一个原则都应该体现在以下分散相中——分散相是在检测到失败之后的恢复期内发生的。SPICIER 助记符号描述了可能存在的恢复阶段，但在许多情况下，以下恢复阶段应该通过可恢复性原则尽量减少或消除：

- 终止程序——因为故障并非表示软件已经停止了运行，因此，软件可能需要被迫停止；
- 调查——收集信息，包括故障源、原因、持续时间、影响、可能的修复措施及其他故障方面的信息；
- 清除——清除除错误的数据、数据产品及故障引起的其他结果；
- 内部问题——需要正确、恰当或紧急的维修措施来恢复软件的功能；
- 外部问题——这些问题导致故障的发生，但不在 SAS 从业人员的控制范围之内，需要进行调查或使用质量控制来改进或自动化未来的故障检测；
- 重新运行程序——恢复过程的最后一个阶段，尤其是在一些破坏关键基础设施的严重故障之后，SAS 开发人员会在这一阶段开瓶庆祝。

TEACH 可恢复性原则

一个理想的恢复过程是及时的、有效的、自主的、连续的且无害的，这几个原则是紧密联系在一起的，是 TEACH 助记符号讲述的主要内容。及时性这一原则指的是恢复的速度，包括故障的发现速度、重启软件所需的时间及克服代码中的原始故障点需要多长时间。有效性指的是代码不需要过度的处理能力或开发人员的大量努力，自动代码节省开发人员的精力。自主性指的是软件能识别故障，在必要的时候能自动终止程序，且能在开发人员不加干涉的情况下，一键启动。连续性指的是恢复策略要具有持续性，而不是权宜之计，后期还需要改进或取消。无害性指的是软件的故障和恢复都不会影响到其运行环境，如引起其他程序终止或生成无效的数据产品。

及时性

软件速度经常用于指代软件整体的性能，与之相类似，恢复的及时性通常也用于指代其他的可恢复性原则。如果软件能迅速或瞬间恢复，那么我们就认为软件一定相继遵循了其他原则。因此，除非没有实现可恢复性或可靠性性能指标，否则我们一般不会优先考虑其他可恢复性原则。

从更高层面来讲，恢复看作是一个修复功能并终止恢复阶段的独立事件。如果要求中出现了 RTO，那么它会规定平均恢复完成的时间目标。因此，尽管单个恢复周期可能会多于 RTO，但实际达成的 MTTR 应该总是小于 RTO。在更加严格的运行环境中，RTO 会解释为最长恢复周期，任何一个单独的恢复周期都不能超过这个时间。从这种意义来讲，RTO 与 MTD 差不多。图 5-5 演示了 6 个软件故障，我们已经对照可恢复性的要求评估并记录了它们的恢复周期。尽管 MTTR 低于 RTO，但如果某一个故障所需的恢复时间多于 RTO，就表示出现了一个性能故障。所有恢复的完成时间确实都远低于利益相关者制定的 MTD。

在图 5-5 所示的情况中，一个性能故障导致未能实现 RTO，此时，我们就应该把注意力从高层次的恢复转到较低层次的恢复上来，包括恢复周期中出现的分散相。例如，SAS 从业人员可能发现，在恢复周期内，由于无效的数据产品已经生成且必须被修正，所以清除阶段花费的时间较长。因此，为了将来实现更稳定的恢复，我们应该通过调查和改善恢复的各个阶段来提升 SAS 软件的及时性。

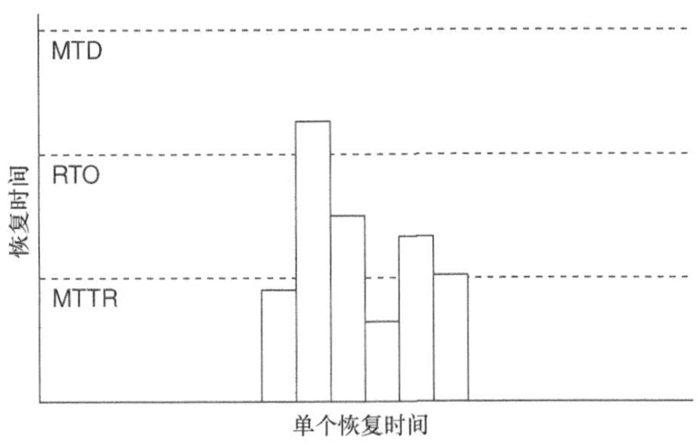

图 5-5 MTTR、 RTO 和 MTD

有效性

效率可以用一个人或过程为促进软件恢复所必须耗费的精力或资源来表示，例如，一个缺乏经验的 SAS 从业人员，如果不熟悉具体的软件，那么他在调查和修复故障方面的效率要远远低于那些有经验的开发人员。难以读取或记录不良的代码也会拖慢恢复的进度，因为它是比较抽象的，因此，更加难以维护和修改。一个故障如果因为代码生成虚假的数据、元数据或数据产品而需要对 SAS 系统进行大量的清除工作，那么它也会使开发人员浪费较多的时间，因为这一清除工作是本能够避免或自动进行的，因此，我们要实施更加严格的软件开发。尽管软件故障一直都不是愉快的体验，但是开发人员可以通过预先的设计和开发确保他们的时间在恢复周期得到很好的利用。

然而，开发时间并不是唯一需要考虑的资源，软件本身应该能够有效地恢复，证明充分利用了系统资源和运行时间。如果 SAS 代码无法获知内部故障的出现，使得该故障几小时或几天内都没被发现，那么这就是 SAS 处理器的低效使用——它漫无目的地运转了好多天，生成了许多无效的结果，而这些结果在恢复期后是需要重新生成的。当一个程序必须在恢复周期结束后重新运行时，有效的代码也应该明智地绕过任何不必要的步骤。检查点可以设置在故障之前已经成功完成的代码模块，从而使程序流跳过这些步骤，直接进入故障点。我们会在本章后面的“使用检查点恢复”部分讲到这一点。

自主性

自主性通常包含和取代自动化，它要求系统不仅不受人机互动的影响，还能够灵活机动地做出决策。模糊逻辑 SAS 程式能够指导程序自动检测故障，并在许多情况下能根据收集到的故障元数据自动恢复。在软件故障期间收集的流程指标能体现异常或错误的类型和位置，尤其是如果它们可以与体现前流程成功的基线指标进行比较，更是如此。通过预测和检测异常处理程式中的具体错误类型，软件通常可以优雅地终止，为更有效地恢复搭建好舞台。

假设一个 SAS 程序出现故障，原因是软件运行过程中没有获得所需的输入数据集。自主恢复引发了以下问题：一个熟练的 SAS 从业人员在这种情况下会采取什么措施呢，并在软件中重新创建了这个逻辑。例如，当收到数据集缺失的异常警告时，软件可能会自动地给利益相关者发送一封电子邮件告知他们这一情况，同时软件会进入一个几小时的忙等待循环，让开发人员能有机会弥补丢失的数据集。在一定的时间之后，如果丢失的数据集仍未找到，软件可以优雅地终止。然而，如果利益相关者能够恢复输入数据集的可用性，就可以快速、有效地进行恢复，而不出现“运行时错误”。

这种情况强调了自主性和自动化在所有恢复阶段中的重要性。例如，解决方案中一个比较明显的瓶颈是 SAS 从业人员的干预，他们首先必须收到一封电子邮件，然后才能采取行动。一个与人为干涉相关的瓶颈能极大地拖慢恢复系统，这些系统原本是流线型、自动化的，但在许多情况下，期望一个自动化的程序将必需的数据集传递到预期的位置是不现实的，因此，完全自动化是不可能实现的。但是，增加能自动检测并传达软件故障的程序能够为软件恢复提供巨大的优势。

连续性

连续性或一致性反映了代码的稳定性，包括软件运行的方式及恢复软件故障所要采取的步骤和行动。稳定的软件能够机动灵活地决定软件在发生故障之后如何及在哪个位置重新启动。因此，开发人员要做的不是强调代码的哪些部分应手动运行，不是创建速效方案以方便快速启动代码，而是能够让软件每次都运行相同的代码——无论软件是否运行成功。可以马上恢复和运行软件的临时解决方案可能是及时的，但如果它们又引起了必须要在明天处理的新缺陷或技术债务，那么通常来讲，这一追加的成本是不值得的。

例如，假设一个序列化的提取 - 转换 - 下载（ETL）进程正在按照顺序提取并转换 20 个 SAS 数据集。如果该进程成功完成了前 15 个数据集的提取和转换，但在提取第 16 个数据集时出现了故障，那么有些 SAS 从业人员可能会试着重新运行该软件，使用手动修改来指定软件应该从第 16 个而不是第 1 个数据集开始。这种类型的紧急维护在生产软件中是深恶痛绝的，应该不惜一切代价避免！另一个诱人但可怕的想法是重新运行整个软件，但这样我们就需要多此一举地重新处理前 15 个数据集，而这显然违背了恢复的及时有效性原则。

另外，一个一致的软件解决方案可能会咨询一个控制表来查询性能指标，这将证实前 15 个数据集已经处理完成，从而使软件能够从第 16 个数据集而不是第 1 个数据集开始处理。通过实施能有效利用检查点的动态过程，软件可以保持连续性，从而消除恶意软件修改或冗余处理的糟糕实践。修改过的解决方案能够动态地评估软件以往的成功和失败，在软件每次运行的时候都可以使用，而不管之前的执行是成功还是失败。我们会在第 17 章介绍一致、稳定软件的益处。

无害性

当无害的软件发生故障时，它反过来不应该影响到其运行环境，如生成错误的、不完整的、恶劣的或无效的数据、元数据、数据产品或输出信息。无害的代码应该能自动地检测故障的发生，并以一种可预见、负责任的方式处理它，因为我们只有通过可预见性才能确保从属的程序和数据产品没有受到影响，在大多数情况下，比起那些完全错误的数据产品（因为未发现故障），我们更愿意去接受那些不可用的或延迟的数据产品（因检测到故障）。

故障和恢复都应该是没有损害的，因此，我们不能为了恢复功能而对运行环境进行恶意修改。例如，如果开发人员修改了生产环境中的 SAS 库名称，作为重新运行出现故障的代码的权宜之计（因为代码错误地引用了开发环境中的库名称），那么这可能会引起不相关的程序出现故障。另一种情况也会经常出现：软件因为开发团队共享的宏出现了异常或错误而终止运行。开发人员可能会尝试修改宏，使它能够在当前处于故障状态的软件中运行，但如果这一修改过的宏重新用于其他的生产软件，那么只有理解了建议修改的意义，我们才能做出修改。软件重用库能够促进对代码

使用和重用的认识，对需要维护时的反向兼容性的认识，我们会在第 18 章讲到软件重用库。

SPICIER 可恢复性步骤

TEACH 描述的是软件设计和开发过程中使用的可恢复性原则，而 SPICIER 描述的则是恢复周期内的具体阶段，每个阶段都可以通过可恢复性原则进行完善。在许多情况下，如果不是所有的恢复步骤都可以实现自动化，那么在生产软件中就应该删除一些步骤，如清除。

终止程序

故障的种类有很多，但并不一定表示程序的终止或引起“运行时错误”。当软件引起“运行时错误”或突然终止时，就会出现故障，另外，当软件进入一个死胡同或无限循环，或者继续执行而生成无效的数据、数据产品或其他输出信息时，故障也可能会发生。异常处理程式的共同目标是将软件的结果分为两种截然不同的路径：正常轨道和故障安全路径。

正常轨道（或正常路径）指的是软件从开始执行到成功完成、实现全部商业价值的过程，然而，如果遇到异常或错误，稳健的软件会努力回到正常轨道，恢复全部或部分功能。换句话说，执行过程中发生了一些糟糕的事情，但软件仍艰难运行或者完全修复，最终实现全部或部分商业价值。缺少稳健性的软件仍然会有一个潜在的正常轨道，但一旦出现异常，便无法回到正常轨道，因此，只能终止运行。

故障安全路径是软件在遇到异常或错误时能优雅地终止的另一个路径，功能终止，商业价值没有实现，但运行环境没有受到影响，依然是安全的。一个不安全终止的例子造成的结果是 SAS 软件突然手动终止，因为系统分析员发现了无效的输出信息。另外，安全终止可能会自动化地发现输出异常，更新控制表以反映异常或错误并指导 SAS 终止。因此，自动软件终止一般是从自动故障检测开始的。

尽管生产软件应该在遇到故障时优雅地终止，但如果第一次遇到意外的错误，软件可能会以一种不安全或不可预见的方式终止。在这样的情况下，如果软件已经检测到错误，但仍继续运行，那么我们必须手动终止它。例如，如果一个执行日常数据的 ETL 程序要求表格具有 40 个字段，但在周一它遇到了一个只有 37 个字段的表格，那么程序流应该能够自动检测到这一异常。业务规则将指导异常处理，但可能包括立即终止程序，并通知利益相关者，同时会阻止相关的程序继续运行，如果系统不够稳健，没有检测到 37 个字段的异常，那么后续的代码可能会继续执行并生成无效的结果，即使没有产生“运行时错误”。

及时、有效、自动的终止通常可以通过异常处理例程来实现，异常处理例程能检测到异常和“运行时错误”，并让程序优雅地终止。例如，以下 SAS 输出信息演示了 Ghost 文件不存在时出现的一个错误：

```
data temp;
   set ghost;
ERROR: File WORK.GHOST.DATA does not exist.
run;

NOTE: The SAS System stopped processing this step because of errors.
WARNING: The data set WORK.TEMP may be incomplete. When this step was
stopped there were 0 observations and 0 variables.
WARNING: data set WORK.TEMP was not replaced because this step was
stopped.
%put &SYSCC;
1012
```

在每个程序、DATA 步骤或其他模块之后测试自动宏变量 &SYSCC，这样能提供一种方法来确定是否出现了“运行时错误”，并且之后可以用它动态地修改程序流。第 3 章和第 6 章介绍了 SAS 自动宏变量在异常检测和处理中的使用。

然而，软件故障并不总是由“运行时错误”发出信号，前面所讲的 37 个字段数据集从结构上来讲是不可靠的，可能会生成无效的结果，但可能不会产生明显的“运行时错误”。再举一个例子，如果以下代码是在上面代码之后执行的，那么它运行时不会产生“运行时错误”，但我们依然认为它失败了，因为它生成的是一个空白数据集：

```
data temp2;
   set temp;
run;

NOTE: There were 0 observations read from the data set WORK.TEMP.
NOTE: The data set WORK.TEMP2 has 0 observations and 0 variables.
```

事实证明，尽管遇到了错误，第一个 DATA 步骤还是创建了 Temp 数据集，但它有 0 个观测值和 0 个变量。因此，尽管有无效的输入，但第二个 DATA 步骤还是在没有警告或“运行时错误”的情况下执行。在测试应该指导程序中止的条件时，软件不应该只检查警告和错误代码，而必须要验证业务规则和先决条件是否得到满足。首先测试以下代码，以确保数据集至少包含一个观测值，而且如果该要求没有得到满足，那么 %RETURN 程序指令会中止宏：

```
%macro validate(dsn=);
%global nobs;
%let nobs=;
data _null_;
   call symput('nobs',nobs);
   stop;
   set &dsn nobs=nobs;
run;
%mend;

* inside some parent macro;
%validate(dsn=work.temp);
%if &nobs=0 %then %return;
* else continue processing;
```

尽管软件异常管理比较智能，但有些时候仍然需要手动终止。手动终止软件强调了以下事实：软件可以在任何一行代码中莫名其妙地失败。不幸的开发人员会在任何一行代码执行时，将其机器与服务器断开连接，手动终止软件的执行。可恢复性要求开发人员遵循这一思维模式，并在每一行代码之后问自己：“如果我的代码在这里出了问题，会发生什么事情呢？”这一思维模式考虑到代码应该以一种无害的、可预见的方式安全终止。本章“清除”部分会更加全面地介绍这一方面的内容，因为对于安全终止且无恶意的代码而言，是不需要清除的，因此，我们有时可以避开恢复周期中这一令人痛苦的阶段。

调查

如果程序的终止是由于维护或修改其他程序而导致的，那么这一步是不必要的，因为停止运行是计划之内的。但在某些情况下，生产软件会出现意外的故障，这时，利益相关者不仅要求立即回复，还需要答复。从风险管理的角度来讲，更高层次的利益相关者通常不关注技术细节，他们关注的是与故障相关的、比较实质性的事实，如“故障发生的原因是什么，故障还会再次发生吗？”一个最佳的做法是在故障日志中记录这些内容以及与故障相关的其他定性信息（第 4 章介绍过）。

日志文件是我们推荐给生产软件的最佳做法，因为它们可以通过一个基准（清除）日志来帮助验证程序的成功，便于识别“运行时错误”或逻辑错误。当故障源被记录在日志文件并通过持续质量改进（CQI，Continuous Quality Improvement）时，开发人员可以重构代码以提升稳健性，一次消除故障，避免后续再次发生，第 4 章介绍过这一点。在其他情况下，日志文件可能存在，但可能没有充足的信息来调试代码，当业务规则或逻辑中的错误不能立即被察觉时，也会出现这种情况，导致相关的日志文件在分析之前就被删除了。当出现这种情况时，代码可能需要进行大量的调试和测试运行，重现和重新获得与故障相关的足够信息，以了解潜在的缺陷或错误。

对于生产软件来讲，另一个最佳做法是使用风险登记表，因为它能记录已知的缺陷、错误逻辑及其他可能引起程序故障的软件漏洞。遇到故障之后，SAS 从业人员会转到风险登记表，查看里面是否记录了与该故障相关的威胁和漏洞，而且在许多情况下，还会查看是否提供了维修和解决方案。这并不表示在发现故障之后就要立即采取行动，而是要阐释漏洞对评估风险是至关重要的。第 1 章介绍过风险登记表的使用。

清除

调查完故障之后，下一步就是重新启动软件或者进行必要的维护。尤其是在许多情况下，软件本身并没有缺陷，而是因为外部的威胁而停止运行，如电力中断，那么这时软件应该能够在不需要进一步干预的情况下立即重启。然而，若软件生成无效的数据产品——包括数据集、元数据、控制表、报告或其他输出等，我们就不能再简单地重启软件了。无害化恢复的原则指出，生产软件不能引起其他故障，因此，故障软件的站点不应该像一个事故现场，到处都是保险杠碎片、碎玻璃、流淌的汽车油和传动液。

当某些模块或进程开始运行但未完成运行时，我们通常需要将其清除，举例如下。

- 数据集通过连续的进程不断地修改。进程出现故障之后，原格式的原始数据集已经不能使用，因为部分（而非全部）已改变。

■ 数据集共享或专用锁定，导致进程在数据集未被解锁之前停止运行。该数据集在 SAS 会话终止之前都是不可用的。

■ 目录的结构或内容被修改导致故障发生。例如，如果原始数据文件从“Original”文件夹移动到“Processed”文件夹，那么若后续的提取进程宣告失败，这些数据文件就需要被移回。

■ 控制表信息更新，显示程序开始运行，但程序中途停止，控制表中将不会更新这一信息。在许多情况下，SAS 从业人员必须手动编辑控制表删除这些数据，因为控制表如果包含几个月的历史性能指标和其他元数据将是非常危险的。

第一个例子经常出现在序列化的 ETL 程序中，在 ETL 程序中，每个 DATA 步骤或进程都是环环相扣的。DATA 步骤可能需要连续多次修改同一数据集的内容，以节省硬盘空间或避免过度复杂，但数据集名称并未修改。在下面这个例子中，Final 数据集显示的似乎是最终的结果，但其实是经过多次修改的。因此，如果代码出现故障，那么我们可能很难找出是哪些改变造成的（避免在恢复周期重复）。而且，如果我们所做的转变永久删除、修改或重写了数据，那么我们将无法在必要时重构 Original 数据集：

```
data final;
   length char1 $15;
   char1='taco';
run;

data final;
   set final;
   length char2 $15;
   char2='chimichanga';
run;

data final;
   set final;
   length char3 $15;
   if char1='taco' then char3='flauta'; * theoretical failure
      occurs here;
run;
```

如果显式锁在未发挥作用之前，软件已停止运行，导致其未被清除，那么这时候可能需要清除。显式锁是非常有用的，因为它们能确保数据集在软件试用前是存在的。如果遇到异常，如数据集正在使用或丢失，进程会进入一个忙等待循环，等待使用数据集，或者直接优雅地终止，避免引起“运行时错误”。LOCK 程序指令会调用独占锁定，以往经常被用在忙等待循环中，但现在已经不用了（不用在 SAS/SHARE 环境中），第 3 章已介绍过。相反，FOPEN 能够用于获取文件或数据集的独占锁定，OPEN 用于获取共享锁定。然而，这些功能分别需要 FCLOSE 和 CLOSE 功能以确保文件流被关闭，第 11 章会讲到这一点。

清除的另一个例子是文件夹结构或内容的改变，这通常是 ETL 进程的一部分。思考我从其他 SAS 从业人员那里得到的一个 ETL 进程：原始文本文件一直被保存在一个“Inbox”文件夹中，但有一天，ETL 进程创建了一个以当前日期命名的文件夹，将“Inbox“中所有的文本文件复制到这个新文件夹中，并开始提取和处理文件。该软件是相当可靠的，但它确实是终止运行了，需要大量的清理工作。

当“Inbox”中的文本文件被复制到独立的日常文件夹时，该程序创建了一个用于提取文件的索引。因此，如果程序在文件被复制之后的一段时间内出现故障，即便软件被重启，“Inbox”中将不会有任何文件，从而也无法创建新的索引。因此，为了在故障发生之后重启软件，我们必须要将文件移回“Inbox”，删除索引，更新控制表，显示程序正在重新运行。尽管删除服务器的数据集或其他文件是数据维护的常规部分，而且从某种程度来讲，应该被自动化，但 SAS 从业人员也必须考虑到，一旦软件运行失败，这些操作和自动化是否会影响到后期的清理工作。

不管在什么样的情况下，SAS 从业人员都应该努力设计和开发不需要清除工作的程序，因为清除工作不仅耗费财力，还可能会引起其他的错误。复制或重命名文件、修改数据集、编辑控制表或手动解锁数据集都是有风险的，生产软件应尽量避免这样做。

内部问题

在软件出现故障并停止运行时，找出故障原因以及可能的修补措施，清除需要清理的内容之后，下一步就是重启软件。例如，软件因为电力或服务器中断停止运行，不需要进行软件维护，这时就可以重启软件。在比较直接的故障中，一般没有内部问题，因此，可以直接跳过这一阶段。

但如果电力中断，软件无法立即启动，会出现什么情况呢？或许需要进行清理，或者重新运行许多已经结束的进程，效率降低。这些都代表应该纠正的内部问题——尽管实际的故障是由外部原因引起的，但如果优先考虑到可恢复性，也要纠正的软件内部问题。因此，内部问题主要指的是在软件上进行的纠正、紧急或自适应维护，恢复软件功能或提高软件在未来发生故障时的可恢复性。

有些内部问题可能不需要进行软件维护，但可能需要 SAS 从业人员解决运行环境中的其他问题。例如，如果 ETL 软件因数据集被其他程序锁定而停止运行，那么第二个程序可能需要暂停（或等待），使 ETL 软件能够在数据集恢复使用之后重新启动。在一个与此相似的例子中，存储密集的 SAS 软件可能会导致内存不足的问题——有时是在本软件中，有时是服务器并行运行的其他 SAS 软件中。因此，如果出现内存不足的情况，其他进程可能需要中止（或等待），使初始软件有充足的内存继续运行。

但如果在代码中发现了漏洞或缺陷，或开发人员及其他利益相关者一致要求通过维护来提升可恢复性或性能，那么我们需要在这个阶段对软件进行修改。第 13 章会讲到维护的类型，如适应性维护、完善性维护、纠正性维护和紧急维护，而且在软件设计中采用可维护性原则，可以使维护工作在故障发生后高效执行，从而大大缩短恢复周期。

外部问题

外部问题指的是存在于 SAS 从业人员和软件恢复之间的一切内容——SAS 从业人员无法控制的一切。故障的原因可能是来自外部的，例如，无法连接到第三方管理的外部数据库。在这种情况下，SAS 从业人员可能会打电话查明故障的原因及其持续的时间。在许多情况下，通过调查发现外部原因之后，开发团队就能坐在那里，等着外部环境被修复。

那么，在软件瘫痪之后，SAS 从业人员在无所事事地等待别人来恢复数据流时，还能做点什么呢？我的团队曾经失去过一个关键数据连接，团队成员一直在问开发人员："连接上了吗？我们现在能使用数据了吗？"每次被问到时，开发人员就会跑到桌子旁边，重启软件，这不仅引起几百个"运行时错误"，还会引起因缺乏异常处理导致的连锁故障。事实证明，当外部问题妨碍了软件的正常运行时，正是我们创建数据连接监听器和其他能测试负面环境状态的质量控制的好时机。

负面状态可能指数据集丢失、数据集锁定、数据流破损或其他的异常。异常处理框架可以识别理论上的异常，但是若无法在测试环境中重现异常，它们也很难进行测试。例如，以下代码测试能确定是否可以为数据集获得共享锁，因为只有获得共享锁，MEANS 程序才能运行。这一异常处理能避免在 MEANS 程序尝试获取数据集时，另一个程序或用户将数据集完全锁定引起“运行时错误”：

```
data perm.original;
   length char1 $10;
run;

%macro freq(dsn= /* data set in LIB.DSN or DSN format */,
   var= /* single variable for frequency */);
%local dsid;
%local close;
%let dsid=%sysfunc(open(&dsn));
%if %eval(&dsid>0) %then %do;
   proc freq data=&dsn;
      tables &var;
   run;
   %let close=%sysfunc(close(&dsid));
   %end;
%mend;

%freq(dsn=perm.original, var=char1);
```

这一异常处理能避免数据集锁定或丢失所引起的故障，但因为异常处理的可靠性仅限于测试过程中，因此，必须分别对每种状态进行测试。数据集丢失是很容易测试到的——只需按指示删除 Original，调用 %FREQ 宏，跳过 FREQ 程序。为了检验异常处理如何发现并处理 Original 中的共享和独占文件锁，我们需要启动一个独立的 SAS 会话，在该会话中，Original 首先被共享锁锁定，接着被独占锁锁定，而 %FREQ 宏从第一个 SAS 会话即开始运行。这一过程更加复杂，但知道框架能如预期那样处理负面状态是很值得的。

然而，对用于检测外部异常或错误的异常处理进行测验的难度比较大，因为 SAS 从业人员根本无法控制外部数据流来测试负面状态。当数据流停止——停止的时间足够长，足以让我们编写和测试一些代码，这就给了我们一个绝佳的机会，让我们能确保将来类似的异常被自动捕获和处理。当数据流中断了几小时之后，我们创建了一个稳健的程序，该程序能发现异常——中断的数据流，并进入一个能在数据流恢复之后每隔几分钟便重复测试的忙等待循环。而且，我们会将这些测试结果发布到仪表板上，这样，所有的利益相关者都能监测数据提取进程。

升级的解决方案之所以比较出色，原因有很多，而且它能极大地提升软件的可恢复性。通过发现异常，异常处理框架能避免出现连锁故障和无效的数据集，这些内容后期都是需要删除的。它还能够提升团队的恢复能力，因为当客户询问最新消息时，我们不再需要人力重新测试软件——一切都是自动运行的。而且，恢复本身也更加有效，因为当连接恢复之后，忙等待循环会发现这一情况，并在连接恢复之后的几分钟内运行软件。而且最后，解决方案会通过仪表板向所有利益相关者公布连接的状态——中断或活跃，从而帮助我们在将来更加迅速地识别和解决类似的负面状态。

这个例子体现了一分为二的状态——外部连接要么是活跃的，要么是中断的，而且一旦出现故障，就表明商业价值完全丧失，活跃状态则表明商业价值全部实现。但外部问题通常缺少这种一分为二的处理状态，尤其是还能实现一部分商业价值时。例如，一个类似的数据库连接将我的团队和一个由海外维护的第三方 Oracle 数据库联系在一起。有时，数据库会因外部故障而完全瘫痪，有时，只有一小部分 Oracle 表格是无法使用的。这时候，我们需要决定是拒绝全部的数据库，还是追求部分商业价值——我们选择了我们能得到的。

在这种情况下，获得部分商业价值要比一点儿没有要好，但我们需要操纵软件来检测并回应个别表格丢失的异常情况。这样，我们选择了一个 SAS 程序，该程序已经因一个表格的缺失而完全停止运行了，之后研究出一个解决方案，该方案能识别和跳过缺失的表格，将可用的数据传送到后继的分析报告中。对于缺失的表格，软件会进入一个忙等待循环（与前面的数据流的例子类似），在提取表格之前，测试这些具体缺失表格的可用性。通过提供这个解决方案，我们能确保在遇到一些无法掌控的异常故障时，依然能实现最大的商业价值。而且，这让我们在数据管理员那里得到了极大的荣誉，因为在许多情况下，我们能在他们毫不知情的情况下告诉他们：你们的数据库或表格不能用了！

重新运行程序

一旦对代码、硬件或其他基础架构做出了必要的修改，就要对 SAS 软件进行测试、验证并执行。因为在理想的情况下，故障原因被发现并修补之后（至少在风险登记表中被评估并记录），开发人员会点击提交或安排批处理作业，然后自信地离开。然而，执行通常不那么简单，而且不幸的是，在出现故障之后，可能需要一些代码以不可重复的方式运行。如前面在“连续”部分介绍的那样，我们应该避免权宜之计，而且恢复得最好的软件可以完全重新运行并能自动跳过不需要重新运行的进程的软件。

当 SAS 软件在终端用户开发环境中出现故障时，开发人员通常会进行快速修复，重新尝试引起麻烦的模块，然后从那一点上运行剩下的代码。终端用户开发人员是最适合进行修改的人，因为从理论上来讲，他们是软件的主要用户。尽管这种“编码并修正”的心态适合终端用户开发，但生产软件永远都不能以编辑并修正的方法去维护。一个比较稳健的做法是，使 SAS 软件能智能确定从何处开始执行，自动、高效地恢复。除了促进故障发生之后的修复过程，这一设计还能提升测试和开发阶段的软件恢复性能。换句话说，在开发的时候拿出一些精力来帮助软件自动、高效地恢复，这种做法不仅对恢复阶段有利，在软件的整个使用周期内都会获益。

我们进一步展开前面“连续”部分所讲到的情景，假设你有一个按顺序提取并转换 20 个数据集的 ETL 程序，前 15 个数据集成功完成之后出现了故障。终端用户开发环境中的 SAS 从业人员可能会修改代码，这样一来，当软件恢复之后，只有最后 5 个数据集被指定要处理。我们应该避免使用这种短期的解决方案，尤其是需要重新修改软件之后才能再次处理所有 20 个数据集时。

一个比较独立但有些耗时的解决方案是重新运行整个程序，这样就需要重复处理前 15 个数据集。这种重复工作（对于 SAS 系统来讲）不仅耗时，而且效率也不高，但至少对 SAS 从业人员来说是有效的，因为他们不用在恢复周期去“照看”代码了。然而，如果商业价值是通过分析报告来传达，而分析报告仅在所有 20 个数据集处理完成之后才会生成，那么，对于商业分析师或其他利益相关者来讲，这是一种低效率的方案，因为他们可能会等在 SAS 软件的另一端，等着获取数据产品以生成报告。很显然，我们需要一种既高效又自主的解决方案。

一个比较好的做法是设计模块化代码，它能智能识别何处出现故障、何处运行成

功，并在控制表中记录进程指标，用于驱动正常情况及异常情况下的处理，包括灾难性故障发生时或发生后。通过使用检查点恢复（下面会讲到），软件能够在其需要启动的地方启动——在故障发生的位置，而不是重新处理已经成功完成的步骤。通过这些最佳实践，我们可以实现及时、有效、自主、连续且无害的恢复。第 3 章介绍过控制表的其他优点。

使用检查点恢复

检查点恢复指的是在计算机程序中，记录或检查程序状态、情形或结果的点。在软件设计中实现 TEACH 原则最成功的一个方法是使用检查点，通过控制表追踪成功或失败的进程。以下代码显示的是 %BUILD_CONTROL 宏，它能够在控制表不存在的情况下重新创建一个。另外，它还能提升自主性，因为如果控制表被意外地删除或破坏，它将自动重新生成。需要注意的是，%SYSFUNC 宏函数只能测试控制表的存在，因此，如果另一个数据集已经存在，且文件名相同，那么当前编写的代码就会失败。

```
%macro build_control();
%if %sysfunc(exist(controller))=0 %then %do;
   data controller;
      length process $40 date_complete 8;
      format date_complete date10.;
      if ^ missing(process);
   run;
   %end;
%mend;
```

%UPDATE_CONTROL 宏将更新控制表，添加每个成功运行模块的完成时间。

```
%macro update_control(process=);
data control_update;
   length process $40 date_complete 8;
   format date_complete date10.;
   process="&process";
   date_complete=date();
run;
proc append base=controller data=control_update;
```

```
run;
%mend;
```

主要的业务规则都在 %NEED 宏中，该宏规定：如果某个进程在某天已经运行过，那么便不再执行。%NEED 宏在 ETL 进程的每个模块之前都会被调用，以查明该模块是需要执行还是需要跳过。因此，如果代码在成功完成一个模块之后出现了故障，那么在恢复之后，已经被执行过的模块将会自动跳过。如果代码在一天中首次正常执行，那么所有被调用的模块都将会执行。这一逻辑体现了连续性，因为它允许同一个代码在正常情况和出现以下程序故障时都能执行。

```
%macro need(process=);
%global need;
%let need=YES;
%let now=%sysfunc(date());
data _null_;
   set controller;
   if strip(upcase(process))="%upcase(&process)" and date_complete
      =&now then call symput('need','NO');
run;
%mend;
```

我们在这里用 %INGEST 和 %PRINT 两个模块表示 ETL 程序流中实际存在的模块。最重要的是，自动宏 &SYSERR 能测试模块的完成状态，而且如果没有遇到警告或错误，%UPDATE_CONTROL 宏就会在控制表中记录这次成功完成。需要注意的是，在实际的架构中，在这个过程中还可能会收集其他与进程故障相关的信息，并将这些信息传递给控制表。另外，前面进程的失败（如 %INGEST）将迫使后续进程（如 %PRINT）不能启动，但为了提升可读性，我们通常会省略这一业务逻辑。因此，尽管这个代码不能安全终止，但它确实能去掉恢复周期内多余的处理过程。

```
%macro ingest();
%let process=&SYSMACRONAME;
data ingested;
   set incoming_data;
run;
%if &SYSERR=0 %then %update_control(process=&process);
%mend;
```

```
%macro print();
%let process=&SYSMACRONAME;
proc print data=ingested;
run;
%if &SYSERR=0 %then %update_control(process=&process);
%mend;
```

%ETL 宏表示驱动进程处理的引擎（AKA 控制器或驱动程序），其具体做法是，首先会根据需要创建控制表，其次是在调用之前测试每个模块是否需要执行。在实际的生产环境中，这一代码可能会设定为每天运行一次，以提取和处理新的事务型数据集。为了防止代码执行冗余的操作，程序会通过控制表跟踪单个模块的成功执行。如果其中一个模块在执行过程中出现故障，已知先决进程已经完成，那么数据驱动的进程将立即指示在具体检查点上开始执行正确的模块。

```
%macro etl();
%build_control;
%need(process=ingest);
%if &need=YES %then %ingest;
%need(process=print);
%if &need=YES %then %print;
%mend;

%etl;
```

检查点能够提升软件的可恢复性，但它们的实施依赖于模块化代码以及对模块先决条件、相关性、输入和输出信息的清晰理解。恢复过程还会出现第 7 章讲到的错误依赖关系，一旦出现这种情况，即便前面程序已经成功完成，后续程序也会消极地等待前面程序重复运行。检查点能有效地消除这类错误依赖关系，能够帮助软件识别先决进程即使后来出现了故障，但它也已经成功完成。然而，如果没有模块化软件设计（第 14 章会讲到模块化），检查点的功能将会受限，因为进程范围、先决条件和依赖关系大部分都是不可知或深埋于单片代码中的。

SDLC 的可恢复性

直到高实用性阈值出现在可靠性需求中，我们才开始讨论可恢复性。因为高实用性环境使软件的停机时间降至最低，因此，只有通过可靠性、可恢复性原则及非程序化的努力才能实现高实用性。可恢复性作为一个经常被事后考虑的问题，我们通常会在软件投入生产、故障发生之后或开发人员在紧急情况维护中故意拖延恢复功能时才考虑到。尽管我们可以在软件生产之后再添加可恢复原则和方法，但与事后添加相比，检查点和其他可恢复性技巧在软件设计时添加要容易得多。

可恢复性要求

在软件需求中，可恢复性所占的比重要低于可靠性，尽管恢复周期有损于软件的实用性——关键的可靠性指标。利益相关者通常只通过避免故障提高可靠性，而不去思考如何减少每个故障对系统造成的影响。在软件规划和设计阶段考虑到可恢复性指标是非常有帮助的，因为它能使 SAS 从业人员进一步理解软件必须达到的质量。而且，一旦出现故障，所有的利益相关人员都会参照统一的基准来评估恢复是如期进行、有所延迟、执行混乱还是没有达到标准。

尽管可恢复性的 5 个原则是紧密联系的，但及时性是最易估算的指标，我们已经介绍过，及时性通常可以代表其他几个原则。软件需求通过规定软件恢复必须有效、自主、连续、无害，为软件的及时恢复做好了准备。在技术需求中，我们通常会简单说明软件性能要求的 MTTR、RTO 或 MTD。我们在前面已给出了这几个术语的含义，并进一步对其做了讲解。

重新定义故障

本章前面已给出了故障和恢复的定义，但如果不能在真实的场景中进行理解，这些定义是毫无价值的。而且，站在不同的利益相关者角度进行解读是非常重要的，如果不被拘留在某个具体组织或团队中，这些看似直白的定义会有多种不同的解读。故障指的是产品不能继续执行某一特定的功能或在先前指定范围内无法继续执行某一功能的情况。以下是一些比较常见的对故障含义及其在故障软件中的应用的解读。

故障的 4 种解读

■ “软件实际出现故障的时间”——如果软件因“运行时错误”中断，那么这时故障就出现了，然而如果软件运行完成，但运行速度较慢，没有达到性能要求，这就是在软件完成时出现了故障（或当它超出了性能阈值时）。因为利益相关者并不一定能立即识别软件故障，因此，这一定义可能需要借助研究日志或历史数据产品来确定故障发生的时间。

- "软件最初出现故障的时间"——这一常见定义的核心是"最初"，它指的是在一系列连续的同类型故障中，只记录第一次故障。因此，故障的这一定义类似于第 4 章讲到的故障率定义，它指的是只计算第一次故障，即使软件连续许多天未能修复，一直处于故障状态，不能实现业务价值。
- "软件故障被发现的时间"——如果树林里的一棵树倒了，但没有人听到，那么它倒下时有声音吗？在许多环境中，SAS 从业人员不会因故障未被发现而受到惩罚，因为这种情况只表示他们无法识别故障，并非没有能力去修复它。开发人员通常可能希望在自己或其他利益相关者发现故障之后再启动恢复的过程，但难道不是应该在故障发生时就开始修复吗？例如，软件昨晚出现故障，可能到了第二天早上才发现，那么哪一个算是故障发生的时间呢？
- "业务价值丢失的时间"——数据分析开发环境最终的商业价值不是通过软件产品而是通过数据产品实现的，这一点贯穿了全书内容。因此，软件可能预期在下午 1 点完成，以便分析人员能在下午 2 点检索生成的数据产品。如果该软件在中午出现了故障，那么故障记录的时间是中午（故障发生的时间）还是下午 2 点（业务价值丢失的时间）？

我们继续讨论最后一个故障定义中的情景，假设该软件故障不仅发生了，在中午还被 SAS 从业人员发现了。他们手忙脚乱地忙了一小时，执行修复性维护以恢复软件的功能，并在下午 1 点重新运行了软件，使软件在分析人员下午 2 点需要数据产品之前的几秒钟完成了运行，开发人员和分析人员都欣喜若狂，庆幸没有超过最终期限，也没有损失业务价值，那么这应该记为一个故障吗？进一步来讲，要是没有故障，何来恢复或恢复周期呢？

在这个例子中，尽管业务价值没有减少，但开发人员确实经历了恢复周期，因为他们放下其他的任务，忙活了一小时：修改、测试 SAS 代码。该事件应该被记录在故障日志中，因为它确实耗费了几个开发人员一小时的时间。但同时也应该注意到，业务价值没有任何损失，从而降低了故障的严重程度。但这些决定及其复杂性最好留给利益相关者来确定。这一情景确实说明：如果合同明确提出性能要求，那么我们一定要弄清楚故障是否发生，以及发生的时间。下面将讨论在试图为所有利益相关者明确界定恢复时可能存在的类似难题。

重新定义恢复

恢复和故障一样都有一个明确、公认的技术性定义：系统、程序、数据库或其他系统资源重新回到能够正常执行特定功能的状态。然而，这并不表示利益相关者不会根据自己所处的立场、对软件故障的可见性及自己是偏向于最小化恢复周期还是最大化恢复周期等对恢复做出不同的解读。下面列出了几种比较常见的恢复定义，并进一步阐明了在需求文档中明确界定恢复含义的重要性。

恢复的 4 种解读

■ “软件开发人员完成所需的修复性维护并点击提交时”——这一定义在终端用户环境中比较常见，此时 SAS 从业人员会直截了当地告诉客户：“好了，软件已经修复了，可以运行了。”但是它经过充分的测试和验证了吗？是否实现了所需的结果？它是否越过了软件最初出现故障的点？这是一个缺乏说服力且通常也不准确的恢复定义，但遗憾的是，这也是一个常常被人们默认的概念。

■ “软件重启并越过了故障点时”——例如，如果 ETL 软件在提取 20 个数据集中的第 16 个时出现了故障，那么恢复就会界定为在第 16 个表格被成功处理后发生的，从而确保同一个故障不会再次发生。

■ “软件重启并完成时”——一个没有中断的运行和一个干净的 SAS 日志是进程顺利完成的最佳标志，尤其是再加上其他质量控制措施能验证生成的数据产品或其他解决方案时，就更能证明进程的成功。因此，常见的做法是等到软件完成之后再声明它被恢复了。然而，在一些冗长、序列化进程中，特别是在早期一些模块出现了故障的情况下，可能在故障点被越过之后再声明恢复要比较好，尤其是当使用了恢复性维护来避免故障再次发生时。

■ “丢失的业务价值被恢复时”——正如故障有时被定义为业务价值的丢失，恢复可以被定义为业务价值的恢复。例如，非技术性的客户、分析人员或其他利益相关者可能不大关心数据分析软件的功能状态，他们更关心的是生成的数据产品的准确性和及时性。如果一个出现故障的 SAS 进程使用无效的数据重写了一个永久的分析数据集或报告，那么在数据产品再次可用之前，我们可能不会认为已经实现恢复。

这些与故障和恢复定义相关的复杂内容本是非常微妙的，但如果在操作环境中不幸遇到了，可能会引起非常激烈的讨论，因为每个利益相关者都会说明自己对这些复杂内容的看法。所以最好的做法是在软件开始执行、未出现故障之前，召集利益相关者一起讨论出故障和恢复的定义。

可恢复性评估

假设某个 SAS 进程在 3 月和 4 月运行 7×24 小时，一共经历过 5 次故障，每一次都被记录在故障日志中。表 5-1 以非常简练的格式呈现了这个故障日志，重现了第 4 章“可靠性评估”部分的故障日志。请阅读那一部分的内容来理解可靠性和可恢复性指标之间的区别。

表 5-1　连续两个月每天都运行的 SAS 软件故障日志示例

错误序号	故障时间	恢复时间	外部 / 内部	严重程度	描述	解决方案
1	3-16 15:00	3-17 9:00	外部	1	电力中断	等待
2	3-18 14:00	3-19 10:00	内部	1	与电力中断相关的故障	更加可恢复
3	3-25 10:00	3-25 11:00	外部	1	网络中断	等待
4	4-5 3 15:00	4-5 16:00	内部	1	内存不足 SAS 错误	重启软件
5	4-22 9:00	4-22 13:00	内部	2	较小的数据产品 HTML 错误	修改 HTML 输出

本章前面介绍了一些与解读故障和恢复这两个术语相关的问题，然而，为了本次演示，我们会在故障日志中展示故障和恢复，而不做进一步的定义。因此，3 月 16 日发生的故障的恢复期是 18 小时，随后的恢复周期是 20 小时、1 小时、1 小时和 4 小时。需要注意的是，除非另外规定，否则并不牵涉故障的原因——内部或外部原因，也不牵涉故障的严重性，因此，每一个故障及其对应的恢复构成了可恢复性指标。一般来说，MTTR 是 (18+20+1+1+4)/5=8.8 小时。

好吧，这看起来好像不大公平。前面 18 小时的中断是由电力故障引起的，而这貌似是数据分析团队无法控制的。因此，团队和组织层面的文件通常会详细说明团队要负责软件或架构，包括引起故障的风险，同时也会说明他们不需要负责外部的基础架构。因此，在一个稍加修改的例子中，如果团队明确不需要负责电力或网络中断，那么故障日志中的第一项和第三项就无须包含在可恢复性指标中。在这个例子中，

MTTR 是 (20+1+4)/3 ≈ 8.3 小时，只比前面的结果好了一点点。

日志中的第一个和第二个故障也说明了重要的一点，恢复周期指的是恢复的持续时间，而非工作人员付出的努力。当出现了由外部原因引起的故障时，在恢复周期内的大部分时间中，整个团队都是边等边做其他不相关的事情，直到电力恢复或系统重新联网。即使是 SAS 从业人员积极地修复类似 3 月 18 日所遭遇的故障，他们也不太可能一直工作到第二天 10 点才恢复软件。更有可能的是，他们待到很晚，但仍然按时回家吃饭，或至少按时回家睡觉。然而，因为他们依然没有成功地恢复软件，他们睡觉的时间也会被计算在恢复周期内。因此，关键要注意的一点是，在利益相关人员讨论是否执行及如何执行可恢复性指标时，如 RTO 或 MTD，一定要生成现实的评估和阈值，而且要考虑到变异性，如软件可能整晚都处于一个故障的状态。

接下来要讲什么

可靠性的目标是使软件能生成所需的功能，并能在预定期限内持续运行。如果说变异性是可靠性的天敌，那么该如何识别、预测、发现并处理这一变异性以规避或减少故障，提升可靠性呢？稳健软件的目标是预测环境、数据及软件其他方面的变异性，扩展软件的能力，使其即便在遇到变异性的情况下也能运行。而且，如果软件不能运行，稳健软件的一个标志是它能优雅地终止，从而在不损坏自身、数据产品、其他输出或其他环境方面的情况下安全终止运行。

06

Chapter

第6章 稳健性

“请再给我一点儿古柯。”

在海拔 16 000 英尺（约为 4877 米）的玻利维亚高原上（海拔较高），你会感觉自己“云里雾里”的。我感觉自己也像置身云雾当中，因此，我吃了一片乙酰唑胺（Diamox），并喝了一点糖果鸡尾酒，以使自己在欣赏塞外美景的同时能摆脱这种高原反应。

尽管我还没有为这为期 3 天的长途跋涉做好准备，但导游已经帮我们规划好了一切。这些黑白的老照片，让我们看到了“Okies”逃离风沙侵蚀区的情景，他们带着希望，带着卑微寒酸的行李在 66 号公路上长途跋涉，到加利福尼亚追求新生活，他们的小汽车不堪重负，上面托着他们所有食宿的物品，这些物品被五花大绑地绑在车上——这与我们当时乘坐大型越野车离开玻利维亚乌尤尼的情景无异，车上装满了大大小小的背包和行李，还带着轮胎和防水布。唯一的区别是我们现在正驱车前往风沙侵蚀区。

当车驶进乌尤尼盐沼后［盐沼占地 4000 平方英里（约为 10 359 平方千米），是世界上最大的盐沼］，我们在耀眼的阳光下尽情奔跑，享受阳光反射出的绝美风光。尽管需要眯着眼睛，但你每隔几分钟都要扶一下自己的偏光太阳镜，以确定你还戴着它。我去过死亡谷的恶水潭，去看加州的盐沼，那里也是北美大陆的最低点——但玻利维亚的盐湖我是从未见过的。在这儿，几分钟就会被晒伤，所以当我们在盐水中玩了一小时之后，导游就为那些没带任何防晒设备的游客提供了防晒霜。

我们继续在盐滩上行进，车轮碾碎了六角形的盐粒。下一个目的地是仙人掌岛，这是一个崎岖不平的小岛，贯穿了原本黯淡的、炽热的大地。对于这些家伙——都是 6 英尺（约 1.8 米）高的人，一起挤在贝弗利“乡巴佬”跑车里，他们在这里正好能好好舒展一下身体，对于我们唯一的女性同伴，盥洗室则是她最需要的。

在冲进这个原始的鹅卵石建筑的几秒后，她又迅速地返回了我们的越野车，满脸沮丧，而当我们的导游将卫生纸递给她之后，她脸上才露出欣喜的表情。多亏他们也想到了这一点。

从超载的越野车外表来看，你可能认为我们会在盐沼上搭帐篷，但并没有，我们预定了旅馆，这个旅馆完全由盐块建造起来的，伫立在山里的某个地方。然而，去那里才是一次真正的冒险。

我们渐行渐远，盐沼也渐渐消失在视野中，转而是淤泥，接着是沙地、碎石、岩石，驾驶条件不断恶化。下午便出现了一个车胎漏气的情况——这更暴露了盐沼差劲的一面。幸运的是，导游带了空气压缩机，很快就把车胎修好了。

当我们离开盆地，地形变得更加崎岖不平，其余的几个轮胎也纷纷出现了漏气的情况，导游熟练地使用空气压缩机、气溶胶轮胎密封剂进行了维修，最后甚至还换了轮胎。傍晚时分，我们终于来到了咸白的酒店，在盐桌上用餐，在盐床上睡觉。

第二天，我们驾车穿过了阿纳多阿巴洛瓦的动物保护区，这是一个联邦自然保护区，这里的美令人难以形容。我们追逐火烈鸟，在云雾缭绕的间歇泉上方的硫酸云中穿梭，在地热温泉中喝着冰镇啤酒，非常轻松自在，当然，我们在崎岖不平的路上，多次停下来修理漏气的轮胎。

有一次，我们“一瘸一拐”地走了许久，最后导游带领着我们进了一家偏远的服务站，找来专业人士帮我们修补了轮胎——当然，多亏了这些工作人员都是导游的朋友。

但是在整个历险过程中，每次都是导游在支持着我们——不断地给我们一些古柯叶，让我们嚼在嘴里，以克服时时困扰我们的高原反应。

■ ■ ■

在整个场景描述中，我故意过度地使用了“幸运”一词，但实际上，运气与我们成功地完成旅行并没有任何关系，导游才是我们的“幸运”。这条路，他们已经走了几百次，他们深谙高原；他们熟悉自己的车辆；他们了解自己的设备……唯一的变化可能是游客偶尔会出现这样或那样的意外情况，但经过这么多次的探险，即使有这样的变化，也是非常细微且可预料到的。

稳健的软件同样也应该能检测并处理可能的威胁和漏洞。你不会因没有备用的轮胎而需要在野外待几天，因为你知道高原是无情的，轮胎随时都会出现漏气的情况。同样的，你不要设想自己在尝试运行 MEANS 程序的同时使用该数据集，因为你会想到，它有可能会丢失、锁定或破损。

随着时间的推移，其他一些在起初并未预料到的威胁或漏洞会渐渐浮出水面。导游第一次旅行并未携带防晒霜，但经过几次旅行，看到探险者在盐沼地被严重晒伤之后，他们就会想到随身带着这一小瓶保护液就能避免巨大的伤害。同样的，软件异常处理路径也需要随着时间的推移不断进行修改，以处理新的、不可预知的风险，保证软件的平稳运行。

长途跋涉还证实了风险管理框架应该具有灵活性。当轮胎第一次漏气时，他们能迅速将气充满；当漏气越来越严重时，他们会使用轮胎密封剂；当轮胎最终完全扁平之后，他们会仔细地检查轮胎，而且通常情况下，会换掉破损的轮胎。

SAS 从业人员也应该熟悉能消除或降低软件风险的全套工具和技巧。异常清除处理的目的不仅是识别威胁，还要让软件在出现威胁的情况下仍能继续运行，使企业价值达到最大。

导游可能从来都用不着，但他们的包里总会常备一部万福玛丽亚——杂物箱里的一部卫星电话，以防出现极端伤害事故、疾病或其他灾难。即使最稳定的软件也会遇到异常情况、错误或一些无法克服、预示着要出现损坏的环境条件。软件开发中的万福玛丽亚应该是一个能帮助软件优雅终止的故障保护路径。

也许我们永远都用不上卫星电话，但是它在那里就是一种安慰，以便我们在遇到轮胎漏气或没有古柯的情况下，能妥善处理。

稳健性的定义

稳健性是系统或组件在无效输入或应急环境状况下可以正常运行的程度。它与计算机领域的容错性不同，容错性指的是在软件故障或其特定界面受攻击的情况下，该软件产品可以维持特定级别性能的程度。即使是在技术性讨论中，人们也常常会混淆这两个术语，但是稳健性描述的是克服软件外部的变异性，而容错性则指在克服软件内部不必要的（有时是不可预知的）变异性。

稳健和容错软件的主要目标是检测和克服变异性，从而实现商业价值；而次要目标是在软件无法继续运行时，使软件能自动防止出错。故障保护指的是在遇到故障时，系统或组件能自动将自己切换到一个安全运行的模式下。故障保护通常被认为是优雅地停止或终止，而故障保护路径可以终止程序流，并且可以在毫无希望时安全稳妥地关闭软件。换句话说，软件将竭尽全力克服挑战，但是当面对无法克服的困难时，它将以不损坏自身、数据产品、其他输出或运行环境内容的方式退出。

本章介绍了防御性编程技术。这些技术需要我们具有创造力，能想象出软件的潜在漏洞和威胁，也需要有一定的技术实力才能设计出解决方案，用以在这些漏洞或威胁出现之前或者是出现时将其缓解或消除。本章还介绍了异常处理，它使软件能够检

测到变异性，如异常、“运行时错误”或其他故障，并且可以根据规定的业务原则随机进行回应。如果我们能有计划地处理变异性，那么我们依然能够实现全部的商业价值，但在某些情况下，我们也只能实现部分商业价值。通过本章内容，SAS 从业人员将了解如何创建稳健的软件，使该软件能够从异常处理中获益，为我们提供更加可靠的软件性能。

稳健性的归宿是可靠性

稳健性的最终归宿就是可靠性，在越野车上装备越野缓冲装置及全地形轮胎的目的不是在邻居面前炫耀，而是能让你在遇到逆境或障碍时，依然能安全、稳妥地到达目的地。增强软件稳健性的目的不是消除与可靠性相对立的变异性，而是提升软件的适应性，让软件在遇到输入不一致或其他环境因素时，依然能提供一贯的性能。

考虑 SAS 提取 – 转化 – 下载（ETL）软件的例子，该软件设计的初衷是从外部来源提取第三方数据。由于 SAS 从业人员无法控制第三方数据输入的质量，因此，他们必须在数据提取之后对数据质量进行验证。因此，稳健的 ETL 软件即使需要修改或删除某些值、观察结果或数据集也能继续运行，之所以需要修改或删除这些内容，是因为它们丢失、重复、毁坏或失效了。例如，如果安全无误地收到了 19 个数据集，但其中一个损毁，那么在提取数据依然能够提供部分商业价值的情况下，稳健的 ETL 软件应该能够处理剩下的这些有效的数据，从而最大限度地实现可靠性。

在另外一个例子中，软件设计的初衷是能够在不同的环境中运行（如在 SAS Display Manager 和 SAS University Edition），这一软件就需要具有稳健性，使其能够适应这些运行环境的变化。文件命名约定、文件结构、系统选项及其他功能在各个环境之间确实有所不同，如果软件无法识别这些区别，就可能会导致故障。从这层意义上来说，实现软件可移植性的目标是确保该软件能在各个 SAS 运行环境之间平稳运行，SAS 运行环境的界面、安装形式及其他许多方面都有所不同。因此，第 10 章讲到的软件可移植性旨在提升软件的稳健性和可靠性，即使环境发生变化，软件也能稳健运行。

稳健性的主要功能是使软件在荆棘丛生的道路上也能继续运行（从而实现全部或部分的商业价值），次要功能是促进自动故障终止。在数据分析开发环境中，软件可靠性最重要的一点是生成准确的解决方案或数据产品，软件少了这些内容，则会变得一文不值。稳健的软件能确保在遇到某些可能会导致功能性故障的环境或条件时自动终止，从而防止出现不准确或无效的结果，这就像有经验的越野车，它们能够读懂地形，知道什么时候应该转到更安全平坦的地带。因此，别无选择，即使是最精细的异常处理程序也应该提供一个自动防故障路径，以便软件优雅地终止。

防错性程序设计

防错性程序设计是开发稳健的软件的另一种说法，软件开发人员通过识别已知的威胁和漏洞，提升软件的稳健性和可靠性，有效防范故障。对具体威胁和漏洞的意识极大地推进了防错性程序设计，包括能引起“运行时错误”的外部（如服务器中断）或内部（如不小心被锁定的 SAS 数据集）威胁或漏洞等，这些威胁是意料之外的，因为没有人知道该数据集会在上午 10 点被锁定，也没有人知道该服务器会在下午 3 点出现故障，虽然如此，但它们是可以预测的，因为这些异常情况都是易于识别的。防错性程序设计假设的思维模式是在未证明之前，每个数据集都是锁定或丢失的；在未验证之前，每个 SAS 函数、程序指令及程序都发生了故障。

防错性程序设计的第一步是识别风险，风险通常包括因故障早期就终止的软件，或者虽带有功能性或性能故障但已顺利运行的软件，每一种情况都会降低或消除商业价值。因此，第二步是识别软件（或需求）内的漏洞，分析哪些漏洞可能会导致故障。这些漏洞会记录在风险登记表中，第 1 章讲过风险登记表，而且我们会用风险登记表去识别哪些漏洞应该通过异常处理被消除或减缓。在一些对可靠性或稳健性要求不高的软件中，我们通常会选择放弃异常处理，接受所有的风险，然而，稳健的软件应该包含异常处理框架，识别并处理可能发生的异常情况或“运行时错误”。

具体的威胁

下面的 SAS 代码显示了数据集运行的思路——大部分 SAS 从业人员从文献资料或同龄人那里学到的都是这一编码方式。在终端用户开发环境中或者代码不需要体现稳健性时，这种直截了当的表示法还是够用的，但对于生产环境而言，它的质量还是远远不够的。

```
data final;
   set original;
run;
```

该代码从 Original 数据集生成 Final 数据集，是 DATA 步骤最基本的应用。但在复杂多变的运行环境中，防错性程序员对每一行代码都必须问自己两个问题：

- 有什么具体的威胁可能会导致这行代码失败?
- 如果软件在这行代码中无任何理由出现了故障，那么会出现什么情况呢?

第一个问题涉及稳健性的问题，而第二个问题涉及容错性和风险。尽管软件的稳健性和容错性应达到什么程度是取决于软件所需的可靠性水平，但防错性程序设计能够让开发人员避开容易出错的假设——除了假设软件是否会出故障，因为它会出故障。

上述 DATA 步骤存在的一些威胁包括：

- Original 数据集可能不存在；
- Original 数据集可能存在，但被锁定了，因此可能无法读取；
- Original 数据集可能存在，但实际上是一个错误的数据集；
- Original 数据集可能存在，但损坏了；
- Original 数据集可能存在，但部分数据、变量或观测值缺失，失去了完整性或准确结构；
- Original 数据集可能过大，无法在 SAS 应用程序中进行复制；
- Original 数据集可能过大，无法在 WORK 库中创建；
- Final 数据集可能存在，但被锁定，因此，可能无法被重写；
- SAS 应用程序在处理 DATA 步骤中可能会出现内存不足的情况；
- DATA 步骤可能会引起其他不明的警告或错误。

第一个威胁（文件不存在），我们可以把它看成是一个具体的软件漏洞——无法验证数据集的存在。如果 SAS 软件需要可靠的代码，但又无法验证数据集的存在和可用性，那么这些漏洞就表示错误（人为错误）和代码缺陷，只有修补了这些错误和缺陷才能达到所需的稳健性水平。如果这一漏洞被利用，那么会出现如下故障。

```
data final;
   set original;
ERROR: File WORK.ORIGINAL.DATA does not exist.
run;

NOTE: The SAS System stopped processing this step because of errors.
WARNING: The data set WORK.FINAL may be incomplete. When this
step was stopped there were 0 observations and 0 variables.
```

上述威胁都有可能会出现，但它们所带来的风险在各个运行环境甚或每个 DATA 步骤中都不同。例如，DATA 步骤从 WORK 文中读取 Original 数据集，通常来讲，其他用户和进程是无法访问这个库的。因此，尽管从严格意义上来讲，某些网络可能会为另一个 SAS 从业人员手动指定一个库参考作为其临时的 WORK 库，但总体而言，这是一个概率极低的风险，因此，WORK 库中的数据集不需要防御无法读取的风险。

然而，下面这个修改过的 DATA 步骤本身要比原先的风险大，因为它引用的是一个共享的库 PERM，其他开发人员也能获取这个库，因此，在运行 DATA 步骤之前，测试 PERM.Original 的可用性和文件锁定状态是非常有用的。

```
data final;
   set perm.original;
run;
```

单个的威胁并不一定需要单独的补救措施。例如，我们通常会用 EXIST 函数（通常会用 %SYSFUNC 宏函数）测试数据集的存在。以下代码首先会确定 PERM.Original 是否存在：

```
libname perm 'c:\perm';

%macro doit();
%if %sysfunc(exist(perm.original)) %then %do;
   data final;
      set perm.original;
   run;
   %end;
%mend;

%doit;
```

如果 PERM.Original 数据集被独家锁定，SET 程序指令停止，那么会出现一个不相关的威胁。这一漏洞是可以消除的，具体做法是先用 OPEN 函数测试数据集的锁定状态，但事实证明，如果数据集缺失，OPEN 函数也将无法使用。因此，以下代码能在 DATA 步骤执行之前确保数据集是存在的、可用的，并一举消灭两个威胁。

```
%macro doit();
%local dsid;
%let dsid=%sysfunc(open(perm.original));
```

```
%if %eval(&dsid>0) %then %do;
    data final;
        set perm.original;
    run;
    %let close=%sysfunc(close(&dsid));
    %end;
%mend;

%doit;
```

这一代码现在能防御上述两个威胁——不存在和无法使用。然而，在防御故障方面，SAS 从业人员必须永远记住要问第二个普遍性的问题：如果代码在这里出了问题，会出现什么情况呢？换句话说，如果第 5 行出现了一个未知的异常情况或“运行时错误”（可能是因为潜在的缺陷），会出现什么情况呢？该程序会以安全、可预测的方式继续运行吗？或者，如果第 5 行代码运行时突然停电了，将发生什么，数据产品或运行环境会在故障或合成恢复过程中损坏吗？

正如在后面部分将要介绍的，异常处理能使软件更加稳健。然而，如果处理不当或不完全，它也可能会引起其他一些意想不到的错误，给 SAS 从业人员和其他利益相关者提供一种虚假的安全性。异常处理程序中会引出一些漏洞，这些漏洞虽是无法克服的，但 SAS 从业人员至少应该知道它们的存在。例如，下面这个代码代表一个稍微复杂的 %DOIT 宏，它里面包含一个紧跟 DATA 步骤的错误（以及潜在的缺陷）。

```
%macro doit();
%local dsid;
%let i=1;
%let dsid=%sysfunc(open(perm.original));
%if %eval(&dsid>0) %then %do;
    data final;
        set perm.original;
    run;
    %if &i=1 %then growl; *defect;
    %let close=%sysfunc(close(&dsid));
    %end;
%mend;

%doit;
```

在这个例子中，宏变量 &I 激发了一个循环或者其他不能被完全测试的变量构造，因此，如果 &I $\neq$ 1，就不会出现“运行时错误”，该缺陷也就不会被发现；如果 &I=1，那么 SAS 应用程序就停止运行了。已经运行的异常处理的核心是，如果 SAS 应用程序停止运行，它也会中断 CLOSE 函数的运行，这反过来就会保留已打开的数据流。因此，一旦出现早期故障，即使删除了故障行，代码也会执行错误，因为它将通过 OPEN 函数为 Original 数据集打开另一个数据流。这一故障尽管不会引起“运行时错误”，但它能阻止软件关闭数据流，将它一直保留到 SAS 会话终止，但这样做是多余的。

因此，在使用 %SYSFUNC(OPEN) 验证数据集的存在和可用性时，SAS 从业人员必须清楚故障可能带来的新风险导致无法关闭相关的数据流。能安全停止运行的容错性软件能确保数据流作为终止一个 SAS 宏或程序的一部分被关闭，第 11 章会讲到这一点。消除软件中的所有风险是不可能的，而接受风险也是所有软件开发不可或缺的一部分。因此，尽管软件开发人员对消除或减缓 CLOSE 函数未能继续执行过程中出现的漏洞无能为力，但他们也应该意识到它的存在。然而，通常来讲，含有异常处理程序的软件风险更低、更可靠。

一般威胁

一般威胁指的是影响软件功能的不可预知或未知的威胁，例如，SAS 偶尔会抛出一个意料之外的“运行时错误”，该错误的描述涉及一个 Java 错误——与 Base SAS 领域完全不相关但必须继续追踪的内容。例如，程序本来正常运行，突然之间陷入了一团乱糟糟的内容中，那么，这时候你应该做什么呢？

```
ERROR: An exception has been encountered.
Please contact technical support and provide them with the following
traceback information:

The SAS task name is [Submit]
ERROR: Read Access Violation Submit
Exception occurred at (04A3E47A)
Task Traceback
Address Frame (DBGHELP API Version 4.0 rev 5)
0000000004A3E47A 000000000737ED00 sasxkern:tkvercn1+0xBD43A
```

```
0000000049D1074 000000000737ED80 sasxkern:tkvercn1+0x50034
0000000049E382C 000000000737EF30 sasxkern:tkvercn1+0x627EC
0000000049E2AC0 000000000737F020 sasxkern:tkvercn1+0x61A80
0000000049E56B8 000000000737F290 sasxkern:tkvercn1+0x64678
0000000049E098C 000000000737F3C0 sasxkern:tkvercn1+0x5F94C
0000000049E053C 000000000737F450 sasxkern:tkvercn1+0x5F4FC
000000004DA2761 000000000737F458 sasxshel:tkvercn1+0x1721
000000004DA19D5 000000000737F610 sasxshel:tkvercn1+0x995
000000004DCAF20 000000000737F750 sasxshel:tkvercn1+0x29EE0
000000004DF4341 000000000737FAB0 sasxshel:tkvercn1+0x53301
000000004DF7BAC 000000000737FBA0 sasxshel:tkvercn1+0x56B6C
000000004DFA4A0 000000000737FBF0 sasxshel:tkvercn1+0x59460
0000000034F89DB 000000000737FBF8 sashost:Main+0x10EBB
0000000034FE62D 000000000737FF50 sashost:Main+0x16B0D
00000000770259BD 000000000737FF58 kernel32:BaseThreadInitThunk+0xD
000000007715A2E1 000000000737FF88 ntdll:RtlUserThreadStart+0x21
```

事实上，SAS 软件本身就是软件，而且容易受其自身缺陷和错误的影响，虽然出现的概率很低，但这些错误也会时不时地出现。容错性代码不太可能会识别上述错误的具体威胁，但它应该能妥善处理 SAS 代码在任何时候遇到类似故障时所面临的一般威胁。因此，使用诸如 &SYSERR 和 &SYSCC 之类的自动宏变量测试一般的代码故障是容错性设计的关键一步。

一般威胁的另一种解释是任何在异常处理框架中未明确指出和表达的威胁。无法找出并处理具体威胁的原因如下。

■ 无知——SAS 从业人员不熟悉异常处理，或许也不熟悉 Base SAS，因此，他们可能不会意识到异常处理的重要性，也不了解具体的异常情况或错误的本质。

■ 忽视——如果稳健性没有被编写进软件（要求中提到应该这样做）或者软件要求中没有将稳健性放在优先的位置，就会出现忽略具体威胁的情况。选择不实现稳健性应该是一个有意的决定，做出该决定要基于风险的计算和对漏洞的了解。

■ 接受——软件接受具体威胁的风险，其稳健性和可靠性可能就会降低。但如果威胁引起的风险微乎其微，那么我们通常会接受它们。例如，数据集运行思维模式一般会接受上面列举的所有威胁。

我们沿用“具体的威胁”部分的 DATA 步骤来说明具体威胁和一般威胁之间的区别。

```
data final;
   set original;
run;
```

这一次，Base SAS 不是告知你 Original 数据集丢失或者其他一些可预测的“运行时错误”，而是告诉你“错误：出现异常情况”，然后扔出一些不受待见的魔咒——要清楚，这是十六进制符号，并不是真正的咒语。但它看起来就像是魔咒，因为我们无法预测，也不知道如何修复故障。容错性 SAS 软件却能测试一般的故障（包括十六进制符号），方法是评估紧接在某个过程或 DATA 步骤之后的 &SYSERR，或退出宏或程序之前的 &SYSCC。第 3 章讲述过将自动变量用作返回码。

以下修改过的代码是使用 &SYSERR 自动宏变量检测 DATA 步骤中可能出现的警告或“运行时错误”。

```
%macro doit();
%let syscc=0;
%local dsid;
%let dsid=%sysfunc(open(perm.original));
%if %eval(&dsid>0) %then %do;
   data final;
      set perm.original;
   run;
   %let close=%sysfunc(close(&dsid));
   %end;
%if &syscc>0 %then %return;
* otherwise do other stuff;
%mend;

%doit;
```

如果遇到警告或“运行时错误”，该代码会使用 %RETURN 程序指令终止 %DOIT 宏。该框架不仅能发现数据集丢失或无法访问造成的威胁，还能察觉其他能引起警告或“运行时错误”的威胁，包括上面的十六进制符号。%DOIT 宏不会因为这一额外的、检查 &SYSCC 的事后异常处理而更加稳健，因为稳健性意味着代码能够朝着正确的轨道运行，并产生一些最终的事务，但它可以更具容错性，因为本应顺着 DATA 步骤运行的代码在遇到错误时将无法继续执行。然而，总的来说，软件本应更加稳健，因为 %DOIT 模块的故障现在是可以被检测的，可用于改变指向其他一些过程的程序流，以实现全部或部分商业价值。

然而，&SYSERR 或 &SYSCC 的值为 0 并不一定表示程序运行成功，就像日志没有记录并不表示软件没有出现故障。有些故障确实发生了，但仅显示在日志的 SAS 提示中。在其他一些情况中，我们必须单独评估诸如 &SYSFILRC 或 &SYSLIBRC 之类的返回码，以确定程序指令或函数是否出现故障。第 3 章介绍过这些自动宏变量。商业逻辑错误也可能造成故障，引起警告或“运行时错误”。尽管异常处理是提升软件稳健性最重要的工具，但它不应该取代常识和代码检查。

异常处理

异常处理是提升软件稳健性和容错性的主要防错性程序设计。有时，这 3 个术语会交叉使用，但异常处理一般表示提升稳健性的技术手段或工具。异常处理指的是识别并实时解决在软件运行过程中出现的不利的、意料之外的或不合时宜的事件或运行环境状态。我们这里所说的解决并不表示异常情况被消除或克服——只是被处理。在软件文献中，异常处理也被称作错误处理、阻止错误、事件处理、阻止事件、防错性程序设计或容错性程序设计。

异常处理的目标是让程序流返回到正常的运行轨道——也就是说，回到预先设定好的、能实现全部商业价值的程序路径。本章“正常轨道”部分会讲到这一点。因此，异常处理实施的目的是动态改变程序流。“异常处理，而非异常报告”部分区分了异常报告，它仅生成静态报告，仅显示异常情况。因此，异常处理不仅是一个质量保障工具，能找出，并能消除异常情况和“运行时错误”，它还是一个质量控制机制，能提醒开发人员或用户软件失常或出现故障。

尽管异常处理是语言中固有的，如 Java、Python 甚至 SCL，但 Base SAS 中并不包含异常处理功能。考虑到异常处理在提升软件稳健性和可靠性方面的重大作用，我们需要在 SAS 中仿造一个。尽管有许多不足，但仿造它要比放任异常情况发展好得多，以免其引起生产软件瘫痪或出现意想不到的故障。

异常处理

异常处理：识别并实时解决在软件运行过程中出现的不利的、意料之外的或不合时宜的事件或运行环境状态。

事前异常处理：在程序运行之前，确保达到已知的、可检测的先决条件。

事后异常处理：执行一个程序，并立即评估其成功或停止。

异常情况：指的是不利的、意料之外的、不合时宜的事件，其可能会也可能不会引起警告、“运行时错误”或其他系统提示。

事件：指的是用户介入、程序发生、环境状态或其他可检测的动态属性。

正常轨道：指的是实现全部商业价值或跟在一个或多个异常情况之后以实现最大商业价值的程序流路径。

异常处理框架：对异常情况的全面检测、处理并继承，以确保异常情况能被动态地传达到相关联的程序中。

其他的异常处理

为了了解传统异常处理的理论和功能，我们需要走出 SAS 领域，探索具有内在异常处理功能的语言。下面这个 Python 代码使用 PRINT 函数打印变量 *X*。

```
print(X)
```

但如果变量 *X* 不存在，会出现什么情况呢？一定会出现“运行时错误”，程序终止，并出现以下内容。

```
print(X)
Traceback (most recent call last):
   File "<stdin>", line 1, in <module>
NameError: name 'x' is not defined
```

稳健的软件是无法接受这一输出结果的，因为软件要么应该向用户显示一条信息，提示用户初始化 *X* 值，继续运行到另一个程序，要么就提示其他的活动。但由于异常情况未被处理，因此，代码突然终止。如果没有异常处理，那么之前在 20 世纪 90 年代出现的软件蓝屏死机的情况到今天依然还会存在。异常处理允许软件遇到变化——包括错误和故障——并通过预先设定的渠道适应这些变化。

以下修改过的 Python 代码显示异常处理捕捉到了异常情况，并将处理权限转移到异常处理器——EXCEPT 程序指令以继续处理。潜在的功能——PRINT 函数保持不变，只是隐藏在异常处理区域中。

```
try:
    print(X)
except NameError:
    sys.exit()
```

现在，在代码运行过程中，如果变量 *X* 不存在，SYS.EXIT 函数就会终止该程序。这并不是异常处理唯一的结果，却是我们在“异常处理路径”部分讲到的其中一个结果。异常情况被拦截之后，就不会再出现“运行时错误”，软件就能够继续运行，在本例中，软件会优雅地终止。需要注意的是，由于 NameError（一种特定类型的错误）是特别指出的，因此，异常处理区块只能检测某种类型的异常情况，从而消除缺失变量的具体威胁。为了消除所有的威胁（前面在“一般威胁”部分讲过），NameError 可以被删除。例如，修改过的代码现在也能检测并处理因 PRINT 函数拼写错误而导致的语法错误。

```
try:
    print(X)
except:
    sys.exit()
```

Python 程序指令的任何数字都可以出现在异常处理区块中，以显示异常处理实施的效率。在下面这个例子中，5 个连续的 PRINT 函数尝试打印 A ~ E 这 5 个变量。如果 A 和 B 存在，但 C 不存在，那么 A 和 B 会被打印，之后，异常情况——C 丢失会被发现，程序流将转到 EXCEPT 区块。

如果 5 个变量都存在，那么不会出现异常情况，EXCEPT 区块就永远不会被执行。

```
try:
    print(A)
    print(B)
    print(C)
    print(D)
    print(E)
except NameError:
    print("Something funky here...")
    sys.exit()
```

在含有内置异常处理功能的语言中，异常处理的功能远远不止上面介绍的这么简单。在下面的章节中，我们会单独讲解 Base SAS 异常处理。

在 SAS 中仿造异常处理功能

由于 Base SAS 没有内置的异常处理功能，因此，SAS 从业人员只能通过测试可发现的异常状态、警告及“运行时错误”仿造一个，它会存在一些局限，这就将 Base SAS 中仿造的异常处理与真实的异常情况区分开了：

- DATA 步骤或 SAS 程序中不能使用异常处理——因此，SAS 软件的这两个主要架构是无法测试或处理异常情况的。例如，如果 DATA 步骤遇到异常情况或错误，它会出现“运行时错误”，立即终止，而不能动态处理这一错误。在 SAS 中，尽管有些异常情况可以通过预先检测来避免，但许多异常情况一旦发生就会引起“运行时错误”。由于 Base SAS 通常只会生成“运行时错误”而非异常情况，因此，我们捕捉到异常情况的机会不大。在其他语言中，经过处理的异常情况就不会再演变成“运行时错误”。
- 错误通常是通过异常处理发现的——例如，真正的异常处理不仅能捕捉到错误、异常的数据或运行环境状态，还能发现语法错误及其他可能隐藏在代码中的错误。如果 SAS 遇到语法错误，就会引起“运行时错误”，但没有相应的异常处理。如果 Python 代码察觉到一篮鸡蛋要掉落到地上，那么它会识别这一异常情况，在鸡蛋碰到地板之前及时接住鸡蛋。相反，SAS 中的事后发现处理机制会提供一个桶，让鸡蛋筐掉到桶里，以免弄得一团糟，但这其实是无意义的。
- 异常处理仅能在组成异常处理路径的具体代码行中被调用——例如，如果要检测多个代码行的异常情况，就需要多个异常处理路径。在其他语言中，一个异常处理区块（如前面所讲的 TRY-EXCEPT 区块）就能立即处理出现的任何异常情况。

尽管 Base SAS 异常处理存在许多局限，但如果需要更加稳健、可靠的软件，它还是比较有帮助的。本部分会再次使用前面“其他地方的异常处理”部分所介绍的 Python 异常处理的功能。

以下 SAS 代码使用 %PUT 宏函数打印宏变量 &X。

```
%put &x;
```

但如果宏变量 &X 不存在，会出现什么情况呢？答案是会出现一条警告，日志中会显示如下信息。

```
%put &x;
WARNING: Apparent symbolic reference X not resolved.
&x
```

这在生产软件中是不能接受的，因为日志不能手动监测，所以某些机制应该检测并处理这一异常情况。两个通用宏变量——&SYSERR 和 &SYSCC 能显示软件出现的警告及“运行时错误”，类似于异常处理的功能。第 3 章介绍过这些变量以及它们在异常处理中的应用。

下面这个代码能检测警告及“运行时错误”，并在异常情况出现时，动态提示程序流终止宏。尽管不是所有的 SAS 异常处理都需要使用宏语言，但在更加复杂的代码和逻辑中，通常都要求使用。

```
%macro meh();
%let syscc=0;
%put &X;
%if &syscc>0 %then %return;
%mend;

%meh;
```

这一代码测试的是警告和“运行时错误”，而不是仅测试变量丢失时所引起的“运行时错误”，Python 能够实现这一点。从最基本的层面来讲，SAS 已经不同于其他语言固有的异常处理功能。在 SAS 中，尽管会单独区分某些错误，如常见的内存错误，但大部分“运行时错误”都会被混淆在一起，仅生成一个模糊的“1012”返回码。同样的，所有的警告无论其本质如何，都会收到返回码“4”，使其很难被区分开来。但即使一般威胁无法从程序层面进行区分，Base SAS 至少也能够发现并处理这些威胁。

Base SAS 中另一个比较明显的变化是它不能在异常情况转变为警告或“运行时错误”之前捕捉到这一信息。例如，在 Python 中，一旦发现变量缺失这一异常情况，程序流就会立即转到 EXCEPT 区块。然而，在 Base SAS 中，如果 &SYSERR 或 &SYSCC 的值不是 0，就表示警告或“运行时错误”已经出现。因此，即使含有有效的异常处理，SAS 日志通常也会遗漏警告或“运行时错误”。

在其他语言中，一个异常处理区块会包含许多程序指令，但 Base SAS 并非如此。假如我们想打印 5 个宏变量 &A ~ &E，但如果其中某个变量缺失，我们会立即转到其他位置的程序流来处理这一异常情况。以下 SAS 代码尝试（但失败了）复制这一业务逻辑：

```
%macro meh();
%let syscc=0;
%put &A;
%put &B;
%put &C;
%put &D;
%put &E;
%if &syscc>0 %then %do;
    %put Something funky here...;
    %return;
    %end;
%mend;

%meh;
```

如果遇到宏变量 &C 丢失的情况，该代码会继续尝试打印 &D 和 &E，而不是立即将处理权限转移到异常情况区块。&SYSCC 的值并不是在每一个程序指令之后自动评估的，而是只评估一次，因此，无法及时地终止执行。如果 &D 依赖于前面代码行的成功执行，那么 &D 行也会终止。在后面的“连锁故障”部分将讲到这类故障。

尝试实现必要功能和异常处理的另一个做法是创建 EXCEPT 标签，后续的 %GOTO 程序指令在发现异常情况时能将程序流转到该标签。然而，这不仅多此一举，还是完全错误的。因为 SAS 标签无法嵌入 %DO、%WHILE 或 %UNTIL 条件逻辑中，因此，除非越过附加的条件逻辑，否则这些标签将无法执行。以下代码显示了类似的功能及异常处理，却是一场灾难，它同时也表明软件开发为什么会憎恶程序上的 %GOTO 逻辑。

```
%macro meh();
%let syscc=0;
%put &A;
%if &syscc>0 %then %goto except;
%put &B;
%if &syscc>0 %then %goto except;
%put &C;
%if &syscc>0 %then %goto except;
%put &D;
```

```
%if &syscc>0 %then %goto except;
%put &E;
%if &syscc>0 %then %goto except;
* other logic would go here;
%if &syscc=0 %then %return; * successful run;
%EXCEPT: %put Something funky here...;
%mend;

%meh;
```

因为该代码有内在的相关性——例如，&A 打印成功才能打印 &B——使程序流概念化的另一种方式是通过内嵌的条件逻辑实现的。以下代码虽然也像上面这个 %GOTO 逻辑一样令人费解，但相对比较受欢迎，因为它不需要越过 SAS 标签。但它依然需要另外测试 &SYSCC。

```
%macro meh();
%let syscc=0;
%put &A;
%if &syscc=0 %then %do;
   %put &B;
   %if &syscc=0 %then %do;
      %put &C;
      %if &syscc=0 %then %do;
         %put &D;
         %if &syscc=0 %then %do;
            %put &E;
            %end;
         %end;
      %end;
   %end;
%if &syscc>0 %then %do;
   %put Something funky here...;
   %return;
   %end;
* other logic would go here;
%mend;

%meh;
```

很遗憾，Base SAS 中的异常处理也并不比这强多少，而且需要记住的是，在 Python 中，上述功能也仅是在不含有条件内嵌逻辑的 9 行代码中被成功体现。SAS 异常处理总是将代码弄得比较冗长、混乱，因此，通常无法提供一些在其他语言中可执行的功能。例如，由于异常处理在 DATA 步骤或 SAS 程序中起不到任何作用，因此，SAS 异常处理的范围和性能会大打折扣。尽管有许多技术上的局限性，但在软件设计中，异常处理对实现可靠性、稳健性及容错性是非常重要的，本章后面会介绍在 Base SAS 中实施异常处理路径的最佳实践。

请求原谅与许可

传统的异常处理要求异常情况已经发生、被检测并被处理，但如果知道软件的具体威胁，SAS 依然可以实现稳健性。如前面的“具体威胁”部分就包括一些异常情况的例子，如数据集丢失或者数据集被锁定，这些情况是可预测、可识别且通过执行异常处理有时是可避免的。因此，如果在故障发生之前找到故障源，那么我们可以通过预先的异常处理阻止该故障。这与事后异常处理不同，后者是传统异常处理的代表——它是检测并处理实际已经发生的异常情况，并非导致异常的条件或状态。

这两种方法——事先和事后通常被看作是请求许可和请求原谅。因此，传统的异常处理（如在以目标为导向的语言中）通常被比作一句谚语：“请求原谅总好过请求许可”，因为事后检测能在异常情况发生时即可识别它。然而，由于 Base SAS 的局限性，SAS 中的异常处理框架通常包括一个事先和事后的异常处理路径，比起那些提供内置异常处理功能的软件语言，它更重视事先发现具体的威胁。

在文献中，有时会把事先的异常处理称作差错预防，但是，这不应该被误解为表示软件没有异常情况或错误，而是软件抵抗异常情况或错误的能力提升了。相反，事后异常处理称作差错测试，因为是在某些程序之后进行测试以确定是否有异常情况或错误出现。这突出了两种机制之间的重大差别：尽管事先和事后异常处理都能提升程序的可靠性，但两者都不能保证程序成功运行，而且只有事后路径才能体现或验证程序运行成功。

下面会进一步介绍事先和事后异常处理之间的差别，同时还会介绍并比较 Base SAS 和 Python 中的异常处理。SAS 中的事先和事后异常处理见表 6-1。

表 6-1 SAS 中的事先和事后异常处理

事先异常处理	事后异常处理
获得许可	获得原谅
也称为差错预防	也称为差错测试
不能保证程序成功	不能保证程序成功
不能体现或验证程序成功	能体现或验证程序成功
通常用在 Base SAS 异常处理中	通常用在 OOP 软件开发语言中
作用是使软件更加稳健，能抵御具体的威胁	能识别具体和一般威胁，但前提是它们能在程序层面被发现
更关注稳健性	更关注容错性

原谅

你被困在一个国际航班上，滞留在南美某个不知名的地区几小时，尽管机场工作人员一直劝你“坐下”，但你还是在走廊徘徊，砰地关上门闩，之后又去道歉。在生活中，在软件开发中，我们通常很轻松地去请求事后的原谅。然而，在软件开发中，原谅需要恰当的、事后的异常处理路径，能发现异常情况并根据业务规则动态地重定向软件。由于我们在“其他地方的异常处理”和“在 SAS 中仿造异常处理”部分曾介绍过事后异常处理，因此，我们在这里只是简单地重复一下。

以下 Python 代码的目的是打印一个变量，但如果该变量不存在，该程序就会在不出现“运行时错误”的情况下安全退出。

```
try:
   print(X)
except NameError:
   sys.exit()
```

类似的 SAS 代码也试图打印一个宏变量，但如果该变量不存在，该程序就会在不出现“运行时错误”的情况下安全退出。通用宏变量 &SYSCC 被设置为“4”，代表被引用的宏变量 &X 不存在时出现的错误。

```
%macro meh();
%let syscc=0;
%put &X;
%if &syscc>0 %then %return;
%mend;

%meh;
```

但如果变量被引用到 DATA 步骤中且丢失，又会出现什么情况呢？结果是，一条提示会记录到 SAS 日志中，但不会生成任何可以以编程方式进行评估的返回码。

在下面这个例子中，DATA 步骤依赖的是应包含（但又未包含的）VERYIMPORTANT 变量的第三方数据。

```
data test;
   set thirdpartydata;
   a=veryimportant; * does not exist so this represents an exception;
run;

NOTE: Variable veryimportant is uninitialized.
NOTE: The data set WORK.TEST has 1 observations and 2 variables.
NOTE: DATA statement used (Total process time):
      real time           0.01 seconds
      cpu time            0.01 seconds

%put SYSERR: &syserr SYSCC: &syscc;
SYSERR: 0 SYSCC: 0
```

由于该异常情况不能以编程的方式被检测到，因此，它也不能以编程的方式被处理，所以 SAS 事后异常处理对此种常见的数据变量也无能为力。然而，由于该异常情况表示的是一个具体、可预测的威胁，因此，可以通过事先的异常处理解决这一问题，“许可”部分会介绍这一点。

SAS 中另一个常见的事件异常处理故障是由于许多异常情况只能作为“运行时错误”记录。例如，以下日志显示的是 DATA 步骤因为 Doesnotexist 数据集不存在而停止运行。

```
%macro moremeh();
%let syscc=0;
%global moremehRC;
%let moremehRC=GENERAL FAILURE;
data test;
   set doesnotexist; * missing data set;
   * transformations go here;
run;
%if &syscc>0 %then %do;
```

```
    %let moremehRC=you broke me!;
    %return;
    %end;
%else %let moremehRC=;
%mend;

%moremeh;
ERROR: File WORK.DOESNOTEXIST.DATA does not exist.

NOTE: The SAS System stopped processing this step because of errors.
WARNING: The data set WORK.TEST may be incomplete. When this step
was stopped there were 0 observations and 0 variables.
WARNING: Data set WORK.TEST was not replaced because this step was
stopped.
NOTE: DATA statement used (Total process time):
      real time           0.01 seconds
      cpu time            0.01 seconds

%put RC: &moremehRC;
RC: you broke me!
```

然而，由于诸如 &SYSCC 和 &SYSERR 之类的自动宏变量仅在达到边界步骤时才会更新（如 RUN 程序指令），因此，在数据集缺失这一异常情况被确认为“运行时错误”之前，无法执行能捕捉该异常情况的事后异常处理。与异常处理本质意图相矛盾的是，在 SAS 处理器识别异常情况时，再去阻止后续的“运行时错误”就已经来不及了，因此，异常情况和“运行时错误”会作为一个事件发生。

因此，尽管请求原谅与容错性软件设计的联系更加紧密，奠定了大部分软件语言中异常处理的基础，能容忍错误，但这些错误必须是能够以编程方式检测到的。许多对 SAS 软件的具体威胁要么不能以编程的方式识别，要么识别得太晚，以至于不能做些有意义的事情去弥补（如故障之后）。剩下唯一的解决方案是查找引起异常情况的具体原因——丢失的数据集——在它被引用之前，这是事先异常处理请求许可的核心内容。

许可

获取许可指的是通过删除代码中的漏洞，处理软件执行遇到的具体威胁。通过事先发现异常情况的根源，结果出现的异常情况和“运行时错误”就能被消除，软件的稳健性和可靠性就会提升。

“原谅”部分讲到，在许多情况下，DATA 步骤中出现的异常情况都会生成 SAS 提示，但不会提供任何对异常处理有帮助的程序性反馈信息。在其他一些情况中，一旦异常情况被发现——例如，SET 程序指令引用的一个数据集丢失——就会生成一个“运行时错误”，事后异常处理方法也不奏效了。因为 Base SAS 语言有这些局限性，因此，需要一个事先的异常处理来检测具体的威胁并改变程序流的路线。

“原谅”部分讲述了 %MEH 宏，事后异常处理在该宏中能检测到被引用的 SAS 宏变量不存在时所出现的警告。事先测试也能实现同样的功能，它具有不生成警告或“运行时错误”的特点。例如，尽管宏变量 &X 应该存在，但如果不存在，在该变量被引用之前，这一异常情况就会被发现并处理。

```
%macro test;
%if %symexist(X) %then %put &X;
%else %return;
%mend;
```

如在“原谅”部分讲到的那样，有些时候 SAS 中的异常情况——如在 DATA 步骤中引用一个不存在的变量——只在日志中显示一条提示，但不提供任何能以编程方式进行评估的返回码（如 &SYSCC）。使用事先异常处理可以解决这一问题，我们将在“正常轨道”部分讲到这一点，即使用 ATTRN 函数确定某个变量是否存在于数据集中。

SAS 事后异常处理最大的一个缺点是当异常处理所引起“运行时错误”，导致 DATA 步骤终止时，它不能有效地应用到 DATA 步骤中。由于数据集缺失是一个具体的威胁，是能够以编程方式识别的，因此，我们可以在 DATA 步骤（或 SAS 程序）之前安置一个事先异常处理路径，以验证是否满足所有的先决条件。“原谅”部分的 %MOREMEH 宏被修改过，因此，它能在试用之前验证数据集的存在：

```
%macro moremeh();
%let syscc=0;
%global moremehRC;
%let moremehRC=GENERAL FAILURE;
%if %sysfunc(exist(doesnotexist))=0 %then %do;
   %let moremehRC=missing data set;
   %return;
```

```
      %end;
   %else %do;
      data test;
         set doesnotexist; * missing data set;
         * transformations go here;
      run;
      %end;
   %if &syscc>0 %then %do;
      %let moremehRC=you broke me!;
      %return;
      %end;
   %else %let moremehRC=;
   %mend;

   %moremeh;
   %put RC: &moremehRC;
```

在修改过的例子中，事后异常处理未被删除。尽管新执行的事先异常处理能确保DATA 步骤在 Doesnotexist 数据集缺失的情况下停止运行，如前所述，事先的路径不能确保程序运行成功，它们只能防止具体威胁所造成的故障。例如，DATA 步骤在执行过程中仍然会出现内存不足的情况，这将引起“运行时错误”，在事后的 &SYSCC 分析中才能发现这一错误。因此，在 SAS 中，获得许可和原谅通常能实现软件的稳健性和可靠性。

异常处理框架

异常处理会帮助我们应对具体的异常情况（或异常情况群），但接下来会发生什么呢？“许可”部分介绍的 %MOREMEH 宏能通过事先异常处理使 DATA 步骤在所需数据集缺失的情况下终止宏。另外，事后路径会在发现警告或“运行时错误”时终止宏。然而，SAS 文献对异常处理的讲述，一般就到此为止了——生成能反映异常情况的返回码，或者生成一个能将异常情况打印到日志或其他静态位置的异常报告，这在生产软件中比较常见但没什么用。

与文献资料中的例子不同，稳健的生产软件需要一个动态异常处理框架，且异常处理路径使用异常情况管理系统实施业务规则和逻辑。软件的文献通常不会介绍异常处理框架，其原因大致相同——除非是专业主题，否则不会提到异常处理，因为它们会增加复杂性，降低可读性，而且需要添加一些业务规则的语境才能完全理解它。例如，为了体现稳健性而不仅仅是容错性，%MOREMEH 宏需要展示如何在异常处理框架中实现全部或部分商业价值。

由于解释异常处理框架的复杂性增加（以及必要的语境），因此，尽管异常处理会贯穿本书，但我们仅在下面部分集中讲述异常处理框架。例如，在文献资料中，%RETURN 程序指令通常表示程序流的终止，返回码的生成会暗示（如果未特别说明）——后续基于该返回码值的动态程序流。然而，当本书引用异常处理框架时，以下几节内容可以作为指南，演示获得稳健软件的复杂性和限制条件。

异常继承

异常继承要求异常情况从主要程序传送到附属程序，从子进程到父进程。如果缺少异常继承，当前面的程序遇到异常情况时，其后续程序也将会终止。这通常会引起连锁故障，一个故障引起另一个故障，直到软件终止。继承将一个程序的成功或失败链接到下一个，提供从软件开始到结束的验证。

第 18 章会介绍一个调用 %GOBIG 宏的 DATA 步骤，%GOBIG 宏反过来又会调用 %FINDVARS 宏。如果 3 个模块全部成功执行，就会提供一个可重复利用的解决方案，它能够动态利用参数化数据集中的每个字符变量。然而，由于该代码不包含异常处理，因此，本部分将介绍一个更具稳健性的例子，它能处理两个具体的异常情况。后面部分所引用的黑盒和白盒测试将在第 16 章进行介绍。

%ENGINE 宏能使用 Sample 数据集中的所有字符变量。然而，如果使用模块设计，%ENGINE 宏实际上会调用 %GOBIG 宏动态写大写代码，因此，%ENGINE 宏必须检查 &GOBIGRC 返回码以确保 %GOBIG 的成功执行：

```
data sample;
   length char1 $20 char2 $20 num1 8 num2 8;
   char1="I love SAS";
   char2="SAS loves me";
run;

%macro engine();
%global engineRC;
```

```
%let engineRC=GENERAL FAILURE;
data uppersample;
   set sample;
   %gobig(dsn=sample);
   num1=99;
run;
%if %length(&gobigRC>0) %then %do;
   %let engineRC=something broke! GOBIG: &gobigrc;
   %return;
   %end;
%else %let engineRC=;
%mend;

%engine;
```

由于 %GOBIG 是压缩的（本质是在一个黑盒中），因此，%ENGINE 并不知道 %GOBIG 是如何为每个变量创建大写代码的。%ENGINE 宏主要靠接收 %GOBIG 发送的两样东西——大写代码和返回码 &GOBIGRC——而且它并不知道 %GOBIG 实际上是将大部分的任务转包给其自己的子进程 %FINDVARS 宏，这一点只有通过 %GOBIG 的白盒检查才能体现出来。

```
* dynamically changes all character variables in a data set to
   upper case;
%macro gobig(dsn= /* old data set in LIB.DSN or DSN format */);
%global gobigRC;
%let gobigRC=GENERAL FAILURE;
%local i;
%findvars(dsn=&dsn, type=CHAR);
%if %length(&findvarsRC)=0 or &findvarsRC=no variables %then %do;
   %let i=1;
   %do %while(%length(%scan(&varlist,&i,,S))>1);
      %scan(&varlist,&i,,S)=upcase(%scan(&varlist,&i,,S));;
      %let i=%eval(&i+1);
      %end;
   %let gobigRC=;
   %end;
%else %do;
```

```
    %let gobigRC=FINDVARSRC: &findvarsRC;
    %end;
%mend;
```

尽管 %GOBIG 会写动态代码实现变量的大写化（通过 %SCAN 程序指令），但它要依靠 %FINDVARS 宏提供变量的列表。%FINDVARS 宏不能识别 %ENGINE，而 %ENGINE 反过来也不能识别 %FINDVARS，但由于 %ENGINE 间接使用 %FINDVARS 的功能（因为 %GOBIG 直接使用 %FINDVARS），所以必须有一个方法将 %FINDVARS 返回码（&FINDVARSRC）直接传递给 %GOBIG，间接传递给 %ENGINE，这就是继承。

以下 %FINDVARS 宏会创建空间分割的相关变量列表（在本例中是字符变量），而且如果出现异常情况，宏将会在 &FINDVARSRC 返回码中进行传递。

```
* creates a space-delimited macro variable VARLIST in data set DSN;
%macro findvars(dsn= /* data set in LIB.DSN or DSN format */,
    type= /* ALL, CHAR, or NUM to retrieve those types of variables */);
%global findvarsRC;
%let findvarsRC=GENERAL FAILURE;
%local dsid;
%local vars;
%local vartype;
%global varlist;
%let varlist=;
%local i;
%local vartot;
%let dsid=%sysfunc(open(&dsn,i));
%if &dsid<1 %then %do;
    %let findvarsRC=missing or locked data set;
    %return;
    %end;
%let vars=%sysfunc(attrn(&dsid, nvars));
%do i=1 %to &vars;
    %let vartype=%sysfunc(vartype(&dsid,&i));
    %if %upcase(&type)=ALL or (&vartype=N and %upcase(&type)=NUM) or
          (&vartype=C and %upcase(&type)=CHAR) %then %do;
       %let varlist=&varlist %sysfunc(varname(&dsid,&i));
```

```
        %let vartot=%eval(&vartot+1);
        %end;
     %end;
  %if &vartot=0 %then findvarsRC=no variables;
  %else %let findvarsRC=;
  %let close=%sysfunc(close(&dsid));
  %mend;
```

由于 Base SAS 本质上并没有提供返回码功能，因此，我们必须通过初始化宏中的通用宏变量仿造返回码。尽管我们可以从 SAS 会话的任一位置获取这些通用宏变量，但应该使用继承来传递返回码，这样就能体现软件性能的监管链。换句话说，由于 %ENGINE 能直接评估 &FINDVARSRC 的值，因此，不要偷懒，让它去做——%FINDVARS 的任何反馈都要经过 %GOBIG。由于紧耦合和松耦合（第 14 章会讲到），%ENGINE 宏根本就不能识别 %FINDVARS 宏（或其各自的返回码 &FINDVARSRC）的存在！

为了体现异常处理和继承的复杂性，以下 5 行代码演示了这段代码所生成的原始功能。

```
data uppersample;
   set sample;
   char1=upcase(char1);
   char2=upcase(char2);
run;
```

尽管格外复杂，但异常处理框架能够测试已知的威胁，提升软件的可靠性和稳健性，并通过呈现一个模块化、复用、可扩展、稳定的解决方案提升静态性能，该解决方案能提高后续软件开发和维护的效率。然而，由于模块化软件设计内在的复杂性以及需要传递和继承返回码，因此，模块不仅要返回自己的异常，而且还要发现并返回子进程的异常。图 6-1 显示了两个异常的继承（数据集缺失、无相关变量），这两个异常从 %FINDVARS 宏传到 %GOBIG 宏，然后又传到 %ENGINE 宏。

如果理解了模块化、可重复利用代码的意图，继承的重要性就更加清楚了。例如，%FINDVARS 宏可以用于更多目的，这些目的的实现需要宏在数据集中创建一个所有变量的列表（仅是字符或仅是数字的变量）。对于某些目标来讲，如 %GOBIG 宏，如果 %FINDVARS 生成一个空的列表——也就是说，数据集中没有相关的变量，那么这是有效的，而不表示出现了异常情况，图 6-1 显示了这种关系。

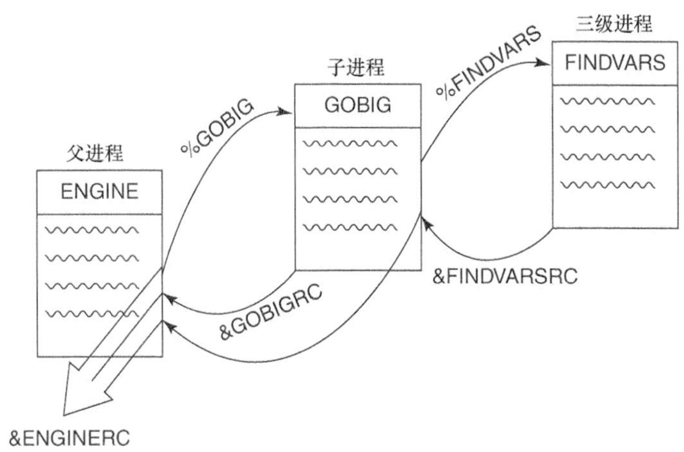

图 6-1　异常继承

然而，由于模块的目的是能够被重复用于多个不同的环境中，即多个不同的父进程中，在其他一些情况中，如果 %FINDVARS 没有找到相关的变量，就表示父进程中出现了一个需要处理的异常情况，图 6-2 显示了这一更加复杂的关系。

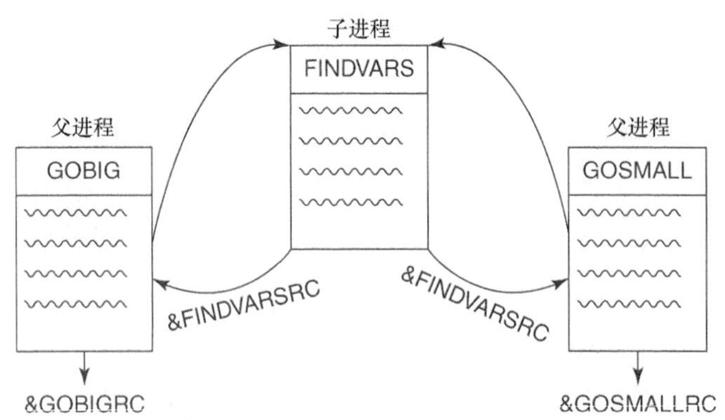

图 6-2　软件重复利用中的异常继承

通过使用继承的方法，能够确保所有首要的进程——包括父进程和前面连续的进程均顺利完成，或者都成功地使后续进程流继续运行。异常情况继承解决了连锁故障的问题，在 SAS 中，如果异常情况和“运行时错误”未处理，就会出现连锁故障的情况，下面会讲到这一点。第 9 章还会讲到异常继承的问题。

连锁故障

连锁故障是由未处理的异常情况、错误或者软件缺陷引起的，通常发生在子进程的故障没有被传递到父进程或前期程序的故障没有传递到后续的附属程序中。以下代码和输出信息说明了一个发生故障的 DATA 步骤，进而引起后续 MEANS 程序的连锁故障。

```
data final;
   length char1 $10 num1 8;
   char1='sas is rad';
   num1=99;
   oopsy!;
         -----
         180
ERROR 180-322: Statement is not valid or it is used out of proper order.

run;

NOTE: The SAS System stopped processing this step because of errors.
WARNING: The data set WORK.FINAL may be incomplete. When this step
was stopped there were 0 observations and 2 variables.
NOTE: DATA statement used (Total process time):
      real time           0.01 seconds
      cpu time            0.01 seconds

proc means data=final;
   var num1;
run;

NOTE: No observations in data set WORK.FINAL.
NOTE: PROCEDURE MEANS used (Total process time):
      real time           0.00 seconds
      cpu time            0.00 seconds
```

尽管软件缺陷出现在 DATA 步骤中，但它引起了 MEANS 程序的连锁故障。故障不一定表示会出现警告、“运行时错误”或软件终止运行，但会生成无效的解决方案、数据产品，或无法满足要求。因此，尽管 MEANS 程序正在执行，但它没有任何输出，因为 DATA 步骤出现故障，创建了一个假的数据集，有两个变量，但没有观测值。更重要的是，由于程序无法发现 SAS 提示，所以如果 DATA 步骤中早期的缺陷未被发现和处理，MEANS 程序就很难确定是否出现了程序性故障。我们可以通过检查 MEANS 程序中 OUT 指令生成的数据进行验证，但我们最好在 MEANS 程序被运行之前捕捉到这一故障。

以下修改过的代码使用事后异常处理检测 DATA 步骤中是否出现了警告或“运行时错误”，如果有错误，MEANS 程序就会跳过，避免连锁故障。

```
%macro oopsy();
%let syscc=0;
%global oopsyRC;
%let oopsyRC=GENERAL FAILURE;
data final;
   length char1 $10 num1 8;
   char1='sas is rad';
   num1=99;
   oopsy!;
run;
%if &syscc>0 %then %do;
   %let oopsyRC=data step had an OOPSY!;
   %return;
   %end;
proc means data=final;
   var num1;
run;
%if &syscc>0 %then %do;
   %let oopsyRC=proc means had an OOPSY!;
   %return;
   %end;
%else %let oopsyRC=;
%mend;

%oopsy;
%put RC: &oopsyRC;
```

这一代码不会尝试传递部分或延误的商业价值，而是会检测常见的错误以提升容错性。然而，上述代码依然存在漏洞，因为尽管出现故障，Final 数据集还是被创建了，如以下 SAS 日志所示。

```
%oopsy;
NOTE: Line generated by the invoked macro "OOPSY".
data final;       length char1 $10 num1 8;      char1='sas is rad';
  num1=99;        oopsy!;
-----
180
1   ! run;

ERROR 180-322: Statement is not valid or it is used out of
proper order.

NOTE: The SAS System stopped processing this step because of errors.
WARNING: The data set WORK.FINAL may be incomplete. When this step
was stopped there were 0 observations and 2 variables.
NOTE: DATA statement used (Total process time):
      real time             0.01 seconds
      cpu time              0.01 seconds

%put RC: &oopsyRC;
RC: data step had an OOPSY!
```

由于 DATA 步骤故障，生成一个错误的空数据集，因此，异常处理路径应该启用安全性（和可恢复性原则），删除 Final，防止其被误用。一旦发现 Final 创建过程中出现警告或“运行时错误”，我们可以使用 DELETE 程序或 DATASETS 程序进行删除。

正常轨道

我们已经介绍过异常处理，但到目前为止的所有例子中，异常处理的目标都是发现故障状态，终止后续的程序。尽管这是稳健性的第二个目标——通过自动防故障路径优雅地终止，但它仅抓住了异常情况的表象，并没有体现稳健性的主要目标——在软件发生变化的情况下最大限度地实现商业价值。

因此，异常处理的目标应该是检测变化，将程序控制重新转回到正常轨道上来——即能够实现全部商业价值的路径，或出现异常情况 / 错误后，最大限度地实现商业价值。例如，在某些情况下，数据集缺失就表示整个 SAS 程序或进程都应该被终止，但在其他一些情况下，功能仍然可以被抢救回来。第 5 章“外部问题”部分提到，SAS 软件被修改过，因此，它能够灵活适应第三方数据库个别表格缺失的情况，所以能消除“运行时错误”，提升软件的可靠性。

尽管在 Base SAS 软件中实施异常处理面临许多挑战，但作为一个数据分析语言，SAS 确实有一个巨大的优点——数据分析软件本质上就是连续的。以用户为中心的软件通常会将用户放在某些中心位置，许多程序流路径可能都会经过这个位置（根据用户输入信息），而数据分析开发通常会通过一系列连续的程序将数据从一种形式转换成另一种形式。在许多情况下，前面程序发生故障就意味着后续程序的故障，从而体现各程序之间的关联。然而，在某些情况下，尽管前面的程序出现异常情况或故障，软件依然会使程序流返回到正常轨道，实现全部或部分商业价值。

例如，以下 SAS 代码模拟在执行由 MEANS 程序代表的分析过程之前，对数据集进行处理和转换的软件。LIBNAME 程序指令和 DATA 步骤抢在该代码之前提供必要的引用和输入信息。

```
libname perm 'c:\perm';

data perm.original;
   length char1 $10 var1 8;
   var1=5;
run;

* PROCESS STARTS HERE;
data final;
   set perm.original;
   * transformations;
run;

proc means data=final;
   var var1;
run;
```

为了理解具体软件的正常轨道，首先需要描述那些使软件脱离本能实现全部商业

价值路径的威胁。表 6–2 所示为一个简单的风险登记表，上面列出了程序、具体的威胁及相应的解决方案。例如，第一行的业务规则表示应该接受尝试获取锁定状态的 Final 数据集时所面临的风险。换句话说，由于 Final 被保存在 WORK 库中，且可以忽略其他程序将其锁定的风险，因此，在创建数据集之前，不再测试数据集的可获得性，并假设它未被锁定。

表 6–2 中第二行的业务规则表示，如果 Original 数据集不存在，那么程序流应该启用一个已保存的、备用数据集。但是，回忆一下，在 SDLC 的早期规划阶段，所有活动都应是以需求为中心的，而不是围绕着软件或解决方案展开，因此，我们没有必要去选择甚至讨论准备后援的具体方法。

表 6-2 简单的风险登记表

程序	威胁	解决方案
DATA Final	Final 被锁定	ACCEPT
	Original 不存在	转到备用
	Original 被锁定	转到备用
PROC MEANS	Original 没有观测值	ACCEPT
	Original 没有 VAR1	终止程序

如果 SAS 从业人员无法识别软件面临的威胁，或无法采取行动消除漏洞，他们就得默默地接受更高的风险，而这可能会降低软件的稳健性和可靠性。然而，风险登记表通常会记录一些参考解决方案，以处理具体已知的软件漏洞，表 6–2 显示了一些提升软件稳健性的可行性商业规则。在这些业务规则的基础上，图 6–3 所示的流程图展示了程序流，包括正常轨道。

一旦风险管理策略中的业务规则被创建，并详细说明如何修复威胁和漏洞，我们就可以设计和创建真正的技术手段。在这种情形下，为了使该过程更具稳健性，我们需要在另一个驱动上创建对照 SAS 库 PERM2。当 PERM.Original 数据集被用户或进程锁定时，程序会自动跳转到备用数据集。尽管备用数据集中有些数据已经过时，但在这种情况下，有总比没有好，而且在出现了主要数据集缺失或被锁定的异常情况下，使用过时的数据依然能实现商业价值的最大化。

Final 数据集也要在 MEANS 程序之前进行测试，以确保 VAR1 变量存在于该数据集中。而且事后异常处理会被添加进来，以确保在 DATA 步骤或 MEANS 程序出现警告或“运行时错误”时，宏能通过 %RETURN 程序指令终止。

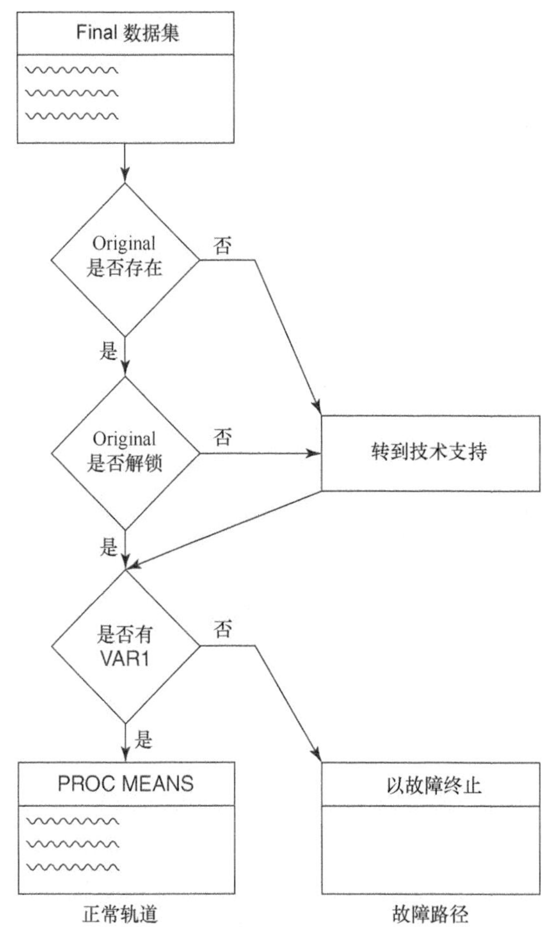

图 6-3　程序流和正常轨道

```
%macro makemeans();
%let syscc=0;
%global makemeansRC;
%let makemeansRC=GENERAL FAILURE;
%local dsid;
%local close;
%local dsn;
%local vars;
%local i;
%local found;
%let found=NO;
```

```
%let dsn=perm.original;
* test availabiltiy and access;
%let dsid=%sysfunc(open(&dsn));
%if %eval(&dsid<1) %then %do;
   %let dsn=perm2.original;
   %let dsid=%sysfunc(open(&dsn));
   %if %eval(&dsid<1) %then %do;
      %let makemeansRC=data locked or missing;
      %return;
      %end;
   %end;
%let vars=%sysfunc(attrn(&dsid, nvars));
%do i=1 %to &vars;
   %if %upcase(%sysfunc(varname(&dsid,&i)))=VAR1 %then %let found=YES;
   %end;
%if &found=NO %then %do;
   %let makemeansRC=variable not found;
   %return;
   %end;
data final;
   set &dsn;
   * transformations;
run;
%if &syscc>0 %then %do;
   %let makemeansRC=data step failure;
   %return;
   %end;
proc means data=final;
   var var1;
run;
%if &syscc>0 %then %do;
   %let makemeansRC=proc means failure;
   %return;
   %end;
%else %let makemeansRC=;
%let close=%sysfunc(close(&dsid));
```

```
%mend;

%makemeans;
%put RC: &makemeansRC;
```

修改过的 %MAKEMEANS 宏目前也能生成一个返回码 &MAKEMEANSRC，说明程序的成功或失败，后续或从属程序会对这一点进行验证。在这个例子中，空白返回码表示成功，而其他返回码则表示出现了具体的威胁，导致故障发生。尽管当前的返回码不能体现除了主要数据集之外，是否还使用了备用数据，但可以添加该逻辑以提供其他的性能参数。

修改过的程序流目前能反映出两个不同的异常处理路径——处理具体故障类型所使用的方法或技巧。如果 PERM.Original 数据集丢失，程序流就会转到备用数据集，实现全部或比较完整的功能。然而，如果遇到其他异常情况或错误，程序流会终止宏，并在 &MAKEMEANSRC 返回码中记下异常情况。下面会描述一些 SAS 开发人员应准备的路径，以确保软件在出现漏洞的情况下也能实现最大的价值。

需要明确的是，修改过的 %MAKEMEANS 宏在编码时故意没有考虑静态性能属性，目的是更清楚地说明异常处理逻辑。这体现了软件可读性和其他质量特性之间的权衡，这种权衡不仅出现在生产软件中，还在软件开发文献中占据主导地位。因此，我们可以更加注重可维护性、模块化、稳定性、可测试性及复用性原则，提升该代码的静态性能属性。

异常处理路径

当发生异常情况时，软件首先是发现，其次是处理该异常情况。SAS 文献资料中比较常见的说法是，程序在发现“运行时错误”或异常情况之后，会生成一个异常报告（下面会讲到），通过 %RETURN 程序指令终止宏，软件也会通过 %ABORT、ABORT 或 ENDSAS 程序指令而被终止。文献资料中记载的这些方法并不一定适合用于处理生产软件中出现的异常情况，但其可以提升可读性，因此，文献资料中很少提及异常处理的环节。本书依然承袭了这一惯例，%RETURN 在本书中通常会用于模仿返回到某些未明确指出的父进程。

尽管可以使用 %RETURN 模拟动态异常处理，我们其实可以使用其他一些异常处理路径，许多路径都能使软件在遇到异常情况时实现全部或部分功能。下面介绍几种异常处理路径，作者在另外一篇名为《向 21 世纪注入 SAS® 紧急药物：为异常处理目标、行动、结果及交流》（*Ushering SAS® Emergency Medicine into the 21st Century: Toward Exception Handling Objectives, Actions, Outcomes, and Comms*）的文章中详细介绍了这几种方法。

- 未发现的成功——用户不知道出现了异常情况，照常实现了全部的功能。
- 变更轨道的成功——程序流变更到正常轨道，虽然可能有些延缓，但依然实现了全部的功能。
- 再次尝试的成功——一开始出现了异常情况，但经过一段时间之后，程序再次尝试运行，获得成功。
- 提示用户——这在应用程序开发中比较常见，用户获得异常情况的提示，在输入一些内容之后，使程序流得以继续运行。
- 部分成功——程序流绕过异常情况，但失去了某些功能。
- 进程终止——进程必须终止，但程序流可以切换到独立的、不相关的程序。
- 程序终止——程序必须终止，但完整退出。

在许多情况下，一些比较动态（和有益）的异常处理需要多个复杂的异常处理路径。这一概念在“正常轨道”部分的 %MAKEMEANS 宏中得到了演示。例如，PERM.Original 数据集的备份可能被保存为 PERM2.Original。如果第一个数据集被锁定或丢失，程序就会尝试获取备用数据集。如果成功获取，就代表上面变更路线的成功——程序依然能实现全部的功能或部分功能（备用数据集中的数据已过时）。

然而，无论代码块中使用哪种异常处理路径、使用了几种方法，自动防故障路径应该提供一个终止程序的路径，使程序在所有异常处理策略失效的情况下能终止程序运行。例如，由于也会出现备用数据集丢失的情况，因此，稳健的异常处理应该考虑到这一风险。这让我想起了万福玛丽亚——藏在你希望永远都用不到的杂物箱里的应急卫星电话。

异常处理，而非异常报告！

异常报告是一个质量控制方法，其作用是发现和报告软件遇到的异常情况，但它在实际开始处理异常情况时就关闭了。SAS 日志就是异常报告的一个例子，它包含软件运行过程中出现的提示、警告及“运行时错误”。因此，尽管日志是静态的，不会改变程序流，但它能体现软件执行过程中出现的一些异常类型的历史纪录。其他异常报告包括附加的评论、数据，通过 %PUT 或 PUT 程序指令传到日志的信息，通过 PRINT、REPORT 及其他程序传到 ODS 的信息和传到数据集或外部文件的信息。

异常处理是一个质量保障方法，它能够提升软件的功能性和性能。异常处理经常用于发现异常情况、“运行时错误”和软件缺陷，它与异常报告不同，因为它不仅能发现，还能通过动态改变程序流对异常情况做出回应。相反，异常报告是一个静态的质量控制方法，它仅仅告知你软件遇到了异常情况，但不会采取任何行动对其进行处理。异常报告通常用于检测数据集中出现的异常情况。特别是在数据分析语言中，异常处理与软件质量息息相关，而异常报告则关系到数据质量。

在 SAS 文献中，异常报告比异常处理更受青睐，因为它便于执行，且能提升代码的可读性。例如，以下 SAS 代码会在遇到 Original 数据集缺失的情况下，向 SAS 日志记录一条提示（一个非常小的异常报告）。

```
%macro reporting();
%let syscc=0;
data final;
   set original;
run;
%if &syscc>0 %then %put data set failed!;
%mend;
```

然而，如果 Original 数据集丢失，报告异常情况就没有什么作用了，它与记录在旁边的 SAS “运行时错误”没什么区别。实际上，它已经在战斗中失败了！

```
%reporting;
ERROR: File WORK.ORIGINAL.DATA does not exist.

NOTE: The SAS System stopped processing this step because of errors.
WARNING: The data set WORK.FINAL may be incomplete. When this
step was stopped there were 0 observations and 0 variables.
WARNING: Data set WORK.FINAL was not replaced because this step
was stopped.
NOTE: DATA statement used (Total process time):
      real time           0.08 seconds
```

```
        cpu time              0.01 seconds

data set failed!
```

并不是所有的异常情况都会引起“运行时错误”，尤其在异常数据指的是异常值、丢失或其他无效数据时，异常报告创建的作用就是记录这些数据灾难。以下代码能识别 Months 数据集中出现的异常数据（无效月份）。

```
data months;
   infile datalines delimiter=',';
   length month $10;
   input month $;
   datalines;
January
Januarry
February
March
march
April
april
May
Mayy
June
;
run;

%macro check();
data final exceptions;
   set months;
   if upcase(month) in
      ('JANUARY','FEBRUARY','MARCH','APRIL','MAY','JUNE','JULY',
'AUGUST',
      'SEPTEMBER','OCTOBER','NOVEMBER','DECEMBER') then do;
      * do some transformations;
      output final;
      end;
   else output exceptions;
run;
%mend;

%check;
```

尽管我们不能单独使用异常报告提升软件质量，但它对提升数据质量是非常有帮助的。如前面代码所述，尤其是当质量控制不仅要体现异常数据（通过异常报告），还需要将其从数据集中删除时，这一质量控制功能就能防止后续的软件故障。例如，通过删除该数据集中的无效月份，后续 REPORT 程序运行的可靠性和准确性就有可能会增加。从这一层面来讲，能删除或修改异常数据的异常报告可以看作是一个隐藏在质量保障框架中的质量控制方法。

尽管在 SAS 文献资料中，异常报告经常被看作是异常处理的替代内容，但在生产软件中，它永远都不能替代异常处理。而且，异常处理需要在一个稳健的系统中实现，其异常数据应该被报告给一个动态的结构（如 SAS 数据集）而非 SAS 日志。将异常数据保存到数据集之后，后续的编程操作便能根据需要来获取、修改、删除或进一步交流异常数据。

SDLC 的稳健性

在软件规划和设计阶段就应该将软件可靠性和稳健性区分开，提前区分也便于后期的技术差异贴近实际。理想状态下的可靠性期望一直能实现功能性和性能目标，而在稳健性和容错性方面，软件的内部和外部源确实都会发生变化，我们也确实会遇到，会造成故障。例如，可靠性指标表明客户希望 ETL 程序每天都能够在一个小时之内完成，而稳健性（通过风险管理业务规则进行编码）默认某些缺陷，并认为获得延迟或部分结果总比什么都没有要好。而且，稳健性还表明，避免无效的结果可能与促进有效的结果一样重要。

尽管可靠性指标通常是包含在软件要求中的，但我们也应考虑到风险管理和稳健设计中固有的现实性，它们也会影响到软件要求。如前面所述，实现顽健性，使程序流能实现部分商业价值，这一点可能异常复杂，但它能够使软件产品受到利益相关者的青睐，因为即使程序出现些许故障，也依然可以成功运行。由于风险评估成本较高，因此，它总是强调可靠性的提高值得我们为之付出努力，然而，我们应该保留故障日志，以确保在出现可识别的异常或故障时，它们能遵循风险管理框架规定的业务规则。

稳健性要求

稳健性通常是通过使用风险登记表来规定的，如第 1 章所述。例如，表 6-2 演示了软件可能遇到的具体威胁，如数据集丢失、锁定或无效。在设计阶段，利益相关者必须决定哪些风险可以接受、哪些风险需要消除以达到期望的稳健性和可靠性。第 1 章介绍过风险管理和风险解决方案。

软件的某些具体威胁是后面章节的重点。例如，可移植性指的是软件能在不同环境中稳健地运行；可扩展性指的是软件在遇到大数据或用户过多的情况下能高效、稳健地运行。这些威胁也会记录在技术要求或风险登记表中。例如，指出软件只能在 Windows SAS Display Manager 9.4 运行便限定了 SAS 从业人员开发软件的格式。尽管软件运行速度较慢但最终能够准确地完成，这并不会降低稳健性，但如果软件无法扩展到大数据，并因“运行时错误”结束，那么这些功能性故障确实会降低软件的稳健性。

提升稳健性最简单的方法之一是要求软件调用自动防护故障保险系统的事后异常情况处理程序来识别常见的故障。因此，软件在每个子进程、模块、宏或程序关闭时检查 &SYSERR、&SYSCC 以及其他自动宏变量的值，便可以发现需要终止的异常。通常来讲，单独使用这一故障安全路径并不能提供额外的业务价值，但它能确保软件故障不会引起后期的连锁故障。

稳健性评估

在不衡量可靠性的情况下很难衡量稳健性，而且实际上，稳健性的主要目标是提升软件的可靠性和可用性，从而实现最大的商业价值。然而，与可靠性不同，我们可以只通过分析运行过程中出现的异常、警告和错误来评估稳健性。因此，如果软件在遇到变化的情况下仍能可靠运行，那么稳健性便达到了预期的目的；然而，如果软件稳定运行时没有遇到任何变化，就不用去评估稳健性。

通过比较故障日志和风险登记表（或者其他规定风险管理业务规则的技术要求，这些业务规则是软件应该遵循的），我们可以很容易地评估稳健性。如果业务规则指出软件应该足够稳健以应对数据集丢失或锁定的状况，那么故障日志就不应该体现由这些异常类型所引起的故障。如果这些故障类型在故障日志中很明显，那么没有达到所需的稳健性，因为没有遵循业务规则。尽管这一分析听起来像是一个比较烦琐的过程，风险登记表和故障日志都需要按照标准格式保存（如 SAS 数据集），但这种稳健性分析可以通过一个可重复的编程解决方案实现。

接下来要讲什么

稳健性不能保证可靠性，但它可以防范特定的、可预见的威胁和不可预测、不可避免的一般威胁。然而，如果它无法满足其他的性能目标，如运行时间阈值，那么稳健、可靠的软件可能也是无用的。接下来的两章会介绍运行效率（软件速度）和效率——它们无疑是最受欢迎的性能目标。

07

Chapter

第 7 章 运行效率

我曾去过危地马拉的安地瓜岛（危地马拉中南部城市名）放松、调整了几个月。这座城市是中美洲地区几大国际都市之一，梦幻般的鹅卵石街道两旁背包客栈林立，古色古香的咖啡馆、国际化饭店应有尽有，这一派繁华的景观都静卧在阿瓜、富埃戈和阿卡特南戈火山之间。

多年前，我曾和一位老友到访过安地瓜，途中先飞往危地马拉城，再搭乘出租车到达公交车站，在那里我们乘坐一辆野鸡公车到达安地瓜，两座城市相距 26 英里（约 41 千米）。这短暂的旅途，除了售票员（司机）对我们大呼小叫让我们把手放下来以外，虽然疲惫，却也平安无事。车子盘旋在山间，时而停歇。

因为我现在居住在安地瓜，所以亲朋好友经常乘坐飞机到危地马拉城来看望我。我通常会去机场接他们，然后拼车返回安地瓜。这样既不经过中央车站，中途也不停靠，最为便捷。

但是从安地瓜到危地马拉城，我有好多种选择。当航班太晚时，我会叫一辆信得过的出租车；必要时司机还会以尽可能最快的方式搭载我经由摆渡船到达危地马拉城。

除了叫出租车以外，拼车最为便捷了，但是它是按照固定的时间表且从柏基公园（中央公园）始发。由于客源充足，车票一般需要提前预订。然后“快速”野鸡公车较为舒适，然而也更加拥挤。它从安地瓜车站到危地马拉城车站的时间相当于出租车从车站到机场的时间。

除此之外，最为缓慢的方式非当地野鸡公车莫属。在这段从车站到机场 26 英里（约 41 千米）的旅途中，野鸡公车频繁停车大约需要 90 分钟，但在途经的车站里既可以购物又可以看电影。

尽管速度是选择出行方式的决定性因素，然而也受其他因素的影响。每种交通工具的价格不同，出租车最贵而当地野鸡公车最为便宜。我虽然没遇到过什么危险的事情，但觉得拼车是最为安全的出行方式。野鸡公车虽然没有那么舒适快捷，但可以听到各种奇闻轶事，看到形形色色的危地马拉人——当然还有他们的家畜。

■ ■ ■

我选择一种交通方式所依据的因素是预期的出行周期与时间，其中运行效率（也就是速度）是唯一的限制要求。软件开发从业者通常也希望尽可能地使用最快捷的软件，其运行速度可以通过编程或非编程手段获得提升。

然而在游历危地马拉期间，交通工具的价格、舒适度、安全系数以及冒险等因素的缺乏，使得速度这一影响我选择的因素被放大。软件操作同样存在相互竞争的限制因素，运行速度快的软件通常需要更大的内存和输入 / 输出处理，以及更快的中央处理器周期。然而由于这些因素都不能成为决定性因素，因而无法把这些因素排除在外。

对比一下各个交通工具价格，乘坐当地野鸡公车约为 1 美元，乘坐“快捷”野鸡公车为 2 美元，拼车为 15 美元，而出租车需要 30 美元。对于节省到每一张格查尔的背包客来说，这样的价格差异足以让他们选择乘坐野鸡公车。这一观点在软件开发领域更为普遍，即系统资源可能限制软件的处理速度。一名乘客或自适系统程序管理员可能认为他可以获取更强的处理能力或更大的内存，却不相信更加快捷的过程可以减少花销。

背包客们在解释他们之所以选择搭乘野鸡公车的原因时，经常提到野鸡公车比其他交通工具更加高效——即对各个交通工具的速度与旅行资源成本的比值进行有效评估，在背包客眼中就只是车票价格而已。这与软件开发类似，在做决定时考虑的不只是运行速度，还有软件的运行效率——即处理速度与系统资源使用之比。

本章将主要介绍运行效率，也就是在忽略所需系统资源成本的情况下，投入与产出之比。第 8 章将会对效率进行对比，即对运行速度与系统资源利用的比率进行评估。

运行效率的定义

运行效率即表示某一系统或部件在最短时间内执行指定操作的指标。而效率是表示某一系统或部件消耗最少资源执行指定操作的指标。运行效率（也就是软件速度）是在忽略系统资源使用的情况下对软件效力与作用的考察，而效率要解释说明所需的资源成本。区分这一点十分重要，因为在许多有关软件的讨论与文献中都混淆了效率与速度的概念。

在 SAS 文献中涉及的运行特性，无论是静态的还是动态的，速度这一指标都是最常提及的。运行较慢的 SAS 软件延迟了分析结果、数据产品以及基于数据所做出的决策，而这一决策又直接影响着最终商业价值的获得。时间就是金钱，这些延迟可能会给利益相关者带来直接的利益损失。我们对速度与运行效率的核心定义所秉承的概念就是某个系统必须实现功能高效，因此，软件开发者们必须保证软件既快捷又精确。

本章旨在区分速度与运行效率的概念，探讨了忽略系统资源利用时软件的运行速度。与 SAS 相关文献中广泛列举使编码更快捷的技术方法不同，本章介绍通过运用模块化编码，软件关键路径分析，并行处理所能获得的性能优势。对不考虑资源利用下的软件速度有了更好的理解后，第 8 章阐述了软件运行速度与资源利用之间的关系，包括其在提高软件可靠性方面发挥的关键作用。

影响运行效率的因素

如果软件速度是相依变量且可通过此变量来测量软件性能，那么什么是独立变量？以下是影响软件速度的几个主要因素：

- 硬件；
- 网络和基础配置；
- SAS 界面；
- SAS 版本；
- SAS 选项；
- 软件开发最佳实践；
- 数据输入。

SAS 开发者几乎无法干预上述因素，而且对于他们来说，只有通过各种软件开发最佳实践才可以系统地影响软件速度。例如，我曾经在一些科研工作环境下工作，所以我使用的是政府批量购置的计算机。我无权控制我的网络和配置的 SAS 应用程序模块，而且也不能更新最新版本的 SAS 系统。但凡需要更高的软件性能，上述问题都将成为阻碍，SAS 开发者在这样一个更具约束性的环境下只能够专注于软件质量，而没有精力去学习和操作硬件、网络、系统和其他资源。

然而在一些其他的工作环境下，SAS 开发者或许能够影响其基础配置的更多方面。如果他们能够购买、更新硬件或 SAS 组件，就可以实现更好的软件性能。还可以调配系统资源以优化性能，例如，将额外的中央处理器、内存、带宽等问题汇总为一个问题。尽管非编程解决方案必定比编程式方法的成本高，但优势是它可以使 SAS 开发者花费较少的时间以现有的配置提升其系统运行速度。

非编程和编程方法实现更快的运行速度的另一个好处是，尽管编程法在大多数情况下只能影响一个软件产品，而一次系统资源的投资却可以用更新后的硬件、软件或是组件来支持整个基础配置。除此之外，即使是运行速度最快的软件也要综合运用这两种手段以实现可靠性、稳健性。

错误依赖关系

数据分析软件的特点之一就是阅读编码像从头到尾阅读一本小说一样。前面几章讲述了编码提取一些数据的内容，之后几章中又叙述了操作或转换数据的过程，最后几章又对数据与编码进行了一系列的分析。正因为后续程序建立在前面程序完成的步骤之上，因而这种依赖关系是真实存在的。在提取数据阶段发生的“运行时错误”可能关系到后续操作，进而造成故障，如“运行时错误”，更有甚者可能会产生无效数据或数据产品。这一现象在第 6 章论述过。

尽管提取 – 转换 – 加载（ETL）的过程具有复杂性，然而附加的数据资源、数据量以及数据流程经常混合在一起，而且上述因素都各自能够在不需要真实的先决条件而是运用序列化代码设计实现时导致错误依赖关系。例如，当某个程序首先在数据集中执行 MEANS 程序，继而执行 FREQ 程序时，就会产生错误相关性：

```
data final;
   length char $10 num 8;
run;

proc means data=final;
   var num;
run;

proc freq data=final;
   tables char;
run;
```

在上述例子中，编码的顺序显示为先运行 MEANS 程序，再执行 FREQ 程序。尽管如此，这两个程序没有任何关联——仅仅是各自依赖 Final 数据集。而且由于二者仅需要共用 Final 数据集的锁定部分，所以从理论上讲这两个程序可以并行。其次，通过建立程序流以合并模块化软件设计，并投入更多的资源在这一问题上就可以开发出一个更快的解决方法。这一方法不会更加高效——资源利用量仍然与原来大致相同——但是这一方法会证明其运行效率，因为它会运行得更快。

下面对关键路径分析进行介绍，这是一种运用于设计和开发阶段，用来移除错误依赖关系的分析技术。在之后的“并行处理”章节，理论化的关键路径分析被示范的技术取代，也就是运用并行处理以实现更高性能的执行软件。但是在学习运行之前，要先对软件的模块化进行了解。

模块化

本书第 14 章对模块化软件设计进行了论述，在此之前必须对不是模块化的软件进行描述。单片集成——字面意思为“单个的石头”（希腊语金属 + 石头）——也就是用程序化软件语言编写由各个大型程序组成的软件的习惯做法。软件的模块化过程（以及避开单片集成设计的固有属性）促进了关键路径分析和后续的并行处理，进而可以提高处理速度。

图 7-1 所示的关键路径分析模型不仅展示了 MEANS 和 FREQ 程序，也展示了这二者的组件部分。必须先将软件的容量分成具体的组件，这样才可以把这些组件按照流程图进行重新分配。只有这些先决条件（如依赖关系、输入和输出）通过检测之后，才可以开始对关键路径进行识别与分析。其次，当我们将 SAS 数据分析软件设想为软件序列化处理程序，那样就可以像阅读一本小说一样，甚至可以分离成不连续的章节。如果一本书没有按照章节、部分、段落这些等级次序组织起来，你能想象怎样去分析它吗？这样的书既无法阅读，又不可能写出来。

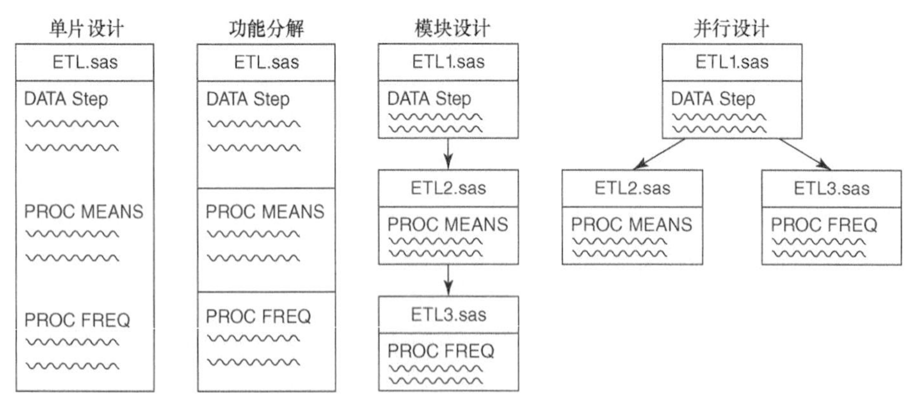

图 7-1　从单片集成到并行程序流

SAS 系统中整体设计的好处是显而易见的。在软件只包含一个程序时，全局宏变量可以轻易地传递。系统的初始化如 SAS 的库参考也必须由集成性代码一次形成。代码模块，从另一方面来看，每一个模块都必须是密封且自给自足的，而且当它们代表不同的 SAS 程序时，由于宏变量不能在两个分离的部分之间传递，所以必须通过

SYSTASK 函数、控制表或其他方法传递相关参数。尽管存在额外的代码复杂性，模块化软件仍是首选的，因为其更加容易维护、更具有可读性和可测试性，并且更加快捷——这也是本章的核心所在。图 7-1 展示了从整体设计到模块化设计的转变，也就是将一部分代码从一个 SAS 程序转换为 3 个独立的 SAS 程序。

关键路径分析

在探索错误依赖关系之前，先展示一下可以捕捉和显示错误依赖关系的标准化手段是十分重要的。鉴于数据分析软件中常见的序列化性质，流程图具有简便性，我们可以使用 visio 软件或微软智能图表绘制流程图，也可以使用白板或餐厅的纸巾勾勒草图，两种方法都可以达到我们的目的。

流程图的作用旨在识别软件设计中低效率的问题，然后我们可以改正这些问题，设计出更加高效的软件。在项目管理中的关键路径分析同样使用流程图来呈现项目活动并以此确定先决条件、依赖关系、输入 / 输出等因素。流程图还可以显示出哪些任务可以并行运作，哪些任务可能会遭遇瓶颈并最终导致项目的延迟。更加重要的是，关键路径分析能使项目管理者确定放置或转换资源的位置以实现最佳的效果，增加容许能力或缩减项目运作时间。

图 7-2 展示了在“错误依赖关系”部分运用的代码，以便阐释隐藏在整体软件中的错误依赖关系以及使用模块化、并行程序流获得的性能提升。尽管在序列化代码中先运行 MEANS 程序再运行 FREQ 程序，然而从理论上讲，两个程序可以并行运行，这是因为每个程序只需要完成相应的 DATA 步骤（先决条件），每个程序只需在 Final 数据集（输入）设置共享锁。

假设一个 DATA 步骤需要花费 10 分钟完成操作，而 MEANS 和 FREQ 程序分别需要 5 分钟完成操作，序列化代码则需要 20 分钟，而运用并行代码仅需要 15 分钟执行操作。这款软件效率更高！是吗？实际上，我们并没有将系统资源减少而只是将其转换以使其能够同时使用。所以，尽管这款软件运行速度更快，其效率并没有得到提升。

关键路径分析可以用来表示真实的先决条件和依赖关系，因此，可以识别和消除错误依赖关系——至少从理论水平可以。为了使 SAS 能够并行运行 MEANS 和 FREQ 程序，就必须分离它们各自的代码并使其模块化，然后按照以下章节展示的内容进行细微的改进设计。图 7-2 展示的例子将在第 12 章进行操作实施。

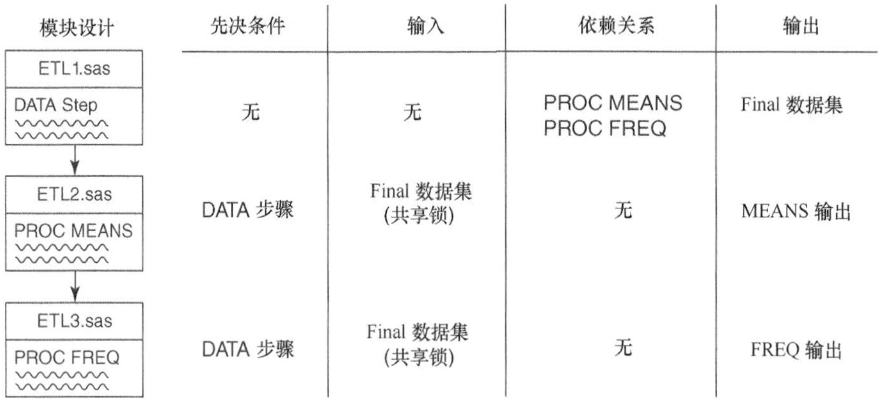

模块设计	先决条件	输入	依赖关系	输出
ETL1.sas DATA Step	无	无	PROC MEANS PROC FREQ	Final 数据集
ETL2.sas PROC MEANS	DATA 步骤	Final 数据集 (共享锁)	无	MEANS 输出
ETL3.sas PROC FREQ	DATA 步骤	Final 数据集 (共享锁)	无	FREQ 输出

图 7-2　关键路径分析

程序中的错误依赖关系

程序中的依赖关系源于一个程序依赖于另一个程序的情况，通常是一个程序完成之后，后续的程序才可以跟进。如图 7-2 所示，MEANS 必须等到 DATA 步骤结束之后才可以进行，因此 MEANS 与 DATA 步骤之间便存在依赖关系。然而当软件既具有序列化性质（也就是两个程序需要串联执行），其涉及的程序从理论上讲又可以并列执行时，就可能产生错误的依赖关系。图 7-2 还显示出 MEANS 和 FREQ 程序之间就包含一个错误依赖关系；每一个程序都可以并列完成，因而二者既不需要互相依赖，又不需要额外的 Final 数据集的密钥。

在评估过程依赖关系时需要考虑的主要因素之一就是在一个过程中所需文件锁定的方式。例如，可以同时执行 MEANS 和 FREQ 程序，这是因为二者只需要一个共享的——不是独有的——Final 数据集的文件锁定。一般来说，当一个模块需要一个专有的文件锁时，就无法与任何其他也需要访问相同的数据集的模块同时运行。因此，很明显，我们无法在对一个数据集进行编辑的同时运用 FREQ 程序分析该数据集。

数据集间的错误依赖关系

开发者们高效地设计出 ETL 过程（对数据进行提取 - 转换 - 加载的过程）经常是用来容纳各类吞吐量，例如，每天处理 3 种不同的交易数据集。尽管如此，高效的软件设计产生的错误依赖关系（也就是编写更少的代码）反而会降低软件的运行速度。下面的例子中，交易数据集 One、Two、Three 通过一个单一的 ETL 过程来运行，该

过程包含不同的数据提取、转换和功能性分析，但是其编码过程是通过序列化设计的。初始代码能够表现高效是因为我们将效率与 SAS 宏语言联系起来。毕竟 %ETL 宏可以通过 DSN 参数处理数据集的序列化列表！

```
%macro ETL(dsn=);
* ingestion;
data &dsn;
   set &dsn._raw;
run;

* transformation;
data &dsn._trans;
   set &dsn;
run;

* analysis;
proc freq data=&dsn._trans;
   tables char;
run;
%mend;

%macro engine(dsnlist=);
%local i;
%let i=1;
%do %while(%length(%scan(&dsnlist,&i,,S))>1);
   %etl(dsn=%scan(&dsnlist,&i,,S));
   %let i=%eval(&i+1);
   %end;
%mend;

* required to fake ingestion streams;
data one_raw;
   length char $10;
data two_raw;
   length char $10;
data three_raw;
   length char $10;
run;

%engine(dsnlist=one two three);
```

该编码显示了实际的依赖关系：提取模块完成之后，转换模块才开始，且转换模块完成之后，分析模块才可以跟进。然而，该编码同时也显示了错误依赖关系，它要求先处理数据集 One，才能处理数据集 Two，数据集 Two 处理完成之后才能处理数据集 Three。实际上，处理数据集 One 的任何一个或全部模块都可能出现故障（如数据集 One 没有观测值），但这些故障并不会影响到数据集 Two 或数据集 Three 的性能。图 7-3 显示错误依赖关系形成：数据集 Two 的提取必须要等数据集 One 完成，而数据集 Three 的提取必须要等数据集 One 和数据集 Two 都完成。

从理论上讲，一个更加快捷的解决方法可以使数据集 One、Two、Three 同时收集数据，之后这 3 个程序流还可以继续执行各自的转换与分析数据的步骤。图 7-4 描绘的是修订过的关键路径，可以实施移除所有错误依赖关系的并行处理过程。之前提到，这一方法并没有更加高效；尽管如此，此方法所用时间仅是原始整体程序流所用时间的 1/3。

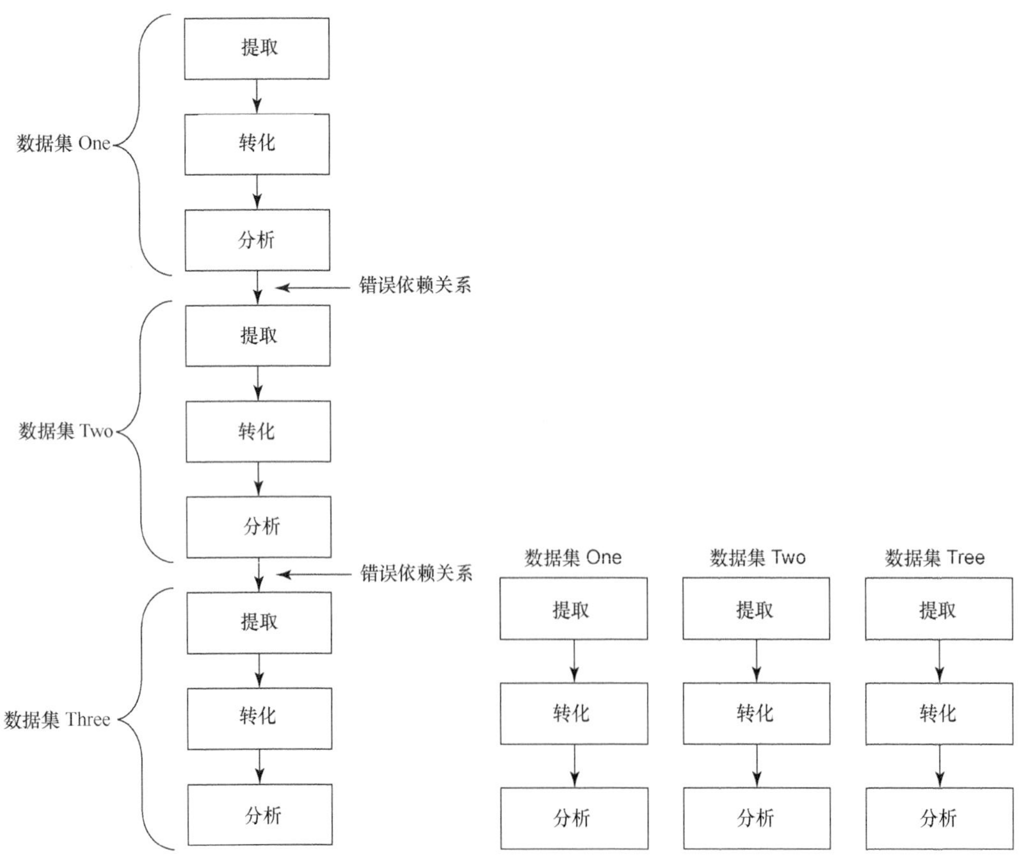

图 7-3　数据集错误依赖关系　　　　图 7-4　数据集错误依赖关系被删除

载入的错误依赖关系

根据之前阐释的内容可知，可以把软件分离成较小的组块，这样就可以更加快捷地处理数据集。尽管有时是因为数据本身过于庞大且不易处理而导致的过程延迟。以下这个 SAS SORT 程序——在 1s 内处理 100 个观察数据。

```
data reallybig (drop=i);
    length num1 8;
    do i=1 to 100;
        num1=rand('uniform');
        output;
        end;
run;

proc sort data=reallybig;
    by num1;
run;
```

但是当 Reallybig 变得很大时——10 亿个观察数据或数据大小为 100GB，运行时间会发生怎样的变化呢？这在某些运行环境下就会涉及一个可扩展性的问题，同时可能会造成运行缓慢、效率低、功能彻底失效等问题。这一影响与我向金鱼池里扔一个剥完皮的橘子是一样的道理——金鱼和乌龟为了吃到橘子迅速陷入了战斗，把橘子团团围住，但是较小的乌龟都被推开了，大一点儿的挣扎了一个多小时也挤不进去，吃不到橘子。这是非常低效率的喂养方式。然而把鱼片投掷到池里用不了几分钟就被吃光了，这是因为金鱼和乌龟可以同时吃到这些鱼片。同样的，你也不想让你的数据分析过程用非常慢的速度处理 100GB 的数据吧！

同样的现象也经常发生在数据处理过程中，只有将第一个观察数据处理完毕之后才可以依次处理第二个、第三个数据。然而当遇到大型数据集时，软件性能可以通过并行处理分离的数据集片得到提升，进而重组数据或者产生项“分而治之”的技术。事实上，并行处理技术创造了一场“喂养风暴”，使每一个人可以同时高效地享用资源，而不用再等待前面的一大群人。这项技术第 9 章有完整描述。例如，以下代码展示的是处理过程的第一部分，将要运用并行处理的方法对包含 100 个观察数据的 Reallybig 数据集进行排序。

```
proc sort data=reallybig (firstobs=1 obs=25);
   by num1;
run;
```

第二个过程（并行运行）能够对第 26 ~ 50 个观察数据排序。以这种方式来看，运用并行处理可以进行所有的分类，而且这些经过分类的数据集可以重新结合以提升运行效率。这种动态过程可以通过 SYSTASK 报表来执行，即并行处理大批量的任务数据。SYSTASK 工具会在第 12 章具体阐述。

我们也可以通过并行处理各个部分的观察数据这一方式，将“分而治之”的技术应用于 DATA 步骤。然而，在运行 SORT 程序时，无论何时分割数据，都必须等待一段时间才可以重新组合，这又需要额外的处理时间和资源。由于这一额外的步骤，“分而治之”的方法作为一个独立的单元来讲，总是不如数据处理的方法效率高。尽管存在这种效率低的情况，然而当数据集足够庞大时，采用并行处理的方式仍然比作为独立单元进行处理效率高。只有通过试验和误差，才可以确定何种大小的数据集在何时可以采用这种“分而治之”的方法，以提高性能的各个阈值。

并行处理

并行处理程序可以通过同时运行多个任务，消除错误依赖关系，以大幅提升软件的运行速度。前面的“错误依赖关系”部分阐释了如何分离过程、数据集，甚至是众多观察数据并进行同时处理以提高运行效率。尽管如此，提升过的处理速度明显地降低了软件的运行效率。这是因为并行处理系统需要运行多次 SAS 系统，每次都需要许多资源支持。例如，当我打开 SAS 显示管理系统后，Windows 任务管理器显示 SAS 在不执行代码的情况下就需要 57MB 的内存。

导致并行处理效率低的另一个原因是 SAS 系统的各个部分在运行时必须耗费时间进行协调和沟通。例如，如果用 4 个 SAS 会话同时对 100 亿个观察数据进行排序时，就必须耗费一定的时间与资源决定哪一个会话处理哪一部分具体的数据块。并且每一个会话在完成对自己负责部分的排序之后必须立刻告知其他的会话程序。最后一个步骤——不需要对一个单一的数据集进行排序—而是对 4 个数据集进行重组，进而利用更多的资源。上述的每一个环节代价都很高，所以尽管并行处理方法的效率并不高，如若有充足的资源（处理器和内存），必能更迅速地执行所给的任务。

并行处理程序的优势在于可使开发者更加充分地利用系统资源。如果 SAS 运行环境具备丰富全新的系统资源，就会发挥并行处理最大的优势，因为程序的各个过程不用彼此竞争而耗费时间。然而，即便是运行单个 SAS Display Manager 实例的 SAS 实践者，也可以通过并行处理方式更充分地利用系统资源，进而提升性能。

无多线程处理方式

并行处理没有采用多线程处理方式！第 9 章阐述了二者的区别，仅在此处强调一下。并行处理这一主题贯穿本书，阐述了同时处理各个 SAS 会话的进程与程序。并行处理系统只能明显地提升运行效率，而多线程程序也能提高效率，因为它采用的是线性操作而不是平行处理。

硬编码的并发性

我们可以通过并行处理来克服程序运行中出现的错误依赖关系，即同时而不是串联执行程序。在一些情况中，采用同时处理数据的方法相对简单，不需要对软件进行太多修改，SAS 运行的各个过程也不用互相兼容协调。尽管在制作软件时，很少运用硬编码的并发性来解决问题，但它是动态平行设计的基础。

根据之前的“数据集的错误依赖关系”部分所述，错误依赖关系存在于以下情况之中：只有当数据集 One 通过 ETL 过程设计的几个阶段之后，才可以对数据集 Two 进行处理。这种效率低的情况是由于调用 %ENGINE 宏造成的，因为 %ENGINE 需要串联处理的数据集的参数化列表。

```
%macro engine(dsnlist=);
%local i;
%let i=1;
%do %while(%length(%scan(&dsnlist,&i,,S))>1);
   %etl(dsn=%scan(&dsnlist,&i,,S));
   %let i=%eval(&i+1);
   %end;
%mend;
```

为了解决效率低的问题，%ENGINE 和 %ETL 宏甚至不需要修改——仅仅需要对 %ENGINE 进行调用，以移除序列化程序。例如，一个 SAS 开发者可以打开一个 SAS

应用并将以下编码运行于数据集 One。

```
%engine(dsnlist=one)
```

并且在一个分离的 SAS 应用中，可以只将 %ENGINE 调用于数据集 Two。

```
%engine(dsnlist=two);
```

这一解决方法简单易行，因为数据集间没有更多的相互影响，也不需要进行附加的处理程序。如果 SAS 的第二阶段不需要利用过多的资源，那么该软件可以用之前处理一个数据集的时间来处理两个数据集。

实现这样的硬编码解决方案，其困难在于开发软件时通常需要进行额外的修正。这一编码具有显著的优势，是因为数据集的名称可以转化为参数化的宏变量 &DSN 并用来动态地创造并命名每一个相关的数据集，以保证第一阶段的数据集不与第二阶段的数据集发生冲突和重写的问题。各个数据集只能通过 WORK 库进行处理，这就涉及 SAS 共享库可能导致文件访问冲突的问题。最终，在执行这两阶段程序时不需要进行交互作用，因为二者之间已不存在依赖关系。

硬编码并行处理方法容易实施但很难维持，这是因为此方法需要开发者与用户维护分离的编码库。例如，%ENGINE 需要调用两个分离的宏，并分别实行于两个数据集。由于开发软件的最终目标通常是实现软件的平稳运行，所以通常硬编码并行处理技术在软件开发环节并无一席之地。从概念上来讲，硬编码平行设计引入了并行处理，也可以对软件设计进行测试，但只有运用宏主导的动态软件（不需要维持各个分离的编码库），该技术才可以显著得到完善。

并发执行软件

“硬编码的并发性”部分叙述了各个单独的模块可以并行处理以实现软件运行速度的提升。然而这也需要各个程序间不再进行交流，更加先进的并行处理技术还可以处理多重副本，这些副本来自 SAS 系统中各个独立会话的相同程序。这一技术需要自动化运行，因为每一个软件实例都必须同其他部分进行协调以保证不会重复。其次，该技术还需要所有模块之间保持快速有效的交流，因为它们必须对何时开始处理、何时完成，以及结果成功或失败进行汇报。

为了实现运行自动化，模糊的业务逻辑应该为各个模块确定先决条件、依赖关系、输入和输出等。从前面介绍过的“错误依赖关系”部分提取的以下编码显示，FREQ

必须在 MEANS 程序完成运行之后才可以进行。

```
data final;
   length char $10 num 8;
run;

proc means data=final;
   var num;
run;

proc freq data=final;
   tables char;
run;
```

DATA 步骤程序没有先决条件，所以可以立刻运行任务。MEANS 和 FREQ 必须等到 Final 数据集建立之后才开始运行。在确定先决条件和依赖关系之后才可以确定每一个处理过程仅需要使用 PERM.Final 的一个共享锁。在 Final 数据集中，MEANS 和 FREQ 可以并行运行这一点是显而易见的（如图 7-2 所示）。这两个程序可以通过以下编码进行模块化处理，本书后面也将围绕该编码过程展开叙述。

```
%macro means();
%let start=%sysfunc(datetime());
%control_update(process=MEANS, start=&start);
proc means data=perm.final;
   var num;
run;
%lockitdown(lockfile=perm.control, sec=1, max=5, type=W,
   canbemissing=N);
%control_update(process=MEANS, start=&start, stop=%sysfunc(datetime()));
%mend;

%macro freq();
%let start=%sysfunc(datetime());
%control_update(process=FREQ, start=&start);
proc freq data=perm.final;
   tables char;
run;
```

```
%lockitdown(lockfile=perm.control, sec=1, max=5, type=W,
    canbemissing=N);
%control_update(process=FREQ, start=&start, stop=%sysfunc(datetime()));
%mend;
```

通信交流是将整体化设计转换为并行设计的必要条件之一，因为不能使用全局宏变量进行 SAS 各程序的交流通信，一个控制表——SAS 数据集——可以用来促进跨程序交流。在这个例子中，第一个程序将运行 DATA 步骤，而第二个程序需耐心等待其完成。此后，探查 DATA 步骤一经结束，一个程序将运行 MEANS 模块，而另一个程序运行 FREQ 模块。由于这两个程序必须要访问 Final 数据集和控制表，所以必须将这两个数据集从 WORK 库移动到共享库。

```
* saved as c:\perm\parallel.sas;
libname perm 'C:\perm'; * modify to actual location;
%include 'C:\perm\lockitdown.sas'; * modify to LOCKITDOWN location;

%macro control_create();
%if %length(&sysparm)>0 %then %do;
    data _null_;
        call sleep(&sysparm,1);
    run;
    %end;
%if %sysfunc(exist(perm.control))=0 %then %do;
    %put CONTROL_CREATE;
    data perm.control;
        length process $20 start 8 stop 8 jobid 8;
        format process $20. start datetime17. stop datetime17. jobid 8.;
    run;
    %end;
%mend;

%macro control_update(process=, start=, stop=);
data perm.control;
    set perm.control end=eof;
%if %length(&stop)=0 %then %do;
    output;
```

```
if eof then do;
process="&process";
start=&start;
stop=.;
jobid=&SYSJOBID;
output;
end;
%end;
%else %do;
   if process="&process" and start=&start then stop=&stop;
   %end;
   if missing(process) then delete;
   run;
&lockclr; * required by LOCKITDOWN macro;
%mend;

%macro ingest();
%let start=%sysfunc(datetime());
%control_update(process=INGEST, start=&start);
data perm.final;
   length char $10 num 8;
   do i=1 to 500000;
      do j=1 to 100;
         char=put(j,$10.);
         num=j;
         output;
         end;
      end;
run;
%lockitdown(lockfile=perm.control, sec=1, max=5, type=W,
   canbemissing=N);
%control_update(process=INGEST, start=&start,
   stop=%sysfunc(datetime()));
%mend;

%macro means();
```

```
    %let start=%sysfunc(datetime());
    %control_update(process=MEANS, start=&start);
    proc means data=perm.final;
       var num;
    run;
    %lockitdown(lockfile=perm.control, sec=1, max=5, type=W,
       canbemissing=N);
    %control_update(process=MEANS, start=&start, stop=%sysfunc(datetime()));
    %mend;

    %macro freq();
    %let start=%sysfunc(datetime());
    %control_update(process=FREQ, start=&start);
    proc freq data=perm.final;
       tables char;
run;
%lockitdown(lockfile=perm.control, sec=1, max=5, type=W,
   canbemissing=N);
%control_update(process=FREQ, start=&start, stop=%sysfunc(datetime()));
%mend;
```

由于控制表 PERM.Control 需要通过 SAS 的多个会话进行访问，并且需要一个专用锁来对数据集进行更新，因此，一些质量控制机制必须确保文件不发生冲突。在尝试打开一个控制表之前，必须先执行 %LOCKITDOWN 宏以确保该控制表未被占用。%LOCKITDOWN 宏首先会对数据集的有效性进行评估；如果该程序被锁定，宏就会等待一段时间后再次尝试访问。第 9 章会对 %LOCKITDOWN 宏进行更详细的叙述，而有关这方面的完整介绍与编码可查看一篇名为“从落后之地到繁华城镇：一个 SAS解决方案的基础是通过探测和分配共享专用的文件锁来预防数据访问冲突”(*From a One-Horse to a One-Stoplight Town: A Base SAS Solution to Preventing Data Acess Collisions through the Detection and Deployment of Shared and Exclusive File Locks*）的文章。

控制表中的 JobID 变量记录了全局宏变量 %SYSJOBID 独一无二的价值。如果通过 SAS 的一个单独会话进行串联运行，那么 JobID 在所有程序中都是相同的。而如果采用并列运行，JobID 就会显示 SAS 会话中运行过的具体模块。这一信息可以用于检测并行处理过程中出现的故障，保证所有会话都在运行之中。表 7-1 显示使用 %SYSJOBID 可确定并行处理系统是否在全速运行。

前面的编码显示了创建和更新控制表，以及运行 MEANS 与 FEEQ 程序。然而，在并行处理设计中，引擎（AKA 控制器或驱动器）通常包含能使一切自主运行的自动业务逻辑——在本例中是指决定引擎是执行一个模块还是等待其他程序完成。在软件制作时，引擎通常会像 SAS 程序一样独立运行，会产生（或调用）众多子进程（批量作业）。如下面的 %ENGINE 宏也应该包含在之前的 SAS 程序中；该宏会对独立的 SAS 宏的运行进行有效控制和指导。

```
* continues the program c:\perm\parallel.sas;
%macro engine();
%let ingest=;
%let means=;
%let freq=;
%control_create();
%do %until(&ingest=COMPLETE and &means=COMPLETE and &freq=COMPLETE);
   %lockitdown(lockfile=perm.control, sec=1, max=5, type=W,
      canbemissing=N);
   data control_temp;
      set perm.control;
      if process='INGEST' and not missing(start) then do;
         if missing(stop) then call symput('ingest','IN PROGRESS');
         else call symput('ingest','COMPLETE');
         end;
      else if process='MEANS' and not missing(start) then do;
         if missing(stop) then call symput('means','IN PROGRESS');
         else call symput('means','COMPLETE');
         end;
      else if process='FREQ' and not missing(start) then do;
         if missing(stop) then call symput('freq','IN PROGRESS');
         else call symput('freq','COMPLETE');
         end;
   run;
   %if %length(&ingest)=0 %then %ingest;
   %else %if &ingest=COMPLETE and %length(&MEANS)=0 %then %means;
```

```
    %else %if &ingest=COMPLETE and %length(&FREQ)=0 %then %freq;
    %else %if &ingest ^ =COMPLETE or &means ^ =COMPLETE or
        &freq ^ =COMPLETE %then %do;
        &lockclr;
        data _null_;
            call sleep(1,1);
        run;
        %end;
    %else &lockclr;
    %end;
%mend;

%engine;
```

并行软件的特征之一是它能够通过 SAS 的一个会话进行初始化。如果只运行 Parallel.sas program 中的一个会话时，软件将会串联运行其他会话。然而，当多个软件示例通过分离的 SAS 会话执行操作时，这些程序会很好地集成在一起工作，因为它们可以通过 %ENGINE 宏和控制表来对程序流进行交流和协调。只要在 %MEANS 宏完成 SAS 的第一个会话之前开始执行程序的第二个实例，那么该示例将访问控制表并开始并行执行 %FREQ 宏。这个例子显示的是并行处理需要多 SAS 会话进行手动初始化并且手动执行相同程序的多个示例，在之后的章节中，会运用多个例子来叙述通过 SYSTASK 指令可以实现并行处理的自动初始化与运行。

启用并行 SAS 会话

在“并发执行软件”章节中的 Parallel.sas 程序是通过手动运行的，并且需要初始化多个 SAS 会话通过 SYSTASK 可以复制多个子进程，实现并行处理，可以通过 SYSTASK 复制多个子进程，或复制单个子进程，或通过处理来自操作系统（OS）的批处理程序（不是批量作业）——每一个程序都可以自动建立并发 SAS 会话。这些方法会在第 12 章进行更加完整的论述，而第 9 章论述了多个软件实例同时运行的注意事项。

首次存储“并发执行软件”章节所有编码的位置应该为 C:\perm\parallel.sas。批处理程序或文件与批量作业不同——包含操作系统命令列语句并且应该存储在 .bat 扩

展名文件中。以下批量处理文件（C:\perm\series.bat）可以通过打开记事本或另一个文本编辑器建立任务，并仅在一行中运行以下访问且不返回回车符。

```
"c:\program files\sashome\sasfoundation\9.4\sas.exe" -sysin
    C:\perm\parallel.sas
```

由于 SAS 应用与运行环境的影响，SAS.exe 可执行程序的位置可能有所不同，并且如果其程序路径包含空格，就需要使用双引号，如“program files”文件夹。当保存并运行批处理文件时，SAS 日志就会自动保存到日志文档——C:\perm\parallel.log——因为在命令语句中没有明确的日志位置。在尝试并行运行批处理文件前要检查一下日志，以确保程序在顺畅地进行串联运行。一旦程序日志证实运行时没有发生错误，就可以删除 PERM.Control 和 PERM.Final 数据集重置会话。如果不删除 PERM.Control，程序就会对 Ingestion、Frea、Means 等所有完成模块进行正确访问，并且不需要重新运行任何模块就可以退出软件。

一旦该软件经过证实是采用串联运行的方法来处理这些批处理文件的，就可以进行并行检测。并再一次删除 PERM.Control 和 PERM.Final 数据集就可以复位该会话。以下的批处理文件应该存储到 C:\perm\parallel.bat，而且像之前一样，两个指令应该分别运用于两个没有使用多余回车符的程序中。

```
start "job1" "c:\program files\sashome\sasfoundation\9.4\sas.exe" -sysin
    "C:\perm\parallel.sas" -log "C:\perm\log1.log" -print
    "C:\perm\output1.lst" -sysparm 0

start "job2" "c:\program files\sashome\sasfoundation\9.4\sas.exe" -sysin
    "C:\perm\parallel.sas" -log "C:\perm\log2.log" -print
    "C:\perm\output2.lst" -sysparm 5
```

批处理程序的首行开启 SAS 会话并运行 Parallel.sas 程序的第一个实例。第二行不用等待首行完成运行就可以立即（或异步）开启 SAS 的第二个会话并运行该程序的第二个实例。由于每一个 SAS 程序默认的日志与输出文件需要被统一命名——正如相同的 SAS 程序需要并行运行两次——必须对唯一的日志与输出文件进行特别命名，以避免文件发生冲突或产生错误。

SYSPARM 参数传一个数值给 %CONTROL_CREATE 宏中的 &SYSPARM 自动宏变量，也就是在开始运行前需要等待的一个参数化数值。没有不相符的 SYSPARM

数值——这一个条件可以允许程序的第一个实例立刻建立控制表，然而这也必须要让程序的第二个实例等待 5 秒的时间——程序中的每一个实例会对没有建立并试图同时建立的控制表进行评估，要么相互评估，要么由于文件访问出错。其次，SAS 的第一个会话（以及 Parallel.sas 程序）会建立控制表并运行 DATA 步骤，而程序的第二个实例需等待 5 分钟，评估存在的控制表，然后进入一个忙等待周期，直到 DATA 步骤完成运行，控制表会进行更新并反映出此步骤已完成。其后，SAS 的每一个会话将运行 %MEANS 宏，而其他会话运行 %FREQ 宏。

批处理程序设计的优势有很多。批处理文件可以用来自动开发 SAS 的多个会话，并运行多个 SAS 程序，而不再需要 SAS 开发者手动初始化 SAS 各个会话来开启并运行各个程序。正如第 12 章所述，由于可以在操作系统运行，这些批处理文件通过操作系统进行统一的自动化运行。提高运行效率最重要的一点是，当软件进行模块化时，批处理文件允许异步与并行处理，进而大幅提升软件运行效率。

午休时间效率低

在我上幼儿园的时候，我非常喜欢有午休时间——地板上铺着一条大大的沙滩巾，我们躺在上面，聆听着麦卡锡夫人的阅读。在开发软件时，午休时间的效率是十分低的。并行软件设计产生的消极影响之一是忙等待周期经常会使某个闲置的 SAS 会话进入休眠。例如，在“启用并行 SAS 会话”章节中，Parallel.bat 的批处理文件运行时，第二个会话中运行的程序在等待 DATA 步骤完成第一个会话时会进入一个忙等待周期。在这一休息时间中，第二个 SAS 会话尽管只是在休眠，但仍在消耗系统资源以及额外的其他资源——用来查询控制表以确定 DATA 步骤是否完成运行。与串联处理方法相比，虽然并行处理系统可以更加迅速地运行，但这些部分的休眠周期会拖慢并行处理系统应有的效率。

尽管序列化程序流运行较慢，但一直连续运行，我们不用查询一个正在运行的序列化程序是否有休眠停止运行的情况，因为它不用与外部的会话或程序进行协调，更不需要等待。尽管一个休眠的 SAS 会话占用的系统资源是极小的，然而当多个 SAS 会话处于休眠状态，或是由于并行处理缺乏有效管理，使 SAS 会话长期处于忙等待周期，那么累积的效率低的情况会给整个 SAS 系统增添负担。

尽管 %LOCKITDOWN 宏能预防有关文件访问冲突的情况，却不能阻止并行处理中固有的延迟等问题，即当多个 SAS 会话为抢先进入单一数据集的专有入口时产生的问题。如果两个 SAS 会话要同时进入一个控制表的专有入口，%LOCKITDOWN 宏会确保一个会话先访问数据集，而另一个会话进入忙等待周期，而不是用“运行时错误”来终止其运行。访问控制表——一般需要运行几十个到几百个观察变量——仅需要 1 ~ 2 秒的时间，因此，也不会产生效率低的情况。而当在较大的数据集中运行复杂的程序时，忙等待周期可以持续几小时，在此期间会定时对数据可存取性进行检测。

在对并行处理设计的运行效能进行评估时，SAS 开发者也应该评估由睡眠程序带来的潜在的效率低的情况。例如，在“并发执行软件”章节展示的 Parallel.sas 程序中，当同时运行两个会话时达到效率的最优化，这是因为 %MEANS 运行会话一，而 %FREQ 可以运行另一个会话。然而如果同时运行 3 个 SAS 会话，那么第三个程序实例将会始终处于休眠状态并且毫无价值，进而会拖慢而不是提升软件运行效率。如后面章节提到的一样，对控制表的检测可以在同时运行软件时找出运行 SAS 会话的最佳数量。

并行处理中的控制表

通信交流是并行处理过程中最重要的一方面，因为可以使单个的 SAS 会话通过模糊逻辑业务规则彼此交流以促进自动化运行。通信交流可以确保在程序开始运行前，各个部分符合先决条件，并进一步保证相同的任务中不出现冗余的程序。控制表须记录程序何时开始（旨在防止其他实例偶然进入相同的程序之中）、何时结束（旨在使所有的示例注意到先决条件程序运行的完成时间），以及何时失败（旨在可以重启程序或采取其他的行动，进而保证相关的程序不再重犯该错误）。

表 7-1 所示为“并行执行软件”部分，展示了软件成功完成 SAS 两个会话的并行运行。该控制表显示 %MEANS 宏与 %FREQ 宏并行运行，这一过程可以通过检测开始与结束的时间或通过 SAS JobID 的两个数值“8040”与“3100”进行评估。如果只列出一个 JobID，即显示该软件通过一个会话来运行，或是其他会话在运行期间全部失败了。如果 SAS 的 3 个会话同时运行 Parallel.sas 程序中的 3 个实例，只会显示两个 JOB ID，因为第三个程序没有完成任务，进而证明同时运行 3 个会话存在效率低的情况。

表 7-1　并行程序控制面板

OBS	程序	开始	停止	工号
1	INGEST	01JAN16:12 18:33	01JAN16:12 19:00	8040
2	MEANS	01JAN16:12 19:00	01JAN16:12 19:07	8040
3	FREQ	01JAN16:12 19:01	01JAN16:12 19:15	3100

SDLC 的运行效率

软件速度与其他性能要求有所不同，因为它代表的是对软件进行持续检测，而不是简单地二分式——成功或失败。例如，软件可能会由于缺乏稳健性而产生错误，进而终止运行。当缺乏移植性的软件遇到特殊的环境时可能会以失败而告终。当失败与其他的一些性能属性相联系时，可能会导致真正的功能性故障，而软件运行效率的故障通常只会描述为效率低。这一点可以与效率失败进行对比，即过度使用系统资源不仅会产生延迟和“运行时错误”，还可能造成功能的损失。

由于运行效率在于连续不断而不是产生一个二分式的结果，那么软件（即使是正在制作中的软件）容易通过软件开发生命周期（SDLC）进行重构。例如，SAS 开发者或许会首先进行能够提供功能性结果的操作，然而利益相关者们或许会把提高速度的需求置后。由于能够提高软件速度的方法多种多样——包括程序性与非程序性最佳实践——基于软件的使用生命周期，通常有多个方法可以实现软件运行速度的提升。然而正是由于这些多样性，对提升速度的重构是利益相关者对于正在生产中的软件的最大诉求。

运行效率要求

软件需要多长时间结束运行——这个问题很简单。我们通常只需要规定运行时间的最大值；然而，也需要对软件的平均运行时间做出规定。通常在模块化软件设计中，各个模块会交由许多 SAS 开发者设计，所以各个模块会有它们各自的运行条件，并表明各自运行时间的阈值。

由于对软件速度的测量是连续的而不是离散的，所以我们共同的目标就是通过软件开发生命周期（SDLC）来提升软件速度，其中也包括正在制作中的软件。对于一个每次需要运行一小时的 SAS 程序，经过微小的调整与重构后，竟然可以将运行时间压缩到 20 分钟，我曾经接待过的一位客户就对此感到非常惊讶。软件质量代表着一种投资，而且像有关质量的其他衡量标准一样，软件的运行效率应该通过软件开发生命周期进行规划执行，而不是以其他的不寻常的方式完成软件的制作。我的团队最终能够加快分析过程，并且能够在 20 分钟内运行完毕，然而这也需要对软件进行彻底地清理，从头开始。在软件设计期间或设计完成之后，如果客户需要大幅改变运行条件，那么要准确地传达软件规划设计时真实的运行条件，以避免今后进行不必要的调整或重构。

最大运行时间

运行时间最大值的设定，就是设立一个不能逾越的标准——例如，ETL 过程总是会在 20 分钟之内完成运行。然而，这一过分简单化的效率要求可能会让开发者耗尽系统资源，并给其他程序带来消极影响。例如，为了实现这一条件，开发者们可能会设计出同时运行 20 个 SAS 会话的软件，这会使一个 SAS 服务器不堪重负，并阻止其他不相关的程序投入运行。一个更加全面的要求可能会规定："当同时使用不超过两个处理器或是不超过 2GB 内存时，ETL 过程应在 20 分钟内完成。"后一个条件不仅包含速度还包含效率，并且在拥有众多用户或对系统资源有所限制的运行环境中必须满足该条件。在这两个例子中，如果软件完成任务用了 21 分钟，即代表运行失败，并且会进行存档调查。

有时确定效率的最大阈值后，在一些操作中，偶尔会超过这一标准。例如，某一个运行条件或许会规定"ETL 程序 95% 的运行任务须在 20 分钟内完成，而 5% 的运行任务须在 30 分钟内完成"。毕竟，这些要求与条件用来指导设计与开发，规定功能性和性能，因而应该结合现实世界可能存在的变异性。如果 SAS 开发者能够偶然理解到对较大数据集的处理可能会降低运行速度和效率，那么这种变异性就应该计入软件运行条件中去。另一个选择是在运行要求中确定平均运行时间，而不是运行时间的最大值，进而确定一个运行时更容易适应这种变异性的标准。

运行时间的提升

在一些类似于敏捷（Agile）这样的软件开发环境中，改变是获得拥护与支持的，并且早期的功能交付与商业价值是至关重要的。此外，在早期规划期间就期望客户确定甚至了解他们希望达到的最终运行目标是不现实的，并且与敏捷原则相悖。在这些运行环境中，面对不可避免的改变（包括客户最终会希望软件的运行速度更快），解决方法之一是实行先进软件需求。有关效率的先进软件需求会在第 9 章进行详细叙述。

例如，运行需求可能会规定一个 SAS 程序需要在发布后的一小时内完成运行，但是又会额外规定软件在发布的三个月内，该运用要在小于 20 分钟的时间内完成运行。这样，先进的软件需求能使开发者集中于功能的初次发布，同时也维持对最终运行目标的重视。通过软件生命周期使软件重构更加有效。由于开发者从一开始就意识到未来他们的软件会运行得非常快，因而他们能够对这一预期做出规划并使其概念化，即使并不需要将这一速度立即运用于该软件。维持这种有关未来软件要求的意识是软件可扩展性的目标之一，这一点会在第 18 章进行具体论述。

此外，这种预见性使客户在进行额外的性能考虑时会优先考虑诸如速度等因素，在后面的迭代期也会将这一速度运用于软件制作环节。如果利益相关者在两个月内确定，可以使软件运行保持一小时的阈值，他们就可以优先考虑其他的功能性或运行效果，而不是一味地要求开发者提高运行速度。不管采用哪种软件开发的方法——敏捷或是其他的软件开发环境——先进的软件要求都能够促进正在制作中的软件进行持续质量改进（CQI）。

硬件的超负荷

仅仅依赖程序化方法来实现运行目标而排除其他的非程序化方式，可能会造成项目与系统资源使用的不平衡。在许多运行环境中，SAS 开发者仅仅能够以编程的方式影响软件运行，因为他们无法控制硬件、网络或其他与信息技术相关的部分。然而，在更加自由化的环境中确实能够使 SAS 开发者影响其中的组成部分，所有与运行有关的因素都应该在考虑范围之内。例如，作为一名客户或是投资者，如果开发者花费 80 小时的工作时间提升 SAS 程序的性能，你愿意为此买单吗？愿意。重构后的软件运行速度可能会更快，因为会涵盖其他软件开发环境的最佳实践。是的，这些开发者能够将一些获得的知识应用于未来的软件制作中，使其也同样能获得较快的运行速度。然而对于他们的劳动价值，可以通过购买并运行改良后的软件或其他的基础设施获得回馈，这不仅能够提高某个具体程序的运行效率，还能够提升整个运行环境中 SAS 软件的性能。

与软件性能的其他方面类似，软件速度的提升同样遵从递减回报原则，即采用旨在提升运行速度的程序化方法时，刚开始能够明显提高运行速度，而之后该方法的效果就会呈递减状态。由于递减回报曲线对硬件与基础设施的影响是显而易见的，此时如果开发者们通过非程序化手段对软件的运行环境进行修改，就可以实现从递减回报曲线到更高级层次的巨大突破，如图 7-5 所示。

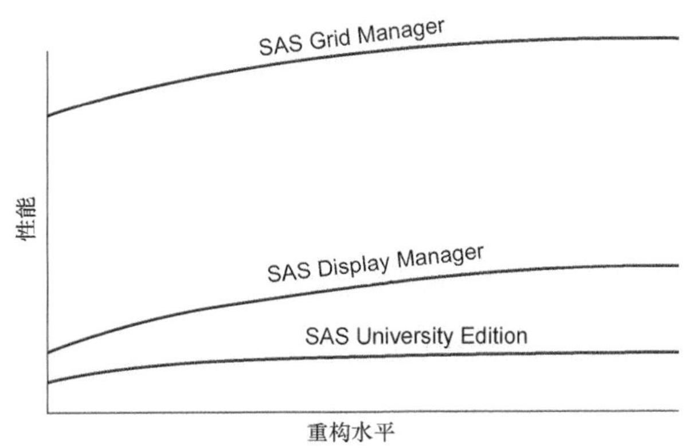

图 7-5　软件性能的递减回报曲线

图 7-5 所示为软件持续地通过其生命周期进行重构，运行效率也得到持续改善。然而一旦实现容易达到的目标，速度的增幅会随着每次的增加而放缓。并且，之后的几次性能提升中，为了进一步提高的性能而做出的努力或许更多地来源于非程序化而不是程序化提升办法。利益相关者必须清醒地认识到，通过投资硬件、基础设施，或与能够提升 SAS 软件性能的第三方软件解决方案进行交互，就可以以较低的成本来实现较高的运行曲线。

运行效率评估

正如对软件运行时间有明确的要求一样，对软件的运行时间进行评估也是很简单明确的事情。下列编码与输出定义了宏变量 &DTGSTART 与 &DTGEND，用于捕获软件运行周期的过程：

```
%let dtgstart=%sysfunc(datetime());
proc sort data=original out=final;
   by char;
run;
```

```
NOTE: There were 1000000 observations read from the data set
WORK.ORIGINAL.
NOTE: The data set WORK.FINAL has 1000000 observations and 2 variables.
NOTE: PROCEDURE SORT used (Total process time):
      real time           0.54 seconds
      cpu time            0.65 seconds

%let dtgstop=%sysfunc(datetime());
%let seconds=%sysevalf(&dtgstop-&dtgstart);

%put TIME: &seconds;
TIME: 0.55299998283386
```

在软件制作环节中运行时间是需要明确规定的，宏变量 &SECONDS 可以存储在一个永久的数据集中，以记录评估历史运行的数值。不仅需要用纵向分析来证明软件达到了运行目标，还需要用异常值来调查潜在的软件异常或可能发生的故障。

当整个程序过程需要计时时，通常采用之前的方法。然而，当一个单独的 DATA 步骤或 SAS 程序需要计时——经常是用于运行调整和优化阶段——常用的方法是利用 SAS 的 FULLSTIMER 系统选项来记录运行时间与其他的运行参数。使用 PRINTTO 程序，FULLSTIMER 指标可以直接传送到文本文件而不是日志记录，之后再运用 SAS 进行数据的提取、收集与分析。FULLSTIMER 的另一个好处是可以测量 3 个运行时间参数——实时时间、使用者 CPU 时间以及系统 CPU 时间——可用来进行故障检测与软件优化。FULLSTIMER 系统选项与编码可以对 FULLSTIMER 输出进行自动分析——这一过程会在第 8 章进行展示。

重复评估

一旦软件投入制作，每一步运行都不是免费的。因此，在软件的测试阶段充分地理解和预测未来的变异性是十分重要的。在晚上大多数开发人员回家睡觉之后，软件可能会展现一次非凡的运行，然而到了第二天，软件又要与其他的 SAS 任务以及服务器的用户进行竞争，其运行就会失败。SAS 软件必须进行充分运行以理解其变化模式，进而保证在操作期间能够达到其运行目标。

即使在看起来相似的运行环境中，SAS 软件每次运行时间的变化幅度都很大。重复测量——即使在看起来相似或相同的情况下——运行一个指定程序也会真实地展现出运行时间的不同，正如其变异性一样。例如，下列编码建立了一个包含 1000 万（79MB）个观察数据的数据集，并进行重复排序（1000 次），进而对运行指数进行评估：

```
data perm.kindasmall (drop=i);
   length num1 8;
   do i=1 to 10000000;
      num1=rand('uniform');
      output;
      end;
   run;

data historics;
   length secs 8;
run;

%macro repeated_measures();
%local i;
%let i=1;
%do i=1 %to 1000;
   %let dtgstart=%sysfunc(datetime());
   proc sort data=kindasmall out=sorted;
      by num1;
   run;
   %let dtgstop=%sysfunc(datetime());
   %let seconds=%sysevalf(&dtgstop-&dtgstart);
   %put TIME: &seconds;
   data historics;
      set historics end=last;
      if ^ missing(secs) then output;
      if last then do;
         secs=&seconds;
         output;
         end;
   run;
   %end;
```

```
%mend;

%repeated_measures;
```

分离码（没有进行展示）分析、收集并编辑 FULLSTIMER 性能指标，其中包括实时时间（实时运行时间）和总 CPU 时间（CPU 处理任务的时间）。图 7-6 所示为 SORT 程序进行 1000 次分类所需时间的巨大变化。

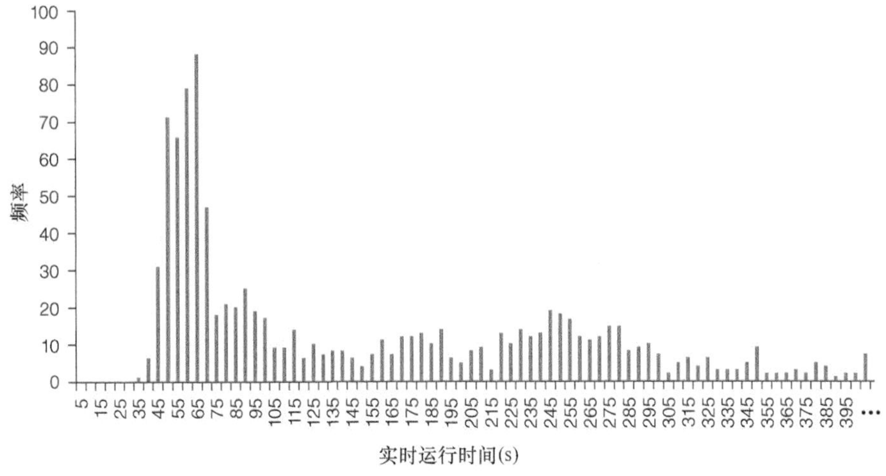

图 7-6　SORT 程序进行 1000 次排序所需时间的巨大变化

如图 7-6 所示，对实时运行时间的测量绝不是标准化的，实际上，该图表显示实时运行时间呈典型的扁平状，右偏态分布。

由于实时时间受到许多外部因素的影响，如其他的 SAS 外部程序、附加的软件，或是如病毒扫描等的系统管理活动，因而该运行时间在很大程度上是无法预测的。例如，排序程序分别取最小值 34.9s、最大值 560.4s，得出平均值为 145.0s，标准差为 100.1s！然而我们可以通过减少运行于 SAS 系统中的外部程序来消除一些变异性，而减少的程序不可能出现于典型的操作环境中。

计算运行时间的一个更加稳妥的方法是利用 CPU 时间——选中 NOFULLSTIMER 选项，该时间就会显示在 SAS 日志中，或是通过选中 FULLSTIMER 选项，增加使用者 CPU 时间或系统 CPU 时间。

图 7-7 所示是实时时间与 CPU 时间存在明显的差别。CPU 时间具有连贯性与一致性，呈右偏高狭峰分配。例如，SORT 程序所需 CPU 时间的最小值与最大值分别为 13.1s 与 27.3s，平均值为 16.8s，标准差仅为 1.5s。如果不考虑分布情况，CPU

时间的总量同样也会少于实时时间，这是由于外部程序的运行以及基本的 I/O 功能需要记录数据集等，都需要花费额外的实时时间。而这一原则也存在例外：多线程进程可能会造成 CPU 时间比运行时间长的结果，这是因为所有的并列线程会占用 CPU 时间，而实时时间只需要测量第一个线程开始运行到最后一个线程结束的时间。

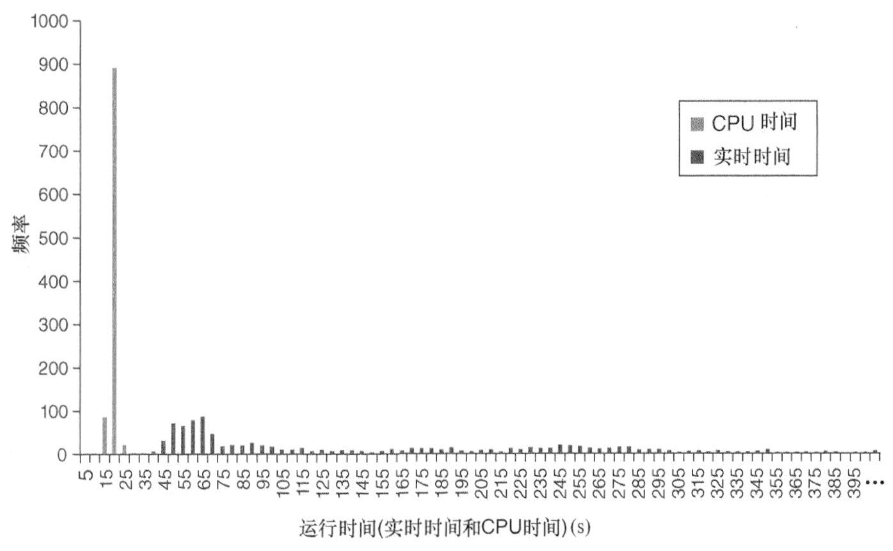

图 7-7　实时时间与 CPU 时间存在明显的差别

实时时间与 CPU 时间都各有用处。用户与大多数利益相关者只关心实时时间，因为它测量的是一段真正的时间——软件多长时间完成运行。因此，实时时间仅包含在需求文档、SLAs、运行日志与故障日志中。例如，如果分析软件花 20 分钟还不能完成运行，那么利益相关者不会考虑缩短其 CPU 时间而仅仅会关注实时时间。在软件开发、优化与测试期间，与技术方法相比，CPU 时间是非常珍贵的，因为它消除了实时时间参数的变异性。换句话讲，通过反复运行一个 SAS 程序，会得到一个满意的答案：与其他方法相比，CPU 时间是否会降低或提升运行效率。然而一旦将其他方法与使用 CPU 时间进行比较，测试与验证数据最终肯定会显示实时时间——而不是 CPU 时间——满足既定的需求与条件，并且其变异性在软件运行期间并不会导致运行故障。实时时间与 CPU 时间会在第 8 章进一步论述。

低效弯管

若软件无法有效处理增加的数据量，就会出现低效弯管现象，该现象会降低运行速度，进而导致功能性故障。在 SORT 程序中最容易发生低效弯管，当运行内存不足，

SAS 系统会转而使用效率较低的虚拟内存时，这是最容易出现该现象的时刻。其他的 SAS 程序运行可能会受阻——突然因内存不足（而非弯管）而运行失败。低效弯管的报警指示器产生的后果是大幅降低软件运行速度；其原因直接归咎于数据量增加后系统资源利用无法对其进行检测。第 8 章以及第 9 章会对这部分内容进行具体阐述。

接下来要讲什么

本章的重点是速度，介绍了在不考虑系统资源利用的情况下，使软件保持足够快的运行速度的必要性。然而正如“并行处理”章节所述，速度不是免费的东西——需要以更高的内存与 CPU 消耗为代价，并且经常会降低软件效率。第 8 章会揭示运行过程的真实成本，同时也会对系统资源——包括 CPU 使用、内存使用、I/O 过程以及硬盘空间进行探索。

08

Chapter

第8章 效率

目送着最后一点象牙牌的浴室肥皂泡沫随莫潘河的河水漂流而去，我意识到或许并没有用最有效率的方法来洗衣服。

圣何塞苏卡兹村，伯利兹城。在仅进行了短短一周的考古探险之后，由于需要补给一些工具与锋利的弯刀，而且同时也需要洗洗我们这沾满泥土的工作服，我的团队就从位于高地丛林深处的挖掘点撤回了。

站在苏卡兹唯一的河流旁边，看着慢慢上涨、齐胸的水流，我们注意到，从邻国危地马拉顺流而来的莫潘河水不再纯净，已然受到污染，但旁边几位玛雅族妇女带着女儿洗衣服的情景也让人感到丝丝慰藉。

事实上，对于如何在河边洗衣服我们毫无经验——甚至不能掌控好光滑的肥皂以及时刻要漂走的衣服——马特、卡瑟琳、艾瑞克和我都走到玛雅妇女旁边，观察一下她们高超的洗衣技巧。然而当窥探到我们的意图时，她们开心地笑着并向我们挥手示意，很显然，她们洗的不仅仅是衣服，同时把自己也顺便洗了！

由于为自己的唐突而感到尴尬，我们立刻转身，现在，我们面对着空无一人的河流上游，再一次开始规划起我们的行程。

我们带着洗衣粉、洗洁精还有我的象牙牌肥皂来到了河边。然而错误的是我们把衣服放到了塑料袋里，再放入洗洁精，再进行猛烈地摇晃。当我们意识到摇晃衣服（之后又在袋中加上了岩石）毫无用处时，凯瑟琳就把袋中的石头都扔了，有的沉入水中，有的顺流而下。

我们勇于尝试，又抓了几把洗衣粉直接撒到衣服上，我们试图放弃塑料袋，然而结果是洗衣粉的粉尘呛得我们直流泪，最后也只能看着大部分洗衣粉粉末顺流而下。

接下来又使用肥皂，我小心翼翼地用棍子捅了一下，自信地认为可以用它来洗衣服。这暂时是有效的，仅是昙花一现，过了两分钟之后，肥皂就被棍子劈成了两半。看到最后一点依稀可见的肥皂块流走，我仅有的一点儿成就感也随之流逝。

在这令人发疯又十分滑稽的时刻，那些玛雅人（现在把衣服都穿上了）涉水过来向我们施以援手。

很显然我还沉浸在肥皂中无法自拔……如果没有用棍子去捅它就好了。而且，她们边比划边解释，我们进而意识到她们是想告诉我们应该在靠近河床的地方洗衣服——而不是在像我们涉水时那样没进入深水中洗。

彻底被打败了，我骑着一匹马到苏卡兹村为我的队员们再买点肥皂，而他们此时在河岸边进行重新部署。而且，在这个时候我们已经放弃了努力，虽然花费了好几个小时，但也收获了在苏卡兹村另一个难忘的冒险之旅。

■ ■ ■

我们洗衣服的过程不仅很慢，而且效率十分低。然而与我在莫潘河可笑的洗衣之旅比起来，软件的运行就显得更具预测性，当资源既不能被检测又不能被限制时，很不幸，这就很可能导致效率低了。

当能用一个月的肥皂产品伴随着泡沫顺流而下时，你不得不得出这样一个结论，你的过程是存在问题并且缺乏效率的。

然而在 SAS 软件开发阶段，诸如 CPU 周期，或是内存消耗等资源利用并不总是像河流中的洗涤剂那般突出的。由于无法完全掌握内存不足的错误、其他一般错误或手动询问 FULLSTIMER 性能指标等情况，SAS 开发者通常无法知道其程序运行究竟耗费了多少资源。

当过度使用资源或浪费情况明显时，利益相关者和旁观者经常会强烈抗议，表达他们的反对意见，或至少是他们自身的观点。而当我的肥皂的 1/4 或是 1/8 裂开了并从顺着河水流到那群妇女旁边时，就会发生上述情景。意识到这些肥皂块的价值后，有一个小孩游到我们旁边，露齿一笑，尽量不去嘲笑我们这肥皂泛滥的崩溃情景，礼貌地递给我她捡起的肥皂块。她意识到了肥皂的价值。

如果你曾使用整个 SAS 服务器来运行一些十分缺乏效率的程序，也很有可能得到相似的结果，尽管并没有伴随着微妙的笑容与礼貌的手势。然而在一些情况下，某些程序无法确认或有效使用资源时其累积效应就会对运行产生不利的影响。要想实现高效运行，就必须对资源利用进行良好的理解与检测。

效率的定义

效率即衡量一个系统或组件在消耗最少资源的情况下执行指定任务的指标。效率同样可定义为现有的效益水平与资源消耗数量之间的关系。在此定义中，IEEE 进一步指出任务投入时间是衡量效率的主要指标。这从一定程度上解释了在有关软件的讨论与著作中不断将效率与运行效率混淆的原因（软件速度），以及软件运行效率高也有更高的误区。事实上，效率指标应该结合系统资源利用，包括内存、CPU 周期、输入 / 输出功能以及硬盘空间。

效率是软件开发与有关软件著作的一个共同点。然而太多的开发者们试图只通过运行时间来衡量效率，而抛弃了能够定义效率的系统资源的各个部分。而且在描述效率时，惯常的做法是用运行效率来代替效率——第 7 章的重点——因为这样更易进行具体的操作。虽然性能的提升很重要而且常常是性能需求，而软件功能故障并不是软件运行延迟造成的，而是由过分占用或耗尽系统资源所致。

系统资源在软件运行速度中起着重要的作用，而更恰当、更有效地利用系统资源的软件更有可能获得较快的运行速度。出于这个原因，对提高性能感兴趣的 SAS 实践者应该深入研究资源对提升运行时间的影响。但由于 SAS 软件在 CPU 周期、内存或硬盘空间耗尽的情况下会出现运行失败的情况，因此，监控这些资源也能够提升可靠性和稳健性。本章介绍评估 SAS 系统资源以提升软件性能和效率。

消除歧义的效率

如果你也对效率与运行效率（速度）感到困惑，你并不孤单——而且在明白这一差别之前你还会感到更加复杂。尽管国际标准化组织（ISO）在对 ISO/IEC 9126-1:2110 ~ ISO/IEC 25010:2011 进行更新时，将曾经的效率改为运行效率，使其“重命名以避免冲突”。因此，我们与项目管理协会和 IEEE 保持一致，本书提到的概念是效率——不是运行效率。

一位客户虚伪地赞美软件开发者，说道：“我对您的软件很满意，但是能让它的效率更高一点吗？”客户通常会这样问：“您能让它运行得更快吗？”对于许多非技术用户来讲，运行时间的减少就意味着效率的提升，因为运行时间是不费吹灰之力就可以感知到的测量指数。一位没有软件工程技术背景的客户可能在运行分析程序时随意地看一下表，在结束运行时再看一下表，然后对该机器在几个固定的时间段内完成的工作量进行评估。然而这一测量过程显示的运行效率——软件运行的速度——是与效率相对的，因为该评估并没有考虑使用的系统资源。以下两个小节将展示另外两个术语——使用效率与生产效率——也是容易与效率混淆的两个概念。

使用效率

ISO 规定的软件质量模型将效率与使用效率做了以下区分：指定用户耗费一定数量的资源与在特定的背景下所达到的效益水平之间的关系。使用效率不需要描述产品或程序的效率，而需要对正在使用或运行中的某产品的效率进行描述。在软件制作中，使用效率可以描述用户是如何高效地使用软件，或是如何高效地利用 SAS 应用程序来运行软件的。

为了更好地对比效率与使用效率，我们可以从第 4 章“可靠性”对危地马拉野鸡公车的生动描述中找到些许灵感。野鸡公车的燃油效率可以通过计算一定量的汽油所支持的路程（大约每升能使车行进一千米）获得，然而公车的总效率或许还应该包括燃油、水、刹车片，当然还有铝合金清洗上光剂等消耗品。而使用效率，我们可以参考软件或野鸡公车等得出结论——是正在使用中的效率。

如果某个过路人惊呼道：“嘿，那辆野鸡公车上有一半是空着的！效率肯定很低啦。”然而他说的是使用效率，并不是公车本身的效率。实际上，这辆使用中的野鸡公车确实效率低，因为它可以再承载 100 人、4 只山羊和 6 只鸡！同样的，使用某个基础架构的软件比使用另一个运行得更快，但这并不会神奇地使编码运行更有效率——而仅仅是提升了使用效率。或者相反的，如果 SAS 软件的用途不清晰，编码难以理解，那么 SAS 开发者可能会钻研好几个小时才能运行该软件。这种钻研即是使用效率低的体现，因为资源——个人时间被浪费了；然而这种钻研却对软件本身的效率或其自身对系统资源的使用毫无影响。

使用效率与软件中的负荷优化或数据吞吐量息息相关，一般的软件都有有限的容量，而当这种容量超过规定的上限后就会产生运行或功能性故障，而当软件利用率低于最优区域就会发生使用效率低的情况。一些产业的运作都是基于使用中效率的原则。例如，野鸡公车只有在满座之后才会启程——其标准就是每三个人坐一个座位，还有大约 60 个人蹲坐或站在过道中！一辆公交车只有满载乘客之后才会启程，以达到单程利益的最大化，因此才要保证其使用效率。而且，一辆公交车只搭载两人即代表使用效率低，而让公交车不堪重负（如让乘客坐在车顶上）即代表运行失败。

在数据分析软件开发阶段，使用效率通常用来描述数据吞吐量的效率——单位时间内处理数据的数量。正如野鸡公车一样，ETL 程序可以利用使用效率找到处理数据组的最佳数量。如果一个复杂的 ETL 程序仅处理 100 个观察数据，就可能导致软件的使用效率低，因为执行该过程的时间就需要耗费 30 分钟，但并没有降低（甚至是测量）软件本身的效率。之所以产生使用效率低的结果，是因为相同的 ETL 程序可以在利用最少系统资源的情况下处理 1 万个观察数据，这些资源可以处理 100 倍或更多的数据。然而，就像超载的野鸡公车一样，其使用效率同样也对各个可能产生故障的地方设有上限。再者，在某种情况下，数据加载会上升到某个特定数量水平，在这一水平上，软件运行开始变慢，性能效率也开始变低，或是可能会因功能发生故障而停止运行。只有投入最优化的努力，使用效率才可以确定并优化。

生产效率

在 SAS 中经常与效率混为一谈的另一个术语是生产效率或生产力，即工作投入与工作产出之比。在一些 SAS 著作中会将与软件开发相关的个人时间与成本作为一种软件资源，但这是不准确的。实际上，开发时间与成本是用来确认软件开发效率的（或生产力）资源，而不是软件的运行效率。换句话说，软件生产的效率可能会非常低（如果由一些知识欠缺、没有激情的开发者缓慢地进行工作），然而软件本身的运行有可能十分高效（消耗较少的系统资源完成较多的运行任务）。只有当软件投入生产并需要对软件进行人工操作时，个人时间与成本才会影响软件运行效率。

将生产力与效率相混淆的情况主要产生于终端用户开发环境中。由于在软件开发与软件运行之间并不存在一条清晰的分界线将二者进行区分，因此，区分效率与生产力是一件很困难的事情。例如，终端用户开发者凭借丰富的经验，耗费 8 小时开发并调试一款分析软件，可用于制作某项报告中的多变量分析。而当被问及需要多长时间运行软件时，终端用户开发者会答道：“8 小时。”然而项目的操作部分——最终选定的数据模型——仅需要 5 分钟的运行时间，剩下的时间都用于开发活动。但是终端用户开发者并未对开发与运行活动进行区分，所以生产力与效率就被混淆了。事实上，开发者的生产力应该通过计算 7 小时 55 分钟内生成编码的数量（或质量）得出结果，而编码的效率则需要对编码在 5 分钟内系统资源的使用情况进行评估——这是两个完全不同的概念。

资源的定义

我遇见过好多次这样的情况，软件开发者兴奋地对我说：“这个 SAS 程序的运行效率被我提高了！”我当下的疑问总是“你怎么知道它的效率更高了？”而我听到的回答十之八九都是“因为它的速度更快了！”是的，软件的速度是变快了，但是这一结论并没有检查资源消耗，增加的效率便也无从得知。

软件运行时间是衡量资源利用量最显著的指标，因为它既具体又容易测量，而且无论是技术人员还是非技术人员都可以轻松理解。但是运行时间只能间接地反映出几种互相联系又各自不同的软件利用情况。因为效率表达的是资源使用最小化——并不是运行时间——因此，首次定义相关的系统资源是很重要的一步。然而诸如网络流通量等资源并不能通过 SAS 系统直接测量出结果，其他论述的资源包括 CPU 使用状态、I/O 处理、内存消耗、硬盘使用率以及运行其他软件所需人员。

- CPU 时间——CPU 时间表示 CPU 资源使用状态，与 Windows 任务管理器显示的 CPU 使用状态十分相似。SAS 日志显示的是所有已完成程序的 CPU 时间。
- I/O 处理——I/O 处理反映的是将文件读写进硬盘所耗费的精力。UNIX 环境包括 I/O 指数，如页面错误、页面回收以及 FULLSTIMER 系统选项下的页面交换，然而 Windows 系统的 SAS 并没有提供这些参数。
- 存储系统（内存）——存储系统包括运行内存以及效率极低的虚拟内存。FULLSTIMER 内存参数可以记录在 Windows 与 UNIX 这两个系统之中。
- 磁盘空间——当 SAS 将某个数据集或其他文件写入磁盘，以及建立临时数据集、索引或其他文件以协助 SAS 处理时，就会占用磁盘空间。
- 操作人员——当 SAS 开发者必须手动启动 SAS 软件，临时保障软件的运行，或是手动查看运行日志时，这种投入代表的是将有关人员的使用作为一种资源。不过要注意的是这并不包括在软件开发阶段所投入的人工精力——仅包括软件操作阶段。

尽管对系统资源的定义都是独立的概念，但还是经常混淆在一起，让人难以辨清。虽然有一定的复杂性，只要理解各个系统资源之间的关系，就可以更好地掌握和提高软件的运行效率。

CPU 处理过程

像许多应用程序一样，SAS 通过 CPU 时间测量 CPU 使用状态——处理器完成软件任务所需的时间。CPU 时间与运行时间有所不同，正如在 SAS 日志中展示的“实时时间”一样，代表的是软件的实际运行时间。例如，下列的代码与输出结果展示的是创建一个包含 1000 万个观察数据的数据集。

```
data sortme (drop=i);
   length num1 8;
```

```
    do i=1 to 10000000;
        num1=rand('uniform');
        output;
        end;
run;
NOTE: The data set WORK.SORTME has 10000000 observations and 1
variables.
NOTE: DATA statement used (Total process time):
      real time           0.73 seconds
      cpu time            0.73 seconds
```

通过对比 CPU 时间与运行时间，开发者可以通过软件在某个系统中的运行情况而不是软件本身的效率对该系统效率进行评估。例如，单线程 DATA 步骤可在 0.73s 完成运行，并且仅需用 0.73s 的 CPU 时间，这就是 100% 的运行时间。这并不是说编码本身是高效的，仅仅是指其通过处理器的运行过程比较高效。

SAS 知识库规定运行时间与 CPU 时间应该占据彼此的 15% 左右。因此，当 CPU 时间低于 15% 的门槛时，这就表示其他程序正在降低指定软件运行的速度。如果 CPU 时间与运行时间的比值持续下降，通常代表的是 SAS 软件正在与相互抵触的 SAS 任务或外部程序竞争资源。例如，如果之前的运行时间是 2s，而 CPU 时间仍旧是 0.73s，这就证明可能由于相抵触的软件同时运行，从而产生了软件运行效率低的情况。

在单线程程序中，与 CPU 时间的相关性较为简单，然而当实施多线程或并行程序时就会变得较为复杂。当运行诸如 SORT 等多线程程序时，显示的 CPU 时间是所有线程所积累的 CPU 时间。例如，下列 SAS 编码和输出显示的是 CPU 时间超过运行时间的情况，使这两个指数的对比缺乏直观性。

```
proc sort data=sortme;
    by num1;
run;

NOTE: There were 10000000 observations read from the data set
WORK.SORTME.
NOTE: The data set WORK.SORTME has 10000000 observations and
1 variables.
NOTE: PROCEDURE SORT used (Total process time):
      real time           3.60 seconds
      cpu time            6.73 seconds
```

由于 CPU 时间大约为运行时间的一半，因此多线程程序可以在两个处理器上运行，我们可以通过将 CPUCOUNT 系统选项设置为 2 来验证这一点，此时会产生相同的运行程序。

```
options cpucount=2;
proc sort data=sortme;
   by num1;
run;

NOTE: There were 10000000 observations read from the data set
WORK.SORTME.
NOTE: The data set WORK.SORTME has 10000000 observations and 1
variables.
NOTE: PROCEDURE SORT used (Total process time):
      real time           3.87 seconds
      cpu time            6.24 seconds
```

通过运行 SORT 程序并选中 NOTHREADS 选项，就可以运行单线程 SORT，这一过程将 CPU 时间与多线程 SORT 进行对比，然而当 SORT 程序不采用并行运行时就会大幅提高运行时间。

```
options cpucount=2;
   proc sort data=sortme nothreads;
by num1;
run;

NOTE: There were 10000000 observations read from the data set
WORK.SORTME.
NOTE: The data set WORK.SORTME has 10000000 observations and 1
variables.
NOTE: PROCEDURE SORT used (Total process time):
      real time           6.06 seconds
      cpu time            6.13 seconds
```

让 SAS 程序在独立的 SAS 会话中并行运行就是一个较快的处理方式（不过很明显效率较低），因为这一方法需要同等或稍多的资源来支持运行。从项目管理的视角来看，并行处理类似于快速通道程序任务以削减关键路径。资源利用并没有最小化——仅仅是进行了改组。以下编码与输出展示并对比了运行时间与 CPU 时间，以及单线程与多线程排序的内存消耗情况。实际上当 FULLSTIMER 输出列出各个 CPU 时间与系统 CPU 时间度量时，这些度量指标为了简洁可以融合为一个“CPU 时间”。

```
proc sort data=sortme out=sorted nothreads;
   by num1;
run;

NOTE: There were 10000000 observations read from the data set
WORK.SORTME.
NOTE: The data set WORK.SORTED has 10000000 observations and 1
variables.
NOTE: PROCEDURE SORT used (Total process time):
      real time           6.18 seconds
      cpu time            6.18 seconds
      memory              317016.00k
      OS Memory           345656.00k

proc sort data=sortme out=sorted;
   by num1;
run;

NOTE: There were 10000000 observations read from the data set
WORK.SORTME.
NOTE: The WORK.SORTED data set has 10000000 observations and 1
variables.
NOTE: PROCEDURE SORT used (Total process time):
      real time           3.67 seconds
      cpu time            6.21 seconds
      memory              474140.00k
      OS Memory           501832.00k
```

FULLSTIMER 统计数据显示，多线程分类完成任务的速度大幅提升的同时，也耗费了更多的 CPU 时间与内存，进而证实多线程选项的效率相对较低。然而考虑到现代硬件能够提供越来越强大的处理能力与内存，许多开发环境都轻易地否定了这种效率下降的情况，而相信并支持通过多线程方式可以实现更快的运行方式。这再一次强调了在 SAS 著作与技术规范中区分软件速度与效率的重要性。

内存

内存需要存储数据，这样它们就可以通过 SAS 程序进行操作。在一些 SAS 程序和 DATA 步骤中，随着 DATA 步骤的增加，内存也会以一种可预测的直线关系相应增加。图 8-1 所示为大小介于 14 ～ 870MB 的各个数据集用 SORT 程序进行分类时，内存消耗与文件大小之间的关系。

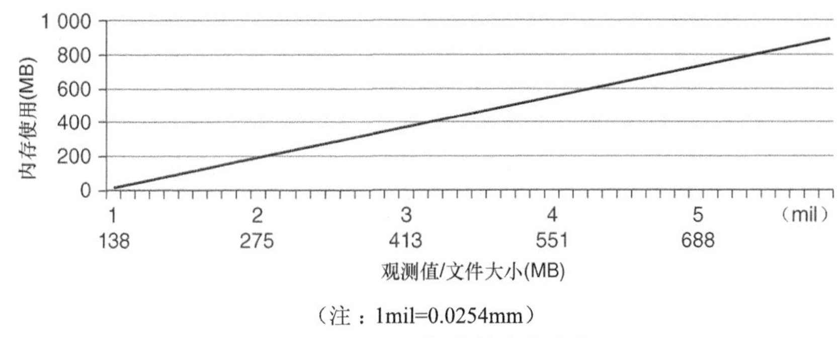

（注：1mil=0.0254mm）

图 8-1　SORT 程序的内存占用

图 8-1 所示的文件大小与内存使用状态之间的线性关系将会持续保持，直到 SAS 发生内存溢出（产生内存不足错误）或是开始使用虚拟内存以取代内存时才会停止。虚拟内存会暂时将数据存储进硬盘，并扩展可利用的内存，由于需要进行额外的 I/O 函数操作，所以必须以软件的速度作为巨大的代价。由于运行时间的显著增加，由内存向虚拟内存的转换是十分明显的，然而通过检测内存使用状态并不十分明显。

例如，图 8-1 所示为内存消耗的线性关系，而图 8-2 所示为运行时间中在内存消耗高与内存使用大的情况下所发挥的作用。在有约为 430 万个的观察数据时，运行时间开始以较高的速度增加；到 450 万个时，SORT 程序需要 4 小时 20 分钟完成运行，其中，大约有 200 次处理速度低于线性函数所预期的速度！

图 8-2 所示为降低可用内存时一次明显的低效弯管，弯管左侧的运行情况显示的是使用效率，而弯管右侧的运行情况显示的是使用效率低以及可扩展性发生故障。不过弯管右侧的运行情况也显示了软件的效率低——不是由于内存使用增加，而是需要增加 I/O 函数以适应受限制的内存环境。其次，页面失效的数量——可以通过 UNIX 环境的 FULLSTIMER 度量值来表示——并体现出 I/O 使用状态以及以超出低

效弯管的速度迅速增加。并不是所有的 SAS 程序都会经历低效弯管，因为其中一些程序会因故障或错误而停止运行，从而不再转化为虚拟内存。只有通过压力测试，即在第 16 章中具体描述的“压力测试”，SAS 开发者们才可以理解软件中的性能失效与功能故障的问题。

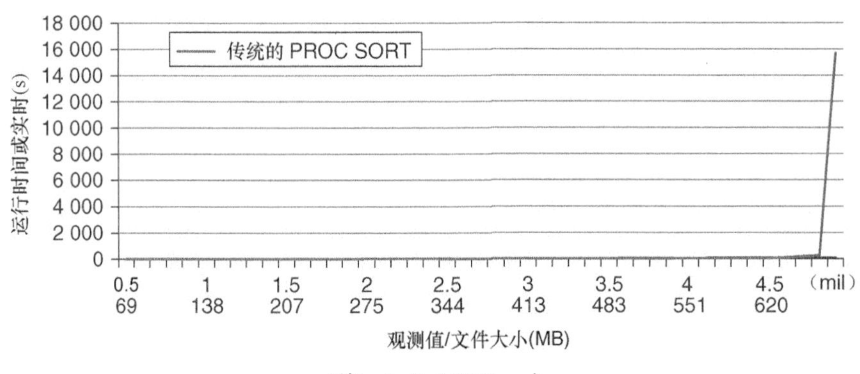

（注：1mil=0.0254mm）

图 8-2　RAM 不足导致的低效弯管

I/O 过程

I/O 过程需要运用资源将数据读写进磁盘。我们经常将 I/O 过程与 CPU 周期和内存混淆，并且难以分清。用于区分处理 I/O 过程请求与计算任务时间的一个明确方式为：使用一个没有其他 I/O 过程的 DATA 步骤中的 _NULL_ 选项。其次，在“CPU 处理过程”小节展示过的 DATA 步骤，在此重复出现；然而首先并没有创建输出，而且观察数据的数量也增加到 10 亿个：

```
data _null_;
    length num1 8;
    do i=1 to 1000000000;
        num1=rand('uniform');
        output;
        end;
run;

NOTE: DATA statement used (Total process time):
       real time             36.48 seconds
       user cpu time         34.85 seconds
```

```
        system cpu time        0.03 seconds
        memory                 750.31k
        OS Memory              32888.00k
```

在 _NULL_ 选项下不需要再进行 I/O 操作，计算任务完成仅需要 36s，且 CPU 时间需花费约 35s，因而可证明其为编码的有效运行：

```
data sortme (drop=i);
    length num1 8;
    do i=1 to 1000000000;
        num1=rand('uniform');
        output;
        end;
run;

NOTE: DATA statement used (Total process time):
        real time              8:32.74
        user cpu time          1:26.56
        system cpu time        8.25 seconds
        memory                 751.59k
        OS Memory              32888.00k
```

然而当 I/O 操作需要建立名为 Sortme 数据集时，CPU 花费的时间约为处理过程的 4 倍，这即证明 CPU 资源的 3/4 反映的是 I/O 的处理过程（写数据集），而仅有 35s 的（或 1/4）CPU 资源用于创建数据集。而且需要注意的是，当 I/O 过程从 95.6%（或 34.9s/36.5s）整合至 18.5%（或 94.8s/92.7s）时，CPU 资源的效率也随之下降。

为了展示最后一个例子，既然已经建立了 Sortme 数据集，就可以将其用来评估输入操作的相对性能。下列编码读出 Sortme 数据集但没有写出输出文件，也没有进行其他操作：

```
data _null_;
set sortme;
run;

NOTE: There were 1000000000 observations read from the data set
WORK.SORTME.
NOTE: DATA statement used (Total process time):
        real time              1:35.14
```

```
user cpu time          46.03 seconds
system cpu time        5.95 seconds
memory                 953.21k
OS Memory              10472.00k
```

CPU 完成任务仅需要 52.0s，然而实际却需要 95.1s，大约为前者的两倍。这些性能度量值不仅展示了输入操作的成本，也证明了该程序效率相对低的情况。这些例子给出了一个清晰的提示，即软件性能（应用于该系统中）可以通过程序化的努力得到提升，进而降低 I/O 过程的速度，并且通过非程序化方式即购买硬件可以提高 I/O 过程的速度。一般情况下，软件可以对所读写数据集的扩展——尤其是较大的数据集——进行最小化，进而大幅提升运行性能。

磁盘空间

鉴于 I/O 过程展示的是数据从某位置写入或读出的速度，而磁盘空间展示的是某些程序所需的总存储量。硬盘空间内是已经分化的区间，因为当 SAS 运行超出磁盘空间，造成故障时，才会产生特定的 SAS "运行时错误"。尽管某些运行环境仍受磁盘空间的限制，但由于存储成本的降低，这一资源的限制现象已经越来越少见了。随着累积的数据量仍持续地成批增加，磁盘空间仍是一个不容忽视的存储数据的方法。

当 SAS 用完磁盘空间时，就会产生一系列的"运行时错误"，如下面展示的输出过程：

```
proc sort data=perm.bigdata out=perm.sorted;
   by char1;
run;

ERROR: No disk space is available for the write operation. Filename =
       C:\Users\me\AppData\Local\Temp\SAS Temporary
       Files\SAS_util0001000003CC_comp\ut03CC000029.utl.
ERROR: Failure while attempting to write page 1352 of sorted run 15.
ERROR: Failure while attempting to write page 44934 to utility file 1.
ERROR: Failure encountered while creating initial set of sorted runs.
ERROR: Failure encountered during external sort.
ERROR: Sort execution failure.
NOTE: The SAS System stopped processing this step because of errors.
```

```
NOTE: There were 80493346 observations read from the data set
SAFESORT.BIGDATA.
WARNING: The data set SAFESORT.SORTED may be incomplete. When this
step was stopped there were 0 observations and 10 variables.
NOTE: PROCEDURE SORT used (Total process time):
      real time           9:55.38
      cpu time            2:15.97
```

在这个例子中，SAS 创建了实用程序文件——临时文件，并使用 SORT 程序进行多线程分类——但是这些软件积累的大小（默认存储于 WORK 库中）超过 WORK 库允许的容量。一个完全占用的 WORK 库是硬盘出现错误普遍的原因之一，此外，其他使硬盘出现故障的原因如下：

- 没有删除 SAS 程序间的 WORK 库内容；
- 将超大数据集存储于 WORK 库中；
- 重复的 DATA 步骤以已命名的数据集的方式存储进 WORK 库；
- 实用程序文件，由 SAS 创建的幕后临时文件。

我在有一个化粪池的房屋中长大；当你意识到池子太满时就太晚了，其实会有信号从院子里传出来——剪草机开始向棕色的泥土中下陷。SAS WORK 库的运行与化粪池相似，但在其快接近容量限制时不会发出任何信号——只有当它完全充满之后你才会发觉。虽然缺少警示信号，却可以采取方法以减轻磁盘出现过度存储的可能性。其中，最简单的解决方式之一就是在使用 DATASETS 或 DELETE 程序之前或之后删除整个 WORK 库。

当大型数据集存储进 WORK 库中时，WORK 库通常——或有时需要删除是单个程序几倍以内的空间。当软件在 WORK 库建立一些永久的数据集的过程中，需重复建立众多连续的数据集时，也会发生上述情况。例如，下列开发模式在 SAS 软件中非常普遍（并不总是合适的方式）：

```
data temp1;
   * read/create data;
run;

data temp2;
   set temp1;
   * transform data;
```

```
run;

data temp3;
    set temp2;
    * transform data;
run;
```

这种开发模式非常常见，因为它允许 SAS 开发者能通过连续的过程对数据集进行检测，而且如果之前的数据集发生错误，就必须对数据进行修改，进而促进后续的数据集的手动修改再造。而且当序列中的 Final 数据集建立（并经过验证）之后，就可以删除包含先决条件的数据集，以避免 WORK 库造成混乱。

还有一个最佳的方法既可以防止 WORK 库溢出又具有可恢复性，就是将临时数据集存储进共享库中用于检测软件发生故障的情况。这一点已在第 5 章有所论述。例如，数据可以存储进 PERM.Temp2 中（不是 WORK.Temp2），如果实施恰当的业务规则，还可以从检查点自动恢复。其次，如之前所讲，一旦建立 Final 数据集（并经过验证），那么便可以从 PERM 库中删除逐渐增加的名为“Temp”的数据集，以使磁盘空间使用达到最小化状态。

如果在 WORK 库使用这些常见的降低磁盘空间使用量的解决方法并不能得到满意的结果，那么 WORK 库可能要关联一个新的磁盘空间。并且如果磁盘空间错误产生在 WORK 库之外，购买额外的存储空间不失为一个明智的解决方案。

相关人员

SAS 开发人员用于开发软件的时间属于软件开发资源的一种，应该计入软件开发的成本之中，但不属于操作成本。然而当相关人员负责人工运行软件，验证 SAS 日志或执行其他操作功能时花费的时间体现的确实是资源利用，且当对一款软件产品进行评估时必须考虑这些时间成本。这强调了在软件制作中将自动化作为最后一步的重要性。如在软件运行中不需要人力操作，就可以显著提高软件性能与效率，将开发者从重复的操作任务中解放出来，转而从事开发软件活动。

SDLC 的效率

在 SDLC 中是否需要对效率的作用进行要求或检测是最重要的决定。正如所展示的那样，效率比评估运行时间或 CPU 时间更加复杂。其次，由于 CPU 时间、内存、I/O 过程、磁盘使用状态和人力因素等使用的都是不同的测量单位，因此，难以提供一个多变量解决方式来衡量各个组件与其他部分的关系，更不必说还包括多种资源类型。例如，如果一个 SAS 程序经过改进之后所需的内存变小但需要更多的 CPU 周期，那么这个程序的效率究竟是提高了还是降低了呢？这最终取决于利益相关者如何衡量这几种资源。

各个组织间与利益相关者对资源价值的评估也各有不同。就时间来说，当硬件或基础设施更新时，即使在某个组织的内部对资源的评估也各有不同。例如，SAS 大型网格环境可能代表的是其处理运行能力没有限制，对某个 SAS 程序来讲是难以超过其上限的。在这样一个环境中，SAS 开发者在计算与考虑效率时很有可能会忽视 CPU 时间，这是因为该运行环境的容量看起来没有限制。其次，每一个组织或团队都可以对效率做出不同的定义，基于相关资源价值、实际限制条件、强加的限制，以及作用于其他性能产生的影响，如运行速度。

考虑到资源利用与优化固有的多变量关系所体现的复杂性，解决效率难题最常见的方法是使用软件运行时间作为衡量效率的主要性能指标。然而，在对软件速度进行评估时，既要理解各个资源集体运作时可使软件速度有何变化，还要查询这些资源在提高软件运行时各自发挥的作用。

效率要求

不管怎样，在只考虑运行时间不考虑资源利用的情况下，通常会涉及对效率的要求。而只有在测量速度而不是效率时才需要考虑资源利用这一因素。而对于效率的需求既可能涉及运行时间，又必须考虑系统的资源利用。当出现这种用词错误时，必须对所需的软件名进行更改，以展现其已经经过讨论、命令或测量的真正质量特性——无论是速度还是效率。

例如，一位客户仅指定要求 SORT 程序必须在 10 分钟内完成，却并没有对实际效率需求或限制进行规定。而机智的 SAS 开发者可能买一个更快的处理器，来满足这一个要求。该程序仍然需要消耗同样的资源，但能更快结束运行，进而极大地提高运行效率而不是效率。其他 SAS 开发者可能转而采用同时并行运行 6 个分类任务的方式，然后实施“分而治之”的方法来建立几个分类数据集，进而再合并到一个合成的分类数据集中。这一方法会大大提高速度，但也会在一段有限的时间内消耗更多的资源，进而有可能垄断整个系统资源。同样的，这一方法也只能提高运行效率，并且由于资源利用的提高还会降低软件的效率。

在上述情况中，SAS 开发者都会交付符合速度要求的软件，但也会招致与资源利用相关的未曾预料的结果。在第一个例子中，用于新硬件的花费体现的是客户本无意购买的额外的项目资源（不是操作资源）。在第二个例子中，如果没有额外的处理能力与内存可供使用，那么对系统资源的垄断可能会导致其他程序运行缓慢或出现故障。因此，需要在衡量效率指标的同时还应对资源利用进行限制，软件运行时不应超过这一限制。

资源异常处理

在软件规划与设计阶段，对 CPU、内存、I/O 或磁盘使用状态进行评估是很困难的事情，只有在完成软件的开发之后才可以对这几种资源进行可靠的评估。其次，不再尝试在需求文档中茫然窥探或冒险描述测量不精确的软件利用指标，而是采用更好的方法——对资源检测与管理做一个简短的承诺，使其支持稳健性与容错性，来解决过度使用或消耗资源的问题。

例如，如果负荷与压力测试显示当文件大小接近 1GB 时，SORT 程序的运行效率开始变低，因而规定文件大小不超过 900MB 是一项有效的条件，文件的大小需要通过软件进行动态监测，而且异常处理会迅速自动地将较大文件分解并使用“分而治之”的方法将其进行分类以避免运行效率降低。尽管在软件开发阶段不可能了解并规定出 1GB 的限制，然而其代表的价值可能用来证明软件开发的目的，即极大地减少软件的使用量。随着开发团队逐渐意识到其特别的环境，以及各自的资源利用与限制，即使在软件开发与设计阶段也能异常精确地预测出资源利用量。数据控制器能够对大型数据集进行探测与异常处理，这一过程会在第 9 章进行论述。

当开始运行 SAS 程序时，FULLSTIMER 和 NOFULLSTIMER 的 SAS 日志都可以显示实时时间与 CPU 时间，并通过区分前者与后者对程序的效率进行粗略估计。对这一指数的监测并不会显示程序的效率——无论软件的编码是否有效率——但会提供一个使该程序如何高效地在运行环境中执行任务的指示。其次，通过时间来对这些性能指标进行监测（通过自动收集、存储与分析 SAS 日志）可以用来将运行效率

低的程序分离出来。拥有这些信息之后，SAS 开发者便可以着重注意那些效率相对较低的程序，既可以使用程序化的方法来特别改善这些程序的性能，又可以采用非程序化的方法从整体上改善基础设施。

对并行处理的限制

我曾经将并行处理的概念介绍给一个 SAS 团队，大约在一个月的时候该团队的服务器急需一剂通便药——不管我们怎样用力推进，都无法通过该服务器。即使在一个小团队中，我们也必须有效利用服务器的整个带宽，来同时运行众多程序。而在第 7 章与第 12 章中论述过“并行处理”必须在运行畅通的软件中实施，SAS 开发者必须注意并行处理的方法需要重视资源利用，也需要调配整个基础设施。

当我们讨论服务器发生故障的方式与原因时，会发现几乎所有人都曾将 SORT 程序以及他程序中 6 个或更多的会话转换为并行运行！并且当这些并列程序与其他并列程序同时运行时，SAS 服务器就好像突然会使我们团队的大小扩大了 4 倍或 6 倍。尽管并行处理是提高运行效率最有效的方法之一，但确实不能够提高效率，并且如果运作不当，可能会减缓甚至摧毁整个 SAS 服务器。而且在一些情况下，需求文档实际上需要对并行处理的方法进行明确禁止或限制。

例如，在 SAS 环境中会遭受非常真实的资源限制，我曾经遇到过的团队就规定在核心业务时间限制使用并行处理（例如，服务器在手工执行任务时），即通过 SAS 开发者对一个、两个或三个会话进行限制。其次，你可以采用一个三管齐下、“分而治之”的分类方式，或是运行 3 个独立的分析程序，但不能同时运用这两个方法。一个更加可行但缺少理论支撑的方法就是展现出一个 SAS 开发者运行一次程序使用资源的最大值。然而，由于必须对合理有效的需求进行测量，这一更加实际的解决方法往往可以当作一个较好的理论结构，用来预测服务器负荷而不是限制资源利用。而且在生产软件稳定、自动和预定之后，这些任务——可能会通过计算 SAS 服务器的大部分宽带频率的使用时间来运行——通过行政化管理而不是用户的账号。

效率评估

使用 SAS 系统的 FULLSTIMER 选项，可以对系统资源进行系统化测量，然后提供更多的性能指标而不是默认的 NOFULLSTIMER 选项。下列的例子展示的是 FULLSTIMER 在 Windows 显示管理器中的作用，描述了运行时间（实时时间）、CPU 时间、内存使用状态，然而不包括 I/O 资源利用：

```
options fullstimer;
data perm.sortme (drop=i);
    length num1 8;
    do i=1 to 1000000000;
        num1=rand('uniform');
        output;
        end;
run;

NOTE: The data set PERM.SORTME has 1000000000 observations and
1 variables.
NOTE: DATA statement used (Total process time):
        real time           2:32.63
        user cpu time       1:29.57
        system cpu time     6.81 seconds
        memory              751.59k
        OS Memory           32888.00k
        Timestamp           04/18/2016 10:40:42 PM
        Step Count                        132337 Switch Count 0
```

写入日志的 SAS 运行指标的好处之一是软件发生故障时的稳健性。如果某个程序由于错误而提前结束，而 FULLSTIMER 度量值会继续产生，直到资源利用到达故障点才终止。这对由于产生与资源相关的“运行时错误”（如不常见的内存不足错误）是十分有益的。通过将 FULLSTIMER 度量值存储进外部文件并对资源利用与“运行时错误”进行监控，当发生故障时，SAS 开发者便可以精确地查明资源使用的程度。正如在第 9 章论述的一样，当使用数据控制器时，要意识到对资源利用设限是十分关键的。

FULLSTIMER 系统选项

在 SAS 环境中，FULLSTIMER 度量值各有不同，Windows 环境比 UNIX 环境提供的度量值要少很多。由于 SAS University Edition 在 Linux 中运行，当之前的编码运行时（在拥有相同资源的盒子中，虽然与 SAS 界面不同），会产生下列结果：

```
options fullstimer;
data perm.sortme (drop=i);
    length num1 8;
    do i=1 to 1000000000;
        num1=rand('uniform');
        output;
        end;
run;

NOTE: The data set PERM.SORTME has 1000000000 observations and
1 variables.
NOTE: DATA statement used (Total process time):
        real time              3:48.17
        user cpu time          2:00.22
        system cpu time        17.82 seconds
        memory                 786.28k
        OS Memory              26780.00k
        Timestamp              04/20/2016 06:36:33 AM
        Step Count                               9 Switch Count 46
        Page Faults                              0
        Page Reclaims                            386
        Page Swaps                               0
        Voluntary Context Switches               489961
        Involuntary Context Switches             737
        Block Input Operations                   0
        Block Output Operations                  8
```

在与 Windows 的 SAS Display Manager 进行比较时，发现在 SAS University Edition 中不仅有更多的度量值可以利用，而且还注意到运行速度有所降低与 CPU 利用大幅增加。在大多数情况下，软件的开发与优化应同属于某一单个系统，这样 FULLSTIMER 指标才会连贯地展现出来。然而，正如第 10 章所述，通过观察 FULLSTIMER 指标可知，在 SAS University Edition 与其他的 SAS 界面的运行中存在着巨大的差异。

在下面的例子中，建立了一个拥有 10 亿个观察数据的 Sortme 数据集的子集，但是错误地将本该置于 SET 语句中的 WHERE 选项放置在 DATA 步骤语句中。这就需要 SET 语句阅读所有的观察数据，之后大约会有 10% 的数据导入数据子集中去：

```
data perm.subset (where=(num1<.1));
   set perm.sortme;
run;

NOTE: There were 1000000000 observations read from the data set
PERM.SORTME.
NOTE: The data set PERM.SUBSET has 99994212 observations and 1
variables.
NOTE: DATA statement used (Total process time):
      real time              9:46.37
      user cpu time          2:38.26
      system cpu time        6.33 seconds
      memory                 961.18k
      OS Memory              32888.00k
```

经修正过的编码实现的是与之前的编码同样的功能，但是将 WHERE 选项置于 SET 语句下会提高处理效率，因为该步骤只需阅读数据子集中大约 10% 的数据。由于所需 CPU 周期的减少，软件效率得以提高，但因为变量 Num1 仍然需要对每一个观察数据进行访问并确定，所以这两个方法的内存消耗是相同的：

```
data perm.subset;
   set perm.sortme (where=(num1<.1));
run;

NOTE: There were 99994212 observations read from the data set
PERM.SORTME.
      WHERE num1<0.1;
NOTE: The data set PERM.SUBSET has 99994212 observations and 1
variables.
NOTE: DATA statement used (Total process time):
      real time              6:57.14
      user cpu time          56.58 seconds
      system cpu time        9.93 seconds
      memory                 961.59k
      OS Memory              32888.00k
```

尽管上述编码并没有显示 SAS Display Manager 的输出情况，当这两个方法在 SAS

University Edition 中进行比较时，如果仅把 10% 的数据提取进数据集，那么能够明显降低 I/O 资源利用量的方法效率较高。而效率较低的编码需要的页面回收是另一个方法的两倍。尽管如此，如果一个 SAS 开发者没有意识到将 WHERE 选项置于 SET 语句下是最佳方法（与此相对的是将其置于 DATA 步骤语句下），他或许会认为第一个方法的效率较高，其次，当对 SAS 软件进行优化时，某个方法只有在其理论与实践两个层面都落后于其他方法时，才会认定为其效率低。

这强调了测量与评估效率的相关性。这些解决方案鲜有称为“最有效率的一个”，而多称其为“效率较高”“效率较低”或是“效率足够高”。并且，如果将第一个方案（效率较低）用于 SAS 软件中，利益相关者们也对软件的运行与效率很满意，或许就不会将其贴上效率低的标签，因为该方案满足了业务需求。而将其与第二个编码（优化过的）进行比较，可以很明显地发现前者的效率不如后者，因为它没有合并 SAS 软件开发的最佳方式，将 WHERE 选项放置在合适的位置。

自动化的 FULLSTIMER

在软件制作中的一个共同的目标就是通过摆脱人工操作，将 SAS 任务自动化，进而实现运行效率最大化。当软件实现自动化时，日志解析（与验证）也应该实现自动化，以消除对 SAS 日志冗长乏味，且易出差错的人工审查活动。很多的文献证实运用自动化方式对 SAS 日志进行解析，使 SAS 开发人员可以专心追求更多创造性且有意义的研究。然而在相关著作的大多数例子中，都会使用 PRINTTO 程序将整个日志写进一个文本文件中，当软件终止运行时再对其进行解析。对于许多应用来讲，这一点就已经足够使用，然而却不能够在日志产生结果的基础上进行动态分析。

软件制作的第二个目标通常是嵌入一个异常处理框架，旨在通过动态化、数据驱动与模糊逻辑增加软件的稳健性与容错性。因此，在一个程序完成运行之后 FULLSTIMER 指标可能需要立刻跟进，这样就可以动态转换程序流（如果需要的话）。例如，如果 FULLSTIMER 检测出一个程序使用过多的内存，或是 CPU 时间与运行时间的比值低于既定的比率限制，程序流就可以因为效率低或过分使用系统资源而进行转换，使用的方式可以是向利益相关者发送警告邮件，自动终止低优先级任务，或是采取其他方式。

下列 %READFULLSTIMER 宏提取的文本文件包括 FULLSTIMER 日志输出，

随后在 FULLSTIMER 宏中对全局宏变量赋值。例如，当对文件的“实时时间”进行检测后，需对全局宏变量 &REALTIME 进行赋值，因为在 Windows 环境中不能使用 UNIX FULLSTIMER 度量值，所以将遗漏的度量值赋值为 -9。

```
%macro readfullstimer(textfile=);
* converts all times to seconds SS.xx format from HH:MM:SS.ss format;
%let syscc=0;
%global fullstimerRC;
%global realtime;
%global usercputime;
%global systemcputime;
%global memory;
%global osmemory;
%global stepcount;
%global switchcount;
%global pagefaults;
%global pagereclaims;
%global volcontextswitches;
%global involcontextswitches;
%global blockinops;
%global blockoutops;
%global errtextlong;
%let fullstimerRC=;
%let realtime=;
%let usercputime=;
%let systemcputime=;
%let memory=;
%let osmemory=;
%let stepcount=;
%let switchcount=;
%let pagefaults=;
%let pagereclaims=;
%let volcontextswitches=;
%let involcontextswitches=;
%let blockinops=;
```

```
%let blockoutops=;
%let errtextlong=;
data _null_;
   length tab $100 errtextlong $2000 erryes 8;
   infile "&textfile" truncover;
   input tab $100.;
   if _n_=1 then errtextlong='';
   if _n_>=5 then do; *** needs to be made dynamic based on which
         version of FULLSTIMER is used;
      if find(tab,"ERROR")>0 or find(tab,"WARNING")>0 then erryes=1;
      else if find(tab,"real time")>0 then erryes=0;
      if erryes=1 then errtextlong=strip(errtextlong) || ' *** ' ||
         strip(tab);
      call symput('errtextlong',strip(errtextlong));
      if lowcase(substr(tab,1,9))='real time' then do;
         if count(scan(substr(tab,10),1,' '),':')=0 then call
            symput('realtime',scan(substr(tab,10),1,' '));
         else if count(scan(substr(tab,10),1,' '),':')=1 then call
            symput('realtime',(input(strip(scan(substr(tab,10),
            1,':')),8.0) * 60) +
            input(strip(scan(substr(tab,10),2,':')),8.2));
         else if count(scan(substr(tab,10),1,' '),':')=2 then call
            symput('realtime',(input(strip(scan(substr(tab,10),
            1,':')),8.0) * 3600) +
            (input(strip(scan(substr(tab,10),2,':')),8.0) * 60) +
            input(strip(scan(substr(tab,10),3,':')),8.2));
         end;
      else if lowcase(substr(tab,1,13))='user cpu time' then do;
         if count(scan(substr(tab,14),1,' '),':')=0 then call
            symput('usercputime',scan(substr(tab,14),1,' '));
         else if count(scan(substr(tab,14),1,' '),':')=1 then call
            symput('usercputime',(input(strip(scan(substr(tab,14),
            1,':')),8.0) * 60) +
            input(strip(scan(substr(tab,14),2,':')),8.2));
         else if count(scan(substr(tab,14),1,' '),':')=2 then call
            symput('usercputime',(input(strip(scan(substr(tab,14),
            1,':')),8.0) * 3600) +
```

```
        (input(strip(scan(substr(tab,14),
        2,':')),8.0) * 60) +
        input(strip(scan(substr(tab,14),3,':')),8.2));
    end;
else if lowcase(substr(tab,1,15))='system cpu time' then do;
    if count(scan(substr(tab,16),1,' '),':')=0 then call
        symput('systemcputime',scan(substr(tab,16),1,\' '));
    else if count(scan(substr(tab,16),1,' '),':')=1 then call
        symput('systemcputime',(input(strip(scan(substr(tab,16),
        1,':')),8.0) * 60) +
        input(strip(scan(substr(tab,16),2,':')),8.2));
    else if count(scan(substr(tab,16),1,' '),':')=2 then call
        symput('systemcputime',(input(strip(scan(substr(tab,16),
        1,':')),8.0) * 3600) +
        (input(strip(scan(substr(tab,16),2,':')),8.0) * 60) +
        input(strip(scan(substr(tab,16),3,':')),8.2));
    end;
else if lowcase(substr(tab,1,6))='memory' then call
    symput('memory',scan(substr(tab,7),1,' k')/1024); *convert
    KB to MB;
else if lowcase(substr(tab,1,9))='os memory' then call
    symput('osmemory',scan(substr(tab,10),1,' k')/1024);
    *convert KB to MB;
else if lowcase(substr(tab,1,10))='step count' then do;
    call symput('stepcount',scan(substr(tab,11),1,' '));
    call symput('switchcount',scan(substr(tab,11),4,' '));
    end;
else if lowcase(substr(tab,1,11))='page faults' then call
    symput('pagefaults',scan(substr(tab,12),1,' '));
else if lowcase(substr(tab,1,13))='page reclaims' then call
    symput('pagereclaims',scan(substr(tab,14),1,' '));
else if lowcase(substr(tab,1,26))='voluntary context switches'
    then call symput('volcontextswitches',scan(substr(tab,27),
        1,' '));
else if lowcase(substr(tab,1,28))=
    'involuntary context switches' then call
    symput('involcontextswitches',scan(substr(tab,29),1,' '));
```

```
        else if lowcase(substr(tab,1,24))='block input operations' then
           call symput('blockinops',scan(substr(tab,25),1,' '));
        else if lowcase(substr(tab,1,25))='block output operations'
           then call symput('blockoutops',scan(substr(tab,26),1,' '));
        end;
     retain erryes errtextlong;
run;
* set all missing values to -9;
%let macrolist=realtime usercputime systemcputime memory
osmemory
     stepcount switchcount pagefaults pagereclaims volcontextswitches
     involcontextswitches blockinops blockoutops;
%let i=1;
%do %while(%length(%scan(&macrolist,&i,,S))>1);
     %let mac=%scan(&macrolist,&i,,S);
     %put MAC: &mac &&&mac;
     %if %length(&&&mac)=0 %then %let &mac=-9;
     %let i=%eval(&i+1);
     %end;
%let errtextlong=%sysfunc(compress("&errtextlong",,kns));
%if &syscc>0 %then %do;
     %let fullstimerRC=FAILURE;
     %return;
     %end;
%mend
```

例如，为了创建 PERM.Subset 的 DATA 步骤上的 %READFULLSTIMER 宏，需要执行以下编码：

```
libname perm 'c:\perm';
%let path=%sysfunc(pathname(perm));
options fullstimer;
proc printto log="&path/out.txt" new;
run;
data perm.subset;
     set perm.sortme (where=(num1<.1));
run;
proc printto;
run;
%readfullstimer(textfile=&path/out.txt);
```

由于 SAS 日志的存储位置为外部文件 Out.txt，并且文件会由于 %READFULLSTIMER 的连续调用而产生重写现象，%READFULLSTIMER 宏中的异常处理会捕捉可能发生的“运行时错误”。在这一框架下，软件可以通过建立的全局宏变量动态应对实时时间的资源利用。这些全局宏变量也可以存储到历史数据集，以供对软件性能进行纵向分析。

接下来要讲什么

运行效率与效率描述的是快速的性能与系统资源的合理利用。但在数据分析环境中，造成软件制作具有变异性的最大来源是数据本身。随着数据数量或速度的提升，软件的性能与效率可能会降低，呈现缺乏可扩展性。第 9 章讲述的是可扩展的软件支持增加的数据量、需求和硬件基础设施。

09

Chapter

第 9 章 可扩展性

站在位于洪都拉斯的特古西加尔巴市的赫德曼阿拉斯事务所门前排队，我感慨万千，既有对离开都市生活的不舍，又有对前路位于尼加拉瓜那座充满殖民色彩的大都会——格拉纳达的期待。仅有 275 英里（约 442 千米）的路程，走这段直达路程应该是比较轻松的一天，但我还是预订了一个豪华大巴的座位，它配有可躺座椅、小吃、湿巾，甚至是浴室。最重要的是，赫德曼阿拉斯是不允许携带鸡上车的！

我本想搭乘到尼加拉瓜里昂的巴士，但是这里没有（并且在事务所中没有人会说英语）。我了解到我们会在清晨出发——以及一些其他细节前往格拉纳达。

当其他同属赫德曼阿拉斯的巴士都在播放配有英文字母的西班牙电影时，我们的售票员（巴士司机）不到几秒就把这部电影快进完，然后开始播放 all-ABBA 声带，而且这声音伴随了我们整个旅途。尽管令人不快，我们也算度过了一段不错的时光，仿佛前往格拉纳达这一下午的旅程即将结束。

但是在经过中美洲高速公路（一号中美洲高速公路）——也可能是泛美公路——在西卡罗、加兰那里。这辆巴士先是速度降缓，之后便在灰尘中匍匐。不，我们的车抛锚了。这是不是意味着我们要在这里停留好几个小时？

几天前在搭车去往特古西加尔巴的路上我们也经过了这样偏远、破败、锈迹斑斑的旅馆——很明显已经关门好几十年了——没有丝毫生机。虽然绿洲酒店表面荒凉，但里面金碧辉煌，绝对名副其实。

有一家全方位的酒吧，鹦鹉在旁边叽叽喳喳，几棵棕榈树簇拥着一个干净的大泳池——我得花几秒去拿一杯可乐，并要来一条干净的毛巾，脱去一些衣服在泳池游游泳。

放松了几小时之后，在巴士快开走之前，人们幸运地注意到了我这个“外国佬”，正在用毛巾擦身上的水，当时车已经发动了，我纵身一跃，从打开的窗户跳了进去——这提醒了我，我身上还披着绿洲酒店的毛巾……

车已经晚点很久了，当我们经过尼加拉瓜海关时已经夜幕降临，但我们的速度一直在下降。虽然是所谓的“直达路线”，但在乡村小道上几乎每隔几千里都会有乘客在不知名的小站下车，而且因为每个人都搭载有行李在车下，所以他们又必须打开隔间翻找出各自的行李，这样又造成了延迟。

当我们到达里昂时，我并没有意识到会经过这个我本想到达的地方，我的 GPS

现在预计到达格拉纳达将会是午夜时分——离我预期的下午到达相差甚远。我瞬间决定下车，并且拖着行李朝车前飞奔而去，像几小时前上车的情景一样，从狭窄的走廊穿过。晚上九点在里昂找旅馆住下，这比午夜到达格拉纳达要好得多。

■ ■ ■

尽管在我的旅途中有各种各样的潜在挑战，最后的结果也是不错的。但是在数据分析开发阶段，如果不经检查，这种可扩展性问题将是有害无益的。

我遇见的第一个潜在挑战是在赫德曼阿拉斯售票大厅里，因为我无法理解洪都拉斯人说的西班牙语——比危地马拉人说的西班牙语快很多。由于他们说得很快，我无法理解大巴的线路、站点、旅途周期，而且事实上我可以轻易地从任何一个沿线经过的站点下车。数据的速度也可以对数据分析软件产生挑战，并且随着数据流速度的上升，软件也必须进行有效的扩展来达到相同的速度。

在每一个看似是计划之外的路边站点停靠时，当司机必须从众多行李中翻找乘客的行李时，可扩展性再一次出现。随着时间的推移，乘客渐渐减少，而司机翻找行李的速度逐渐增加。许多数据处理譬如数据集合并或查找表等性能表现也各有不同，这要基于使用或寻找数据的规模大小。

与可扩展性相关的最后一个问题是此趟旅途的总规模（人数）——大巴的总负载量。在绿洲酒店我们停下来等待几小时与另一辆车交换一些乘客。在洪都拉斯与尼加拉瓜的国界线旁我们又一次停下来，因为我们的车必须排队经过。在尼加拉瓜又慢下来，因为许多乘客要在这纵横交错的公路上下车。若搭乘私家车、出租车或任何一辆小型的交通工具，我都有可能节省 3/4 的时间。

当数据集的规模变大时，数据处理也可能遇到运行速度的降低，导致处理速度缓慢、效率低下，甚至是功能故障。晚于计划时间几小时到达里昂仅代表的是运行故障——迟到——这一问题可以通过在找到的第一家旅馆迅速开一个房间并找到一个澳洲朋友来进行修正。但如果我在凌晨到达格拉纳达，就只能睡在某个公园中，我认为这就可完全算作一个功能故障。

在我的艰苦跋涉中，通过提前下车避免了这一潜在的功能故障，在几天后，我搭乘便车和公车到达了格拉纳达。有时在数据分析环境下，也需要将较大的数据分割成片——就像我的旅途一样——提高性能或降低出现故障的可能性。当我回想瞬间做出的决定——在里昂提前下车时，这绝对是我整个冒险之旅做出的最棒的决定了。

可扩展性的定义

可扩展性是实体能够修改的程度，且被修改后依然支持产品用于各种界定的条件。可扩展性指的是系统或软件有效且高效地适应并整合其他资源、需求或载入（吞吐量）的能力。公共系统资源包括内存、处理能力、磁盘空间，通常是通过分布式处理环境进行扩展，如网格架构。当多个用户共同使用同一个软件时，无论是同时运行同一软件，还是在共享环境下运行软件的副本，需求都必须扩展。其次，尤其当涉及与 SAS 数据分析相关的开发时，扩展负载反映的是软件有能力处理数据在数量、速度与变异性方面的增加趋势，即所谓的大数据的“3V”。

可扩展性十分重要，因为它展示的是软件的有效性、效率以及其他性能在面对环境变异性时体现出的适应性。在只具有较简单的样品数据集的测试环境下，软件可能十分有效，但就可扩展性而言，在具有较大数据量时，软件仍然展现出高效的运行状态。并且，随着数据在软件生命周期可能有所变动或增加，可扩展的软件将会持续展现出高效的运行状态。需求的可扩展性也会促进并行处理，因为其可以使软件的多个版本同时运行。

本章介绍可扩展性的概念，因为它涉及系统资源、需求与载入。我们将对资源可扩展性进行简单介绍，因为该性能在很大程度上需依赖于配置，所以在此就不再详细叙述。需求可扩展性概念描述的是软件的封装，其目的首先是达到多个副本同时运行而相互不受干扰，其次为通过有意的交互来促进两个同时运行的软件的交流。本章大部分的篇幅集中于促进可扩展的数据分析过程，使其能够解决速度高、数量大的数据。

可扩展性三元组

可扩展性涉及 3 个独立的概念，每一个都有各自的机遇与挑战。一位客户仅对可扩展的软件解决方案进行讨论，这或许会涉及在分布式网络环境下的能够支持软件运行的可扩展硬件。然而软件的可扩展性可能仅涉及软件扩展到增加的数据量。因此，本章分为资源可扩展性、需求可扩展性与加载量可扩展性。

围绕可扩展性会产生一些误区，因为它描述的既有程序化，又有非程序化方法。例如，如果将加载量可扩展性用来促进软件的 SAS 提取 - 转换 - 加载（ETL），以处理较大的数据集，而实现这一点通常使用硬件的解决方法来提升一个分布式网络环境下 SAS 的处理能力。然而在一些组织中，SAS 开发者如果只运用程序化解决方法，可能对硬件与基础设施的提升无能为力。而软件开发遵循的可扩展性原则就是可以结合程序化方法与非程序化方法两个方面，以实现软件有效性的提升，处理较大的数据载入，实现扩展性的最大化。

由于本章的重点是程序化方法与最佳实践，因而仅对资源可扩展性做简单介绍。众多以硬件为中心的解决方法确实能够使 SAS 更有效地利用资源，同时也能结合额外的资源以提升处理速度、增加数据吞吐量以及增多使用者。这些方法有些是以 SAS 为中心的，如 SAS 网格管理器，而其他的方法则与硬件方面结合在一起，利用第三方基础设施与软件，如 Teradata 与 Hadoop。

可扩展性剩下的两个维度——需求与载入——本章将会进行详细论述。需求可扩展性能使 SAS 软件的多个 SAS 会话同时运行，最大化利用系统资源。在一些情况下，需求可扩展性的目的就是维持用户间的距离使其独自运行示例，不会互相干扰。而在其他情况下，其目的反而是使所有的软件示例并行协调在一起，以实现一些共同的任务。在所有情况下，需求可扩展性的目的是使 SAS 软件能够在更加多样的环境下运行的同时也保持或提升其性能。

加载量可扩展性在软件转换时——从使用测试数据至增加的数据量以及产生数据的复杂性就是一个挑战。载入测试描述的是以预期的数据量对数据分析软件进行测试，而压力测试旨在确定由增加的载入造成的软件性能开始下降或失败的时间。其次，如果检查彻底，软件的可扩展性造成数据吞吐量的增加应该出现在通过载入与压力测试的预期模式之中。载入与压力测试将在第 16 章进行详细论述。

资源可扩展性

软件的性能是由可利用的系统资源进行控制，如处理器、内存以及磁盘空间。资源可扩展性旨在通过额外的系统资源来提高软件的性能，然而如果运行效率低，则可能会限制系统自身优势以及硬件设施的优化升级。其次，资源可扩展性的一个重要部分就是指导这些资源相互交流的过程，以实现效益的最大化。例如，一个额外的 SAS 服务器以及与之协调的处理器可以促进可靠性的提高以及系统的故障转移，以得到一个较为稳定安全的系统空间，或者上述这些资源还可以用来通过并行处理与载入平衡的方式来扩展软件的处理能力。配置管理与优化能够完全确定扩展额外资源的种类，进而支持可扩展性目标的实现，在这一过程可能需要与资源的可信赖性目标造成冲突。

分布式 SAS 解决方案

SAS 网格管理器可以通过软件的故障转移提高软件的高可靠性，进而能够支持软件的可扩展性。例如，由于某一个硬件出现问题而导致使用 SAS 软件的机器产生运行故障，这时就会自动地转换到另一台机器上，从上一个没有故障的检查点继续开始运行，进而提升系统的可恢复性。SAS 软件的服务等级协议（SLA）支持关键的基础设施并通常会对软件的可靠性条件进行确认，以保证其维持在规定值以上。即使是具有稳健性的软件也不能克服硬件出现的故障，所以当需要高可靠性的软件时，使用一个有关硬件的解决方式是很必要的。SAS 网格管理器就是软件的平台，可以对硬件的组件进行组织与优化。

除了能够提升高可靠性外，SAS 网格管理器也支持对可分布式处理的载入平衡。大型 SAS 任务可以通过多个处理器进行架构与并行处理。这一点与第 7 章的“并发执行软件”部分相似，但是此处是优化后的过程，可以保证通过机器将单个任务进行高效分配。

随着 SAS 9.4 M3 的发布，为 Hadoop 设计的 SAS 网格管理器也可以应用于其他支持 Hadoop 的环境中，这是一个开源框架，可以在具有相似配置的商品计算机之间运行。其他的涉及第三方的软件解决方案包括合并数据库内产品的方式，如 Teradata、Netezza、Oracle 和 Greenplum。通过这些系统可以获得巨大的性能提升，本章的重点就是运用程序化方法来扩展数据库 SAS 软件。

需求可扩展性

需求可扩展性展现的是软件在相同或不同的环境下运行的能力。在一些软件中，尤其是应用程序中，可扩展性的目标是使众多使用者尽可能地使用该应用，而不会对彼此的功能或运行产生影响。例如，数百万用户可以同时使用谷歌搜索而彼此间不会相互影响。一个可扩展的解决方案也会要求拥有高使用频率的搜索引擎并不会降低单个用户的搜索速度。在 SAS 世界中，对软件工具的设计可能会很相似，这样就可以使用户同时使用相同的软件来运行多个示例，与此同时便可以得到基于不同输入或定制装置的动态化结果。有关需求可扩展性的知识在后面会具体讲述。

在其他情况中，SAS 软件的分布式解决方案是通过多个处理器进行协调与并行运行实现的。通过测量与管理资源，如 SAS 网格管理器，可以将一个 SAS 任务分配到各个处理器中进行处理。但是也可以将 SAS 软件重写下来，这样就可以同时运行多个示例，进而实现综合的解决方案。例如，ETL 软件的几个示例可以进行并行运行，每一个示例处理一个不同的数据流或运行不同的任务，以实现性能与资源利用的最大化。这种分布式处理程序需要所有会话间保持高度交流与协调，以保证任务不出现遗漏或重复的现象，第 7 章对此内容进行过展示与论述。

网络应用程序意识

大多数的 SAS 软件旨在为一个用户使用或只计划用来执行一批任务。这种使用状态在很大限度上会受到以下观念的影响。首先，在发挥某些功能或完成众多任务时，软件每一次运行都应该产生同样的结果。然而将软件的灵活性与复用性结合起来，既可以将开发出的软件变得更具有动态性，又可以在参数化输入与用户定制的基础上进行一定的功能转换。然而在软件复用的情况下，可能产生一个程序中的两个示例同时由两个不同的用户使用。其次，软件模型或程序的设计为可重用的区域需要密封良好，这样在多个示例同时运行时可以防止交叉污染现象。这一观点在其他的软件开发领域也是广为认同的，软件中较有代表性的网络应用开发可以同时分配给众多的用户同时使用。

通常在数据分析开发阶段，不同的数据模型与统计模型可以通过经验进行连续地测试。软件可以使用一个模型进行运行，之后可以进行软件的改进与重新运行。下列编码就是运用经过改进的可塑的 Transform.sas 对这一类型的分析开发进行模拟。

```
* data ingestion module ingest.sas;
libname perm 'c:\perm';
data perm.mydata (drop=i);
    length num1 8;
    do i=1 to 1000;
        num1=round(rand('uniform')*10);
        output;
        end;
```

```
run;

* data transformation module transform.sas;
data perm.transformed;
    set perm.mydata;
    length num1_recode $10;
    if num1>=7 then num1_recode='high';
    else num1_recode='low';
run;
```

另一个分析人员可能想重新启用这一转换模块，但使用其他的数据模型——例如，重新编码 numl 的值，将 5 或更大值编码为“high”（而不是 7）。如果软件只存在一个中心示例，那么这一修改将覆盖当前的逻辑，使多个分析人员在利用软件完成他们各自的需求时会产生与之前不同的情况。然而即使制作一个软件的副本并且只修改单行业务逻辑，PERM.Transformed 数据集就涉及一个已被覆盖的共享数据集。为了克服这一限制，使软件的并行版本能够不加冲突地运行，那么 Transformed.sas 程序必须对创建的数据集进行动态命名，而且同样地对数据也进行动态转换。

下列的业务逻辑可以从编码中分离出来并存储进 SAS 文件 C:\perm\translogic1.sas. 中。%TRANSLOGICI 宏可以由一名 SAS 开发者进行维护与修改，与此同时其他的用户可以维护并定制各自的数据模型。

```
%macro translogic1;
length num1_recode $10;
if num1>=7 then num1_recode='high';
else num1_recode='low';
%mend;
```

下列存储进 C:\perm\transform.sas 的编码可以对 %TRANSLOGIC1 宏或其他业务逻辑宏进行动态调用，正如对指定的 %TRANSFORM 宏进行调用。

```
* data transformation module;
%macro transform(dsnin=, dsnout=, transmacro=);
%include "C:\perm\&transmacro..sas";
data &dsnout;
    set &dsnin;
    %&transmacro;
```

```
run;
%mend;
```

%TRANSFORM 调用指定使用 %TRANSLOGIC1 业务逻辑，在一个开发环境中，与其指定参数宏调用中的参数，不如使用 SYPARMS 选项将参数传递到批量作业中的 &SYSPARM 自动宏变量：

```
%transform(dsnin=perm.mydata,dsnout=perm.transformed,
    transmacro=translogic1);
```

经过改善之后，软件的多个示例现在可以并行运行，因为可能导致干扰的静态因素已经进行了参数化操作。而且，软件更加具有可重用性，因为在不同的可动态运用的业务规则下可能产生不同的结果。并且由于只运用了软件中的一个示例，因此，其可维护性得到了巨大的提升。

再例如，我们将 %MEANS 宏存储进 C:\perm\means.sas，并且对某个更加复杂的分析过程进行了模仿。

```
* saved as means.sas;
%macro means;
ods listing close;
ods noproctitle;
ods html path="c:\perm" file="means.htm" style=sketch;
proc means data=perm.mydata;
    var num1;
run;
ods html close;
ods listing
%mend;
```

如果将软件的多个示例并行运行，那么 HTML 文件将会产生彼此覆盖重写的情况。一个更加具有稳健性和可重用性的解决方案就是将动态性运用于软件中，使软件在经过修改的前提下重新获得使用，这一修改过程只涉及将参数定制，并不对编码本身进行修改。这一概念会在第 17 章继续讨论，即使是更加复杂的软件也同样支持软件的稳定性与多样化的重写。更新后的代码现在命令宏调用中的 3 个参数再次模仿可以在批量任务中通过 SYSPARM 传递的参数：

```
%macro means(dsnin=, htmldirout=, htmlout=);
ods listing close;
```

```
ods noproctitle;
ods html path="&htmldirout" file="&htmlout" style=sketch;
proc means data=&dsnin;
   var num1;
run;
ods html close;
ods listing;
%mend;

%means(dsnin=perm.mydata, htmldirout=c:\perm, htmlout=means.htm);
```

Means.sas 的几个示例现在可以相互不加干扰地并行运行。这一方法在几个数据模型同时进行检测时对其竞争状态十分有效。例如，分析人员可以运行同样的软件——尽管具有不同的定制情况——即使在开发者仅维持软件单一版本的情况下，会产生不同的输出结果。这一示例将在第 17 章进行论述与展示。而 SYSPARM 选项与对应的 &SYSPARM 自动宏变量的使用将在第 12 章进行论述。

分布式软件

对需求可扩展性更加普遍的使用方式之一就是通过载入分配，将其用来处理涉及多个处理器中的软件运行。在之前的“分布式 SAS 解决方案”中提到的 SAS 网格管理器，可以通过在多个处理器中将编码分离而实现。然而，如果一个 SAS 环境没有支付并获得使用SAS 网格管理器的许可，那么SAS 开发者可能会继续实行分布式方法，一个程序中的多个示例并行处理。然而这些示例并不会由于 SAS 网格管理器提供的优化载入平衡与高可用性而获得更多的优势，反而会从资源利用的增加与性能的提升中获益。

由于需求可扩展性的使用将软件分解成可以同时运行的模块，所以需要模块间进行大量的交流与协调，保证不错过或重复运行任何一个任务。第 11 章会对这一类并行处理的隐患进行论述。例如，每一个模块都必须经过确认其成功结束运行，并且需保证软件的其他示例不会重新或重复运行相同的任务。这些验证也可以用作检查点来对最后一个程序的成功运行进行确认。这种可分布式的处理方式显著地提高了软件的可恢复性，因为软件可以从某个检查点而不必从头开始重新运行程序。这一功能在第 5 章已经论述过。

并行处理与多线程方式的对比

并行处理广泛地代表了多个线性、核心或处理器同时运行的情况。多线程并行处理一个明确的种类，可以同时运行多个离散的任务或是将某个单一任务“分而治之”。SAS 数据库包括存储于多个程序的多线程能力，以实现性能与资源利用的最大化。在“支持并行处理”部分的《SAS 9.4 语言参考概念：（第 3 版）》列出了以下 SAS 程序以支持多线程运行，这一功能始于 SAS 9 版本：

- SORT；
- SQL；
- MEANS；
- REPORT；
- SUMMARY；
- TABULATE。

SAS 开发者通过 THREADS 系统选项，或 THREADS 程序选项，或增加 CPUCOUNT 系统选项值对这些多线程程序进行限制与控制。当 SAS 开发者建立各自的 SAS 软件时，不能像面向对象的程序设计语言那样利用多线程方式。尽管 SAS 数据库软件受到这种限制，SAS 开发者仍能通过理解多线程对性能提升的方式，通过使用并行处理对这些技术进行复制而获得优势与益处。例如，当 SORT 程序与多线程同时运行时，可使 SAS 软件将初始数据集分成众多较小的数据集，并采取并列分类的方式，并且最终再将这些分类子集合并成一个复合的数据集。图 9-1 所示为软件性能的适度提升，通过两个 CPU 的多线程方式实现 SORT 程序。在经测试的系统中，两个 CPU 中增加的 CPUCOUNT 不能进一步提升软件的性能。

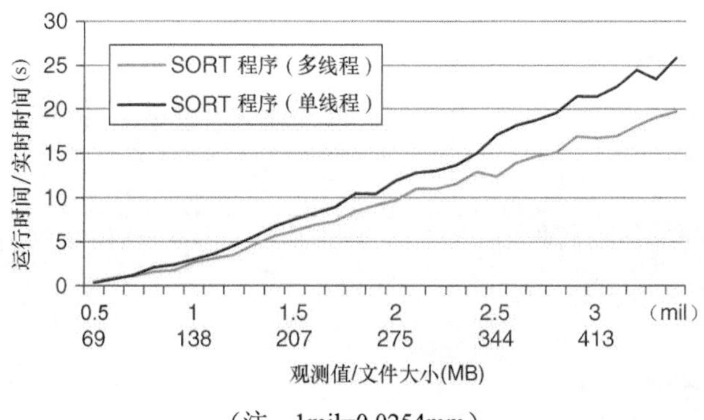

（注：1mil=0.0254mm）

图 9-1　多线程与单线程 SORT 程序

多线程通过在各个处理器之间均匀分布线程，促进 SAS 应用程序优化线程。而且在 SAS 应用中只需运行一个示例，系统资源的开销就会达到最小化。然而 SAS 开发者能够通过并行运行多个程序实现 SORT 程序的性能提升。例如，下列编码模仿了 PERM.Mydata 数据集中 SORT 程序的并行处理过程，该编码中包含 1000 个观察数据。

```
* first sort module to run in parallel;
proc sort data=perm.mydata (firstobs=1 obs=500) out=sort1;
    by num1;
run;

* second sort module to run in parallel;
proc sort data=perm.mydata (firstobs=501 obs=1000) out=sort2;
    by num1;
run;

data sorted;
    set sort1 sort2;
    by num1;
run;
```

一个初始程序（没有在此展示）会确定并行程序运行的数量（基于文件大小与观察数据的数量），之后两个（或更多的）会话可以运用 SYSTASK 进行分类。在结束批量任务之后，Original 数据集中的最后一个 DATA 步骤会重新合并成两个，以得到比更加迅速的解决方法传统的分类程序。

SAS 软件的并行处理过程存在两个主要的方法。正如之前所述，第一个方法是使用引擎（也称控制器或驱动程序）生成多个 SAS 会话，并行运行外部编码。例如，每一个 SORT 程序的 FIRSTOBS、OBS 及输出数据集名称的值将被动态解码，以便可以使用 SYSTASK 调用并运行外部编码（未介绍）。第二个方法（在下面的内容会有介绍）使用能够同时运行两个或多个示例的软件，这样就可以同时进行工作，更加迅速地完成共享任务（如分类）。

分布式分类—分类—合并

分类—分类—合并代表的就是一项普通的任务——通过某些独特的关键值，将两个数据集进行合并。该程序可以通过使用 SQL 程序或散列对象实现，但经常是由两个连续的 SORT 程序执行，之后紧跟着一个连接两个数据集的 DATA 步骤。

```
proc sort data=temp1;
   by num1;
run;

proc sort data=temp2;
   by num1;
run;

data sorted;
   merge temp1 temp2;
   by num1;
run;
```

该编码建立了一个错误的依赖关系，也就是我们在第 7 章中论述过的内容，因为各个排序并不彼此依赖，而是进行串联运行，而非并行运行。尤其当两个数据集的大小对等，且用于排序的时间大致相同时，那么排序 - 排序 - 合并的速度就可以通过并行运行两个排序而得到提升。为了协调这一点，应该对 SAS 软件进行动态读取，这样就可以选中没有进行排序的数据集，进而对 Temp1 或 Temp2 进行排序。其次，当软件的两个示例同时运行时，第一个会对 Temp1 进行排序而另一个——在探测到 Temp1 已经开始排序后——再开始对 Temp2 进行排序。当两个 SORT 程序都结束运行后，软件中的一个示例会进行合并，而另一个保持等待或退出。第 7 章展示的也是同样的技术，即将 MEANS 与 FREQ 程序进行并列独立运行。

下列编码对 PERM.Data1 和 PERM.Data2 进行了初始化——每一个都包含 1 亿个观察数据——各自都将遵循先排序后合并的顺序。

```
libname perm 'C:\perm';
data perm.data1 (drop=i);
   length num1 8 char1 $10;
   do i=1 to 100000000;
      num1=round(rand('uniform')*1000);
      char1='data1';
      output;
      end;
```

```
run;

data perm.data2 (drop=i);
    length num1 8 char2 $10;
    do i=1 to 100000000;
        num1=round(rand('uniform')*1000);
        char2='data2';
        output;
        end;
run;
```

下列编码应存储到 C:\perm\distributed.sas 中。该程序可以在一个 SAS 会话中并行运行，并将连续执行排序 - 排序 - 合并操作。然而为了实现性能的提升，软件可以分成两个不同的会话打开并同时运行。这两个 SORT 程序将实施并行运行，之后其中的一个会话会将两个数据集合并到合成的 PERM.Merged 数据集中。

```
libname perm 'C:\perm';
%include 'C:\perm\lockitdown.sas';

%macro control_create();
%if %length(&sysparm)>0 %then %do;
    data _null_;
        call sleep(&sysparm,1);
    run;
    %end;
%if %sysfunc(exist(perm.control))=0 %then %do;
    %put CONTROL_CREATE;
    data perm.control;
        length process $20 start 8 stop 8 jobid 8;
        format process $20. start datetime17. stop datetime17. jobid 8.;
    run;
    %end;
%mend;

%macro control_update(process=, start=, stop=);
data perm.control;
    set perm.control end=eof;
```

```
%if %length(&stop)=0 %then %do;
    output;
    if eof then do;
    process="&process";
    start=&start;
    stop=.;
    jobid=&SYSJOBID;
    output;
    end;
    %end;
%else %do;
    if process="&process" and start=&start then stop=&stop;
    %end;
    if missing(process) then delete;
    run;
&lockclr;
%mend;

%macro sort(dsn=);
%let start=%sysfunc(datetime());
%control_update(process=SORT &dsn, start=&start);
proc sort data=&dsn;
    by num1;
run;
%lockitdown(lockfile=perm.control, sec=1, max=5, type=W,
    canbemissing=N);
%control_update(process=SORT &dsn, start=&start,
    stop=%sysfunc(datetime()));
%mend;

%macro merge();
%let start=%sysfunc(datetime());
%control_update(process=MERGE, start=&start);
data perm.merged;
    merge perm.data1 perm.data2;
    by num1;
```

```
run;
%lockitdown(lockfile=perm.control, sec=1, max=5, type=W,
   canbemissing=N);
%control_update(process=MERGE, start=&start, stop=%sysfunc
(datetime()));
%mend;

%macro engine();
%let sort1=;
%let sort2=;
%let merge=;
%control_create();
%do %until(&sort1=COMPLETE and &sort2=COMPLETE and &merge=COMPLETE);
   %lockitdown(lockfile=perm.control, sec=1, max=5, type=W,
      canbemissing=N);
   data control_temp;
      set perm.control;
      if process='SORT PERM.DATA1' and not missing(start) then do;
         if missing(stop) then call symput('sort1','IN PROGRESS');
         else call symput('sort1','COMPLETE');
         end;
      else if process='SORT PERM.DATA2' and not missing(start) then do;
         if missing(stop) then call symput('sort2','IN PROGRESS');
         else call symput('sort2','COMPLETE');
         end;
      else if process='MERGE' and not missing(start) then do;
         if missing(stop) then call symput('merge','IN PROGRESS');
         else call symput('merge','COMPLETE');
         end;
   run;
   %if %length(&sort1)=0 %then %sort(dsn=PERM.DATA1);
   %else %if %length(&sort2)=0 %then %sort(dsn=PERM.DATA2);
   %else %if &sort1=COMPLETE and &sort2=COMPLETE and %length(&merge)=0
      %then %merge;
   %else %if &sort1 ^ =COMPLETE or &sort2 ^ =COMPLETE or
      &merge ^ =COMPLETE %then %do;
      &lockclr;
```

```
        data _null_;
           call sleep(5,1);
           put 'Waiting 5 seconds';
        run;
        %end;
     %else &lockclr;
     %end;
  %mend;

  %engine;
```

表 9-1 所示的控制表（PERM.Control）展示的是软件性能的提升：每一个数据集需要花费大约 4 分钟的时间进行排序，之后再用 %MERGE 宏将两个数据集合并。需要注意的是，JoBID 变量显示的是两个正在运行的独立任务。

表 9-1　控制表展示并行处理

过程	开始	结束	JobID
SORT PERM.DATA1	01APR16:13 16:23	01APR16:13 20:15	14776
SORT PERM.DATA2	01APR16:13 16:26	01APR16:13 21:01	13368
MERGE	01APR16:13 21:01	01APR16:13 21:56	13368

分布式处理过程的另一个例子可在第 7 章查阅。无论是使用 SYSTASK 语句产生独立的 SAS 会话，还是使用控制表代理并协调这些同时运行的 SAS 会话，并行处理都可以大幅提高处理速度。

加载量可扩展性

加载量可扩展性描述的是一个系统或软件可容纳的逐渐增加的数据输出数量或速度。变异性 (Variability) 描述的是大数据的 3 个特点的第三个“V”，指的是软件遇到未通过恰当质量控制处理的意外或无效数据时所面临的更多是稳健性方面而非扩展性方面的挑战。由于数据集、数据库、数据量以及其他的数据来源所固有的增量特性，加载量可扩展性可以说是数据分析开发中与可扩展性最相关的方面了。实际上，扩展资源（通过增加硬件）与需求（通过增加 SAS 软件并列运行的示例）通常需要使 SAS 软件随着载入量的增加而成功扩展。

由于软件设计的目的不同，对软件可扩展性的期待也大不相同。以使用者为焦点的应用需要没有延迟的瞬时速度，而并不重视数据量。例如，当可搜索数量是原来的两倍时，谷歌引擎应该在一年内也变得同样迅速高效。在应用程序的世界，随着数据量的增加，可扩展性在运行时并不会发生变化。近年来，SAS 发布了几个有关内存的解决方案，譬如 SAS 内存数据、SAS 可视分析等，这些技术都可以进行瞬时处理，在不损耗性能的前提下有效地扩展内存数据。

然而从传统意义上讲，SAS 数据库支持的是数据分析方面的发展而不是应用程序的开发。在数据分析环境下，由于瞬时反应在软件与网络应用程序中普遍存在，因而使用者不必再进行等待。在许多 SAS 环境中，随着数据载入的增加，运行时间不仅被允许而且也应当进行相应地增加。例如，如果某个数据集的大小在一年内翻了一番，那么其用于对这些数据进行排序的时间也相应地增加一倍，或是根据算法计算出具体所需的时间也是无可厚非的。在数据分析环境中，可扩展的解决方案是广为认同的，因为通过使用这个方法，无论输出量有多大，都会进行高效地运行，而软件的应用程序又会在极大程度上将这种可扩展性与性能，尤其是软件的运行时间对等联系起来。

图 9-2 所示为二者的区别——将像谷歌引擎这种以用户为中心的应用程序所需的可扩展性与数据分析软件中某个程序展示出的可扩展性进行了对比。例如，在数据分析开发中，只要排序程序中的文件大小与运行时间仍然保持线性关系，就可以展示出可扩展性，而且该程序的效率也会保持稳定。而且随着数据集的扩大，软件规模也会随之扩大，进而也会利用更多的资源，这一过程中资源增加的速度与软件扩大的速度保持一致。然而，随着资源利用量的增加，效率可能会开始下降，并且随着系统资源的消耗（如 CPU 周期或内存），可能会达到设定的限制值，从而导致程序效率低并最终失效。这种类型的故障会在“低效弯管”章节进行详细论述。

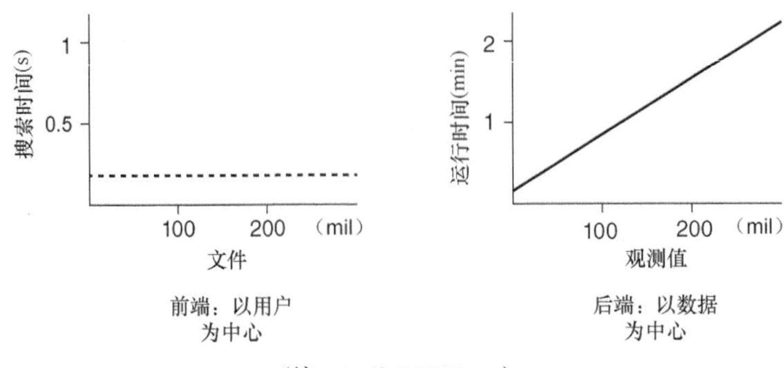

（注：1mil=0.0254mm）

图 9-2　可扩展性性能对比

然而在其他情况下，数据分析程序可能会确定不能逾越的性能阈值。例如，公司的组织政策可能要求金融欺诈程序每隔一小时运行一次；无论数据量如何增加（或速度），这一阈值代表的是最快的运行要求。鉴于这种要求，并且可能还需要已经倦怠的程序方式来提高软件速度，利益相关者可能会需要通过非程序方法来扩大资源或需求，以实现软件的可扩展性。在所有情况下，考虑到在定义什么可以构成可扩展的性能，什么不可以时所具有的变异性这一情况，应该使所有的利益相关者对加载量可扩展性达成一个共同的理解。

数据量

数据量描述的是一个数据集或数据产品的大小，通常由文件大小或观察数据数量进行衡量与相互参照。观察数据的数量可以用来追踪增加的数据来源，以及验证程序中的观察数据量是呈增加、降低趋势，还是保持不变。在 SAS 著作中经常使用观测计数来描述“大数据”，但这一参数在单独使用时并不怎么靠谱。在没有附加文本的情况下，宣称自己拥有“100 亿个观测值的数据集”，除了是吹嘘之外，毫无意义。在大多数环境下，文本大小代表的是在传递众多数据时一个更加有用、可计量、可比较的度量值。

大数据成为数据分析团体的一个核心是因为其遇到并克服了潜在挑战，但是这些挑战几乎全都来源于文件大小并不是观察数据量。要理解数据量，文本大小是关键，因为其影响输入 / 输出绑定程序的性能，如读取或编辑数据。在“数据控制器”章节中的 %HOWBIG 宏显示的是一个可重用宏，可以对文本大小进行程序化评估，也可以用来计算实际或预期数据量，进而避免并克服潜在的挑战。

性能下降

如图 9-1 与图 9-2 所示，当数据量增加时，随着额外的系统资源用于处理额外的载入，软件的性能通常会下降。软件的性能下降通常与文本的大小有着最密切的联系，并通常以预期的线性趋势下降。而运行时间的增加可能会造成软件运行条件的不足与匮乏。例如，某个用户希望使用一个 ETL 程序在 55 分钟内完成所给的任务，然而随着数据增加超过了软件的生命周期，运行时间可能会持续增加直到超过规定的性能目标。

在许多情况下，运行条件可以通过当下或其他时间的限制进行预测。例如，我们计划每小时运行一次 ETL 程序，因此，才会存在软件运行时间需小于 55 分钟这一要求。而且如果不能及时完成任务，可能会导致其他相关程序出现故障，或延迟 / 阻碍之后的以小时为周期运行的程序。在一个具有稳健性与容错性的系统中，尽管“运行时错误”不是由这些故障产生的，但商业价值可能因为相关程序的停止运行而降低甚至亏损。这一现象在“功能性故障”章节会详细讨论。

随着数据量的增加，或预期将来会增加，对于开发者与利益相关者来说，理解客户对于软件运行时间限制的期望是十分重要的。例如，需要软件在 55 分钟内完成任务与需要软件每隔 55 分钟就输出一次结果是十分不同的。在第一个例子中，客户明确规定从接收数据那一刻起，应该在 55 分钟内完成提取、转换和加载的过程。然而，如果客户只希望每隔 1 小时更新一次数据，或许花费 90 分钟创建一个程序流也是可以接受的，然而这也需要并行运行并且尽力实现每隔 1 小时输出一次的任务。

图 9-3 所示为对于 55 分钟限制的不同阐释。图 9-3(a）所示为以 4 小时为周期的阶段式方法，即需要软件在不与其他程序重叠的情况下 55 分钟内完成任务；图 9-3(b）所示为可重叠的时间表，其中软件的两份副本可以花费 90 分钟完成任务，但是由于一个从第偶数小时开始运行，一个从第奇数小时开始运行，所以它们合起来 1 小时输出一次结果。在这个例子中，提取模型能够与加载模型重叠以促进并行处理，并且一个控制表或其他装置可以用来协调当前的活动。

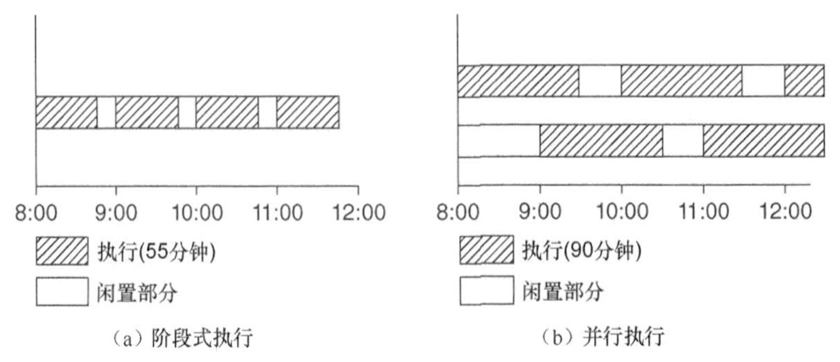

图 9-3　阶段式和并行式软件模式

随着数据量的增加，可以将并行运行与其他可分布式处理模式作为一个主要的方法来减少软件的运行时间。图 9-3 所示的重叠运行方法的另一个益处是其会逐渐处理较小数据集，可以大大减少运行时间。例如，一个普通的可在 90 分钟内完成运

行的序列化 ETL 程序只能够每隔 90 分钟输入一次外来数据。然而，由于采用并行版本，每 60 分钟输入一次数据，每一次都会处理一些较小的组块，进而降低整个运行时间。

低效弯管

低效弯管是运行故障的一种具体类型，当由于数据量的增加而消耗资源时，就会发生这种情况。由于运行时间是评估性能参数最常见的指标，所以当软件由于数据量的相对增加而导致性能明显下降时，就会第一次出现弯管。图 9-4 所示为 SAS University Edition 中低效弯管的形态，对观察数据从 10 万个上升到 450 万个的 SORT 程序所需的运行时间进行了观测。结果发现，处理 420 万个观察数据需要运行时间仅为 36s，处理 430 万个观察数据需要 98s，而处理 450 万个观察数据需要 4 小时 21 分钟！

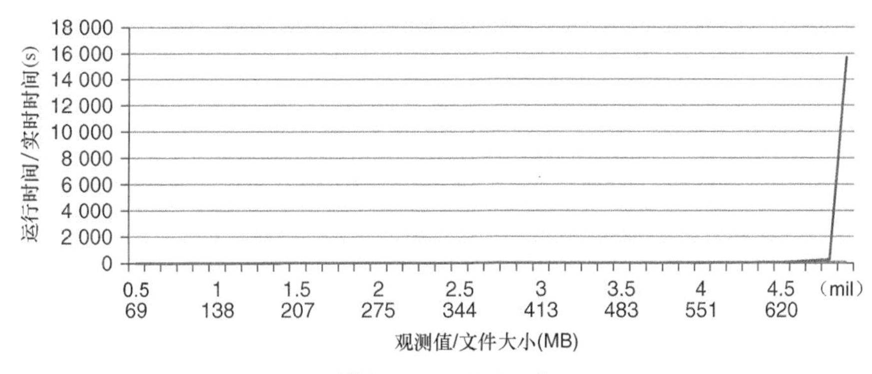

（注：1mil=0.0254mm）

图 9-4　SORT 程序上的低效弯管

低效弯管展示的是某个程序随着数据量的增加所呈现的相对效率，显示出弯管左边的运行相对高效，而弯管右边效率相对较低的情形。也就是说，若非随着数据量的增加，软件对资源利用的效率逐渐降低直到完全停止，有效的运行并不一定代表在程序中存在的编码必须尽可能的高效。

为了更好地理解随着低效弯管到来时会发生什么，表 9-2 所示的是经省略的 UNIX FULLSTIMER 运行指标，包含实际时间、CPU 时间、内存、OS 内存、转化数量、页面错误、无意识的上下文切换、组块输入操作。SAS 文档包括更多有关这些详细性能指标的信息。低效弯管周围的指标（从 350 万～ 450 万的观察数据）展示的是随着 SAS 从运行内存到虚拟内存的转换，最后再转而使用 CPU 这一过程中 I/O 的过程时间的大幅增加。

表 9-2 低效弯管 SORT 程序的 FULLSTIMER 运行指标

OBS	文件大小（MB）	时间（s）	用户 CPU 时间	系统 CPU 时间	内存	OS 内存	转化数量	页面错误	无意识的上下文切换	组块输入操作
3 500 000	482	29	17.96	5.59	675.36	706.1	41	0	666	0
3 600 000	496	30	18.68	5.86	694.56	725.3	41	0	602	0
3 700 000	509	31	19.27	5.76	713.76	744.51	49	1	712	32
3 800 000	523	33	19.37	6.34	732.96	763.71	49	9	553	352
3 900 000	537	39	20.11	6.98	747.37	778.11	49	200	717	6 552
4 000 000	551	35	20.29	7.96	766.57	797.32	49	47	987	2 640
4 100 000	564	36	21.4	7.41	785.77	816.52	49	39	962	2 128
4 200 000	578	98	20.36	14.87	806.54	837.29	97	5 663	2 546	338 608
4 300 000	592	190	13.03	31.83	825.74	856.49	249	35 156	3 744	1 213 088
4 400 000	606	264	9.91	20.46	844.94	875.69	185	21 417	3 077	836 704
4 500 000	620	15 679	0.02	521.79	864.14	894.89	1083	893 270	15 978	34 001 456

如图 9-4 所示，尽管低效弯管在观察数据到达 420 万左右时才会出现（这一点由运行时间的改变而决定），I/O 参数会在几个迭代运行之前就预测出 SORT 程序的失败。例如，当观察数据小于 370 万个时，页面错误与组块输入操作一直为 0，达到 370 万之后，二者才开始增加。考虑到这一情况，一个检测这些指标的质量保证过程可以对超出阈值的情况进行检测，进而终止该过程。这一技术在下面会进一步讲述。

如果对数据量增加所导致的效率低的影响因素无了解，利益相关者可能会误将运行缓慢归咎于网络或其他基础设施等方面。更糟的是，可能会接受性能下降的现状并对大数据的到来感到无能为力，而不是调查性能低的原因。实际上，只要采用几个步骤就可以移动或移除低效弯管，第一步就是进行压力测试以确认在某个 DATA 步骤、SAS 程序或其他过程中能够诱发效率低或故障的数据量。没有正确的压力测试——第 16 章会具体论述，那么当遇到低效弯管时将会是一件猝不及防的事情。为了减少低效弯管所带来的影响，利益相关者能够提供几个程序化与非程序化解决方式，可以使资源利用更加有效，使可分布式资源利用增加，或是能够获得更多的额外的系统资源。

■ 更加高效的软件——低效弯管展示的是效率的相对变化；其次，即使是在弯管左侧也有可能存在运行效率低的情况。例如，在图 9-4 中，在 SORT 程序中的某

个 WHERE 语句——在一些情况下——也有可能会降低观察数据的读取数量，进而降低 I/O 消耗并转换到弯管右边。

■ 增加基础设施——增加的基础设施包括增加硬件组件，并且采用可分布式 SAS 解决方案，如安装 SAS 网格管理器或是第三方解决方案，如 Teradata 或 Hadoop。通过增加系统资源或是增加相关资源的利用效率，可以使低效弯管向右移动，这样可以更加高效地处理大量的数据。

■ 分布式软件——如图 9-3 所示，当程序可以重叠或并行运行时，某个单一的 SAS 会话所呈现的资源负担可以分布到多个会话与处理器中。其次，当这一并行设计使数据量分布到各个会话中时，并不会改变低效弯管的位置，但确实会降低图中运行时间的位置，这是由于每一个独立的 SAS 会话的观察数据的数量的减少。

■ 数据控制器——一个数据控制器就是质量控制装置，可以基于一些如文件大小的标准来限制数据的输入。例如，如果一个明确的程序经过测试后证实，当处理的数据集大于 1GB 时，其处理效率会相对较低，在这种情况下就可以在 1GB 的位置安装一个数据控制器，以阻隔或分解文件（等待并行处理）达到防止效率低的情况出现。

图 9-5 所示为这些方法对运行效率产生的影响及低效弯管出现的情况。

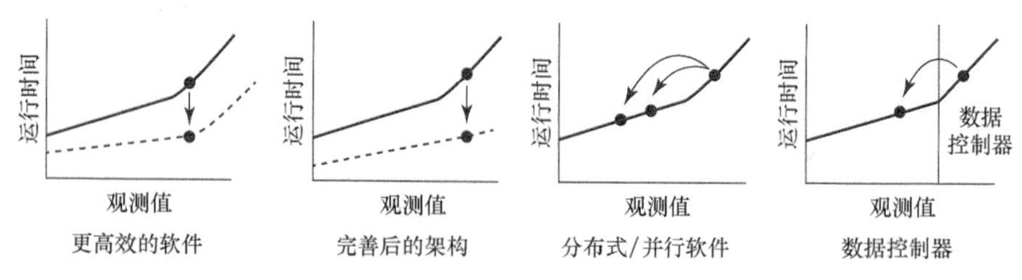

图 9-5　低效弯管解决方案

SAS 著作中对如何设计速度更快、效率更高的 SAS 软件的例子比比皆是，所以那些最好的示例在本章就不一一列举了。基础设施虽已经在前面简单论述过，但也不是本章的重点。并行处理与分布式方案已在第 7 章进行论述，而数据管理器会在下面内容中进行叙述。

数据管理器

正如安装在交通工具中的控制器用来限制速度超出既定阈值一样，一个数据管理

器可以限制特定程序中数据的速度，或者更简单地说是数据量。在低效弯管之前或是任何其他的位置可以随时使用数据管理器，如图 9-5 所示，以保证程序不会发生功能效率低或出现故障的情况。尽管数据量是影响性能的主要因素，其他因素也可以造成很大的变动。例如，如果其他耗费内存的程序正在运行，就可能会在数据量相对较少时产生运行或功能性错误，因为资源在很大限度上是受到限制的。第 10 章也展示了非程序化因素，如 SAS 界面在低效弯管位置上产生的影响。

一个数据管理器必须在第一次运行时就确定数据集的文本大小。下面的 %HOWBIG 宏包含 DICTIONARY.Tables 数据集中的以兆字节计算的文本大小。需要注意的是一个通用的返回码——全局宏变量 &HOWBIGRC 的生成是用来解决将来出现的异常处理情况。然而，具有稳健性的软件生产需要实施额外的管理环节——例如，为了确认某个数据集是否存在，并且不是由某单个程序独占锁定，因为这些都会造成 SQL 程序出现故障。

```
%macro howbig(lib=, dsn=);
%let syscc=0;
%global howbigRC;
%global filesize;
%global nobs;
%let howbigRC=GENERAL FAILURE;
proc sql noprint;
    select filesize format=15.
        into :filesize
        from dictionary.tables
        where libname=%upcase("&LIB") and memname=%upcase("&DSN");
    select nobs format=15.
        into :nobs
        from dictionary.tables
        where libname=%upcase("&LIB") and memname=%upcase("&DSN");
    quit;
run;
%if %eval(&syscc>0) %then %do;
    %let howbigRC=&syscc;
    %let filesize=;
    %let nobs=;
```

```
    %end;
%else %do;
    %let filesize=%sysevalf(&filesize/1048576); *convert bytes to MB;
    %let nobs=%sysevalf(&nobs);
    %end;
%if &syscc=0 %then %let howbigRC=;
%put filesize: &filesize;
%put observations: &nobs;
%mend;
```

这个例子中，在数据大约为 1GB 时会出现低效弯管，所以考虑到一些变异性，通过现有的逻辑条件将数据管理器设置在 0.9GB，具体可见以下编码：

```
%let governor=%sysevalf(1024*.9); * in MB;
%if %sysevalf(&filesize>&governor) %then %do;
    * subset the data here or perform other busines logic;
    %end;
* run process on full data set or data subset;
```

如果管理器遇到一个 1.25GB 的数据集，那么业务逻辑会指定先处理 0.9GB 的数据集再串联处理剩下的 0.35GB 的数据集——也就是在完成第一批处理后——或立刻开始一个并行程序。运用数据管理器的一个简单的方法就是通过 FIRSTOBS 与 OBS 语句，在系统读取数据之前先将数据集进行分离，这能有效地消除不必要的 I/O 过程。由于 FIRSTOBS 与 OBS 依赖于观察数据的量，而数据管理器和其他的性能质量控制是由文本大小控制的，那么对观察数据量的转换是很有必要的。

在这个例子中，下列编码展示的是拥有 100 万观察数据的 PERM.Mydata 数据集的创建，其中通过 %HOWBIG 宏访问的数据有 7.875MB。

```
libname perm 'c:\perm';
data perm.mydata (drop=i);
    length num1 8;
    do i=1 to 1000000;
        num1=round(rand('uniform')*10);
        output;
        end;
run;
```

如果压力测试显示效率在 6MB 之后开始大幅下降，这就证明数据管理器应该安装在 6MB 的位置。下列 %SETGOVERNER 宏使用 %HEWBIG 宏以确定文本大小与观察数据量，并且如果文本大小超过 6GB 的限制，那么 OBS 选项的值就会体现出来（以保证某个文本大小等于或小于 6MB）并在 &GOV 宏变量中先使用该选项。

```
* determines file size and provides the observation number for OBS;
%macro setgovernor(lib=, dsn=, govMB=);
%let syscc=0;
%global setgovernorRC;
%global governor;
%local gov;
%let setgovernorRC=GENERAL FAILURE;
%let governor=;
%howbig(lib=&lib, dsn=&dsn);
%if %length(&howbigRC)>0 %then %do;
   %let setgovernorRC=HOWBIG failure: &howbigRC;
   %return;
   %end;
%if %sysevalf(&filesize>&govMB) %then %do;
   %let gov=%sysfunc(round(%sysevalf(&nobs * &govMB / &filesize)));
   %let governor=(firstobs=1 obs=&gov);
   %end;
%if &syscc=0 %then %let setgovernorRC=;
%mend;
```

下列编码调用 %SETGOVERNOR 宏以确定应该读取到数据集的观察数据的数量。由于文本大小为 7.875GB，大于管理器限制的 6GB，因此，OBS 语句（在 &GOVERNOR 宏变量中进行的编码）就会确定只有 761 905 个观察数据应该读取到 Test 数据集。

```
%setgovernor(lib=perm, dsn=mydata, govMB=6);
data test;
   set perm.mydata &governor;
run;
```

为了测试这一计算方法的准确性，%HOWBIG 宏可以在 Test 数据集进行运行，进而产生下面的输出结果，即显示为现在确实只有 6GB, 与既定的管理器规定值相同。

```
%howbig(lib=work, dsn=test);
NOTE: PROCEDURE SQL used (Total process time):
      real time           0.00 seconds
      cpu time            0.00 seconds

filesize: 6
observations: 761905
```

在这个例子中，对数据子集大小测量的准确性是有保证的，因为数据集是通过标准化的过程建立的，所有观察数据的大小都是相同的。在更多的变量数据集尤其是异方差数据集中，每个观察数据的大小是与观察数据的数量密不可分的（例如，数据集的前半部分可能比后半部分更容易出现空白失效的情况），这一方法的精确度较低。然而在一些情况下，这种数据控制为限制某些程序的输入提供了有效的方法，以达到不会因为数据量大而产生运行或功能性故障。而且我们可以依靠业务逻辑在第一个处理程序完成之后再对被排除的剩下的观察数据进行并行或串联运行。

当不需要与内部检测进行对比时，数据管理器就是最有效的工具。例如，如果 DATA 步骤包含层级处理，并利用 RETAIN 或 LAG 函数，或需要观察数据之间保持交流，那么数据集不可能如此轻易地分离。在一些情况下，可以将第一个文本的最后一个观察数据复制到第二个文本中，这样就可以使两个数据集组块间保持连续性。在其他情况下，例如，将数据管理器放置在 FREQ 程序中，那么每一个 FREQ 程序的输出结果都需要经过 OUT 语句，随后再结合生成复合频率表。虽然复杂性、资源使用受到限制、效率低的问题时刻笼罩着大数据处理，但是数据管理器仍然是一个测量大数据的成本效益较高的程序化手段。

正如之前讨论的，%HOWBIG 宏不会探测出可能产生的异常，例如，一个可能会导致 SQL 程序发生故障的加密数据集的缺失或是带有专属关系。然而，%HOWBIG 可以通过 &SYSCC 全局宏变量找出基本的异常处理，检测一般的故障。如果没有检测到警告或“运行时错误”，返回码 &HOWBIRC 就会初始化为 GENNERAL FAILURE，并开始产生空缺值（没有故障出现）。%SETGOVERNOR 宏遵循的是同样的模式，但是因为它需要调用 %HOWBIG 作为一个子进程，%SETGOVERNOR 必须通过异常继承对 %HOWBIG 可能发生的故障进行动态处理。在模块化软件设计中需要用继承性来实现其稳健性，这一点在第 6 章已有所论述。

功能性故障

随着数据量持续增加，系统资源持续消耗，发生功能性故障的可能性也越来越大。SAS 软件可能会因一个“运行时错误”而终止运行，因为该错误会耗尽 CPU 周期或内存。在一些情况中，只要一到达低效弯管，就代表运行速度会大大降低而程序的效率也会变得较低。在其他情况中，可能不会发生低效弯管，但会产生性能故障，这是由于运行时间超过了文件所需的既定的限制值。然而，在其他情况中，一些程序由于“运行时错误”而出错，这是因为没有性能衡量指标（除了可能会检测不到的 FULSTIMER 指标）。

图 9-6 所示为当数据量为从 10 万个增加到 500 万个的观察数据时 SORT 程序的性能。在一个支持软件开发生命周期（SDLC）原则的开发环境中，载入测试会展示在预测载入为 200 万个观察数据时程序的性能情况。然而意识到数据量可能会随着时间而增加时，就会对逐渐增加的数据量进行额外的压力测试，以确定发生性能或功能性故障的位置。

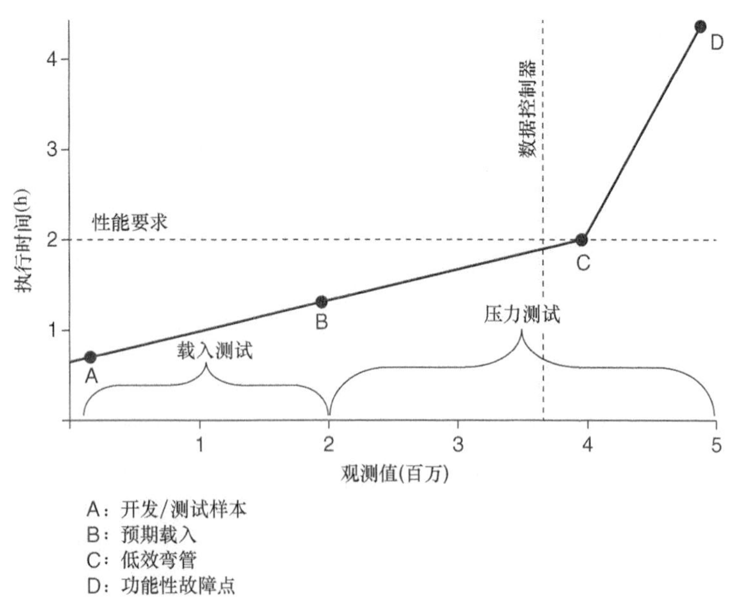

图 9-6 效率曲线

如果通过压力测试可以确认并展示低效弯管，那么对于运行时间与资源消耗的性能要求应该建立在低效弯管位置的下方。当遇到非常大的数据集时，为了保证不超过该阈值，可以安装一个数据管理器，防止发生性能或功能性故障。图 9-6 所示为支持运行效率的因素的布局。

即使拥有丰富的技术条件、强大的质量控制措施（如数据管理器），并且对系统资源的密切监控，SAS 程序在处理大数据时也有可能因为资源消耗而产生故障。因此，软件制作也应该在异常处理的框架内支持容错性程序，检测所有受到警告与发生“运行时错误”的终结程序，这可以分辨出由于资源限制产生的故障错误。返回码的使用与全局宏变量的错误编码（如 %SYSCC 与 &SYSERR）都增加了不安全的风险。这一点在第 3 章与第 6 章进行了详细论述。

数据速度

数据速度表示数据经过处理或累积时的速率。按照这一说法，当速度增加时，数据量往往也会增加。然而也可以用速度来描述数据所需要处理的快慢程度。如果以数据驱动的速度和以条件驱动的速度同时增加，则会造成性能与功能性故障。

如果数据以较快的速度进入一个系统，就会使数据驱动的速度增加。如果数据每隔一段时间 (如 15 分钟) 进行批量处理，那么增加的速度可能会使这些组块的容量变大，因此，在这一方面该速度又可以代表增加的数据量。根据前面所述，数据量为 SAS 带来了严峻的挑战。当实际数据速度增加时，并不会发生功能性故障，只有在某些程序的条件增加时才会发生。例如，一个 ETL 程序的初始规定是每小时运行一次，然而现在客户需要每 15 分钟运行一次，这就意味着 15 分钟处理的数据会减少，且处理过程必须在 0.25 小时内完成。而在条件驱动的状态下，面对的挑战与其他的可扩展问题一样，即在规定的一段时间内需要处理的数据量巨大。

用速度作为指示器

在规划与设计期间，对于最后能够承载的数据量至少会有一个粗略的概念。在一些数据分析开发环境中，当数据还在停止阶段时其速度为 0，例如，开发出的临床试验软件用作对某个研究案例进行分析，该案例处于已经完成采集而数据没有汇总的阶段。然而在其他情况中，以一定的速度进行数据积累，有助于预测未来的数据量，例如，开发出的临床试验软件来对某个纵向研究进行分析，该研究容量预计在未来 5 年内会持续增加。我们可以将数据速度用来建立载入测试参数，以此确定性能条件能否满足整个软件生命周期阶段。如果初始数据集有 10 000 个观察数据并预计每年会递增 10 000 个观察数据，因此，性能要求需要预期文本大小能够容纳 50 000 ~ 60 000 个观察数据。

这种适度的文件大小不会发生任何明显的性能下降，所以在这个例子中不用对数据量与速度有太大的担忧。但是在数据量不稳定的环境中，可以在有精确的数据量的条件下，利用数据速度来推动进行准确的载入与压力测试。这一信息对于利益相关者十分重要，可以帮助他们预测软件或硬件的更新，以保证满足软件性能的需要。

为了继续图 9-6 所示的例子，某些程序中的当前数据量为 200 万个观察数据。如果利益相关者进一步确定数据量大约会以每年 100 万的速度递增，那么他们就可以预测该程序的运行仍会十分高效，并会维持现有的两小时运行时间的性能条件。然而，如果数据速度没有增加，就会由于数据量的增加使条件花费越来越多的时间而造成性能或功能性故障。这就强调了在软件开发生命周期阶段建立预期的软件生命周期的重要性。

能够预测未来软件的性能对于敏捷（Agile）软件开发环境是十分有益的，利益相关者旨在通过迅速的发展来逐渐开发软件，使其能够以较小的组块传递业务价值。一个满足性能需求的 SAS 初始程序可以迅速地开发并投入使用，如果能够理解后续递增的数据量，就会提高软件的性能，以满足未来数据量持续增加所需要的性能需求。经提升的软件需求以促进随时间有所提高的性能要求等问题在第 7 章已经有所论述。

图 9-7 所示为数据量与速度在支持敏捷（Agile）开发的有效发展方面所发挥的作用。在这个例子中，第一个迭代期中所使用的初始化解决方法能够满足在两小时内完成运行的性能要求，但是当数据量增加到约为 250 万时就开始达不到这一要求了。因此，软件在第二个迭代期进行了调整以达到更高的性能，对预期的运行功能进行转换（之前通过载入与压力测试后所预计的值）。在第三个迭代期进行又一次重构之后，软件的性能提升到了一定的高度，能够达到 500 万个观察数据的性能要求，这给了利益相关者们充足的时间决定怎样解决遇到的潜在挑战。其次，敏捷（Agile）开发使 SAS 开发者们能够迅速创建出一个解决方案以应对紧急的性能条件，并使开发者们能够时刻关注未来与最后的性能要求，使软件能够满足更大的数据量。这种前瞻性意识是软件重构与扩展的目标，这一点将在第 18 章进行详细论述。

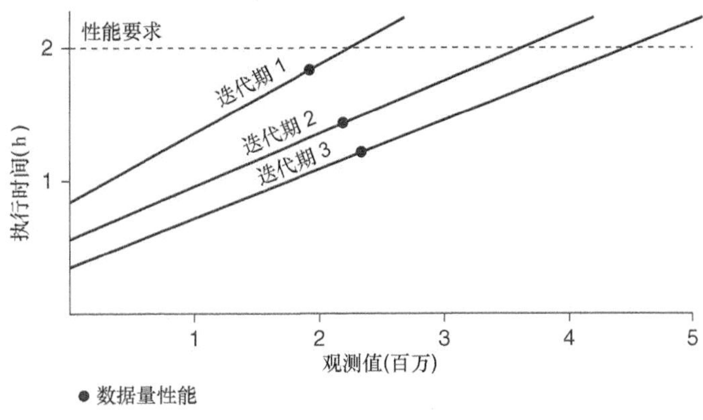

图 9-7　增量重构以支持软件性能提升

可扩展特异性

加载量可扩展性经常用来分析“运行时错误”（由于运行时间的增加）或功能错误（由于系统资源的消耗）的原因，然而增加的数据量同样可以间接地导致特异性结果、“运行时错误”或其他故障。这进一步强调了将所有生产的软件进行压力测试的必要性，以此确定何处的语法应该更加灵活，以适应业务逻辑或 SAS 系统的阈值变换。

无效的业务逻辑

无效的业务逻辑本质上相当于 SAS 开发者在软件设计阶段不能预测较高数据量背后的含义而产生的错误。失效模式是无止境的，但是当观察数据量超过预设的限制值时，就会产生例外。例如，下列编码模仿的是输入过程（随着数据量的增加）以及之后的过程。

```
libname perm 'c:\perm';

* simulates data ingestion;
data perm.mydata;
    length num1 8;
    do i=1 to 1000;
        num1=round(rand('uniform')*10);
        output;
        end;
run;
```

```
* simulates later data process;
filename outfile 'c:\perm\mydata_output.txt';
data write;
    set perm.mydata;
    file outfile;
    put @1 i @4 num1;
run;
```

这一输出过程显示的是当数据集包含的观察数据小于 100 时，第二个程序的运行就十分高效，但是当超过这一阈值时，数据不再受到空间的限制并且不易察觉，在 1 000 个观察数据的位置，当数据被重写时，就会发生功能性故障。

```
1  4
2  1
3  4
...
9  1
10  7
11  6
...
99  0
1008
1013
```

像这样的逻辑错误很容易修正，但很难被检测。然而，如果没有执行载入与压力测试，或是不能查明潜在的软件缺陷，这些错误就可能被忽略。

SAS 应用阈值

正如其他软件语言一样，在 SAS Base 语言中也存在程序化的限制。例如，变量命名规范指定可辨认的带有字母、数字的字符可以用于 SAS 变量名中，并且最长的名称也可以用于 SAS 变量、宏变量、库与其他元素。在 SAS 9.4 变量名标准（V7）下，数据集变量名与宏变量名的长度规定在 32 个字符内。其次，如果变量名通过宏语言动态建立而成，或名称包含递增的数字，并且这些数字使变量超过 32 个字符，就可能导致故障。许多有关 SAS 阈值的细节在《SAS 9.4 语言参考概念 :（第 5 版）》中有所描述。

然而有关 SAS 语言的其他限制并没有与此相关的书籍，而且只能够通过试验

与错误才能够发现——即当软件一直运行良好，忽然且毫无预期地发生故障的时候。例如，在一个数据集中经常用来确定观察数据量的方法就是利用 SQL 程序中的 COUNT 语句来建立一个宏变量。下列输出结果展示的是 PERM.Mydara 数据集拥有 1 000 个观察数据。

```
proc sql noprint;
   select count(*)
   into :nobs
   from perm.mydata;
quit;

%put OBS: &nobs;
OBS: 1000
```

尽管这一方法缺少稳健性（因 SQL 程序会遇到“运行时错误”而失败如遇到数据集不存在、数据集为密钥状态或不含任何变量等错误），但若这些异常情况被异常情况处理程序检测并处理，它还可以作为一个宝贵的工具。然而随着数据量的增加，当默认的 SAS 变量模式从标准计数法向科学计数法转换时，可能会发生另一个异常情况。在标准计数法中 1 000 万就是 10 000 000，而在科学计数法中 1E8 代表的是 100 百万。

```
%put OBS: &nobs; * for 10 million observations;
OBS: 10000000
%put OBS: &nobs; * for 100 million observations;
OBS: 1E8
```

这一计数法的转换可以摧毁 SAS 的逻辑条件以及其他程序，产生异常的结果。例如，如果不使用%SYSEVALF 与组合值进行对比，那么比较操作使用的就是字符——而不是数字——这就会导致科学计数法产生错误的结果。

```
* equivalent values in standard and scientific notation;
%let nobs_stand=100000000;
%let nobs_sci=1E8;

%macro test(val=);
%if &nobs_stand<9 %then %put standard notation: 100000000 is less
   than &val;
%else %put standard notation: 100000000 is NOT less than &val;
%if &nobs_sci<9 %then %put scientific notation: 1E8 is less &val;
```

```
%else %put scientific notation: 1E8 is NOT less than &val;
%mend;

%test(val=9);
standard notation: 100000000 is NOT less than 9
scientific notation: 1E8 is less 9
```

1E8 的位数不能超过 9 位，但当使用字符比较时，就会发生错误，这是因为 SAS 仅仅评估第一个字符，1<9。%EVAL 函数的作用是使宏语言与普通任务中的数字比较——即直到出现科学计数法为止。

```
%macro test(val=);
%if %eval(&nobs_stand<9) %then %put standard notation: 100000000
is less
    than &val;
%else %put standard notation: 100000000 is NOT less than &val;
%if %eval(&nobs_sci<9) %then %put scientific notation: 1E8 is
less &val;
%else %put scientific notation: 1E8 is NOT less than &val;
%mend;

%test(val=9);
standard notation: 100000000 is NOT less than 9
scientific notation: 1E8 is less 9
```

但是，科学计数法又一次失效了，而现在是有不同的原因。%EVAL 函数并不能辨别科学计数法，并且会视此为从字符值到数值进行转换的尝试。这一点在下列输出结果中有所展示，即当 %EVAL 函数用作记录标准与科学计数法。

```
%put standard: %eval(&nobs_stand);
standard: 100000000
%put scientific: %eval(&nobs_sci);
ERROR: A character operand was found in the %EVAL function or %IF
condition where a numeric operand is required. The condition
was: 1E8
scientific:
```

这一故障可以通过使用能够识别科学计数法的 %SYSEVALF 函数取代 %EVAL 函数来消除，现在，与预期一致，该程序可以对标准计数法与科学计数法进行精确读取与功能评估。

```
%macro test(val=);
%if %sysevalf(&nobs_stand<9) %then %put standard notation:
100000000
    is less than &val;
%else %put standard notation: 100000000 is NOT less than &val;
%if %sysevalf(&nobs_sci<9) %then %put scientific notation: 1E8 is
    less &val;
%else %put scientific notation: 1E8 is NOT less than &val;
%mend;

%test(val=9);
standard notation: 100000000 is NOT less than 9
scientific notation: 1E8 is NOT less than 9
```

尽管如此，在使用时并不经常用到 %SYSEVALF 函数，并且其很多功能都可以用 %EVAL 来替代，随着数据量的增加，%SYSEVALF 函数可以用来保证科学计数法的精确测量过程。另一个可行的解决方法是在 SQL 程序中将“FORMAT=15”加入到 SELECT 语句中去，正如之前在“管理器”章节展示的一样。这两个方法的二元性在第 1 章中进行了详细论述。

SDLC 的可扩展性

在 SDLC 中可扩展性所发挥的作用已在“加载量可扩展性”部分重点进行了介绍，展示了可扩展性应该是软件制作中计划内的因素而并不是毫无预期而产生的事物。通过载入测试与压力测试，SAS 开发者应该能够展示出所测试软件相对确定的性能与效率。通过稳健性设计可以避免使数据管理器与其他控制器的效率降低的情况，而容错性设计在无法对软件进行测量的情况下能够探测并应对其所遇到的“运行时错误”。软件的可靠性在遇到大数据时并不会降低。

在 SDLC 中尽早了解预期的加载量可扩展性的最重要原因之一就是，其可以提醒利益相关者做好未来可能采取行动的准备，以保证能够持续达到软件的性能目标。例如，如果 SAS 软件所展示的是，只有有限的能力来测量未来可能达到的较高数据量，利益相关者就可以讨论是使用程序化方法（如通过并行处理增加软件的需求可扩展性）还是非程序化方法（如购买额外的硬件以及一个 Teradata 许可）以及何时使用已经获准的方法。

可扩展性要求

本章已经阐述了可扩展性的 3 个层面，因此需求文档不必再陈述如何获得可扩展性，而是获得什么样的性能。其中的一个条件可能会规定 SAS 程序的后端必须在 10 分钟内完成处理 1 000 万个观察数据的任务，在 15 分钟内完成处理 1 200 万个观察数据的任务，这就展示出随着数据的增加，可扩展性的性能表现。实现这些目标既可以通过提升程序化方法又可以通过提升非程序化方法，还可以将这两种方法结合。当实施已提升的性能条件时，这些条件可能会规定若干年后不能再容纳较高的速率和数据量或是达到现在所增加的数据处理水平。

显而易见，在前端程序中可扩展性是十分必要的，因使用者可以明确地等待某些任务的完成。前端程序所设置的条件通常规定，当数据量扩大到一定水平时，性能必须保持不变。例如，某项条件规定处理少于 1 亿个观察数据时必须在 2s 内完成。当可扩展性条件强制规定运行时间不能明显提升——尽管是在增加载入的情况下——解决方案通常包括扩展资源或扩展需求，必须实施这些方法以实现运行目标。

需要注意的是在所举的这两个条件示例中，其最大化的阈值已经确立，这有效地限制了软件项目的范围与数据量或速度。如果没有这一限制，SAS 开发者将不知道如何计划或评估软件的可扩展性，其中就包括设置载入与压力测试限制的位置。尤其是当设计一个 SAS 程序来处理数据流或其他第三方数据资源时，需要非常谨慎地设置需求文档中的数据流与速度等限制阈值，因此，SAS 开发者需要理解软件的工作范围与整个运行限制条件。

需求文档还需确定当遇到异常文本时所应该采取的行动——即当遇到超过数据量或速度限制的情况。例如，如果接收的数据集超过 1GB，那么第一个 10 亿字节作为子集并进行先行处理，之后原数据集的剩余子集便可以依次进行串联处理。这一规定阐明，当所设计系统的扩展超出数据限制时，并不应当由开发者负责。然而另一个代换条件可能会规定当数据集超出所规定的阈值时，可以通过采取一个复杂的、分布式的、“分而治之”的方法对所有数据进行并行处理。这两个大不相同的方法也需要不同的开发（与测试）条件来实施，而且还需要特别注意既要明确规定软件如何处理大数据的方式，还有面对特大数据时的异常处理手段。

可扩展性评估

本章的目的是展示可扩展性作为一个度量值，并用运行时间来代表的软件功能。图 9-1、图 9-4 与图 9-6 所示都是通过载入与压力测试的软件的载入性，进而提升在发生运行与功能性故障时的精确测定。这是评估可扩展性的一个最常见的方法，在无法利用较大数据点的情况下，可扩展性可以用作一个二分式结果——例如，一个过程正在成功处理 4 000 000 个观察数据，但是在处理第 5 000 000 个数据时发生了内存耗尽、出现故障的情况。二分式评估最大的缺点就是它们缺乏可以预测的能力。例如，当只收集两个数据点时——只有一个成功而另一个产生故障——随着数据量的增长，开发者不可能建立趋势模型来对性能或功能性进行预测。

因此，当在脑海中设计软件的可扩展性时，随着系统载入有条不紊地增加，载入与压力测试应该能够预测软件的运行时间。这些测试能带给 SAS 开发者自信以使软件能够达到现在与未来的性能条件，并且阐明一些特殊故障，如之前在“可扩展性意识”部分论述过的例子。

然而我们通常可以通过评估运行时间来对加载量可扩展性进行预测，通过询问记录在 FULLSTIMER 宏中的系统资源就可以获得整个软件性能的全貌。这些指标可以提供非常宝贵的信息，例如，软件使用程序化方法的益处（如分布式处理或是非程序化方法，如增加推荐的硬件）。

接下来要讲什么

前两章对软件效率与软件速度进行了区分，而本章对在载入量增加的情况下如何运用质量特征对软件性能进行预测并测量进行了展示。第 10 章将要对软件的可移植性进行论述，旨在分离的 SAS 环境、界面、版本以及处理模式中实现功能性与性能的对等。可移植性能使 SAS 系统对环境因素进行动态应对，并且在多样化的格局中推动软件的运行，而且可移植性还是将软件普适性最大化的关键因素。

10

Chapter

第 10 章 可移植性

“救护车里为什么有砍刀？”而不是“你们有携带肾上腺素吗？”当我们在救护车后方处理疑似过敏反应之后，我的第一个问题就是质疑在滑门内放有折叠砍刀的合法性。

如果您是消防员，您到任何一个城市，特别是在海外，第一站都是当地的消防站。

然而，作为一名游客，当半天志愿者并不罕见。不知为什么，我发现自己到达危地马拉安提瓜这座城市后，在 Bomberos Voluntarios（志愿者消防部门）做了将近一个星期的志愿者，离开后放松了许多……

这个基本只说西班牙语的小集体很欢迎我的到来，也许是因为安提瓜这个城市有很多游客，尤其在给美国游客治疗刀伤或者车祸伤的时候，当他们听到救援人员讲英语，他们可能会更安心。我并不希望总能明白其他消防员或病人的意思，但我觉得至少大家接受的紧急医疗训练在工具、技术和规程上应该都差不多。但事实并不总是如此。

爬上小型货车的后面——哦，是的，救护车是一辆克莱斯勒小型货车改装的——砍刀的锋芒率先引起了我的注意，但惊奇之处远非如此。

车上既没有门闩也没有锁，所以安全带一端被绑在车内地板上的金属搭扣上，另一端被绑在车上——这样，仅通过扣住安全带就可以固定后门。

然而，车液压仍然以某种方式起作用，所以当门必须从外部关闭时，安全带只能从内部固定（以保证门的安全），这很适合两名乘客表演一些有趣的杂技。

当然，安全带会保留几英寸（1 英寸 =2.539 厘米）的间隙，所以当我们穿过安提瓜的鹅卵石街道时，门不停地弹起来，嘎嘎作响。因为担架没有固定在救护车上，所以我的一部分工作就是务必让病人放心，我会保护他们，防止他们从救护车后面滑出去。

开始静脉滴注——当然这是任何语言的共通术语。请不要在颠簸的鹅卵石街道上进行静脉滴注，而要在靠边停车的时候进行。救护车上有氧气，但是有人建议我们不要使用它（在几乎所有情况下），因为氧气瓶只能在距离一小时车程远的危地马拉城重新装满。大部分供给都是通过来自美国和欧洲的捐赠，所以我们没有视之为理所当然，而是尽全力节约胶带、纱布、绷带和其他一切物品。天然气是最稀缺的资源，每一台我所用过的设备都显示没有天然气——只够从城镇到医院再返回到消防站。这里没有超市，也绝对不会有出来兜风的，在闹市也绝不会出现一些表演，而这些在美国是非常常见的。

虽然我的绝大多数技能和受到的培训与该地是共通的，但这里的环境、需求和设备有时与我以前见到的有所不同，所以我只需要耐心等待一下，等待有人指导。尽管有很多差异，但当我整晚帮着把消防员徽章分发给消防员毕业生时，我确信我的自豪感与他们并无不同。

关于砍刀的问题又是怎么回事呢？虽然我问了消防站的每个消防员，但答案几乎都是“小心”或者“为什么我们不能在救护车上放把砍刀”。

■■■

我经常认为美国紧急医疗服务提供护理是理所当然的。尽管协议和设备有略微差异，但治疗方式大体上是按标准化来的，患者在世界其他有护理服务的地方都不会觉察到护理水平有何差异。在单一环境中工作的 SAS 从业人员也可能永远不会遇到本章讨论的系统和环境变化问题。

我在美国接受的大部分医疗培训可以直接在危地马拉运用。毕竟，在摩托车事故后，只有那么几种固定手臂或包扎伤口的方法。Base SAS 语言在两种环境之间也是极其便捷的，在绝大多数情况下，在一个环境中编写的软件将在另一个环境中同样可以运行。

然而，在其他情况下，医疗方案可能不一致或设备不可用，但我们还是运行了。有一次，在托盘比赛中，有个人摔倒后，我们把病人抬到救护车的轮椅上。这个比赛是在一条鹅卵石小道上冲刺，道路两旁站着服务员和调酒师，他们必须单手举着一托盘饮料。解决方案是有效的。

尽管环境多样，软件可移植性的类似意图还是提供等效的功能。这一点在当 SAS 软件可以检测其环境并给予动态响应时可以实现。

有时我们无法复制设备，例如，在救护车内不能随车携带脉搏血氧仪，所以重要器官不会达到氧气饱和的状态。SAS 软件也会遇到无法完成某些功能或任务的情况，但应将这些情况视为例外进行检测和处理，而不是让软件无端出现故障。

抛开一切情况不谈，无论我们面临的是什么环境因素的阻碍，我在 Bomberos Voluntarios 工作的目标仍然是尽可能提供最高标准的护理。软件可移植性也是为了达到这样的目的——克服多变的环境，获得等效效果，实现全部或部分商业价值。

可移植性的定义

可移植性是指系统或组件可以轻松地从一个硬件或软件环境转移到另一个硬件

或软件环境。作为国际标准化组织（ISO）软件产品质量模型的可移植性子组件，软件可移植性描述了软件在不同环境下等效运行的能力。变异性可以体现在硬件、操作系统（OS）、基础设施（如网络、文件夹结构）、SAS 应用（如界面、版本、可用组件、兼容性选项）或 SAS 处理模式（交互式、批处理）中。

除了几个例外，Base SAS 能够在各种环境之间自然移植，而无须修改代码，而且这种灵活性在第四代语言（4GL）中也是可以实现的，第四代语言的主要目的是删除环境特定性的代码，因为这些代码必须由开发人员进行修改。环境多变性的众多维度的复合效应可能导致 SAS 软件功能性或性能方面罕见但出乎意料的结果。因此，在软件中实现可移植性有效地验证了软件已经在特定环境下进行了测试，并且可以将其安全地转移并在与其相同的、测试过的环境中运行。

本章介绍可移植性的几个维度，可以有效地扩大 SAS 软件的目标受众，使 SAS 软件在更广泛的环境中也可行。即使在相对稳定的开发环境中，人们也在寻求可移植性，因为它可以促进软件在不同的开发、测试和生产环境中运行并且无须修改，从而防止维护单独代码库的低效率。当开发、测试和生产环境可以达到运行相同软件的程度时，代码的可维护性将大大提高。

深层解读可移植性

可移植性是指软件产品可以从一个环境转移到另一个环境的程度。在 ISO 软件产品质量模型中，可移植性特征包括 4 个子特性：可移植性、可安装性、适应性和合规性。可移植性是本章的重点，通常反映了软件在两个或多个环境中运行的容易性、效率和有效性。人们经常通过将软件分成有作用和无作用来定义可移植性。然而，如本章所述，可移植性的等级可能存在，特别是软件功能在系统之间是可移植的，但性能差异很大。

可安装性是指软件产品在特定环境中成功安装和卸载的程度。可安装性可以促进软件“解包”其环境，包括所需的基础设施、文件夹和文件，并且通常使用户能够在初始化期间适当地自定义软件。通常，在文献中，可移植性和可安装性定义为静态性能属性（因此也是内部软件质量的特征），因为代码检查可以演示旨在移植软件的环境。然而，由于可移植性和可安装性故障是通过软件运行（而不是检查）进行演示的，因此，在本书中它们被包含在动态性能要求中。

适应性被定义为灵活性的同义词，是指软件产品对不同特定环境的适应程度，在这些特定环境中，除了为所考虑的软件提供操作或手段外，其余情况下不得提供。本书引用了灵活性，主要是因为它在支持软件稳定性、复用性和可扩展性方面发挥的作用。可移植性依从性在本书中未进行讨论，它是指软件产品遵守于可移植性相关的标准或惯例的程度。

虽然互操作性归结于 ISO 软件产品质量模型的兼容性质量特征，但它可以与可移植性密切联系并定义为软件产品可以与一个或多个其他软件产品协同工作的程度。SAS 应用程序展示了其能力中与第三方软件产品进行界面的互操作性，该互操作性包括驱动器、应用程序界面和数据库。互操作性在本书中没有进一步讨论。

3GL vs 4GL 可移植性

软件可移植性无处不在，以至于被广泛忽视并且其存在被认为是理所当然的——这就是目的。每当我早晨醒来，甚至在睡觉之前，我都会在手机上用谷歌搜索来查看天气和新闻。几分钟后，我会打开笔记本电脑，在开车上班前用谷歌地图查看一下交通情况。在工作中，我可能又用了一台不同的计算机，也可能是一个不同的互联网浏览器，但是用同样的谷歌界面可进行无数次搜索。世界各地的数百万人在各种设备和界面上使用相同的网络应用程序，由于软件可移植性，所有人都具有类似的经历。没有这种可移植性，应用程序的用户体验可能会因互联网浏览器、硬件、设备和其他环境特性而发生巨大变化。

数据分析软件通常与传统软件应用程序不同，因为开发的解决方案旨在满足生态位分析要求而不是广泛传播。SAS 从业人员通常不会购买 SAS Enterprise Guide 来开发软件，然后尝试将该软件推广到原来的用途或环境之外。SAS 软件可能在一个组织内共享和重复使用，有时通过专利和技术白皮书更广泛地传播，但它与应用程序在开发本质上不同，因为广泛的传播和使用并不是其目标。

第四代（4GL）语言本质上比第三代语言（3GL）的可移植性更加突出。4GL 较少关注资源管理，更多地关注功能。因此，Base SAS 被设计为在其运行的硬件的广度上提供类似的服务，所以在一个环境中运行通用线性模型或 GLM 过程将和在其他环境中有等同的运行效果。当利益相关者购买 SAS 应用程序时，他们期望编写的 SAS 软件无论运行的环境如何，功能都是相同的。

因此，SAS 从业人员面临的可移植性阻碍比 3GL 开发人员遇到的要少得多，并且在许多情况下他们都可以忽略它们正在运行所处的环境带来的影响。在一个系统上编写的大多数 SAS 软件将在另一个系统上运行。然而，在 SAS 开发中可移植性常常会被忽略，直到检查出功能或性能缺陷或者可移植性成为罪魁祸首，这个问题才会被认真思考。下面定义了 SAS 环境的总体维度，这可能会给 SAS 从业人员带来可移植性挑战。

可移植性的方方面面

可移植性旨在克服系统之间存在的功能性和性能差异，差异存在的原因是 SAS 环境中的各种环境属性会发生变化。这些属性可以包括以下几种：

- OS——如 Windows、UNIX；
- SAS 界面——如 SAS Display Manager、SAS Enterprise Guide、SAS Studio；
- SAS 处理模式——如批处理或交互式；
- SAS 版本——如 9.3、9.4；
- 许可的 SAS 组件——如 SAS/GRAPH、SAS/STAT、SAS/ACCESS；
- SAS 环境可移植性——SAS 本地安装，包括文件夹和文件组织、SAS 选项以及自定义配置文件；
- SAS 数据——数据集文件格式；
- SDLC——例如，包含开发、测试和生产阶段的独立环境。

讲述以下内容的目的不是详细列出可能存在的所有关于可移植性的挑战。相反，它们展示了 SAS 从业人员应该了解的环境方面的因素以及这些环境方面的因素可能带来的可移植性挑战。

OS 可移植性

绝大多数 Base SAS 语言在诸如 Windows、UNIX 和 z / OS 之类的操作系统环境中都运行相当。实际上，大多数基于 SAS 的技术文档都包含在与 OS 无关的文献中，如《SAS 9.4 宏语言参考》(*the SAS 9.4 Macro Language Reference*)、《Base SAS 9.4 程序指南》(*Base SAS 9.4 Procedures Guide*)、《SAS 9.4 函数和调用参考》(*the SAS 9.4 Function and Call Routines: Reference*)。这些文献纲要展现了 Base SAS 可移

植性的优点，因为 SAS 从业人员几乎不会基于其开发的 OS 做出纲领性的决策，因此在很大程度上以及在大部分数据分析开发中，OS 可以被忽略。

在某些情况下，SAS 架构、执行、语法及代码运行方式在不同的环境中确实会体现出特异风格，因此，除了广义的 SAS 软件文献，SAS 还创作出 OS 专用文献，例如，《适用于 UNIX 环境的 SAS 9.4》(*the SAS 9.4 Companion for UNLX Environments*)，或者《适用于 Windows 环境的 SAS 9.4》(*the SAS 9.4 Companion for Windows*)。由于 Windows 是安装 SAS 客户端软件的常见系统，并且因为 LINUX/UNIX 在服务器环境中是常见的，并且支持 SAS University Edition，因此 SAS 从业人员有时可能会注意到这些 OS 之间缺少了可移植性。

Windows 和 UNIX 中的大写

无论 OS 环境如何，SAS 应用程序对其 SAS 代码的大小写不敏感。即使是诸如程序、函数和 SAS 全局宏变量之类的保留字也不需要在某些语言中大写。例如，尽管 SAS 程序 SORT 和 MEANS 在本书中被大写，但它们并没有在代码在示例中大写。Windows 环境与 SAS 应用程序类似，都不区分大小写。但是，UNIX 要求大写。因此，当 SAS 软件必须通过 I/O 函数或环境变量与其环境进行交互时，这种差异会导致 SAS 软件出现故障。例如，以下代码将检索 SASROOT 操作环境变量，以显示 SAS.exe 运行文件的位置。该代码在 Windows 和 UNIX 环境中运行，因为 SASROOT 已经大写化。

```
%put %sysget(SASROOT);
C:\Program Files\SASHome\SASFoundation\9.4
```

然而，当 SASROOT 不大写时（可能是某些 SAS Windows 环境中的常见做法），代码在 UNIX 中被运行时会因为“sasroot”无法识别而出现错误。

```
WARNING: The argument to macro function %SYSGET is not defined as
a system variable.
%put %sysget(sasroot);
```

一个能够克服这一缺陷的简单、直接的方法是将环境变量大写，以确保可移植性。例如，SAS University Edition 使用默认 folder/folders/myfolders/(全部小写）作为 SAS 环境的根目录。以下 LIBNAME 语句成功地将 LOWER 库分配到此位置。

```
libname lower '/folders/myfolders/';
NOTE: Libref LOWER was successfully assigned as follows:
     Engine:         V9
     Physical Name: /folders/myfolders
```

然而，以下库分配在 SAS University Edition 由于其大小写不一致出现错误。

```
libname lower '/folders/MyFolders/';
NOTE: Library LOWER does not exist.
```

因此，在某些情况下，Windows 用户在将软件从 Windows 移植到 UNIX 时可能会遇到“运行错误”。

SAS 界面可移植性

SAS Display Manager、SAS Enterprise Guide 和 SAS Studio 代表单独的 SAS 界面，用于编译和运行 Base SAS 软件。本书中统称为“SAS 应用程序”，这些独特的界面可以显示功能性和性能的微妙差异。例如，SAS 环境宏变量可以在一个界面内被唯一分配，并且在所有界面中都不可用。诸如软件速度等性能特征在 SAS 界面之间也可能有很大差异，而且由于 SAS 从业人员最常用单个 SAS 界面，所以这些性能差异可能不会被广泛认识。

环境变量

SAS 环境变量可能会因 SAS 界面而异。例如，当打开新的 SAS Display Manager 会话时，不会有全局宏变量的初始定义。这可以通过提交以下代码被证明，它不产生输出。

```
%put _global_;
```

但是，在 SAS Enterprise Guide 中，输出是非常不同的：

```
%put _global_;
GLOBAL SASWORKLOCATION "C:\Users\stud\AppData\Local\Temp\
   SEG17308\SAS Temporary Files \ _TD15952_COMPUTADOR_ \ Prc2 /"
GLOBAL _CLIENTAPP 'SAS Enterprise Guide'
GLOBAL _CLIENTAPPABREV EG
GLOBAL _CLIENTMACHINE 'STUD'
GLOBAL _CLIENTPROJECTNAME ''
```

```
GLOBAL _CLIENTPROJECTPATH ''
GLOBAL _CLIENTTASKLABEL 'Program'
GLOBAL _CLIENTUSERID 'stud1'
GLOBAL _CLIENTUSERNAME ''
GLOBAL _CLIENTVERSION '7.100.1.2805'
GLOBAL _EG_WORKSPACEINIT 1
GLOBAL _SASHOSTNAME 'stud'
GLOBAL _SASPROGRAMFILE
GLOBAL _SASSERVERNAME 'Local'
```

当从 SAS University Edition 提交时，代码再次生成一些完全不同的 SAS 环境变量。

```
%put _global_;
GLOBAL BASEDIR /folders/myfolders/
GLOBAL GRAPHINIT
GLOBAL GRAPHTERM
GLOBAL OLDPREFS /folders/myfolders/.wepreferences
GLOBAL OLDSNIPPETS /folders/myfolders/.mysnippets
GLOBAL OLDTASKS /folders/myfolders/.mytasks
GLOBAL STUDIODIR /folders/myfolders/.sasstudio
GLOBAL STUDIODIRNAME .sasstudio
GLOBAL STUDIOPARENTDIR /folders/myfolders
GLOBAL USERDIR /folders/myfolders
GLOBAL _BASEURL http:localhost:10080SASStudio
GLOBAL _CLIENTAPP SAS Studio
GLOBAL _CLIENTAPPVERSION 3.4
GLOBAL _EXECENV SASStudio
GLOBAL _SASPROGRAMFILE
GLOBAL _SASWSTEMP_ foldersmyfolders.imagescda3fc30dc864cf9a17bbd
7afcad3d83
GLOBAL _SASWS_ foldersmyfolders
```

这些差异似乎无关紧要，直到你编写的软件被设计为跨不同 SAS 界面移植，就必须依赖于这些变量中的一个或多个。考虑到获取 SAS 程序被保存的当前文件夹这一任务，它看似简单但实际上很复杂，因为 SAS Display Manager、SAS Enterprise Guide 和 SAS University Edition 每个都使用不同的方法来获取此环境变量。要想运行，

%GETCURRENTPATH 宏必须保存到被命名的 SAS 程序文件中。

```
*saved as /folders/myfolders/test/mycode.sas;
%macro getcurrentpath();
%let syscc=0;
%global path;
%let path=;
%global getcurrentpathRC;
%let getcurrentpathRC=GENERAL FAILURE;
%if %symexist(_clientprojectpath) %then %do;
   %let path=%sysfunc(dequote(&_clientprojectpath));
   %let path=%substr(&path,1,%length(&path)-%length(%scan(&path,
-1,\)));
   %end;
%else %if &SYSSCP=WIN %then %do;
   %let path=%sysget(SAS_EXECFILEPATH);
   %let path=%substr(&path,1,%length(&path)-%length(%scan(&path, -1,\)));
   %end;
%else %if &_CLIENTAPP=SAS Studio %then %do;
   %let pathfil=&_SASPROGRAMFILE;
   %let pathno=%index(%sysfunc(reverse("&pathfil")),/);
   %let path=%substr(&pathfil,1,%eval(%length(&pathfil)-&pathno+1));
   %end;
%else %do;
   %let getcurrentpathRC= Environment Not Defined!;
   %put &getcurrentpathRC;
   %end;
%if &syscc=0 and %length(&path)>0 %then %let getcurrentpathRC=;%mend;
```

在 SAS University Edition 运行过程中，检测到全局宏变量 &_CLIENTAPP，并生成以下输出。

```
%getcurrentpath;
%put PATH: &path;
PATH: /folders/myfolders/test
```

如果运行从未命名的 SAS 程序，%GETCURRENTPATH 宏不会运行并产生以下警告。

```
%getcurrentpath;
WARNING: Argument 2 to macro function %SUBSTR is out of range.
WARNING: Argument 3 to macro function %SUBSTR is out of range.
```

```
%put PATH: &path;
PATH:
```

%GETCURRENTPATH 宏中的异常情况处理通过验证 &SYSCC 的值来检测一般故障，并检测遇到未知界面时发生的特定故障。虽然这种容错性试图防止代码在除了指定的 3 个代码之外的代码中运行发生错误，但在这些特定界面中测试之前，可移植性的程度仍然是未知的。例如，由于 SAS Display Manager 仅在 Windows 平台上进行测试，因此，我们并不确定在 UNIX 平台上，SAS Display Manager 是否同样会运行。当可移植性的维度相关联时，以及需要在特定环境中测试软件以验证其可移植性时，可移植性的复杂性就会凸显出来。

SAS University Edition 对比

SAS University Edition 是通往 SAS 的门户，免费提供给学生、学校和一般非商业使用。当古德奈特博士在 2014 年 SAS 全球论坛上宣布发布 SAS University Edition 时，数以千计的与会者热烈鼓掌，我也露齿一笑。SAS（作为专有软件）成本高这一性质限制了其可访问性，而分析和数据科学界的 Python、R 和其他开源免费软件语言的普及却与之展开了激烈的竞争。因此，SAS University Edition 的引入允许新手们初次涉足，就像尝试其他流行的数据分析语言一样。

尽管 SAS University Edition 有其非商业使用的许可限制，但其他技术限制可能很少有人了解，例如，仅能运行两个 CPU 的限制，这与其他 SAS 界面相比，会降低性能。例如，图 10-1 所示说明了在同一台计算机上运行时，SAS Display Manager 中的 SORT 程序与 SAS University Edition 相比，性能要高得多。

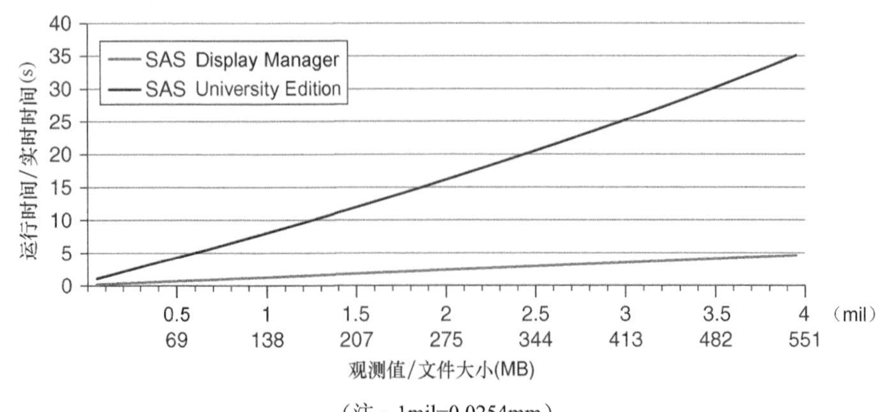

（注：1mil=0.0254mm）

图 10-1 SAS University Edition 性能局限性

由于 SAS University Edition 可用的资源减少，与 SAS Display Manager 比起来，软件在较小的文件中更容易遇到低效弯管的情况（第 9 章中有讨论过）。这种差异导致 SAS University Edition 中比 SAS Display Manager 或 SAS Enterprise Guide 中更容易在小数据集上出现功能性故障（内存不足错误）。

了解这些性能差异很重要，尤其是对于某些读者来说，他们唯一接触的 SAS 就是 SAS University Edition，那就更重要。特别是因为 SAS University Edition 旨在成为许多 SAS 从业人员的首选。那么我们就要知道其他付费 SAS 界面（如 SAS Display Manager 和 SAS Enterprise Guide）所提供的性能要优于 SAS University Edition。

熟悉其他 SAS 界面的用户可能会发现 SAS University Edition 还有其他一些功能上的缺陷。例如，以下代码尝试调用操作系统，并将文件列在当前目录中。但是，代码运行失败，因为默认情况下 University Edition 的界面不启用 SYSTASK。

```
systask command "dir";
ERROR: Insufficient authorization to access SYSTASK COMMAND.
```

由于 SAS Studio 不支持 SYSTASK，那么它同时会限制并行处理，因为独立的 SAS 会话不能异步产生，具体内容会在第 12 章“分解 SYSTASK”部分讲到。此外，虽然 SAS University Edition 在 2016 年引入了批处理作业，但它们必须得在虚拟机内部的网络浏览器中运行，这进一步限制了计划的生成性任务在此界面的运行。尽管存在这些小问题，SAS University Edition 还是免费提供了大量的 SAS 功能和性能。

SAS 处理模式可移植性

处理模式代表 SAS 是否以交互方式运行，在交互运行模式下，代码是手动或以批量模式提交和运行的，SAS 程序通过命令行指令或批处理程序从 SYSTASK 命令或 OS 运行。SAS 软件通常通过交互模式开发，因为它使 SAS 从业人员能够运行代码，立即查看日志，输出和数据窗口中的结果，并根据需要继续修改代码。然而，由于我们共同的目标是实现 SAS 生产软件自动化运行，不需要人为干扰，因此 SAS 批处理作业的过渡通常是开发的最后一步。

软件在交互模式下和在批处理中如何运行差异不大；但是，由于批处理打开的是 SAS 程序而非某个具体的程序，因此可以在初始化时指定特定的程序系统选项和其他选项（如 Autoexec.sas 或配置文件），从而在软件运行中实现多样性。有时，可能需要以编程方式确定软件是交互式还是批量运行，以便程序流程可以动态更改。为了演示两种模式之间的区别，以下代码可以保存到 C：\ perm \ batchtest.sas 中。

```
%put SYSENV: &SYSENV;
%put SYSPROCESSMODE: &SYSPROCESSMODE;
```

当代码在 SAS Display Manager(以交互式模式)运行时，会产生以下输出。请注意，SAS 自动宏变量 &SYSENV 设置为 FORE，以指示 SAS 正在前台进行交互式运行。

```
%put SYSENV: &SYSENV;
SYSENV: FORE
%put SYSPROCESSMODE: &SYSPROCESSMODE;
SYSPROCESSMODE: SAS DMS Session
```

在 Windows 中以批处理模式运行 Batchtest.sas，以下命令应在命令提示符下单行输入。

```
"C:\program files\SASHome\SASFoundation\9.4\sas.exe" -noterminal
    -sysin c:\perm\batchtest.sas -log c:\perm\batchtest.log
```

运行时，日志文件 Batchtest.log 表示 &SYSENV 宏变量现在反映软件在后台（BACK）而不是前台运行，而 &SYSPROCESSMODE 宏变量现在也在指示批处理操作。

```
%put SYSENV: &SYSENV;
SYSENV: BACK
%put SYSPROCESSMODE: &SYSPROCESSMODE;
SYSPROCESSMODE: SAS Batch Mode
```

注意必须指定 NOTERMINAL 命令行选项以启用批处理模式；未指定 NOTERMINAL，&SYSENV 变量将会一直反映 FORE，运行批处理模式时也不例外。

因为 SAS 系统选项可以通过批量调用传递，并且可以使用 SYSPARM 选项传递自定义参数，批处理作业的功能与其等效对象的功能非常不同。实际上，如果软件依赖于通过批量调用传递的 SAS 选项或参数，那么批处理软件可能缺少反向兼容性，因为它再也不可以从交互模式直接运行了。第 12 章“批处理反向兼容性”部分说明了完善软件的重要性，该软件仍然可以交互式运行，以支持必要的维护和测试。

SAS 版本可移植性

每个 SAS 版本发布时都包括其他功能，在大多数情况下，反向兼容性一定包含

在内，这样一来，先前修改过的代码之后还可以继续运行。另外，性能也可以进一步提升，如 SORT 和 SQL，这两个性能已经升级到可以在 SAS 9 中支持多线程。因此，尽管有相同的代码，在 SAS 9 中运行的 SORT 应比等同的 SAS 8 SORT 更快。FULL STIMER 性能指标对多线程和单线程分类的比较已在第 8 章“CPU 处理”部分介绍过。

对团队来讲，版本可移植性通常不会成为问题，毕竟，一个使用新版本的 SAS 团队一般不会突然换成旧版本。不过，一个环境中有时会存在多个版本，尤其是 SAS 应用程序升级之后。例如，在升级测试和生产服务器之前，团队升级开发服务器以解决问题的情况并不少见。因此，一段时间后，SAS 从业人员可能需要了解环境之间的功能差异或性能差异。

当使用 SAS 的新版本从 SAS 白皮书或其他文献中移植代码时，版本兼容性也是一个问题。例如，随着 SAS 9.4 的发布，我已经开始使用首发的 DELETE 程序了。但是，由于许多组织仍然运行 SAS 9.3，如果我正在发布代码，利用旧的 DATASETS 程序来删除文件是有益的，这样可以确保先前的 SAS 版本的可移植性。在极少数情况下，我不会嘲笑某个机构在 2016 年仍然使用 SAS 8——可能需要大量的工作将新功能转换成过时的 SAS 版本和环境。

当软件开发时不考虑反向兼容性并利用更新的功能，一种防止灾难性故障的方法是实现验证 SAS 软件版本的异常情况处理。通过测试自动宏变量 &SYSVER，软件在遇到 SAS 旧版本时，可能无法安全或动态地运行等效的程序。例如，以下代码可以确保 SAS 9.4 在运行 %TESTVER 宏的其余部分之前运行，这需要 DELETE 程序。

```
%macro testver();
%if &sysver^=9.4 %then %do;
   %put Requires SAS v9.4;
   %return;
   %end;
proc delete data=perm.mydata;
run;
%mend;

%testver;
```

但是，当 SAS 9.5（或 10）发布时，此代码将遇到故障，因为它使用的是不同的运算符。一个更稳健和可重用的解决方案会对参数化版本号进行测试，并在检测到等效或更新版本的 SAS 时提供一个返回代码来证明运行成功或失败。

```
* tests whether SAS version is suffiviently high enough;
%macro testver(ver= /* version number in 9 or 9.4 format--no V */);
%global testverRC;
%let testverRC=FAILED;
%let realver=9.3;
%if %sysevalf(&sysver<&ver) %then %do;
   %put Sad Panda Alert: Requires SAS &ver but you only have &sysver;
   %return;
   %end;
%else %let testverRC=;
%mend;
```

现在运行 SAS 9.4 上的代码会产生预期的异常，而且当通过调用 SAS 9.5 时，还会重新编写程序流程：

```
%testver(ver=9.5);
Sad Panda Alert: Requires SAS 9.5 but you only have 9.4
%put RC: &testverRC;
RC: FAILED
```

在生产软件中，返回代码 &TESTVERRC 将用于在称为 %TESTVER 宏的父进程动态地驱动程序流，而不是记录关于 SAS 日志中异常的消息。

SAS 组件可移植性

SAS 软件被认证为单独的组件或模块，其中最常见的是 Base SAS，它提供基础软件开发和 SAS 宏开发功能。SAS/GRAPH、SAS/STAT 或 SAS/ACCESS 等其他组件可以单独购买，有时它们在许可包中被捆绑在一起。即使不同的组织具有大致相同的硬件、基础设施和系统资源，SAS 功能和性能仍然可以根据已购买的附加组件而发生大幅度变化。

例如，我最近检查了曾经介绍的第一份 SAS 白皮书的代码：《用含糊其辞赢得的恐怖战争：实现蓝色力量追踪大数据的 GINSIDE 效率的最大化》（*Winning the War on Terror with Waffles: Maximizing GINSIDE Efficiency for Blue Force Tracking Big Data*）。我曾经收到过一封引用该白皮书的电子邮件，并打算回答读者提出的问题。

但是当运行代码时，我收到了大量的运行错误 ;GINSIDE 程序——本文的核心——没有运行，因为我不再有 SAS / GRAPH 的许可证。同样的情况下，组织应仔细考虑消除 SAS 许可证的决定，并首先确保生产软件不依赖 SAS 程序或特定许可证支持的其他功能。

SETINIT 程序列出了日志中的所有 SAS 许可组件和申请许可证过程。以下示例演示了 SAS Display Manager 中的输出格式，尽管许可证和日期将因安装而异，格式可能会因 SAS 界面和操作系统而异。

```
106      proc setinit;
107      run;
NOTE: PROCEDURE SETINIT used (Total process time):
      real time              0.05 seconds
      cpu time               0.00 seconds

Original site validation data
Current version: 9.04.01M3P062415
Site name:      'SASSY McSASSY'.
Site number:    12345678.
Expiration:     14OCT2019.
Grace Period:   45 days (ending 28NOV2019).
Warning Period: 45 days (ending 12JAN2020).
System birthday:      12SEP2013.
Operating System:     WX64_WKS.
Product expiration dates:
---Base SAS Software
       14OCT2016
---SAS/Secure 168-bit
       14OCT2016
---SAS/Secure Windows
       14OCT2016
---SAS Enterprise Guide
       14OCT2016
---SAS Workspace Server for Local Access
       14OCT2016
```

SAS 日志对于有意确认许可证可用性的用户很有用，但不幸的是没有提供以编程方式检索许可证信息的自动宏变量。例如，在更稳健的代码中，尝试运行 GINSIDE 程序之前，验证 SAS/GRAPH 组件可用性以确保该程序是获得许可的，这种做法是非常有用的。

以下代码将 SETINIT 输出保存到文本文件，解析该文件，会生成一个“*”分隔的宏变量 &COMPONENTS，它包含一个有所有许可的 SAS 组件的列表。

```
%macro get_components();
%global components;
%let components=;
%local out;
%let out=c:\perm\components.txt;
proc printto log="&out" new;
run;
proc setinit;
run;
proc printto;
run;
data _null_;
      length text $100 components $1000;
      infile "&out" truncover end=eof;
      input text $100.;
      if _n_=1 then components='';
      if substr(text,1,3)=' ' then components=strip(components)
         || strip(substr(text,4,90)) || '*';
      if eof then call symput('components',substr(strip(components)/
         1/ length(strip(components))-1));
      retain components;
run;
%mend;
```

该列表运行时，以下输出演示了可以进一步解析的宏变量 &COMPONENTS（未显示），以动态地确定特定软件的所有必需组件是否可用。

```
%get_components;

NOTE: PROCEDURE PRINTTO used (Total process time):
     real time        0.00 seconds
```

```
      cpu time        0.00 seconds

NOTE: The infile "c:\perm\components.txt" is:
      Filename=c:\perm\components.txt,
      RECFM=V,LRECL=32767,File Size (bytes)=1217,
      Last Modified=07May2 016:23:13:25,
      Create Time=07May2016:23:10:46

NOTE: 32 records were read from the infile "c:\perm\components.txt".
      The minimum record length was 0.
      The maximum record length was 98.
NOTE: DATA statement used (Total process time):
      real time       0.01 seconds
      cpu time        0.00 seconds

%put SAS Components: &components;
SAS Components: Base SAS Software*SAS/Secure 168-bit*SAS/Secure
   Windows*SAS Enterprise Guide*SAS Workspace Server for Local
Access
```

此方法非常有益，其中代码旨在移植到其他环境，特别是未知的环境，这在 SAS 代码发布时很常见。例如，在依赖于 SAS/GRAPH 许可证的软件中包含 %GET_COMPONENTS 宏可以使软件能够以编程方式确定 SAS/GRAPH 有（没有）被安装并动态更改程序流，以防止“运行时错误”。

SAS 环境可移植性

在两个不同的组织中的相同硬件上安装相同的 SAS 应用程序和版本，SAS 软件的运行仍然可能不同。SAS 系统选项、配置文件和 Autoexec.sas 文件不仅为自定义 SAS 的界面外观，还为自定义 SAS 程序运行的方式提供了无限的可能。多变性的另一个来源通常为组成 SAS 基础架构的逻辑驱动器、文件夹和文件的层次结构。

SAS 系统选项

由于 SAS 选项对软件功能和性能影响非常大，SAS 选项可以自定义，很多选项在 SAS 会话中不可修改，并且必须通过 Autoexec.sas、配置文件或通过命令行语句在程序调用中被调用。SAS 管理员还可以限制某些系统选项，以防止意外或恶意修改。《SAS 9.4 系统选项：参考（第 4 版）》（*SAS 9.4 System Options: Reference, Fourth Edition*）中包含了关于系统选项及其各自限制的广泛信息。

为了进一步使选项区域复杂化，SAS 运行交互式或批处理的模式可能会影响默认选项设置。为了证明这些差异，以下代码应保存到文件 C：\ perm \ options_batch.sas 并运行。

```
* saved as c:\perm\options_batch.sas;
libname perm 'c:\perm';
%put SYSENV: &sysenv;
proc optsave out=perm.options_batch;
run;
```

程序使用 OPTSAVE 进程将所有选项值写入 PERM.Options_batch 数据集。当随后运行以下代码时，它会以批处理模式（使用 SYSTASK 语句）第二次运行 Options_batch.sas 程序来演示系统选项之间的差异。

```
libname perm 'c:\perm';
proc optsave out=perm.options_interactive;
run;

systask command """%sysget(SASROOT)\sas.exe"" -noterminal -sysin
   ""c:\perm\options_batch.sas"" -log ""c:\perm\options_batch.log"""
   wait status=rc_batch;

proc sort data=perm.options_batch;
   by optname;
run;
proc sort data=perm.options_interactive;
   by optname;
run;
data perm.options;
   merge perm.options_batch (in=a) perm.options_interactive
      (in=b rename=(optvalue=optvalue2));
   by optname;
   if a and not b then put optname 'not in batch';
   else if b and not a then put optname 'not in interactive';
```

```
    else if optvalue^ =optvalue2 then do;
        put optname 'values differ';
        put '-- BATCH: ' optvalue;
        put '-- INTER: ' optvalue2;
        end;
run;
```

好消息是批处理和交互模式都可以识别这一系统选项，但以下日志确实显示了选项设置之间细微的差别，其他的安装和环境一定会显示出不同的结果。

```
DLDMGACTION values differ
-- BATCH: FAIL
-- INTER: REPAIR
FONT values differ
-- BATCH:
-- INTER:  (Sasfont 8)
_LAST_ values differ
-- BATCH: _NULL_
-- INTER: PERM.OPTIONS
```

当 SAS 软件需要大规模定制 SAS 系统选项时，包括软件调用和代码中所要求的，确保可靠运行的最佳做法是在程序早期实施质量控制，将当前系统选项设置与预期或所需选项进行比较。因此，为特定的软件建立包含所需的系统选项设置的基准数据集，该特定软件便可以对照基线验证当前的选项，并且在选项被修改时阻止该操作。特别是当在新的环境中运行软件时，这种类型的质量控制可以在阐明环境差异的同时防止故障。

SAS 文件夹结构

每个 SAS 环境都有一个固有的结构，它定义了程序、宏、存储格式、配置文件、控制表、数据设置和其他文件的位置。当软件被移植并安装在新的环境中时，新的架构可能会有很大的不同，并需要缺少的软件组件。即使存在必要的环境结构和文件，可移植性软件也应灵活地引用这些组件，因此，不需要维护多个软件副本。例如，服务器名称或逻辑文件夹名称通常与开发服务器和生产服务器不同，但通过灵活的软件设计，可以对这些属性进行动态编码，以最大限度地提高可维护性，并确保单个软件可以满足 3 种环境。

通过此文本，C:\ perm 文件夹被重复引用并分配给 PERM 库。为了方便可读性，库分配采用硬编码：

```
libname perm'c:\ perm \';
```

但是，此语句在假设文件夹 C:\ perm 存在，并且默认选项 NODLCREATEDIR 已启用时将会在 PERM 库不存在的情况下产生 SAS 日志记录：

```
libname perm'c:\ perm';
NOTE: Library PERM does not exist.
```

为了克服此异常，DLCREATEDIR 选项可以被指定，并且在 C:\ perm 不存在的情况下，通过 LIBNAME 语句创建该文件夹。

```
options dlcreatedir;
libname perm'c:\ perm';
NOTE: Library PERM was created.
NOTE: Libref PERM was successfully assigned as follows:
      Engine:        V9
      Physical Name: c:\perm
```

如果 C:\ 驱动器本身不存在，则此代码仍会运行失败。此外，代码偏向于 Windows 环境。使库分配更加灵活的另一种方法是评估和使用当前库，当前库即存储 SAS 程序的文件夹。该方法在“环境变量”部分已介绍过，可用于创建或访问下级文件夹结构。例如，如果 %GETCURRENT PATH 宏评估当前路径是 C:\perm 并将此值分配给全局宏变量 &PATH，则可以使用 &PATH 来创建或访问 C:\path\data 或 C:\path\output 等下级文件夹。此功能允许 SAS 从业人员将代码放入环境中并自动填充其基础设施，类似于将 Sea-Monkey 或 Sea-People 组件放入一个水族馆内。

另一种消除硬编码参考的方法是强制将 SAS 库分配置于软件外部——通过 SAS 管理控制台、Autoexec.sas、SAS 配置文件、SAS 自动调用宏工具或其他动态方法。这些分配建立了对逻辑文件夹的单一硬编码引用，并替代了在各种程序中硬编码通用库分配的必要性。直到信息技术（IT）部门意外地决定重新命名 SAS 服务器，导致数百个程序随着每个库引用失败而同时崩溃，这似乎并不是一个巨大的优势。我曾经面临过此类危机，而一群开发商纷纷争相改变我们整个软件基地，使之在“新环境”中运行，我们还通过从支持动态库分配的生产软件中删除所有 LIBNAME 语句来改善所有软件的可移植性。

SAS 服务器

一些 SAS 环境维护独立的开发、测试和生产服务器来处理 SDLC 的离散阶段。由于系统可能会维护不同版本的 SAS、文件结构甚至功能示意图，而软件在这些系统中传输，所以可移植性成为这些环境中的常见问题。例如，在开发和测试环境中，SAS 软件通常以交互方式运行，以便 SAS 从业人员可以对其进行修改，这大概需要重复询问 SAS 日志。另外，生产软件要能够采用一些方法来自动解析 SAS 日志，以提供警告、“运行时错误”和异常，但可能不需要系统开发生命周期早期阶段的最大冗长度。

因为唯一的 SAS 许可证是每个安装所必需的，对 & SYSITE 自动宏变量的评估在基于运行环境的动态更改程序流中非常有用。例如，在以下的 %INIT 宏评估环境中的软件正在运行，适当修改系统选项、动态分配库，甚至在开发环境中生成的所有输出上印有“TEST”的警告：

```
%macro init();
%if &syssite=12341234 %then %do; * DEVELOPMENT SERVER;
   options fullstimer mlogic msglevel=i;
   libname perm 'c:\perm';
   title3 'TEST';
   %put "Maximum verbosity.";
   %end;
%else %if &syssite=56785678 %then %do; * PRODUCTION SERVER;
   options nofullstimer nomlogic msglevel=n;
   libname perm 'd:\perm';
   title3;
   %put "Brief.";
   %end;
%mend;
```

当软件的单一版本可以被维护并且在所有内部环境和服务器上运行时，软件可维护性将显著增加。没有动态服务器识别，随着软件在环境之间传输，SAS 从业人员可能被迫实施易出错的硬编码。这种不必要的维护违反了第 11 章“趋于软件稳定性”部分讨论的可维护性和稳定性原则。

数据可移植性

在单一环境中运行或已经转变环境但没有从其“前雇主”那里窃取数据的 SAS 从业人员可能会惊讶地发现，数据集编码也可能因系统而异。编码可以更好地、灵活地解释数据——包括语言和其他注意事项——但可以跨环境默认为不同的值。

为了演示此现象，以下代码在 SAS University Edition 中创建了 TEST.Mydata 数据集。

```
data test.university (drop=i);
    length num1 8;
    do i=1 to 1000;
        num1=round(rand('uniform')*10);
        output;
        end;
run;
```

但是，当在同一台计算机上的 Windows Display Manager 中打开数据集时，数据集编码与环境编码不匹配。

```
data windows;
    set test.university;
NOTE: Data file TEST.UNIVERSITY.DATA is in a format that is native to another host, or the file encoding does not match the session encoding. Cross Environment Data Access will be used, which might require additional CPU resources and might reduce performance.
313 run;

NOTE: There were 1000 observations read from the data set
TEST.UNIVERSITY.
NOTE: The data set WORK.WINDOWS has 1000 observations and 1 variables.
NOTE: DATA statement used (Total process time):
       real time               0.15 seconds
       cpu time                0.01 seconds
```

即使 COMPARE 程序也没有发现 SAS University Edition 和 SAS Display Manager 数据集之间的差异。然而，通过使用 OPTIONS 程序调查两个 SAS 界面的编码，默认编码显示不同。SAS University Edition 默认为 UTF-8，而 Windows 的 SAS Display Manager 默认为 WLATIN1。

```
proc options option=encoding; * run in SAS Display Manager;
run;
ENCODING=WLATIN1 Specifies the default character-set encoding for the SAS session.

NOTE: PROCEDURE OPTIONS used (Total process time):
       real time               0.01 seconds
```

```
      cpu time              0.00 seconds
proc options option=encoding; * run in the SAS University Edition;
run;

ENCODING=UTF-8  Specifies  the  default  character-set  encoding  for
the SAS session.
NOTE: PROCEDURE OPTIONS used (Total process time):
      real time             0.02 seconds
      cpu time              0.03 seconds
```

在本示例中，由于 SAS 应用程序自动启用了一个对话，因此数据在两个 SAS 环境中是可移植的，没有出现数据被删除或歪曲的情况。然而，当编码值差异较大时，如在使用不同默认语言在 SAS 应用程序运行的 SAS 软件之间移植数据时，数据就会出现差异或损坏的情况。为了消除数据歪曲或提取破损数据的风险，可以创建一个质量控制（在此未做说明），以编程方式对照预期的编码值。这一控制对于提取第三方数据的环境非常有利，因为在这个过程中，不影响数据质量、构造或编码。

SDLC 的可移植性

在维护单个 SAS 服务器或基础设施的团队和组织中，可移植性和软件设计几乎没有相关性。可移植性更广泛的方面包括 SAS 从业人员可能采取的行动来运行外部 SAS 代码或从第三方来源获取 SAS 数据。然而，对于在不同环境中运营或打算发布 SAS 代码进行常规发布的 SAS 从业人员来说，应考虑和实现影响可移植性的环境因素，以与预期运行环境的多样性相称。

可移植性要求

可移植性要求通常很简单，并且具体规定了软件必须运行的环境。对于在单个 SAS 基础架构中运行的团队，一个要求可能表明软件应该在基于 Windows 9.4 的 SAS Display Manager 上运行。其他声明可以明确地指出，应该维护单一的软件代码库，以便支持批量和交互模式，以及 SDLC 的所有阶段。这种方法表明了对软件可维护性和稳定性的承诺，并确保软件不会分成开发和生产两个版本。

如果团队在多个 SAS 服务器或基础架构上运行，则其可移植性要求应增加。即使环境是彼此的虚拟镜像，SAS 许可证号、服务器名称和其他细微变化也可能要求异常情况处理动态地识别运行环境以运行独特的功能。然而，即使在复杂环境中，成功的可移植性要求通常也可以在单个语句中表示出来。

在某些情况下，可移植性将需要与其他性能要求相互交织。例如，考虑到在“SAS University Edition 对比”部分中演示的 SAS University Edition 和 SAS Display Manager 之间的运行速度存在巨大差异，如果组织或团队使用了两个 SAS 界面，则可能需要基于使用的界面区分所需的运行速度。此外，鉴于 SAS University Edition 无法处理大文件，而 SAS Display Manager 和 SAS Enterprise Guide 可以轻松处理，文件大小阈值和其他要求也可能需要针对每个特定的 SAS 界面进行定制。

可移植性评估

可移植性的最终目标是有效扩展 SAS 软件成功运行的环境。在大多数情况下，软件可移植性的结果有两个——软件在 UNIX 中运行或者失败。然而，为了测量可移植性，必须在要部署的特定环境中对软件进行测试，并对该设计的软件用来处理的所有变异性进行测试。例如，在 SAS University Edition 中开发软件的 SAS 从业人员无法证明在 SAS Enterprise Guide 中测试软件之前，该软件会在 SAS Enterprise Guide 中正常运行。因此，测量可移植性基本上已经验证了在特定环境中针对已建立的环境多样性或多变性对软件进行了测试。

尽管软件运行会出现两种结果，但运行速度等软件性能可以根据运行环境的变化而发生显著变化。SAS 开发环境可能具有相对温和的基础架构，而其生产环境包括网格架构和其他性能的增强。这些和其他环境之间的差异将需要在每个环境中测量性能，以确保在两个环境中都能满足可移植性规范。在另一个例子中，开发和测试环境可能会利用在运行条件下数据量明显低于预期的测试数据集。鉴于这种差异，如第 9 章所述，软件需要进行测试，以证明其可以成功扩展到生产数据的数量和速度。

接下来要讲什么

软件可移植性的主要目标是扩展不同环境下软件的功能，次要目标是确保软件不会遇到未知的（或未经测试的）环境，并且以不可预知的方式运行。换句话说，“安全失败比愚蠢失败更好”。可移植性的第二个目标关注软件安全性，将在第 11 章中介绍。安全软件旨在确保它不会损害自身或其所处环境。

11

Chapter

第 11 章 安全性

“先生！先生！先生！”当一阵男中音呼喊声透过微风传到我的耳朵时，我正在自拍，我当时刚从一棵雷蒙坚果树（面包树）上跳下来，从一堆瓦砾后面走出来。

这激动的呼喊无疑是西班牙语，但此刻的我仍然沉浸在拍摄当前景色中，所以无暇去翻译他说了什么。

“什么？怎么了？”我敷衍地喊了一声以示回应，但仍然只关注抓拍全景图——裸露的岩层所展现的美景，而这些呼喊声打破了这一宁静。毕竟，这是危地马拉的蒂卡尔。

我把照相机装进包里，又听到了周围的呼喊声，之后我看到一位绅士，一名矮小的安全卫士，他费力地到达金字塔顶端，看上去十分急切。站在安全警戒线后面——他朝着连锁围栏疯狂地打手势——他刺耳的尖叫声引起了观光者的注意。

当我费力爬上去，放弃远景直面这片喧闹时，形势就越发清晰了。我脚下的地形，凹凸不平，危险重重，而警卫和游客脚下却是平滑的、被凿过的石头。是的，在 4 号塔顶有明显的边界标志，但是，在我费力他爬上无法通过的塔后方后，我怎么会知道我已经越界了？

我并没有意识到所在位置的危险，当我爬上去时，警卫从后面抽出一台无线电设备，提醒有关部门一切尽在掌握中。在那一刻，我觉得我的口音在这里被误认为是猴群的咆哮，我半蹲半爬在郁郁葱葱的树丛里，枝叶摇曳，闯入了我的梦乡——但遗憾的是，我的咆哮不会出现在警卫的无线电报告中。

现在我已安全地待在护栏右侧，站在这里我才知道原来从警卫的角度来看，我貌似已经非法越界了（给那些惊呆的游客开了这样做的先例），但我并不打算用西班牙语解释蒂卡尔需要在金字塔底部放上更好的安全标志。

在塔顶欣赏了片刻无与伦比的景色（并深深地回想起我的考古学教授曾经告诉过我，玛雅人建造金字塔只是因为蚊子不能飞得那么高），我走下现代木质楼梯（我的每一步都在警卫的注视之下）。

■ ■ ■

无数的安全警卫在广阔的蒂卡尔景区巡逻——感谢他们的服务。曾经在蒂卡尔遥远的过去时期有过匪徒（土匪），甚至是嘶吼的猴子们都给游客造成过恐慌，但是危地马拉已经投入了大量的资源来消除和减轻对游客的威胁，以提供安全保障。

安全旨在保护资产，在蒂卡尔，资产不仅包括游客，还包括环境、自然栖息地以及可能仍然未发掘的无数古代考古珍品。因此，由于警卫以为我故意穿过一条安全警戒线，所以他才一直在喊，他是在保护我还是在保护我爬上的有一千五百年历史的“废墟”？可能两者都有。

软件安全性同样不仅保护软件，还可以保护其运行的环境。当守卫不希望我摔倒受伤的同时，他也是本能地保护一个在历史上被寻宝猎人劫掠的遗址。

警卫所指的安全警戒线和附带的标志——作为安全防范，限制游客和环境之间的相互影响，是为了保护这两者。连锁围栏和卫兵不能根除，但能够减轻发生坠亡的风险。如果软件威胁不能根除，软件安全控制措施可以减少或消除威胁可能利用的漏洞，从而降低风险。

安全和安全控制也不是静态设备，而是随着威胁或风险的演变而逐渐成熟。每次回到蒂卡尔时，至少会有一个塔被封锁，出于安全考虑，我不能够再扩大规模。随着额外的威胁或漏洞被识别，或随着时间的推移，可接受的风险水平发生变化，软件安全性也应该继续纳入新的安全措施。

实施安全措施通常花销巨大。在蒂卡尔，保卫工资、链条围栏、标识、辅助木制楼梯和照明都旨在促进安全——它们都不是免费的。软件开发中的利益相关者还必须优先考虑安全控制的组合，以实现可接受的风险水平，从而评估安全性。

设计和开发具有安全性的 SAS 软件有助于利益相关者识别威胁，计算风险，消除或者减少已知的漏洞。与安全警戒线和安全警卫类似，SAS 最佳的做法可以帮助安全的软件在安全的环境中运行。

安全性的定义

安全性是保护系统项目不受意外或恶意的访问、使用、修改、销毁或披露。信息安全通常使用中央情报局（CIA）信息安全三部曲进行描述，该组织支持软件的保密性、完整性、可用性和相关数据产品。保密性确保只有授权用户可以访问软件和数据，而在 SAS 环境中，通常通过物理安全、用户认证和其他访问控制进行维护。完整性确保软件通过开发最佳实践、测试和验证来完成它所要做的工作。第 4 章中最着重讲解的可用性确保了软件及其组件（包括外部宏、格式、数据和其他文件）在需要时可访问。

软件安全性很重要，因为在软件开发生命周期（SDLC）中会生成大量软件。在规划、设计、开发、测试、验证、验收和可能的 Beta 操作阶段之后，利益相关者需要有信心在需要时使软件正常运行。通过完整性原则，可以确保利益相关者在验证后不会再更改软件，从而确保通过正式的测试和验证获得的质量保证的益处。而且，完整性促进了不损害自身或其环境的软件的开发。通过可用性原则，SAS 软件可以更灵活地适应锁定的数据集、丢失的数据、无效的配置文件以及可能导致软件故障的其他异常。

本章介绍并将中央情报局（CIA）信息安全三部曲应用于 SAS 软件开发。由于 SAS 软件通常在基础设施和组织级别的访问控制受到保护的终端用户开发环境中运行，本章重点介绍完整性和可用性而不是保密性。我们引入了最佳实践，例如，为稳定的 SAS 软件生成校验和，封装 SAS 宏以防止泄露，以及自动防故障程序流。由于 SAS 并行运行之间必须进行精确编排的交互，因此，SAS 技术被证明可以促进安全的并行处理。

保密性

保密性是指软件产品提供保护以防止未经授权的，无论是意外的还是故意的泄露数据或信息的程度。虽然保密性通常指的是保护数据，但在不产生开源代码的软件开发环境中，软件本身必须要避免被侵入。通过编译和加密，代码使用户无法读取，以防止专有方法和技术的修改或逆向工程。

然而，在由同行的 SAS 从业人员开发和使用软件的终端用户开发环境中，Base SAS 更有可能被使用。由于 SAS 软件的许多用户本身或与开发人员一起工作，因此，维护软件的保密性通常不是重中之重。事实上，在数据分析开发环境中，代码透明度通常比代码保密性更为理想，因为利益相关者可能需要审查数据建模、转换和分析技术。在更极端的环境中，例如，在临床试验和其他医学研究中所需要的软件可读性是至关重要的，因为代码必须另外被审理。

SAS 环境更关心数据保密性，而不是软件保密性。SAS/SECURE 提供专有的和行业认可的加密方法（如 RC2、RC4、DES、TripleDES、AES），可以手动实现，也可以通过组织策略自动实现。密码也可以使用 PWENCODE 程序进行加密。从 SAS 9.4 开始，SAS / SECURE 模块被包含在 Base SAS 中，而不是被许可独立存在。有关数据加密的更多信息，请参考《SAS 9.4 加密》（第 5 版）（*Encryption in SAS 9.4, Fifth Edition*）。

完整性

完整性是资产的准确性和完整性得到保护的程度。在软件开发方面，资产一词是指软件本身、使用的数据以及所生产的数据或其他产品。数据完整性不是本书的重点，但是在综合必读的数据质量分析中得到着重讲解。然而，许多提高数据质量的做法可以作为由 SAS 软件所使用的元数据（如宏变量）的质量控制被实施。

完整性的另一个方面是资产被保护的程度。换句话说，它是否在有意或意外的变化中得到了保护。数据谱系显示了数据管理员、数据集甚至观察的特异性的数据源。例如，如果观察需要进一步询问，谱系的元数据可以指导利益相关者对原始数据源进行比较或验证。开发生命周期同样旨在确保软件谱系，因为利益相关者去质疑软件的某些方面可以审查需求文档、版本控制文档、软件测试计划、测试案例和测试结果，以了解和获得 SAS 软件的机密。

谱系类似于监管链系统文档，通过开发生命周期数据流程或软件展示数据的所有权转让。校验和提供了一种替代方法来证明资产——无论是软件还是数据——都没有被更改。校验和使用加密散列函数将数据集、SAS 程序或其他文件减少到唯一标识文件的十六进制字符串。因此，虽然校验和不能证明文件的来源或谈论它们的谱系，但它们可以通过证明当前版本的文件的校验和与原始文件的校验和相匹配来验证软件或数据产品。谱系和校验和可以向利益相关者传达软件及其所需的组件表现完整性这一机密。

数据完整性

数据如果有效、准确并且没有被更改，通常会被认为具有完整性。数据准确性如果不能与数据源或现实世界结构进行比较，往往很难做出决定或演示，这证实了数据谱系的重要性。例如，为了确定数据转换过程是否正确运行，开发人员经常使用测试用例来验证输入和预期输出。然而，尽管转换过程准确，原始数据仍然可能不准确（如丢失、不正确）。

另外，数据有效性描述了预期类型、结构、数量、质量和完整性的数据。因此，数据有效性并不表示数据是否准确，而是表示数据是否表面上按原样显示。因此，用于测试软件功能的测试数据集应该是有效的，但由于观察结果不反映任何真实世界的结构，所以是不准确的。数据完整性通常通过数据完整性约束、标记、消除或删除无效数据的质量控制来实现。虽然未对 SAS 数据集进行说明，但是验证宏参数和宏变量的质量控制将会在“宏验证”部分进行说明。

为了证明数据集未被更改，必须对数据和随附的元数据做出分析。仅仅为了显示数据等效是不够的，因为这样做可能会使数据为某种目的被改动，随后改变为原来的结构、内容和值。虽然 COMPARE 程序比较了数据集（结构、变量和值）的内容，但它并未检查 SAS 元数据，因此，无法充分证明数据的完整性。但是，包含在 SAS 数据集中并通过 DICTIONARY.Tables 数据集才可用的元数据必须被检查。

以下代码创建的是一个 PERM.Dict 数据集，它包含了描述 PERM.Mydata 数据集的元数据：

```
libname perm 'c:\perm';
data perm.mydata;
   length quote $50;
   quote="Because that's how you get ants!";
run;

proc sql;
   create table perm.dict as
   select *
   from dictionary.tables
   where upcase(libname)="PERM" and upcase(memname)="MYDATA";
quit;
```

如果代码重新运行，Mydata 中包含的数据将与第一次运行中生成的数据相同；但是，Mydata 的元数据（包含在 Dict 中）将会因创建日期和修改日期（分别由 CRDATE 和 MODATE 表示）的更新与第一次运行中生成的数据有差别。由于 SAS 元数据包含在 SAS 数据集中，并且不能与数据分离，因此，不幸的是，我们不能使用加密校验和（稍后在“校验和”部分讨论）来验证 SAS 数据集的新副本。例如，如果更改数据集名称、数据集库或创建日期——但保留所有实际数据不变——即使使用了同一数据，校验和仍将被更改。该特征与 SAS 程序不同，因为程序文件中的元数据（如文件名、创建日期）不包括在文件的二进制文件中，而是由操作系统（OS）维护。使用校验和的 SAS 程序文件的验证在“校验和”和“运行校验和”部分进行

了说明。

因此，当比较两个数据集时，数据和元数据的验证必须通过 SAS 进行，而不是通过外部方法进行。在验证静态数据集保持不变时使用 SAS 是有校验和使用限制的。例如，一个团队创建了一个能将国家首字母缩略词转换成其完整名称的 SAS 格式 STATES，该团队可能想要演示这一格式的完整性。SAS 数据集可用于在 FORMAT 程序中使用 CNTLIN 选项生成 SAS 格式，如第 17 章所述。例如，以下代码从 PERM.States 数据集中构建了一个缩写的 STATES 格式：

```
data perm.states;
   input fmtname: $char8. type: $char1. start: $char4. label: $25.;
   datalines;
states  c  CA California
states  c  OH Ohio
states  c  PA Pennsylvania
states  c  MD Maryland
states  c  VA Virginia
;
run;

proc  format  cntlin=perm.states;
run;
```

请注意，使用 CNTLIN 选项时，字符数据需要 TYPE 变量“c”。在这种情况下，一旦创建了格式，团队就要确保此后不再修改格式。帮助提供此完整性的一种方法是在使用软件中的格式之前，但只有在验证 PERM.States 数据集的校验和后才能构建 SAS 格式（使用 FORMAT 过程）。如果该校验和与最初创建 PERM.States 数据集时产生的原始校验和匹配，则表明数据集尚未修改，并进一步验证了 STATES 格式的完整性。

然而，如果生成 PERM.States 的 DATA 步骤已经重新运行，数据集的元数据就会被修改，并且新的校验和值也需要生成和记录。因此，虽然这种方法证明了校验和的使用在理论上促进了数据完整性，但在实践中，数据完整性应通过 SAS 数据和元数据进行验证。例如，确保 STATES 格式完整性的简单解决方案是在当前的 PERM.States 数据集和基线数据集（如 BASELINE.States）上运行 COMPARE 程序。

宏封装

封装和松耦合是模块化软件设计的原理，第 14 章会着重讲解。封装力求保护软件免受单个代码模块的意外结果的影响，并且除了需要之外，力求将代码模块进行隔离。因此，封装基本上在代码模块周围构建黑盒（表明为什么单元测试被称为黑盒测试），而松耦合确保了这些黑盒中的小针孔对各种黑盒之间的有限和高度结构化通信做出规定。

尽可能的，当一个 SAS 父进程调用一个子进程时，子进程应该只接收所需的信息和数据。子进程应仅返回所需的信息（如果适当还应返回结果）。因为父进程理论上看不到黑盒内部（围绕着子进程），所以 SAS 宏应该包含显示成功、失败和可能等级的返回代码，由此父进程可以体现 SAS 宏来驱动程序流动态。第 3 章和第 6 章着重讲解了使用返回码来支持质量保证异常处理框架，以下部分讲解的重点将放在确保父进程和子进程之间来回传递的是必要的和有效的信息。

宏泄露

曾经参加 SAS 高级程序员认证考试的人将会熟悉以下问题的一些变体：

当提交以下 SAS 代码时，宏变量 &MAC 的最终值是多少？

```
%macro  test(mac=3);
%let mac=4;
%mend;

%global mac;
%let mac=1;
%test(mac=2);

A) 1
B) 2
C) 3
D) 4
```

这个问题的变体，答案是 A(1)，因为参数 MAC(2) 的值、默认参数值（3）和本地宏变量（4）在 %TEST 内的值不影响分配在 %TEST 宏之外的全局宏变量 &MAC。

因此，由于 %TEST 宏包含一个参数 MAC，宏内对 &MAC 的引用反映了本地宏变量 &MAC 只存在于宏内部。

然而，当从宏调用中删除参数 MAC 时，之前引用 %TEST 内部的 &MAC，现在引用全局宏变量 &MAC。这将导致 %TEST 中的“MAC”分配将全局宏变量 &MAC 更改为 4：

```
%macro test();
%let mac=4; * intended to be a local variable but read as global;
%mend;

%global mac;
%let mac=1;
%test;
%put MAC: &mac;
MAC: 4
```

为了纠正本地和全局宏变量名称相同带来的干扰，必须使用 %LOCAL 宏语句来初始化在宏定义中未标识为参数的所有本地宏变量。通过在 %TEST 中将 &MAC 定义为本地宏变量，现在将值 4 分配给本地宏变量 &MAC，就不会再与全局宏变量 &MAC 的值冲突了；

```
%macro test();
%local mac;
%let mac=4;
%mend;

%global mac;
%let mac=1;
%test;
%put MAC: &mac;
MAC: 1
```

这种潜在的冲突说明了使用 %LOCAL 语句初始化宏内的所有本地宏变量的重要性。由父进程或宏外部进程的其他部分使用的宏变量必须明确地被 %GLOBAL 语句来初始化，以确保它们在子进程之外运行。虽然使用唯一的名称宏变量以避免潜在的混淆和冲突也是很好的形式，但是使用 %LOCAL 和 %GLOBAL 语句仍然是最佳做法。

多变的变量名称

不，这不是印刷错误，尽管 Microsoft Word 文档一定会指出该章节标题是错误的。由全局宏变量构成的安全风险发生在宏变量被动态定义的情况下，即宏变量名称本身是可变的。例如，%OHSOFLEXIBLE 宏允许父进程指定返回代码的名称成为全局宏变量：

```
*  child process;
%macro ohsoflexible(rc=);
%let syscc=0;
%global &rc; * dynamic assignment;
%let &&rc=FAILURE;
*  do something;
%if &syscc>0 %then %let &&rc=you broke it!;
%else %let &&rc=it worked!;
%put &&rc: &&&rc;
%mend;
```

通过首先分配和后续测试 &SYSCC 的值，宏可以确定是否出现警告或发生“运行时错误”，并且如果宏正确运行完成，则会通过参数 RC 中指定的动态命名的返回码来传达：

```
*  parent process;
%ohsoflexible(rc=MyReTuRnCoDe);
MyReTuRnCoDe: it worked!
```

大致来看，这似乎是一个可行的解决方案，但它的灵活性可能是出错的原因。如果父进程需要引用宏变量 &MYRE TURNCODE，这是行不通的，因为宏变量值（有效值）尽管被编码在宏变量 &MYRETURNCODE 中，但宏变量本身不是一个全局宏变量。实际上，需要在 %OHSOFLEXIBLE 内部创建一个单独的全局宏变量，因此，返回代码宏变量可以被全局引用。

创建宏变量除了会带来不必要的复杂性外，动态命名的宏变量会对软件完整性构成非常真实的风险。第一个风险是变量名称将变得无效，如果要在一个宏中尝试全局宏变量初始化，这个宏中已经存在相同名称的本地变量，这种情况下会有风险。第二个风险是现有的宏变量——通常是全局宏变量——将被重写。例如，父进程不一定能识别软件或 SAS 会话中的其他宏或程序使用的各个返回码，因此，可以轻松地重写全局符号表中的其他返回码或值。

一个动态命名全局宏变量的例子会在第 12 章中进行说明，该部分灵活地解析 SYSPARM 参数以创建一个或多个全局宏变量。SAS 不会比这更灵活，但风险是必须要了解的：

```
* accepts a comma-delimited list of parameters in VAR1=parameter one,
   VAR2=parameter two format;
%macro getparm;
%local i;
%let i=1;
%if %length(&sysparm)>0 %then %do;
   %do %while(%length(%scan(%quote(&sysparm),&i,','))>1);
      %let var=%scan(%scan(%quote(&sysparm),&i,','),1,=);
      %let val=%scan(%scan(%quote(&sysparm),&i,','),2,=);
      %global &var;
      %let &var=&val;
      %let i=%eval(&i+1);
      %end;
   %end;
%mend;
```

当 %GETPARM 被保存到 Getparm.sas，并从命令行以批处理方式运行时，如果传递 SYSPARM 值“tit1 = Title One，tit2 = Title Two”，则程序分别创建并分配两个全局宏变量 &TIT1 和 &TIT2 到 Title One 和 Title Two。风险与前面描述的风险一致，即宏变量名称无效，或者该变量可能已经存在并被重写。但是，如果真正需要动态创建宏变量，那么应该实现输入控件来最大限度地降低潜在风险。

输入控件应该表明，动态创建的宏变量的预期名称符合 SAS 变量命名规则。这可以通过确保所提出的宏变量名称为 32 个字符或更少，并且不包含特殊字符的复用的宏（未示出）来完成。其他质量控制可以确保不包括 SAS 自动宏变量名称，并且现有的用户定义的宏不会被重写。在“宏验证”部分中更多地讨论了输入验证，通过这种质量控制技术，参数也可以更可靠。

%SYMEXIST 宏函数演示了无论本地宏变量还是全局宏变量存在，都可用于确保不会动态创建重复的宏变量。例如，在 %GETPARM 宏中，如果宏变量名称通过该参数已经被使用，%SYMEXIST 函数可以在 %GLOBAL 语句之前立即运行来中止宏。

宏验证

在模块化软件设计中，SAS 宏可以表现出类似子进程的行为，因为父进程调用宏并临时将程序控制转移到该子进程。在父进程需要通信的情况下，可以通过宏调用传递参数。因为大多数父进程需要某种形式验证子进程正确完成，所以返回码可以在子进程中生成并传递给父进程。因此，验证的作用在于确保参数具有有效的结构、格式和内容，并且返回码准确描述了可能遇到的宏成功、失败或异常。

参数验证

通常，终端用户开发环境不受广泛的输入验证（相对更传统的软件应用程序要求这样做）的影响。例如，网站的录入方式不仅要验证用户回复，还必须确保攻击者不能通过缓冲区溢出、SQL 注入或者其他黑客技巧进入网站。另外，没有前置组件的软件产品通常不需要综合的用户输入控件，因为根本不存在恶意威胁。尽管如此，随着宏观复杂性的增加，特别是在模块化软件设计得到支持的情况下，SAS 软件可能需要进行某些级别的参数验证。

以下 %DOSOMETHING 宏基于参数 VAR 来改变输出，旨在表示基于某些参数化值可能发生的动态处理：

```
%macro dosomething(var=);
%if &var=YES %then %put Path1;
%else %if &var=NO %then %put Path2;
%mend;

%dosomething(var=YES);
```

因为 VAR 参数在宏调用中是硬编码的，所以不会尝试验证输入。但是，如果 %DOSOMETHING 宏旨在只通过两条路径（由 YES 或 NO 的值初始化），那么参数验证的缺失就会引入一个漏洞，因为如果既不选择 YES，又不选择 NO，那么当前的条件逻辑会暗示第三条路径。在相对静态的软件中，参数很少或永远不会被修改，故障的风险很低，这个缺乏验证的漏洞经常会被忽略。然而，如果参数值多，经常被修改，相对复杂，或从宏变量动态生成，那么风险就会增加，参数验证就会变得更有价值。

由于开发、重复使用和再利用模块化软件，参数验证变得越来越重要。随着复杂性的增加，参数值可能表示通过子进程从上级程序传递给孙子进程的宏变量的可能性

增加。而且，虽然这种模块化设计可以大大增加软件重复利用次数，但是它也需要更高级别的验证，以确保传递的参数是有效的。以下代码演示了父进程、子进程和孙子进程之间的典型关系，其中，参数 VAR 通过子进程（在其中被修改）从父进程传递给孙子进程。

```
* grandchild;
%macro print(printvar=);
%put VAR: &printvar;
%mend;

*child;
%macro define(var=);
%if &var=YES %then %print(printvar=&var2);
%else %if &var=NO %then %print(printvar=NO &var2);
%else %return;
%mend;

*parent;
%define(var=YES);
```

在此示例中，子进程（%DEFINE）负责验证其传递给 %PRINT 宏的参数。该验证将基于商业规则，例如，业务规则可能要求，除非 VAR 参数为 YES 或 NO，否则宏将被中止。其他业务规则可能会接受 YES 为有效，并将所有其他参数值默认为 NO 路径。由于父进程对子进程的内部操作的可见性有限，并且通常无法查看孙子进程，所以验证对于在复杂的模块化设计中实现完整性至关重要。在实际的生产软件中，除了异常发生时中断一个程序之外，还应该生成一个返回码，可以由上级程序动态地驱动程序流程，并可能终止程序或运行其他操作。

重复宏变量

因为 Base SAS 语言并没有固定地提供一种从宏生成返回码的方法，返回码必须通过全局宏变量进行伪造，正如第 3 章所述和演示的。在第三代语言（3GL）中，返回码的范围有限，直接从子进程传递给父进程。然而，由于 SAS 返回码必须适应全局宏变量，所以返回码有效地散布到整个程序，从而违反了将在第 14 章讨论的模块化的封装和松耦合原理。

例如，以下代码演示了在同一程序中串行运行的两个宏。每个宏旨在通过使用返回码验证软件完成度来提供完整性。但是，由于两个宏中使用的是同样的返回码，因此会出现混淆的情况。

```
libname perm 'c:\perm';
data perm.mydata;
run;

%macro one();
%global rc;
%if %sysfunc(exist(perm.mydata)) %then %let rc=found it!;
%else %let rc=missing!;
%mend;

%macro two();
%global rc; * intended to be a separate return code;
%put RC inside two: &rc;
%mend;

%one;

%two;
```

运行时，尽管在每个宏中都定义了全局宏变量 &RC，但由于宏之间的干扰，结果会被混淆。以下输出演示了此错误，因为 "found it!" 在 %TWO 宏中没有出现。

```
%one;
%put RC: &rc;
RC: found it!
%two;
RC inside two: found it!
```

要补救这种有漏洞类型的宏，全局宏变量应始终初始化为一个空字符串或一些其他有意义的值紧跟在 %GLOBAL 宏语句之后。这两个附加语句现在可以防止 %ONE 宏中的混淆进入 %TWO 宏中。

```
libname perm 'c:\perm';
data perm.mydata;
```

```
run;

%macro one();
%global rc;
%let rc=;
%if %sysfunc(exist(perm.mydata)) %then %let rc=found it!;
%else %let rc=missing!;
%mend;

%macro two();
%global rc; * intended to be a separate return code;
%let rc=;
%put RC inside two: &rc;
%mend;
```

在 %ONE 中的 &RC 值现在不能再干扰 %TWO 中的 &RC 值，%TWO 宏中的 &RC 的初始化确实会重写 %ONE 中的 &RC 值。一个漏洞已被消除，但是宏变量冲突仍然存在威胁。因此，除了在创建后始终立即初始化全局宏变量这一最佳做法之外，返回码和其他全局宏变量应理想地具有唯一的名称，以防止可能的混淆和冲突。消除这种风险的一种方法是在生成单个返回码后，在宏名称之后追加 _RC 或 RC。在某些情况下，返回码可以通过使用带内信令技术嵌入到另一个宏变量中，该技术在第 3 章介绍过。

在不同程序之间持续存在的全局宏变量甚至比在宏之间持续存在的全局宏变量还要差。当 SAS 程序以交互模式运行时，运行软件，检查日志，然后运行后续（可能不相关）的程序而无须首先终止 SAS 会话是十分常见的。由第一个程序创建的所有全局宏变量仍将存在，并可能会混淆所有后续软件在该会话中运行的环境。第 4 章演示了一个示例。为了消除这个漏洞，当生产软件在交互模式下手动运行时，最佳做法是始终在新的 SAS 会话中运行软件，新的会话中没有先前已被运行的其他代码。

默认为故障

在 SAS 中运行外部程序返回码时的一个常规做法是用一个空的宏变量来表示宏变量运行成功。这是首选，因为 %LENGTH 宏函数可用于测试成功——如果宏变量为空，则长度为零，并且不会发生异常、警告或“运行时错误”。在以下代码中，父进程调用子进程，并且必须确定子进程是成功还是失败。

```
*  child process;
%macro child();
%global childRC;
%let childRC=;
*  do something;
%if 2=2 %then %do; * simulate failed process;
   %let childRC=you broke me!;
   %end;
%mend;
*  parent process;
%macro parent();
%global parentRC;
%let parentRC=;
%child;
%if %length(&childRC)>0 %then %do;
   %let parentRC=blame my child!;
   %return;
   %end;
*  later processes that depend on success of the child;
%mend;
```

因为 2 总是等于 2，子进程将始终失败（如当前硬编码），在运行时会产生以下输出。

```
%parent;
%put child: &childRC;
child: you broke me!

%put parent: &parentRC;
parent: blame my child!
```

这种技术非常有效，如第 6 章所述，可以促进多级进程之间的关系，从而可以通过模块化软件适当地继承异常、警告和“运行时错误”。使用长度为零的返回码来表示程序运行成功的一个警告可能是返回一个错误的正返回码——也就是说，当程序实际上失败时要声称的是成功。因此，如果长度为零的返回码旨在表示程序成功，那么当可以证明没有遇到异常或“运行时错误”时，它应该只能在程序完成时分配。

例如，在以前的子进程中，如果“运行时错误”或错误发生在“*do something;”行，那么返回码 &CHILDRC 已经被分配了一个指示宏成功的值。如果宏突然退出，并且无法向 &CHILDRC 分配一个适当的错误代码，那么 &CHILDRC 将无效，这本质上是欺骗父进程，表示事实上没有发生错误。使用返回码来评估流程成功或失败的最佳做法是一开始就分配一个类似通用错误（而不是空白或成功）的值，正如修改后的子进程所示。

```
*  child process;
%macro child();
%global childRC;
%let childRC=GENERAL FAILURE;
* do something;
%if 2=2 %then %do; * simulate failed process;
   %let childRC=you broke me!;
   %end;
%else %let childRC=;
%mend;
```

只有在宏的最后一步（一旦成功确认），反映成功的返回码才应该被分配。这通常包含对 &SYSCC 宏变量的分析，以证明宏或模块中没有出现警告或发生“运行时错误”。因此，如果 &SYSCC 为 0 并且满足其他先决条件（或业务规则），返回码将设置为代表成功完成的值。

趋于软件稳定性

当软件被客户测试、验证和接受时，实际上它就被证明是准确的，符合所有功能性和性能要求。正式的测试计划（将在第 16 章讨论）可以通过展示软件如何满足规定的测试要求来提高软件的完整性。此外，一个风险登记表（第 1 章讨论过）可以在软件发布时展示已知的漏洞——本质上这些风险已被利益相关者接受。这些工件可以集体向利益相关者提供更全面的软件可靠性视图，并表示软件将按照所述的形式进行认证。利益相关者某种程度上对软件的信心表明了它被开发和测试的质量水平。

一旦生产软件被修改，其完整性将大打折扣，直到它可以重新测试、重新验证和重新发布。如果软件被修改之后未被随机测试和验证，使其达到开发时所要求的质量保证水平，那么错误或潜在缺陷可能会不知不觉地引入漏洞和风险。特别是在支持模块化、可重用代码的开发环境中，对一个模块的微妙修改可能会对依赖代码库的其他程序产生更广泛的影响。即使修改不会对软件造成不利影响，但重新验证修改后的软件可以证明软件完整性本质上被削弱了。

软件稳定性是一个常见的目标，通常也是具有自动化和计划性特点的生产软件的先决条件。从安全角度看，利益相关者需要一定的保证，保证软件自上次测试和验收以来没有被修改。在许多终端用户开发环境中，由 SAS 的从业者来保证软件尚未被修改或者修改是微不足道的。在更正式的开发环境中，存储进程、宏和程序都被保存在服务器中的中央存储库中，而不是客户端机器，以防止临时修改。当需要额外的完整性以保证软件没有以任何方式被修改时，可以生成校验和，以验证不同 SAS 程序文件之间不同的位级。

存储宏和存储过程

当通过模块化设计开发软件时，随着单个模块被开发、测试，它们可以被硬化并放置在中央存储库中以供使用。这种做法极大地支持代码重复利用和再利用，因为代码模块具有完整性，并且已经经过彻底的测试和审查。代码重复利用库和重复利用目录可以帮助组织中央代码存储库，第 18 章将对此进行描述和演示。SAS 应用程序通过 SAS 自动调用宏装置、SAS 存储编译宏装置和存储过程促进代码模块的稳定性。

SAS 自动调用宏装置使 SAS 宏可以集中存储，但在运行时会在本地进行编译。另外，存储的宏被预编译，从而在运行时节省了一些时间，但是它们的开源代码必须与可运行文件分开维护，以免导致重复。虽然这些装置的使用没有在本书中展示，但每一装置都支持软件安全性，因为生产代码可以与开发环境隔离，以防止出现《SAS 宏语言参考》（*SAS Macro Language Reference*）中所讨论的意外修改。SAS 存储过程提供了类似的优点，即将 SAS 程序集中存储在服务器上而不是分布式客户端机器上，从而提供更高的稳定性和安全性。

校验和

校验和被定义为从任意长度的消息计算的固定长度的比特串，使消息中的一个或多个比特的改变不可能产生相同的比特串，从而有助于检测意外的修改。校验和——有时称为散列算法——是以简约格式表示文件或文本的十六进制字符。单向加密散列函数（如 MD5、SHA-256）用来评估文件或文本并产生校验和。校验和提供了一种

证明软件完整性的可靠方法，两个文件相同时进行验证，相反，在校验和不匹配时通过阐明错误的文件来证明。

例如，当我们从网上下载软件时，校验和通常会在下载完成时被运行以确定整个文件是否正确下载。进行比特等级比较，以确保软件的下载副本与原始文件相同。主机服务器上的原始文件的校验和已经生成了，因此，下载过程只需要为下载的文件生成校验和。如果校验和被发现不同，则表示文件损坏，因为下载的软件与原始文件不匹配。然而，当校验和完全相同时，文件的完整性将会被迅速展现出来。

SAS 软件可以从同样的方法中受益，通过将当前的 SAS 程序与其经过验证的原始程序进行比较，利益相关者也可以确保经过验证的操作实例自软件测试和客户验收以来没有被更改。

然而，不是无效率地去比较两个程序之间的每行代码，而是比较它们的两个相应的校验和，这一比较提供了同等的完整性。

Base SAS 散列函数包括 MD5、SHA256 和 SHA256HEX，每个都可以创建一个校验和。例如，以下代码为所提供的文本计算了 SHA-256 散列函数（以十六进制格式）。

```
%let sha=%sysfunc(sha256hex(It is pitch black. You are likely to be
    eaten by a grue.));
%put &sha;
5A3F8C31D8D529D52DE843FB5C5B9B5EA9EFFF3CC04B4F3C21880B6C9615B797
%put LEN:  %length(&sha);
LEN:  64
```

要确定新字符串是否与文本字符串匹配，可以创建新字符串的散列值并与之前的散列值进行比较。因为只有散列值引用了内容，如果散列值相同，则它们表示的字符串也是相同的。当应用于诸如 SAS 程序的文件时，这种相同的散列技术产生可用于比较和验证软件的校验和。虽然此示例将两个语句表示为 64 个字符的校验和（这不是很有效率），但一个 10 000 行的 SAS 程序也可以用 64 个字符的校验和表示，这表明只需比较两个校验和而不必比较 10 000 行代码就可以验证文件完整性的超高效率。

使用基本 SAS 散列函数（如 SHA256HEX）可用于生成文本字符串的校验和，却不用于为二进制文件生成校验和。虽然理论上可以将 SAS 程序读入字符变量并创建校验和，但语言和编码问题可能会产生意外或无效的结果。一个更直接的方法是，使用任何面向对象编程（OOP，Object Oriented Programming）语言来生成本地文件校验和。

为了演示这种技术，字符串“It is pitch black.You are likely to be eaten by a grue.”被保存为文本文件 C：\ perm \ grue.txt，并运行以下 Python 代码。

```
# PYTHON CODE!!!  NO SEMICOLONS HERE!!!
import hashlib
block = 65536
sha = hashlib.sha256()
with open(r'c:\perm\grue.txt', 'rb') as f:
    buff = f.read(block)
    while len(buff) > 0:
        sha.update(buff)
        buff = f.read(block)
print(sha.hexdigest())
```

Python 代码生成与之前的 SAS SHA256HEX 函数相同的校验和（SHA-256 散列值）：

```
5A3F8C31D8D529D52DE843FB5C5B9B5EA9EFFF3CC04B4F3C21880B6C9615B797
```

一旦软件被开发、测试、硬化并被客户接受，程序文件校验和的即时计算就会作为后续软件验证的基准。当针对程序文件计算后续校验和并根据基准来验证该校验和时，这就表明软件的原始版本仍在运行，并确认没有被修改过（这将降低软件完整性）。

运行校验和

与 SAS 数据集不同的是，SAS 程序文件不包含文件名或创建日期之类的任何元数据。因此，当散列函数产生 SAS 程序文件二进制内容的校验和时，只有程序本身会被分析。这是至关重要的，因为它确保有延展性的文件元数据不会影响校验和的值。例如，可以将 SAS 程序重命名，移动到不同的文件夹，并以较新的日期保存，只要文件的内容不变，校验和将保持不变。“数据完整性”部分对 SAS 数据集和程序文件之间的差异做了简单介绍，产生这种差异的原因是 SAS 数据集包含不可删除（但非常多变）的专有元数据，而 SAS 程序是文本文件，其元数据由操作系统而不是 SAS 应用程序管理。

为了在生产环境中实现校验和完整性检查，校验和应在其已被客户测试、验证和接受之后才能在 SAS 软件（包括 SAS 程序、相关的外部宏模块或静态配置文件）上被计算。只有当代码硬化后，基准校验和才应该生成，因为甚至是程序中的单个附加分号都会改变它的校验和，从而使其无效。如第 18 章所讨论的，校验和通常被包含在重复利用目录中，因为它们为 SAS 从业人员提供了额外的验证，那就是重复利用库中的代码在被测试和验证后没有被修改。

因此，验证生产软件完整性的一种方法是在运行前立即以编程方式计算程序文件的校验和。当发现计算的校验和与位于重复利用目录或其他工件中的校验和匹配时，利益相关者可以确定软件运行在软件测试和验收之后尚未修改。质量控制过程（未显示）仅在软件运行中增加了几秒的时间，却给操作环境带来极大的完整性。如果校验和未验证，则业务规则可以明确的是，软件不应该运行，或者指出软件完整性可能会受到损害的报告已生成，并且软件应该重新测试。

校验和的技术运行是直接的，并且正如所展示的那样，只需很少的代码来操作。因此，运行完整性的约束所涉及的唯一实际劳动就是维护校验和清单。每当软件被客户测试和接受时，软件都应该硬化，校验和也必须重新生成，并记录在重复利用目录或其他操作工件中。校验和生成后，不能对软件进行修改。目前的校验和库可以保存在 SAS 数据集中，并且在使用重复利用库和重复利用目录的情况下，会链接到重复利用目录中列出的软件模块。因此，在重新使用新软件中现有的代码模块之前，开发人员可以立即确保他们正在使用的是通过验证重复利用目录校验和的最新（并安全测试过地）版本的软件。

项目的校验和

不要在意！本部分仅仅是作为一个警告。像 SAS 数据集一样，SAS Enterprise Guide 项目文件（.egp）充满了 SAS 元数据。下面来演示一下，打开 SAS Enterprise Guide 并创建一个包含以下文本的新程序就可以将校验和的值与之前“校验和”部分的值进行比较：

```
It is pitch black.  You are likely to be eaten by a grue.
```

不用去担心这个文本没有体现 SAS 句法。将 SAS Enterprise Guide 项目保存为 C：\perm\test_checksum_EG.egp 并退出 SAS Enterprise Guide。请注意你的操作系统中项目文件的日期时间戳，因为它将会发生变化。要生成项目文件的校验和，请运行以下 Python 代码，可以保存为 C:\perm\test_checksum_EG.py：

```
# PYTHON CODE!!!  NO SEMICOLONS  HERE!!!
import hashlib
block = 65536
sha = hashlib.sha256()
with open(r'c:\perm\test_checksum_EG.egp', 'rb') as f:
    buff = f.read(block)
    while len(buff) > 0:
        sha.update(buff)
        buff = f.read(block)
print(sha.hexdigest())
```

校验和输出如下，但你的输出结果将不同。

```
8746d07fc11753a1037c66b671961310585ff0d531796c5c9fd5dddd3ea61f54
```

现在请运行 SAS 企业指南项目（这一项目将会生成“运行时错误”，因为 SAS 无法弄清楚如何免受攻击）。保存项目文件，退出 SAS Enterprise Guide，重新运行 Python 代码以生成新的校验和：

```
edc769ecd734991213051671b2b243612485b2d422a1882c40c0af606c741285
```

你的校验和与该值又不同，但更重要的是，两个校验和都不同——表明项目文件通过运行和保存文件被简单地修改了。作为一个最后的实验，重新打开 SAS Enterprise Guide 和 C：\ perm \ test_checksum_EG 项目文件。运行项目（再次产生“运行时错误”），然后尝试退出 SAS Enterprise Guide。系统会询问你是否要保存更改——多么有趣，因为你没有进行任何更改。不保存更改，退出 SAS Enterprise Guide，并重新运行 Python 代码以生成一个熟悉的校验和值。

```
edc769ecd734991213051671b2b243612485b2d422a1882c40c0af606c741285
```

SAS Enterprise Guide 引用的“更改”实际上是对项目元数据的更改，这些元数据作为 SAS Enterprise Guide 的一部分被保存。由于未保存更改，因此，SAS Enterprise Guide 未更新这些元数据，所以最新的校验和匹配的是之前的值。要查看这些元数据，请通过将 test_checksum_EG.egp 重命名为 test_checksum_EG.zip 来解压缩项目文件夹，以便操作系统将其识别为压缩文件。打开压缩文件，你就会发现——project.xml 文件是一个文本文件，其中包含有关创建日期、最后修改日期以及谁正在进行修改的信息。在更复杂的项目文件中，XML 文件中的引用指向包含程序文件的从属压缩目录。

由于项目文件的复杂性和可扩展性，校验和作为完整性控件并不能演示项目文件的稳定性。然而，通过从内部项目链接到外部 SAS 程序（而不是在项目中创建程序），在前面“运行校验和”部分中展现的完整性控件的类型可以在 SAS Enterprise Guide 项目的各个 SAS 程序文件上被使用。

可用性

可用性是指软件组件在需要时可操作的程度。可用性要求软件以及所有必需的组件（包括数据集、配置文件、控制表和其他文件）应在它们应该在的，能发挥它们有效性的，并且可以被必要的利益相关者访问的地方。作为软件可靠性的核心原则，对可用性的讨论贯穿了第 4 章“可靠性”。然而，从风险管理的角度来看，最佳做法可以通过消除数据集和文件可用性的常见威胁来使软件更安全。

无法访问数据集是 SAS 软件故障的主要原因之一，即使在生产软件中无法访问的数据集也应该被设计为能可靠并稳健地应对已知威胁。例如，如果 SORT 程序正在运行并将数据排序到 PERM.Mydata 数据集中，则该程序将启用独占锁，限制所有其他用户和程序访问数据集。然而，我们可以从两个角度看到这个锁定的数据集——软件运行 SORT 程序的内部角度以及等待（或尝试）访问数据集的用户或程序的外部角度。

第 6 章从尝试访问锁定数据集的程序的外部视角讨论了数据集的可用性，演示了数据集被锁定时可以避免出现“运行时错误”和软件故障的技术。然而，从运行 SORT 程序——这一已经成功访问数据集的程序的软件内部角度来看，安全性比稳健性更重要。例如，这种安全性旨在将 PERM.Mydata 的可用性最大化到其他潜在的用户或进程中，并命令 SORT 程序应该迅速和负责任地运行。“迅速”包括运行效率原则和开发最佳实践，而“责任”更多地要求尽快解除 PERM.Mydata 的锁定，从而使其他的竞争过程能够随后访问数据。以下部分演示了可以从安全性而不是稳健性角度增加 SAS 数据集可用性的技术。

自动防故障装置的路径

自动防故障装置的路径是出错的宏、进程或程序的安全结果。在自动防故障装置中，软件必须首先检测到致命的异常或“运行时错误”，并通过异常处理终止受影响的代码。自动防故障装置在第 6 章和异常处理框架内都有所展示。第 5 章也讨论过作为 TEACH 助记符无害原则的自动防故障装置，它要求软件在故障期间或作为故障产生的结果，不应损害其运行环境中的输入、输出、数据产品或其他方面。

当软件出现故障时，软件可能会通过多种模式带来损坏。例如，如果异常情况未被处理或处理不当，关键数据集可能会被无效数据重写。这可能导致商业价值的损失，因为客户和其他利益相关者需要被迫等待数据或数据产品的更正或重新创建。虽然在某些情况下故障是不可避免的，但优雅的失败路径可以减少或消除可能以其他方式发生的不必要的损害。

尽管失败的原因和由此产生的损害类型众多，并且超出了本书的范围，但是对安全性的一些具体威胁在以下部分会有所讨论。当打开文件流或使用 LOCK 语句显式锁定数据集时，这些访问必须在自动防故障装置的路径中终止，以确保其他用户和进程可以获取文件或数据集。当 SAS 日志被引导到外部文件（通过 PRINTTO 程序）并且软件没有自动防故障装置时，可能会出现其他特性。

关闭数据流

OPEN 和 FOPEN 输入 / 输出（I/O）函数可以在 DATA 步骤中使用，以将数据流在 SAS 数据集和其他文件中打开。例如，为了以编程方式确定数据集中的变量数量，SAS 从业人员可以访问 SAS 字典表，或者可以使用 OPEN 函数来检索这些元数据。以下代码所示为打开数据集 Mydata，并将值 2 分配给宏变量 &NVARS，表示数据集中的变量数。

```
data mydata;
   length char1 $10 num1 8;
   char1='tacos';
   num1=5;
run;

data _null_;
   dsid=open('work.mydata','i');
   nvars=attrn(dsid,'nvars');
   call symput('vars',strip(nvars));
run;
```

当在 DATA 步骤中使用 OPEN 时，数据流仅在 DATA 步骤中持续。即使 DATA 步骤因“运行时错误”而突然终止，数据流也将始终自动关闭，共享文件锁也会被解开。因此，DATA 步骤中的 I/O 函数是安全的，并且不需要相应的 CLOSE 函数。

然而，OPEN、FOPEN 和其他 I/O 函数通常被调用，并使用 %SYSFUNC 宏函数，以在 DATA 步骤、SAS 程序或其他任何地方完善 I/O 函数。例如，以下 %GETVARS 宏计算数据集中的变量数，比以前的代码更灵活，重复使用率更高，因为它不需要使用 _NULL_ 数据集来创建 &NVARS：

```
%macro getvars(dsn=);
%let syscc=0;
%global nvars;
%let nvars=;
%global getvarsRC;
%let getvarsRC=FAILURE;
%local dsid;
%let dsid=%sysfunc(open(&dsn,i));
%if &dsid>0 %then %do;
   %let nvars=%sysfunc(attrn(&dsid,nvars));
   %let close=%sysfunc(close(&dsn)); *required;
   %end;
%else %do;
   %let getvarsRC=data set could not be opened;
   %return;
   %end;
%if &syscc=0 %then %let getvarsRC=;
%mend;

%getvars(dsn=work.mydata);
%put VARS: &nvars;
%put RC: &getvarsRC;
```

因此，使用 %SYSFUNC 调用 I/O 函数的类似方法通常是首选。这种宏驱动技术的一个缺点是缺少自动文件流终止，就像在 DATA 步骤中调用没有 %SYSFUNC 的 OPEN 或 FOPEN 时一样。必须在使用 %SYSFUNC 成功调用 OPEN 函数或 SAS 会话期间文件流保持打开的情况下运行 CLOSE 函数。例如，如果 %SYSFUNC（OPEN）无法打开数据流并返回 0 值，则没有打开任意数据流，因此，不需要关闭。然而，如果相反，%SYSFUNC(OPEN）返回一个大于 0 的值，那么必须明确地使用 %SYSFUNC(CLOSE）来关闭数据流。如果未使用 CLOSE 函数，数据流将无限期地保持打开状态，并会在 SAS 会话期间保持数据集上的共享文件锁定状态。其他用户和程序随后可以打开或者查看数据集，但是当不需要持续锁定共享文件时，他们将无法修改或删除数据集。

为了确保关闭数据流，自动防故障装置的路径必须确保使用 %SYSFUNC(OPEN) 或 %SYSFUNC(FOPEN) 打开的所有数据流都分别使用 %SYSFUNC(CLOSE) 或 %SYSFUNC(FCLOSE) 关闭。在可以通过嵌套逻辑分支将多个 I/O 函数串联在一起的更复杂的过程中，可能需要多个 CLOSE 或 FCLOSE 函数来确保如果发生故障，所有打开的数据流都要在进程或程序终止前关闭。

解锁数据集

每次 SAS 访问数据集时，无论是查看、修改还是删除都会创建一个文件锁。绝大多数 SAS 文件锁是隐含的——也就是说，它们会自动运行，而且一旦 DATA 步骤或程序终止，SAS 就会解锁。在某些情况下，例如，当 OPEN 或 FOPEN I/O 函数隐含创建文件锁时（当文件锁通过 %SYSFUNC 宏函数被调用时），需要明确的 CLOSE 或 FCLOSE 语句来终止文件锁定。这个特质在“关闭数据流”部分被演示过。LOCK 语句是 SAS 创建显式文件锁的唯一方法；因此，它需要一个显式的 LOCK CLEAR 语句来解锁，如下面的代码所示。

```
libname perm 'c:\perm';
data perm.mydata;
   length char1 $10;
   char1='tacos';
run;

%macro sortstuff;
lock perm.mydata;
%if &syslckrc=0 %then %do;
   proc sort data=perm.mydata;
      by char1;
   run;
   lock perm.mydata clear;
   %end;
%else %put somebody in my data!;
%mend;

%sortstuff;
```

LOCK 语句最初用于防止单独的 SAS 会话、进程或用户访问正在使用的数据集，但由于 LOCK 功能中的错误，其已被大量淘汰。然而，在遗留代码中，无论什么时候，都要有相应的 LOCK CLEAR 语句来遵循运行的 LOCK。第 3 章“通信交流”的“互斥和信号量”部分对锁定共享数据集的更可靠方法专门进行了说明。

丢失：一个 SAS 日志

PRINTTO 程序可用于将 SAS 日志重定向到文本文件。日志文件在探寻故障源方面是非常有价值的，有些环境要求维护生产软件日志，用于后续日志文件来验证进程的成功。PRINTTO 的另一个用途是将 SAS 日志临时重定向到一个文件，因此，可以解析日志中的注意事项以动态改变程序流。例如，由于 SETINIT 过程不能创建可由编程方式做出评估的可用返回码或输出数据集，所以必须将 SEITITIT 的日志结果保存到文本文件中，并立即对其进行解析，以确定 SAS 环境是否包含特定的许可的 SAS 模块。该技术在第 10 章“可移植性”的“SAS 组件可移植性”部分展示过。第 8 章“自动化的 FULLSTIMER”部分中演示了类似的 PRINTTO 功能，来自 SAS 日志的 FULLSTIMER 指标将保存到文本文件中，并随后通过 %READFULLSTIMER 宏描述并分析。

重复使用 PRINTTO 可以体现在 DATA 步骤中描述系统资源利用率的 FULLSTIMER 指标中：

```
libname perm 'c:\perm';
%let path=%sysfunc(pathname(perm));
options fullstimer;
proc printto log="&path/out.txt" new;
run;
data perm.subset;
   set perm.sortme (where=(num1<.1));
run;
proc printto;
%readfullstimer(textfile=&path/out.txt) ;
```

但是，如果程序在 DATA 步骤中突然终止，那么日志最终仍将保存到文本文件中，而不是 SAS 日志窗口中；这时需要第二个 PRINTTO 程序将日志重新保存到默认的 SAS 窗口。在这种情况下，当文件正在保存日志而此时软件突然终止时，至少会出现两个错误。第一，如果在同一 SAS 会话中运行附加代码，日志将继续发送到日志文件，这可能会使无法找到代码结果的 SAS 从业人员感到十分困惑不已，同时也会使日志文件掺杂不相关或无关的结果。第二，只要日志文件流保持打开状态，SAS 会维护日志文件上的一个文件的锁定状态，以防止被删除。因此，试图在解析之后删除日志的后续进程（未显示）也可能会失败，因为 SAS 会维护该文件的锁定状态，直到 PRINTTO 程序的二次运行。

因此，每当运行 PRINTTO 以重定向日志的目标文件时，异常情况处理例程应确保第二个 PRINTTO 程序能作为自动防故障路径被执行，以防程序终止之后生成的日志不知去向或造成级联故障。

主动终止程序

在大多数情况下，自动防故障路径之所以会被调用，是因为程序在运行期间遇到异常、警告或“运行时错误”，需要终止进程或程序。因此，功能性故障是使进程或程序“优雅体面”地终止。然而，偶尔出现的性能故障——特别是无法满足运行时间要求——迫使终止程序。例如，如果 SAS 进程预计在不到 10 分钟内完成，但 1 小时后仍在运行，一些商业规则可能会建议或要求终止该进程。然而，由于这种原因，生产 SAS 软件通常被人工终止，而不是通过在质量保证异常处理框架内将此逻辑构建成自动化的质量控件而被终止。如所展示的那样，当进程超过运行时间阈值时，Base SAS 确实为强制终止进程提供了所有的工具。

以下代码创建了一个数据集并将其排序，还模拟了生产软件中的一个进程：

```
libname perm 'c:\perm';

data perm.mydata (drop=i);
   length num1 8;
   do i=1 to 100000000;
      num1=round(rand('uniform')*10);
      output;
      end;
run;
proc sort data=perm.mydata;
   by num1;
run;
```

代码大约在 90s 内运行，它会随着环境而变化，也可以通过改变创建的观察次数修改。但是猜想一下，相同的代码是否会被预期（和需要）在 10s 甚至 10s 以内被运行。在用 90s（是预期时长的 9 倍）时间运行的情况下，这种运行故障无疑将使 SAS 从业人员难以抉择是手动终止，还是允许其自由发展，不予约束。此外，在程序已经表现出与性能规范几乎没有联系之后，允许流氓程序继续运行会构成安全风险，特别是在延迟原因尚未知而代码又在继续运行的情况下。

为了提高生产软件的性能和安全性，一个最佳的做法是可以使用 SYSTASK 语句调用的进程模块化。如果达到运行时间阈值，带有 TIMEOUT 选项的 WAITFOR 语句后面的 SYSTASK 语句就会终止指定的 SAS 程序（批处理作业）。这种方法可以确保 SAS 会话（批处理作业正在其中运行）的运行状态立即终止，并在自动检测出性能故障时提供一个自动防故障装置的路径。

为了演示此方法，先前的 SAS 代码应保存在文件 C:\perm\makeandsort.sas 中。如果需要，该程序将作为一个批处理文件被调用，终止 WAITFOR 语句。父程序如下，应该被保存为 C:\perm\engine.sas。

```
libname perm 'c:\perm';

%put %sysfunc(putn(%sysfunc(datetime()),datetime17.));

systask command %sysget(SASROOT)\sas.exe"" -noterminal -nosplash
    -nostatuswin -noicon -sysin ""c:\perm\makeandsort.sas"" -log
    ""c:\perm\makeandsort.log"""
    status=rc_makeandsort taskname=task_makeandsort;
waitfor task_makeandsort timeout=20;
%put SYSRC: &sysrc;

%put %sysfunc(putn(%sysfunc(datetime()),datetime17.));

systask kill task_makeandsort;
```

SYSTASK 语句在第 12 章“自动化”中有详细介绍，但在此实例中需要 TASKNAME 选项，因为 WAITFOR 语句用该选项来引用此特定的批处理作业。因为 SAS 进程（现在保存为 Makeandsort.sas）需要在 10s 或更短时间内完成，TIMEOUT 选项的完成时间已被设置为 20s，它规定如果程序在预期运行的两倍时间内没有完成，那么它应该被终止。因为这种情况下的进程运行时间需要超过 20 秒（大约 90 秒），所以该进程在 20 秒后会自动终止。

以下输出由 Engine.sas 程序生成，这表明批处理作业超时。DATETIME 函数的日志说明了超时问题，而且 SYSTASK 自动宏变量为 -1，表明 SYSTASK 函数没有正确完成（由于超时）：

```
libname perm 'c:\perm';
NOTE: Libref PERM was successfully assigned as follows:
      Engine:        V9
      Physical Name: c:\perm

%put %sysfunc(putn(%sysfunc(datetime()),datetime17.));
11MAR16:22:19:27

systask command %sysget(SASROOT)\sas.exe"" -noterminal -nosplash
-nostatuswin -noicon
! -sysin ""c:\perm\makeandsort.sas"" -log ""c:\perm\makeandsort.log
status=rc_makeandsort
! taskname=task_makeandsort;
waitfor task_makeandsort timeout=20;
NOTE: WAITFOR timed out.

%put SYSRC: &sysrc;
SYSRC: -1

%put %sysfunc(putn(%sysfunc(datetime()),datetime17.));
11MAR16:22:19:47

systask kill task_makeandsort;
```

因为 SYSTASK 语句规定一个日志文件（仅用于批处理作业）应该被创建为 C：\perm \ makeandsort.log，这个输出如下。

```
libname perm 'c:\perm';
NOTE: Libref PERM was successfully assigned as follows:
      Engine:        V9
      Physical Name: c:\perm
%put %sysfunc(putn(%sysfunc(datetime()),datetime17.));
11MAR16:22:19:27
```

```
data perm.mydata (drop=i);
   length num1 8;
       do i=1 to 100000000;
      num1=round(rand('uniform')*10);
      output;
      end;
run;

NOTE: The data set PERM.MYDATA has 100000000 observations and
1 variables.
NOTE: DATA statement used (Total process time):
     real time              11.55 seconds
     cpu time               11.03 seconds
```

注意日志中显示批处理作业有时间完成 DATA 步骤，但其没有时间完成 SORT 程序。因为 WAITFOR 语句导致批处理作业（以及其运行的 SAS 会话）突然终止，所以当前运行的任何进程（KILL 语句被接收到时）都不会被写入日志。然而，在终止之前已经运行的进程将被记录，可以用于调查延迟的原因。

由于当超时发生时 &SYSRC 返回码为 -1(当在指定的时间限制内完成运行时返回码为 0)，所以可以通过编程方式对 &SYSRC 值进行评估，以推动进一步的异常情况处理例程。例如，在发现批处理作业已经超时，可以通过电子邮件通知利益相关者此异常或可以运行的任何其他操作，从而提高软件的质量和响应能力。而且，由于这种技术能够终止可能的系统资源浪费和可能带来其他危害的流氓程序，因此，可以通过主动终止程序来大大增加软件安全性和效率。

并发机制的复杂性

并行处理在第 7 章“运行效率”、第 9 章“可扩展性”和第 12 章“自动化”部分已介绍过，是通过减少运行时间大大提高软件性能的最佳实践。描述的并行处理模型最常涉及通过手动运行、批处理作业或 SYSTASK 语句同时产生的多个 SAS 会话，并使它们能够相互通信，以划分和攻克任务或数据集。然而，由于这种通信交流的增加和复杂性，并行化软件的任务是确保并行程序不会相互损害或相互干扰。

一个常见的并行处理示例需要一个产生批处理作业（子进程）的 SAS 程序引擎

（AKA 控制器或驱动程序）或协调在其他 SAS 会话中运行的软件。在这种并行处理模型中，软件安全不仅要包含程序引擎，还包含其子系统或与之相互作用的其他并发软件的安全。例如，如果通过 SYSTASK 产生多个批处理作业，则引擎内的异常情况处理应监视相应批处理作业的成功和失败，并确保其各自的返回码和其他信息在引擎内不会发生冲突。此外，在引擎外部，额外的措施必须确保批处理作业产生的日志文件、数据产品、其他输出，或者其他并发运行程序不会相互冲突。

刺激性是能够导出密码验证数据的单向或加密功能的次级输入中的一个变量。刺激性最常用于密码学，其中某个独特的值在内部被添加到一个结构（如一个密码）中以增强自身。因为结构中被刺激的部分通常不为用户所知，仅用于内部处理和验证，所以它使密码不易受到攻击。在密码学中使用刺激性超出了本书的范围，但是刺激性可以在并行处理中从概念上识别独特的结构以防止冲突。

在宏变量名称、SAS 数据集名称、日志文件名、数据产品名称和其他相关结构上附加一个已知的独特的标记（其可以像增量数字一样直截了当）就能避免冲突，因为没有创建名称相同的实体。引擎内部使用刺激性是为了确保批处理作业元数据和返回码不发生冲突；子进程中使用刺激性是为了确保其各自的数据产品、日志文件和其他输出不会发生冲突。

刺激子进程

为了避免批处理模式中运行的子进程之间或在不同 SAS 会话中并行运行的其他软件之间发生冲突，可以将刺激性应用于数据集名称、日志文件名称和其他输出。例如，以下程序使用 I/O 函数来确定数据集中的所有变量，并通过每个变量对数据集进行迭代排序。也就是说，数据集 Mydata 首先由变量 CHAR1 排序，然后由变量 CHAR2 排序。因为输出数据集需要被单独保存，所以刺激性——增量宏变量 &I——被附加到输出数据集名称中以避免发生冲突。

```
data mydata;
   length char1 $10 char2 $15;
   char1='one';
   char2='two';
run;

%macro serialsort(dsn=);
```

```
%local dsid;
%local vars;
%local i;
%let dsid=%sysfunc(open(&dsn));
%let vars=%sysfunc(attrn(&dsid,nvars));
%do i=1 %to &vars;
   proc sort data=&dsn out=&dsn._&i;
      by %sysfunc(varname(&dsid,&i));
   run;
   %end;
%mend;

%serialsort(dsn=mydata);
```

该代码生成 Mydata_1 和 Mydata_2 两个数据集，从而确保文件名是唯一的，不会有冲突。通过对代码进行修改，这些数据集就可以以其各自的排序变量或任何其他动态生成的刺激值被命名，以保证唯一性。

无论在什么地方异步生成同一软件的多个副本，都必须在 SYSTASK 调用中使用与并行处理相关的刺激性。例如，以下两行代码会在第 12 章“自动化”的“分解 SYSTASK”部分介绍：

```
systask command """%sysget(SASROOT)\sas.exe"" -noterminal -sysin
   ""&perm\means.sas"" -log ""&perm\means1.log"" -print
   ""&perm\means1.lst""" status=rc_means1 taskname=task_means1;

systask command"""%sysget(SASROOT)\sas.exe"" -noterminal -sysin
   ""&perm\means.sas"" -log ""&perm\means2.log"" -print
   ""&perm\means2.lst"""status=rc_means2 taskname=task_means2;
```

请注意，日志文件和输出文件的名称必须是唯一的，以确保它们在运行环境中不会发生冲突。在动态性更强的软件中，生成的日志文件名称不是手动输入的，如 Meansl 和 Means2，刺激值将是动态生成并递增的，如下所述。

刺激父进程

当使用 SYSTASK 语句生成批处理作业时，WAITFOR 语句可以在一个或多个批处理作业完成时强制暂停引擎。没有运行 WAITFOR，SYSTASK 继续处理并可以异步生成将会同时运行的其他批处理作业。除了确保批处理作业本身不发生冲突之外，引擎内的批处理作业元数据可能还需要被刺激，以确保它们的名称是唯一的。第 12 章“自动化”中着重讲解了 SYSTASK。

为了展示这种冲突的威胁，“刺激子进程”部分的 %SERIALSORT 宏被修改，以便可以并行运行。由于宏变量不能作为参数传递到外部 SAS 会话中，因此，数据集名称、变量名称和变量位置——DSN、VAR 和 I 的值必须分别由 SYSPARM 参数提供。以下程序演示的是设计各个 SAS 子进程的引擎，保存为 C:\perm\parallelsort.sas：

```
libname perm 'c:\perm';

data perm.mydata;
   length char1 $10 char2 $15;
   char1='one';
   char2='two';
run;

%macro parallelsort(dsn=);
%local dsid;
%local vars;
%local var;
%local i;
%let dsid=%sysfunc(open(&dsn));
%let vars=%sysfunc(attrn(&dsid,nvars));
%do i=1 %to &vars;
   %let var=%sysfunc(varname(&dsid,&i));
   systask command """%sysget(SASROOT)\sas.exe"" -noterminal -nosplash
      -nostatuswin -noicon -sysparm ""&dsn &var &i"" -sysin
      ""c:\perm\serialsort.sas"" -log ""c:\perm\serialsort_&i..log"""
      status=rc_sort&i taskname=task_sort&i;
   %end;
wait for all ;
%put Sorting Done!;
%mend;

%parallelsort(dsn=perm.mydata);
```

因为 SYSTASK 语句是迭代运行的——迭代次数由数据集中的变量数决定——它的元数据（&STATUS 和 &TASKNAME 宏变量）和输出（日志和打印文件）必须使

用刺激值 &I 命名，使它们的名称是独一无二的。没有这个规定，批处理作业任务名称和返回码变量就无法区分，并且两者还会相互重写。例如，Parallelsort.sas 需要更稳健，异常情况处理需要验证返回码 &TASK_SORT1 和 &TASK_SORT2，以证明其各自的批处理作业已准确无误地完成。虽然这个异常情况处理没有被证明，但唯一命名的任务返回码通过刺激促进了这一工作。

修改的引擎现在调用下列批处理作业的多个并行实例，保存为 C:\perm\serialsort.sas。

```
libname perm 'c:\perm';

%let dsn=%scan(&sysparm,1,,S);
%let var=%scan(&sysparm,2,,S);
%let i=%scan(&sysparm,3,,S);

proc sort data=&dsn out=&dsn._&i;
   by &var;
run;
```

因为宏参数不能从父进程（Parallelsort.sas）传递给子进程（Serialsort.sas），所以 SYSTASK 语句通过 SYSPARM 参数传递参数，该参数被读取并解析为 Serialsort.sas 内部的 &SYSPARM 自动宏变量。而且，由于子进程的多个副本同时运行，所以再次使用刺激值 &I 来确保输出数据集和日志文件不会相互冲突和重写。通过并行化“刺激子进程”部分所介绍的串行程序，所有 SORT 程序同时运行，性能大大提高。

SDLC 的安全性

在数据分析开发环境和项目中直接引用安全性并不常见，因为恶意威胁不太可能造成风险。因此，在软件规划和设计讨论时，安全性更多地在完整性和可用性目标方面表现出来。例如，如何证明软件完整性，以便利益相关者确保生产软件自测试和接收以来没有被修改，或者会采用什么方法确保在有需要时可获得数据集和其他所需的软件组件。

尽管安全性在数据分析开发环境中可能会转移注意力，但许多安全目标支持应在所有软件中实施的最佳实践，不管其他性能要求如何。例如，不允许宏出现漏洞，因为封装原则可以轻松地消除这个漏洞。在这个意义上，安全编码通常相当于对软件开发最佳实践的支持，而不是支持项目文件中编码的要求。

其他安全解决方案可能更复杂，并且通常在组织或团队层面而不是一个软件产品上实行。例如，诸如校验和之类的完整性约束是强大的工具，可以演示软件的完整性和稳定性，但是完整性约束作为综合解决方案被实行能够支持一个软件语料库而非一个程序。因此，关于软件安全性的对话通常发生在团队或组织层面，而不是在规划和设计特定软件产品期间。

安全性要求

安全性要求的规划通常围绕中央情报局（CIA）的保密性、完整性和可用性“三部曲”。保密性不是本书的重点，因为它通常通过 SAS 管理员、元数据内容、操作系统控制和用户权限在 SAS 应用程序中被管理。SAS 数据集可以以编程方式进行加密，这可能是一些组织的一个要求，特别是通过电子邮件、网络服务或其他电子方式将数据传输到组织以外的地方。

由于 SAS 文献中极为关注数据质量，SAS 软件产品的完整性要求往往主要集中在数据完整性上，并不关注代码完整性。例如，要求可能表明，由软件提取的关键的第三方数据集必须通过验证数据或元数据的一系列质量控制来证明有效性。虽然数据完整性在数据分析软件中是至关重要的，但软件完整性也应该是同等重要的。

当要求通过引入数据质量控制技术来提高软件产品的质量时，软件完整性检查（如可以即时验证软件及其组件的校验和）也应该包括在软件要求中。完整性需求通常还涉及软件所需的稳定性水平，例如，通过声明生产软件应该保存为存储过程或单独的宏模块。

该语言可以帮助向开发人员和其他利益相关者展示软件一旦投入生产，就能够在一段时间内保持稳定。在瀑布式环境中，当计划（或未筹划）的软件更新可能被发布以消除漏洞或提供额外的功能或改进的性能时，该期限可能是几个月。另外，在敏捷环境中，当下一批工作代码被发布，软件完整更新时，软件稳定性可能只能持续一个迭代的长度。因此，无论存在的开发环境类型是什么——是分段式还是快速开发——如果要实现软件的完整性，必须表现对软件稳定性的预期。

中央情报局“三部曲”的第三部是与软件可靠性和稳健性要求关系更密切的可用性。因此，在规定要求软件可用性的地方，技术规范通常规定了软件必须运行的时间百分比、软件允许每个月的最大故障次数或其他一些以可靠性为中心的度量。关闭数

据流、解锁数据集和刺激动态结构，以免它们相互发生冲突，尽管这一做法是我们默认遵循的最佳技术操作，但它们通常不会出现在需求文档中。有关软件需求的可用性在第 4 章“可靠性”的“SDLC 中的可靠性”部分做了进一步讨论。

安全性评估

由于安全性旨在消除威胁，所以成功的安全策略通常通过可靠性指标进行评估。因此，如果软件产品或其数据产品缺乏完整性，将会通过功能性故障来证明，功能性故障可能会随着“运行时错误”、产品无效或结果不准确而终止。例如，如果 SAS 从业人员无法预测存储在持久的共享 SAS 库中的数据集可能被锁定、丢失或以其他方式不可用，则会由于缺乏可用性而导致故障。

安全性与可靠性有所不同，因为安全性更加向外集中。在评估可靠性时，利益相关者可能希望确定软件发挥功能的时间百分比或在一段时间内出现的失败次数。另外，评估软件安全性还将涉及评估软件对作为整体的其他软件或生产环境的可靠性或安全性产生不利影响的次数和程度。在进程层面，安全性的目的不仅在于衡量代码模块是否安全，而且还估量模块不会违反其他外部软件模块或程序的功能。

这是一个重要的区别，因为如果 SAS 模块包含接受有限数量的预定义参数的宏定义，那么它可能非常安全。因此，宏可能看起来被封装并且仅松耦合到软件的其他组件。但是，如果同一个宏也创建了大量的全局宏变量来重写现有的宏变量，或者重写其他组件使用的 SAS 数据集或数据产品，那么尽管模块具有可靠性，也会因为危害其环境而无法证明其安全性。因此，不仅要从评估软件的角度考虑安全性，还必须考虑到与安全性交互的环境，包括外部软件和数据产品。

接下来要讲什么

生产软件的一个共同目标是去除人为因素，这样它就可以不受限制地运行，允许 SAS 从业人员运行更重要、更有意思的任务，如分析数据产品或做出数据驱动的决策。一旦软件达到必要的可靠性水平，并稳定下来，而且已经被充分测试可以预测未来的性能，软件就可以自动化。第 12 章将介绍成功的软件自动化——对于从事优质产品的 SAS 从业人员来说，这是一个当之无愧的回报。

12

Chapter

第 12 章 自动化

Cajeros automáticos 意为自动提款机或 ATM 机。

当你从危地马拉背包旅行到巴塔哥尼亚时，没有像自动提款机那样能节约你时间的设备。

我记得在自动提款机普及之前和信用卡被全球接受之前，背包旅行都要“当天返回”。把钱花光确实是个威胁，补充储备物资也总是一个麻烦。

储备过程从你找到一个不用等待很长时间办理业务的银行开始。例如，星期一早晨，许多中美洲和南美洲银行被整个街区的人围着，这些人大多需要等待两个多小时。所以你绝对不想在周末把钞票用光。

走进银行，经过佩戴散弹枪的哨兵，我似乎总是站错队伍。到了柜台照例说了一句，“Necessito cambiar algun dinero，por favor”（我需要换一些钱），然后就经常被换到另一支队伍或一些光线昏暗的角落处的桌子前。

银行职员是我遇到过的最有耐心的人之一，因为游客要兑换货币，所以职员整天要应对他们说的“蹩脚”的西班牙语。他们首先会要来看一下你的护照，这就像你通过后视镜看到警察向你走过来，你需要出示驾照一样。

在你的身份经过验证之后，你必须把藏在箱子里的一沓沓钞票或者旅游支票又或者这两者都翻找出来，翻找过程中，你应该避免与其他人的目光接触，因为这时你经常是衣冠不整的。

银行对钞票十分挑剔，轻微的标记、污点、泪渍甚至褶皱都会导致该钞票没法兑换。然后，你就可能会带着没用的钞票长途跋涉，也可能直到某个银行接受它们。哦，你有时候要尝试拒绝他们的钞票，然后等待鄙视的目光！

在光下逐字检查完钞票的正反面后，银行职员开始计数，然后重复计数，三重计数。在那些被拒绝的钞票已退回后，经过三次计数的钞票总和就进入了加法机。

一番计算后再过一分钟，你就会看到一个数字。点头确认后，你认为你要收到钱了，但并不是——这一过程大致刚过半。

接下来，打印表格——通过计算机，从打印机打印——这张表格记录的是交易内容，显示汇率（Cambio）以及银行相关的支付费用，最后是当地货币的金额。

表格总是一式三份或一式四份。银行负责人拿出一个大大的部门印章，用印泥沾湿，每一页都盖几个章，盖章时由于用力过大，导致桌子都在抖。

最后，打开装有现金的抽屉，这有时候需要银行职员或主管到结算室取来额外的货币。货币清点一次之后还要再清点两次，然后再来一次，整个过程的手法与准确和赌城拉斯维加斯的赌场发牌手一样。

但票据从不需要清点。每个面额都是单独计数的，算完之后这个数字就输入加法机中。这个过程循环往复，直到最后一个比索或百分比输入。清点次数——如你所料——至少 3 次。

一阵“喧闹”过后，你拿到了一些货币和一张收据副本。给客户计算这笔钱并不费力——“喧闹”只是向银行职员证明收到的和支出的货币数额正确。

在这一点上，花了一小时兑换未来一周需要的货币后你终于能上路了。在付出过这种努力之后，你就很容易了解自动提款机对无数国家的游客的吸引力有多大了，他们可以在几秒内从国外账户中安全提取本地货币。

■ ■ ■

中美洲和南美洲银行办理业务的效率较低，操作更简单、效率更高的现金提款机——ATM 机的出现，让这些银行更是感到挫败。虽然最终我们换取的钱—— 一些比索、伦皮拉或格查尔是相同的，但是人工换钱的过程是痛苦的。

正如 ATM 在美国被认为是理所当然的，自动化在软件应用开发中也被认为是理所当然的。以用户为中心的应用程序通过按下按钮或单击鼠标就能编译、加密和运行。

然而，SAS 软件通常通过打开 SAS 应用程序并运行程序来手动操作。尽管这在开发、测试和实证研究过程中是必要的，但在大多数按部就班运行的生产程序中，手动操作应该被取消。

办理银行柜台业务可能缓慢又令人沮丧，但通常情况下，没有其他的缺点。银行职员礼貌专业、交易准确，持弹枪守卫的哨兵也让客户富有安全感。但是，SAS 若不使用自动化不仅会增加软件运行时间，还会引入缺陷、意外（或未经批准）的修改，最终多变性导致可靠性削弱。

银行业务需要多种制衡措施，以确保和验证正确数额的支配，所有这些都需要时间和精力。相反，自动取款机使这些验证过程自动化，并且在我收到的账单中，数额从没有出现过差错。手动运行的 SAS 软件必须依赖于 SAS 日志的手动检查来验证过程成功或显示故障，而自动化软件的特征是在异常或错误发生时能够自动识别和通信。

有时候，有一项银行业务需要访问一家实体银行分行——虽然我现在一个也想不到，但我相信它们存在。但是对于例行的银行活动来说，例如，每周提款一次以确保你可以购买一天的玉米馅饼，这时 ATM 机是必需品。所有 SAS 软件本身都不是自动化的，但在可行的情况下，自动化对软件性能来说可能是巨大的优势。

自动化的定义

国际标准化组织（ISO）将自动化定义为特定条件下关于过程和设备的功能无须人为干预。汽车中的自动变速箱使驾驶员可以不用手动换挡就能加速和减速，同样，自动化软件在没有开发人员的干预下也能运行必要的功能。自动化软件通常不仅能运行，还能检测异常和错误，向利益相关者交流故障，以及最终验证过程成功。在数据分析开发中，软件自动化的一个深层次目标是促进软件可以按计划循环运行。

自动化在传统软件开发中被认为是理所当然的，因为第三方软件用户获得的软件通常其代码都是稳定、经过编译、经过加密且不可破译的。因此，虽然我在输入这个段落时用的是 Microsoft Word，但是使用的过程只发生在图形用户界面（GUI）中，并没有与基础代码交互或修改该代码。终端用户开发环境差异很大，因为它们鼓励与底层代码的交互，这降低了代码的稳定性，并增加了对解析 SAS 日志从而验证软件成功的不利依赖。然而，如果稳定的 SAS 软件必须表现出高可靠性和可用性，那么自动化的计划批处理作业有利于实现这些目标。

本章介绍和区分 SAS 交互与批处理模式，后者可用于直接从操作系统（OS）环境运行和调度软件。由于批处理作业也可以从 SAS 软件中启动，因此，使软件能够通过并行处理在单独的 SAS 会话中产生同时批处理作业的技术得到了展现。通过实施自动化原则，SAS 从业人员在运行过程中不仅可以获得软件的独立性，还可以更有创意、更高效地规定模块化软件的程序流程。

SAS 软件自动化

从软件应用的角度来看，正在开发的软件向用户呈现了最终的产品和最终的商业价值。例如，购买 Microsoft Office 的终端用户了解他们既不能访问又不与其源代码交互。但是，他们也相信 Microsoft Word 的高可靠性和可定制性以及其源代码的复杂性——确保通过访问源代码不会提供额外的好处。因此，消费者期望获得可靠、安全、稳定和高质量的不可估量的产品。

如第 1 章“引言”中所述，数据分析软件开发与应用程序开发有很大不同，因为最终产品的最终业务价值不是软件本身，而是数据产品、数据分析、信息、知识或数据驱动决策。因为数据模型必须经常重复修改，即使稳定下来，也需要能够让 SAS 从业人员访问。所以与被第三方用户使用的软件相比，高质量 SAS 软件的示例更为透明、更具有可塑性。

在数据分析软件中普遍存在的可访问性和可延展性的缺点是缺乏其提倡的稳定性。软件不太可能被硬化或终结，因为它可以在几秒内被修改并重新运行，这在多个环境中有助于通过交互式会话而不是稳定的自动批处理作业运行 SAS 软件。虽然不断修改的软件在实证研究、数据模型和 Base SAS 中的其他应用中很重要，但我们应在 SDL 中通过最佳软件开发实践创建中央控制数据进程和关键数据进程，以确保软件的稳定和自动化。这种自动化可以提高软件可靠性和效率，同时开发人员也可以摆脱令人痛苦的、重复的软件运行和手动验证过程。

SAS 处理模式

《Base SAS 软件的分步编程》（*Step-by-Step Programming with Base SAS*）可区分 SAS 软件的两种处理模式如下。

■ 前台处理（AKA，SAS 窗口环境）——包括交互模式和非交互模式，本书没有讨论后者。在 SAS Display Manager、SAS Enterprise Guide 或 SAS Studio（包括 SAS University Edition）中手动运行程序演示的是交互模式。

■ 后台处理——包括可以从软件启动，直接从 OS 环境启动或调度而不用手动启动 SAS 应用程序的批处理作业。SAS Display Manager、SAS Enterprise Guide 和 SAS Studio（以及其他）都可以进行批处理，但本章仅介绍了 SAS Display Manager 的批处理。

因为只讨论了交互式前台处理，所以所有的前台处理都被引用为交互模式，或以交互方式运行 SAS。交互式模式可以说是学习 SAS，并进行开发和测试的最为常见的环境，而批处理模式最有利于促进软件自动化。交互模式包括熟悉的 SAS GUI 界面——SAS Display Manager、SAS Enterprise Guide 和 SAS Studio——从中可以输入和运行代码，产生的结果可以在 SAS 日志、输出窗口或数据集查看器中查看；而批处理模式会产生一个新的 SAS 会话，并会在终止之前运行一个 SAS 程序，此时可以从

外部查看结果。本章介绍在 SAS Display Manager 中以批处理模式运行 SAS 软件的方法，重点介绍通过自动并行处理来提高性能。

交互模式简介

要启动 SAS 交互模式，SAS 可运行文件就必须通过 Windows 的开始菜单、桌面图标、命令提示符或其他方法运行。例如，在 Windows 环境中，使用 SAS.exe 启动 SAS Display Manager，使用 SEGuide.exe 启动企业指南。图 12-1 所示为 SAS Display Manager 启动窗口，SAS 从业人员可以从中打开、写入、编辑或运行代码，或执行一系列菜单中列出的功能。

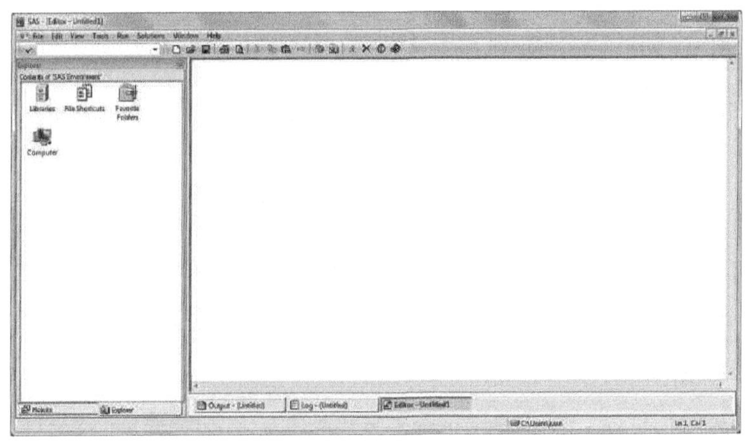

图 12-1 启动时的 SAS Display Manager

其他常见的交互模式包括 SAS Enterprise Guide 和 SAS Studio，后者为 SAS University Edition 提供了支柱。虽然这些 SAS 界面的外观和感觉有所不同，但是 Base SAS 软件的功能与所有 SAS 界面功能基本相当。第 10 章"SAS 界面可移植性"部分展示了交互式运行 SAS 时的细微差异。然而，由于批量处理本质上包括与 OS 环境直接交互以产生 SAS 会话，所以功能出现了显著变化，例如，无法在 SAS Studio 中使用 SYSTASK 语句产生 SAS 会话。因此，批处理只能在 SAS Display Manager 中使用。

关于批处理

批处理模式不仅自动生成、运行和终止 SAS 应用程序（如 SAS.exe），还可以对在其中运行的 SAS 程序进行同样的操作。由于 SAS 程序始终在运行时被编译（使用

SAS 存储编译宏工具时除外，这一工具在第 11 章简要介绍过），所以必须先打开 SAS 应用程序才能运行 SAS 软件。因此，批处理作业有效地将产生新的 SAS 会话的操作和运行 SAS 软件的操作组合成一个无缝的活动。

SAS Display Manager 批处理作业可以通过交互模式（使用可运行 OS 命令行语法的 SYSTASK 语句）或直接通过 OS（从命令提示符或 Windows Task Scheduler 程序）以批处理的模式生成。启用调度后，批处理作业可以完全自动化，无须人工交互即可实现常规、可靠、周期性的运行，从而使开发人员进行更有意思的工作。OS 和 SAS 程序均可使批处理作业串行或并行运行。产生批处理作业的两种方法都可以实现业务逻辑，该逻辑可以使程序流暂停，直到一个或多个批处理作业完成。

不同于以交互方式运行的 SAS 软件，执行批处理可以在 SAS 界面中实时查看 SAS 日志，批处理模式在后台运行，从而保存而不是显示所有日志、数据集和其他输出。为了保证质量，提高异常处理能力，从交互式 SAS 会话或 OS 环境中启动的批处理作业提供了可以显示异常、警告和“运行时错误”的返回码。鉴于生产软件旨在自动化，不应要求对日志进行独立的手动审核以确定程序成功，异常处理和程序验证应该是所有批处理的一个组成部分。

同步和异步

数据分析程序通常以序列化的方式运行，在这一方式中，运行过程具有明确的先决条件、依赖性和有序的程序流。串行程序流有时被描述成同步的，因为进程一个接一个地运行。例如，以下代码演示了必须在分析模块（用 MEANS 程序模拟）之前运行数据转换模块（用 DATA 步骤模拟），在 DATA 步骤完成之后，MEANS 程序才开始运行。

```
data final;
    length char $10 num 8;
    do num=1 to 100;
        char=put(num,10.);
        output;
        end;
run;

proc means data=final;
```

```
    var num;
run;
```

虽然一些 SAS 软件需要序列化的步骤，但在其他情况下，可以并行运行流程或程序，以减少运行时间并显著提高性能。在该示例中，如果单独的分析模块（由 FREQ 程序表示）被附加到程序流，那么新模块可以与 MEANS 程序并行运行，因为每个模块都需要对 Final 数据集进行只读访问。虽然以下代码演示了 3 个模块的序列化，但理论上两个分析模块可以并行运行。

```
data final;
    length char $10 num 8;
    do num=1 to 100;
        char=put(num,10.);
        output;
        end;
run;

proc means data=final;
    var num;
run;

proc freq data=final;
    tables char;
run;
```

在同步运行中，FREQ 程序在 MEANS 程序终止后才开始运行，这是 Base SAS 语言中我们认为理所当然的事实。然而，由于理论上 MEANS 程序和 FREQ 程序可以同时运行（但不是），所以它们的序列化表示的是虚假的依赖关系，这在第 8 章“效率”的“错误依赖关系”和“并行处理”部分中有所描述。另外，异步解决方案会在运行 MEANS 程序时立即运行 FREQ 程序，使其能够并行运行。

以下代码实行了异步解决方案，即通过 SYSTASK 语句并行启动和运行两个模块（Means.sas 和 Freq.sas 将在后面的“模块化”部分中演示）。

```
%let perm=c:\perm;
libname perm "&perm";

data perm.final;
```

```
        length char $10 num 8;
        do num=1 to 100;
            char=put(num,10.);
            output;
            end;
    run;

    systask command """  %sysget(SASROOT)\sas.exe"" -sysin
        ""&perm\means.sas"" -log ""&perm\means.log"" -print
        ""&perm\means.lst""" status=rc_means;

    systask command """ %sysget(SASROOT)\sas.exe"" -sysin
        ""&perm\freq.sas""-log""&perm\freq.log"" -print ""&perm\freq.
lst"""
        status=rc_freq;

    waitfor _all_;
```

在这个修改后的示例中，DATA 步骤同步运行，因为它必须等待 LIBNAME 语句完成后启动。但是，两个 SYSTASK 语句是异步运行的，因为它们不需要后续进程在它们完成之后启动。因此，当第二个 SYSTASK 语句运行时，返回码 &RC_MEANS 尚未生成，因为 Means 程序仍在运行。SYSTASK 的异步性在“分解 SYSTASK”部分有进一步的描述，包括应当伴随批处理作业以检测故障并验证成功的异常情况处理。

此示例演示了组合 SAS 交互模式和批处理模式的巨大灵活性。未命名的程序通过开放的 SAS 会话以交互模式运行。但是，交互式会话能够使用 SYSTASK 生成两个批处理作业，每个批处理作业都以批处理模式完成，而未命名的程序也会继续运行。如果未命名的程序被保存到 SAS 程序 C：\ perm \ ETL.sas 并作为批处理作业从操作系统运行，代码将不会发生变化，但其处理程序将表示一个在批处理模式中运行的程序（ETL.sas），该程序会产生两个额外的批处理作业：Means.sas 和 Freq.sas，这种多功能性将在下面进行介绍。

以交互模式启动

如“同步和异步”部分所述，以交互模式运行的软件可以产生以批处理模式运行的批处理作业（通过使用 SYSTASK 语句）。当交互模式启动批处理作业时，交互式会话和软件保持打开状态，而批处理作业独立地打开、运行并终止运行批处理作业的单独的 SAS 会话。这种独立性是有益的，因为它可以确保新的 SAS 会话将是新的，不会受到修改的系统选项、全局宏变量、开放数据流、SAS WORK 库中的文件或可能在运行过程中导致不必要变化的其他因素的影响。

虽然需要这种独立性来促进生产作业的一致性和可靠性，但它也限制了父子进程之间的通信交流。例如，以交互方式运行的父进程可以通过 SYSTASK 生成子进程，该进程将以批处理模式运行。但是，宏变量不能传递给子进程，返回码也不能传回父进程。习惯于在软件运行后的日志窗口中检查 SAS 日志的 SAS 从业人员也将很快发现，批处理过程日志被保存在日志文件中。尽管交流复杂，但通过交互模式产生批处理作业的益处是巨大的。

序列化程序流程示例

SYSTASK COMMAND 语句从 SAS 软件运行 OS 环境命令。然而，本书中的 SYSTASK 示例仅仅演示了运行 SAS 可运行文件（SAS.exe），以产生 SAS 会话和批处理作业。SYSTASK 语句按照定义只会产生异步任务。因此，10 个连续的 SYSTASK 语句将尝试在 10 个并行 SAS 会话中运行 10 个单独的程序。在多资源环境中，这可能会是一个明显能够提供高性能的有效方案，但是资源不多的环境可能会阻碍并显现出处理过程缓慢、低效率或彻底的失败。

为了实现更高级的程序控制，SYSTASK 包含了一个 WAIT 选项，可暂停父进程，直到一个或多个子进程完成，从而有效地规定了同步性。使用 WAITFOR 和 SYSTASK KILL 语句，可以实现额外的动态处理。WAITFOR 和 KILL 都在第 11 章“主动终止程序”部分进行了说明。

以下序列化代码模拟了 ETL 程序，在此软件中一个程序包括单独的 Trans、Freq 和 Means 模块。

```
%let perm=c:\perm;
libname perm "&perm";

* transformation;
data perm.final;
```

```
    length char $10 num 8;
    do num=1 to 100;
        char=put(num,10.);
        output;
        end;
run;

* means;
proc means data=perm.final;
    var num;
run;

* freq;
proc freq data=perm.final;
    tables char;
run;
```

如“同步和异步”部分所述，该代码包含一个虚假的依赖关系，因为 FREQ 程序需要等待 MEANS 程序完成，但理论上两者可以并行完成。要并行运行这两个模块，PERM.Final 数据集必须由两个子进程访问。因此，引用的数据集应始终位于共享库中，而不是 WORK 库中，这样数据集将不会被其他 SAS 会话访问。因为 PERM 库被使用，所以每个子进程必须利用 LIBNAME 语句来初始化 PERM 库（除非是全局定义的），如后面“模块化”部分所述。模块化软件设计通常是可以支持并行处理模型的软件自动化的第一步。

模块化

在对软件进行批处理之前，首先必须建立一个技术要求，该要求应该证明通过批处理可以改善哪些功能或性能，使这个附加值与批处理带来的固有的复杂性达到平衡。在前面的例子中，两个分析模块——Means 和 Freq——理论上可以并行运行，因为每一个模块运行前都需要先前的 DATA 步骤完成，并在 PERM.Final 数据集上完成共享文件锁定。为了提高性能，可以通过模块化软件设计来增强原来的整个程序，使其包含一个父进程，该父进程异步生成两个 SAS 批处理作业（子进程）——Means 和 Freq。我们希望并行处理能够极大地提升软件性能，因此，可以修改技术要求并着手进行开发。

自动化并行处理的第一步必须将代码模块化为离散块，之后可以识别先决条件、依赖关系、输入和输出。模块化在第 14 章“模块化”部分有所介绍，而软件功能分解（促进关键路径分析和最终并行处理）的核心作用在第 7 章“运行效率”部分进行了描述。一个常见的示例是维护一个作为引擎（AKA 控制器或驱动程序）运行的父进程，并动态产生及验证所有后续的批处理子进程。该程序流程有助于灵活的异常情况处理，可以在父进程和子进程中检测并动态响应异常和“运行时错误”。

子进程基本上都“神经大条”，并不清楚父进程环境、宏观变量、库分配或其他环境的变化。如果 PERM 库未被全局或永久定义，那么它必须被分配给每一个子进程。父进程中的 SAS 系统选项也可能需要在批处理会话中建立。现在独立的 Means 模块被保存为 C：\ perm \ means.sas：

```
* saved as c:\perm\means.sas;
%let perm=c:\perm;
libname perm "&perm";
%put SYSENV: &sysenv;

proc means data=perm.final;
   var num;
run;
```

用于演示 SAS 应用处理模式的全局宏变量 &SYSENV 也被添加到代码中以区分批处理和交互模式。在交互模式下（或默认 SAS 系统选项 TERMINAL 处于活动状态），SYSENV 将为 FORE，表示 SAS 正在前台运行。当 SAS 程序用 NOTERMINAL 选项以批处理模式运行时，SYSENV 将为 BACK，表示 SAS 在后台运行。当 NOTERMINAL 选项没有被明确指定时，无论软件是以交互方式还是以批处理模式运行，&SYSENV 值都将是 FORE。

Freq 模块被类似地保存为 C:\perm\freq.sas。它也需要定义 PERM 库，表明全局库分配的意义。

```
* saved as c:\perm\freq.sas;
%let perm=c:\perm;
libname perm "&perm";
%put SYSENV: &sysenv;
```

```
proc freq data=perm.final;
   tables char;
run;
```

启用异步程序流的最后一步是把父进程保存为 C:\perm\etl_engine.sas。

```
* saved as c:\perm\etl_engine.sas;
%let perm=c:\perm;
libname perm "&perm";

data perm.final;
   length char $10 num 8;
   do num=1 to 100;
      char=put(num,10.);
      output;
      end;
run;
%put SYSENV: &sysenv;

systask command """%sysget(SASROOT)\sas.exe"" -noterminal -sysin
   ""&perm\means.sas"" -log ""&perm\means.log"" -print
   ""&perm\means.lst""" status=rc_means taskname=task_means;

systask command """%sysget(SASROOT)\sas.exe"" -sysin
   ""&perm\freq.sas"" -log ""&perm\freq.log"" -print ""&perm\freq.lst"""
   status=rc_freq taskname=task_freq;

waitfor _all_ task_means task_freq;
%put RC_MEANS: &rc_means;
%put RC_FREQ: &rc_freq;
```

当 ETL_engine.sas 运行时，它首先创建 PERM.Final 数据集，然后并行运行 Means 和 Freq 模块。虽然双重返回码——&RC_MEANS 和 &RC_FREQ——表示了在相应的子进程中生成的最高警告或错误代码，但是在这一点上，父进程或子进程中没有实行实际的异常处理。在下一节中，我们将探讨 SYSTASK 和 WAITFOR 语句的功能。

分解 SYSTASK

虽然本章中的 SYSTASK 示例仅演示从操作系统调用 SAS.exe，但 SYSTASK 远比示例中的强大，还能将其他指令传递给操作系统。例如，在 Windows 环境中，SYSTASK 可以运行 DIR 命令将目录的内容传输到文本文件。以下语句编译了 C:\perm 文件夹中所有 SAS 程序的列表，并将此列表传输到文本文件 Allmysas.txt。

```
systask command "dir c:\perm\*.sas /b > c:\perm\allmysas.txt";
```

在这个例子中，SYSTASK 语句包括仅用于操作系统的指令，但更复杂的运行可以另外包括父进程和子进程的指令。例如，“模块化”部分示例中的第一个 SYSTASK 语句打开了操作系统，然后打开 SAS 应用程序（SAS.exe），生成 Means 模块（C:\perm\means.sas），并终止 SAS。

```
systask command """%sysget(SASROOT)\sas.exe"" -noterminal -sysin
    ""&perm\means.sas"" -log ""&perm\means.log"" -print
    ""&perm\means.lst""" status=rc_means taskname=task_means;
```

三重引号表示操作系统指令的开始和结束（关于如何调用 SAS.exe），而 STATUS 和 TASKNAME 参数是父进程的指令，分别创建表示批处理作业返回码和任务名称的宏变量。如果存在 SYSPARM 参数（如“使用 SYSPARM 传递参数”部分所述），则表示子进程的指令。前面的 SYSTASK 语句相当于在命令提示符下输入以下语句。

```
"C:\Program Files\SASHome\SASFoundation\9.4\sas.exe" -noterminal
    -sysin
    "c:\perm\means.sas" -log "c:\perm\means.log" -print
    "c:\perm\means.lst"
```

%SYSGET 宏函数提取 SASROOT 操作环境变量、SAS.exe 可运行文件的位置。在 SYSTASK 调用中使用两次双重引用来表示操作系统中的一个双重引用。仅当文件夹或文件名中存在空格时才需要引用，因此，“Progra ~ 1”是“Program Files”文件夹的 8.3 旧版文件名格式，所以命令提示符中的以下无引号调用是等效的。

```
C:\progra~1\SASHome\SASFoundation\9.4\sas.exe -noterminal -sysin
    c:\perm\means.sas -log c:\perm\means.log -print c:\perm\means.lst
```

SAS 系统选项（如 NOTERMINAL）、批处理参数 SYSIN、LOG 和 PRINT，无论是从 SAS 程序还是从命令提示符中执行，它们前面都带有“一字线”。SYSTASK COMMAND 语句本身以及 SYSTASK 选项（如 STATUS、TASKNAME 或 WAIT）从不在命令提示符下使用。相反，它们被父进程用于启动、控制和跟踪批处理作业的状态。

SYSIN 参数表示即将被运行的 SAS 程序，LOG 参数表示其日志，PRINT 参数表示其输出。如果 LOG 或 PRINT 参数被省略，则相应创建的日志或输出文件将与正在运行的 SAS 程序名称相同且在相同目录中。因此，LOG 和 PRINT 参数可以从先前的 SYSTASK 语句中省略，以产生相同的功能。

省略 LOG 和 PRINT 参数通常是可以接受的，除非 SAS 程序打算同时运行——即同一程序的多个实例并行运行在不同的 SAS 会话中。这种复杂性也在第 11 章“安全性”的“并发性的复杂性”部分得到了体现。通过两个或多个 SYSTASK 语句启动相同的程序，每个批处理会话将它们默认为相同名称的日志和输出文件，从而导致数据访问冲突，因为两个会话都不能写入同一个文件。例如，如果两个 SYSTASK 语句尝试启动 Means.sas 程序的两个并发实例，则需要 LOG 和 PRINT 参数，并且需要明确在两个 SYSTASK 语句之间文件名称都是唯一的。STATUS 和 TASKNAME 参数在语句之间也必须是独一无二的：

```
systask command """ %sysget(SASROOT)\sas.exe"" -noterminal -sysin
    ""&perm\means.sas"" -log ""&perm\means1.log"" -print
    ""&perm\means1.lst""" status=rc_means1 taskname=task_means1;

systask command""" %sysget(SASROOT)\sas.exe"" -noterminal -sysin
    ""&perm\means.sas"" -log ""&perm\means2.log"" -print
    ""&perm\means2.lst""" status=rc_means2 taskname=task_means2;
```

STATUS 语句不会被传递给操作系统，它会指定一个宏变量来表示生成的子进程的返回码。SYSTASK STATUS 返回码——在“模块化”演示的示例中由 &RC_MEANS 和 &RC_FREQ 表示，与比较常见的自动宏变量（如 &SYSERR 和 &SYSCC）有所不同。空状态代码表示没有生成返回值；0 表示没有受到警告或遇到错误；1 表示警告；2 表示“运行时错误”。如后面“批处理异常处理”部分进一步演示的，如果 SYSTASK 语句在宏定义内，则 STATUS 返回码被创建为本地宏变量；如果不在宏定义内，则被创建为全局宏变量。

因为 SYSTASK 总是运行在后台运行的异步批处理作业，WAITFOR 语句会使父进程停止直到子进程完成——其必须在返回码的值被评估之前调用。如果没有 WAITFOR 语句，当 &RC_MEANS 和 &RC_TASK 被评估时，Freq 和 Means 模块将仍然在运行，因此每个值将为空。例如，以下代码演示了 STATUS 宏变量何时被创建以及何时被分配。

```
macro test;
%if %symexist(new_status)=0 %then %put NEW_STATUS does not exist before;
systask command """%sysget(SASROOT)\sas.exe"" -noterminal -sysin
   ""&perm\means.sas"" -log ""&perm\means.log"" -print
   ""&perm\means.lst""" status=new_status taskname=new_task;
%if %symexist(new_status)=0 %then %put NEW_STATUS does not exist after;
%put STATUS Before: &new_status;
waitfor _all_ new_task;
%put STATUS After: &new_status;
%mend;

%test;
```

该输出表明 STATUS 返回码 &NEW_STATUS（本地宏变量）在 SYSTASK 语句之前不存在，在 SYSTASK 语句之后存在但又没被分配，只有在确定子进程已终止的 WAITFOR 语句后才被分配。

```
%test;
NEW_STATUS does not exist before
STATUS Before:
STATUS After: 0
```

TASKNAME 语句命名异步任务，也称为批处理作业或子进程。TASKNAME 语句可能很讲究，如果没有使用 WAITFOR 或 KILL 语句将任务关闭，即使子进程已完成，该任务仍将在 SAS 父会话中保持打开状态。例如，串联调用以下重复的 SYSTASK 语句会产生“指定的任务名称已在使用中”的错误。

```
systask command """%sysget(SASROOT)\sas.exe"" -noterminal -sysin
   ""&perm\means.sas"" -log ""&perm\means.log"" -print
   ""&perm\means.lst""" status=new_status taskname=new_task;

systask command """%sysget(SASROOT)\sas.exe"" -noterminal -sysin
   ""&perm\means.sas"" -log ""&perm\means.log"" -print
   ""&perm\means.lst""" status=new_status taskname=new_task;
```

WAITFOR 语句引用父进程必须等待的进程的任务名称，而 SYSTASK KILL 语句终止引用的进程。KILL 语句在本章后面的“批处理异常处理”部分介绍。

NOTERMINAL SAS 系统选项规定在 SAS 会话中不显示对话框。例如，当整夜运行自动化处理时，你不想看到某些窗口已弹出并停止软件运行。NOTERMINAL 在批处理作业过程中阻止弹出窗口，并且还需要使用 &SYSENV 自动宏变量来准确地表示 BACK 用于后台处理。启用默认选项 TERMINAL 后，即使批处理作业正在运行，SYSENV 始终会反映 FORE。

必要时在 SYSTASK 调用中可以包含其他 SAS 系统选项。除非在其 SYSTASK 语句中明确调用，否则在父进程中以编程方式修改的系统选项不会影响子进程。因此，就倾向于子进程中冗余、手动分配的全局 SAS 库分配而言，SAS 选项标准化的程度将有益于自动化软件，同时也会通过 SYSTASK 降低 SAS 系统选项的出错率，减少手动调用。

使用 SYSPARM 传递参数

Means 程序（在“模块化”部分中演示）模拟了可以通过并行处理进行优化和自动化的分析模块。模块通常构建为 SAS 宏，因此，它们定期将在宏调用过程中传递的参数包含在内以促进动态处理。因为在 SYSTASK 调用批处理作业时，会产生新的 SAS 会话，因此，父进程中的全局变量和本地宏变量都不能直接传递给子进程。相反，单个命令行参数 SYSPARM 可以传递文本字符串。通过创造性工程、标记化和解析，SYSPARM 可以将多个宏变量和其他信息传递给子进程。

运行 MEANS 程序的流程需要两个级别的标题——Title1 和 Title2。这是在批处理模式下不运行的静态代码中的一个直接的任务。

```
title1 'Title One';
title2 'Title Two';
proc means data=perm.final;
   var num;
run;
```

要动态创建这些标题，Title1 和 Title2 的宏参数可以通过 %MEANS 调用传递。输出（未显示）与以前的代码产生的输出相同，但现在可以通过在调用中修改宏参数发生变化。

```
%macro means(tit1=, tit2=);
title1 "&tit1";
title2 "&tit2";
proc means data=perm.final;
   var num;
run;
```

```
%mend;

%means(tit1=Title One, tit2=Title Two);
```

动态宏以交互方式运行时运行良好，但如果将其另存为单独的程序并以批处理模式调用，那么动态将丢失，因为必需的参数不能再传递。为了克服这个限制，在 SYSTASK 中执行 SYSPARM 命令选项，用于传递参数。

```
systask command """%sysget(SASROOT)\sas.exe"" -noterminal -sysin
   ""&perm\means.sas"" -log ""&perm\means.log"" -print
   ""&perm\means.lst"" -sysparm ""tit1=Title One, tit2=Title Two"""
   status=rc_means taskname=task_means;
```

运行 SYSTASK 语句，更新的 Means 模块要保存为 C:\perm\means.sas。

```
%let perm=c:\perm;
libname perm "&perm";
%macro means(tit1=, tit2=);
title1 "&tit1";
title2 "&tit2";
proc means data=perm.final;
   var num;
run;
%mend;

%means(&sysparm);
```

当通过 SYSTASK 生成 Means 模块时，它解释 &SYSPARM 值，将其解析为单独的宏变量 &TIT1 和 &TIT2，并动态生成输出。虽然这个解决方案是功能性的，但它缺乏灵活性，这就降低了该解决方案的复用性和可扩展性。%GETPARM 宏表示可重用率较高的解决方案，它接受以“逗号”分隔的参数列表，并将这些参数分配给动态命名的全局宏变量。如果 &SYSPARM 宏变量为空（例如，如果未传递 SYSPARM 参数），则异常处理会通过 %RETURN 语句指示终止宏。

%GETPARM 宏确实带来了一些安全风险，这在第 11 章“安全性”的“多变的变量名称”部分介绍过。尽管有这些风险，它的可重用设计还是有益的，以下代码保存到 SAS 程序 C:\perm\getparm.sas。

```
*  accepts a comma-delimited list of parameters;
* in VAR1=var 1, VAR2=var 2 format;
```

```
%macro getparm;
%local i;
%let i=1;
%if %length(&sysparm)=0 %then %return;
%do %while(%length(%scan(%quote(&sysparm),&i,','))>1);
   %let var=%scan(%scan(%quote(&sysparm),&i,','),1,=);
   %let val=%scan(%scan(%quote(&sysparm),&i,','),2,=);
   %global &var;
   %let &var=&val;
   %let i=%eval(&i+1);
   %end;
%mend;
```

现在可以更新 Means 模块（保存为 C:\perm\means.sas）以包含对 %GETPARM 宏的引用。这一改动使 SYSTASK 语句将无穷无尽的参数传递给 Means 模块或其他软件。

```
%let perm=c:\perm;
libname perm "&perm";
%put SYSENV: &sysenv;

%let tit1=;
%let tit2=;
%include 'c:\perm\getparm.sas' ;
%getparm;
title1 "&tit1";
title2 "&tit2";
proc means data=perm.final;
   var num;
run;
```

但是，Means 模块现在依赖于 &SYSPARM 值；因此，代码不再以交互模式反向兼容。换句话说，如果 SAS 从业人员需要在进一步开发、调试或测试期间手动运行 Means 模块，那么在交互式运行时，“&TIT1” 和 “&TIT2” 的值将会丢失。关于此问题的讨论以及解决方案将会在本章后面的“批处理反向兼容性”部分进行介绍。

恢复返回码

在生产软件中，返回码是必要的，用以证明宏和程序的成功完成，并识别遇到的异常、警告或“运行时错误”。由于 Base SAS 没有在宏中提供固有的返回码功能，如

第 3 章“通信交流”中的“SAS 中的虚拟返回码”部分所讨论的，全局宏变量通常用于将来自子进程的返回码和其他信息传递回调用它们的父进程。但是，当在单独的 SAS 会话中将子进程作为批处理作业调用时，宏变量不能传回父进程，它会在批处理进程的异常处理和异常继承中造成一个巨大障碍。

通过更改子进程中的全局宏变量 &SYSCC 的值可以实现非常基本的异常处理，因为此值将传回 SYSTASK 语句中被调用的可选 STATUS 参数。为了演示从子进程到父进程的异常继承，以下单行 SAS 程序被保存为 C：\ perm \ child_ exception.sas。

```
%let syscc=0;
```

子进程由父进程调用，保存为 C：\ perm \ parent_ exception.sas。

```
libname perm 'c:\perm';

systask command """%sysget(SASROOT)\sas.exe"" -noterminal -sysin
   c:\perm\child_exception.sas -log c:\perm\child_exception.log"
   status=RC taskname=task;

waitfor _all_;
systask kill task;
%put RC: &rc;
```

当子进程中的 &SYSCC 为 0(表示无警告或“运行时错误”) 时，将向父进程传达子进程成功完成，导致 STATUS 选项将 &RC 返回码设置为 0，如以下程序所示。

```
systask command """%sysget(SASROOT)\sas.exe"" -noterminal -sysin
   c:\perm\child_exception.sas -log c:\perm\child_exception.log"
   status=RC taskname=task;
NOTE: There are no active tasks/transactions.
waitfor _all_;
systask kill task;
%put RC: &rc;
RC: 0
NOTE: Task "task" produced no LOG/Output.
```

但是，如果 &SYSCC 在子进程中被赋值为 1 ～ 4，则在父进程中 STATUS 将为 1，表示该子进程受到警告。分配给 SYSCC 大于 4 的值，STATUS 值将会更改为 2，表示子进程中存在“运行时错误”。因此，3 个难以归类的返回码——代表成功完成、警告或“运行时错误”——可以比较容易地从子进程继承到父进程。

然而，许多 SAS 模块可能需要通过异常处理返回码来提供更多的描述性信息。例如，如果数据集丢失，测试数据集存在的模块可能会创建一个返回码值，如果数据集被锁定，则会产生另一个返回码值；如果数据集存在并未锁定，但是格式无效，则会产生第三个返回码值。对于这种特殊性，Base SAS 由于技术欠佳不能将信息从子进程传回它们的父进程。

除了返回码之外，实际数据可能也需要从子进程传递回父进程。SAS 宏通常被用作函数，有效运行一些操作以将某个值或某些值（或动态生成的 SAS 代码）作为一个或多个全局宏变量返回。当子进程和父进程都在同一个 SAS 会话中时，这样做很好；但是，当父进程调用子进程批处理进程时，父进程无法从该子进程直接检索信息或数据，就像无法检索描述性返回码一样。

返回信息从子进程返回到父进程的一个变通的方法是将这些数据写入 SAS 数据集或文本文件。数据集或文本文件用作控制表，存储来自子进程的信息，并允许父进程查询控制表以接收信息。虽然这种方法很麻烦，但它大大扩展了 SAS 批处理作业的功能，确保了父进程和子进程之间的双向通信，并且能够巧妙地识别和处理异常情况和“运行时错误”。此功能在第 3 章“通信交流”的“控制表”部分有所介绍。

批处理反向兼容性

虽然软件测试被描述为系统开发生命周期的独立阶段，但软件可测试性是整个系统开发生命周期应考虑的质量特征。由于代码已通过自动化批处理作业进行了硬化和可操作性处理，因此，可能已经引入了特定批处理的技术（例如，通过 SYSPARM 传递参数）。这些技术有时可以降低 SAS 程序的可测试性，特别是当它们阻止程序以交互方式运行时。由于开发和测试都以交互式而不是批处理模式发生，所有包含批处理的自动化流程应确保交互模式的反向兼容性要完善不可避免的维护和测试活动。

在“使用 SYSERPARM 传递参数”部分中描述的 Means.sas 程序可能在某些时候需要被修改，需要在 SAS 交互模式下进行开发和测试。但是，当 Means 模块以交互方式打开并运行时，它失败了，这是由于 &SYSPARM 为空，SYSPARM 参数未被传递。

克服这个障碍的一种方法是首先测试 &SYSPARM 的长度，如果为 0，则将默认值分配给 &SYSPARM，使 Means 模块在测试模式下运行。现在更新的 Means 模块首

先测试 &SYSPARM 的内容，如果为空，则将测试值分配给 &TIT1 和 &TIT2：

```
* saved as c:\perm\means.sas;
%let perm=c:\perm;
libname perm "&perm";

%let tit1=;
%let tit2=;

%macro parm;
%if %length(&sysparm)>0 %then %do;
   %include 'c:\perm\getparm.sas';
   %getparm;
   %end;
%else %do;
   %let tit1=Test 1;
   %let tit2=Test 2;
   %end;
%mend;

%parm;

title1 "&tit1";
title2 "&tit2";
proc means data=perm.final;
   var num;
run;
```

当更新的代码保存到 C:\perm\means.sas 时，可以通过实际的 SYSPARM 参数或通过测试数据来使用为标题语句提供的值以批处理和交互模式运行。然而，可以将测试值与实际值进行区分，这是至关重要的。风险当然是伴随着这些修改的，即使 SYSPARM 被意外地从批量调用中省略，程序也可以运行，这应该导致程序失败。但是，通过异常处理可以很容易地克服这种风险，这种异常处理进一步限制了测试模式下的功能，例如，通过抛出特定的异常而终止程序。

在没有使用 SYSPARM 选项的情况下，减轻意外调用引起的故障风险的另一种方法是评估先前在“模块化”部分中讨论的 &SYSENV 自动宏变量。例如，如果 &SYSENV 为 FORE，则表示程序正在以交互式而不是以批处理模式运行，这可能表示正在开发或测试代码。如果 &SYSENV 的值为 BACK，则表示程序作为批处理作业正在生产环境中运行。因此，&SYSENV 的程序化评估也可用于将测试值分配给宏变量，否则这些值将通过 SYSPARM 参数被分配。

然而，要清楚的是，目前的测试仅描述了单元测试，其中批处理作业被隔离测试，不管父进程是否调用它。由于 Means.sas 程序最终旨在作为批处理作业（而不是交互式）在生产中运行，因此，对与父进程相关的批处理作业性能进行评估的集成测试也应该被运行。单元测试和集成测试将在第 16 章“可测试性”部分描述。

批处理异常处理

先前引用的 SYSTASK 调用暗指（尽管未经过论证）可以用异常处理去验证软件运行成功。因为父进程和子进程之间都可能发生错误，所以异常处理必须单独解决这些风险。与所有异常处理示例一样，业务规则首先必须指定在发生异常或“运行时错误”时要遵循的操作步骤。例如，以下示例中的业务规则规定了特殊情况下的程序流程。

- 如果在调用第一个 SYSTASK 语句（调用 Means.sas）时发生异常，不应运行第二个 SYSTASK 语句，并且应该终止父进程。
- 如果在调用第二个 SYSTASK 语句（调用 Freq.sas）时发生异常，应停止第一个 SYSTASK 语句，并终止父进程。
- 如果 Means 模块中发生异常（但其 SYSTASK 调用成功），应运行第二个 SYSTASK 语句，并继续运行父进程。
- 如果 Freq 模块中发生异常（但其 SYSTASK 调用成功），应继续运行第一个 SYSTASK 语句，并继续运行父进程。

这些规则演示了一个常见的程序流示例，其中，父进程充当引擎，并生成并行运行的独立子进程（批处理作业）。然而，这个程序流程固有的复杂性，相当于是一个异常处理框架的复杂性，它必须要对父进程及每个子进程进行动态地检测和异常处理。示例中的业务规则表明了这种复杂性，并尝试在即将失败的情况下最大限度地提升业务价值。例如，如果在 Means.sas 程序中出现问题，Freq.sas 程序可能不受影响，因此，它将继续运行。第 6 章“稳健性”中讨论了不管是存在异常还是存在错误都能使业务价值最大化的最佳做法。但是，当父进程发生更严重的异常时（同时调用

SYSTASK 语句本身），父进程终止。

以下父进程运行示例中的业务规则，展示了一个更可靠稳健的解决方案：

```
%let perm=c:\perm;
libname perm "&perm";
%global rc_means;
%let rc_means=;
%global rc_freq;
%let rc_freq=;

data perm.final;
   length char $10 num 8;
   do num=1 to 10000000;
      char=put(num,10.);
      output;
      end;
run;

%macro spawn_analytic_modules;
systask command """%sysget(SASROOT)\sas.exe"" -noterminal -sysin
   ""&perm\means.sas"" -log ""&perm\means.log"" -print
   ""&perm\means.lst""" status=rc_means taskname=task_means blah;
%let rc_systask_means=&sysrc;
%if &sysrc^=0 %then %put failed1;
systask command """%sysget(SASROOT)\sas.exe"" -noterminal -sysin
   ""&perm\freq.sas"" -log ""&perm\freq.log"" -print ""&perm\freq.lst"""
   status=rc_freq taskname=task_freq;
%put SYSRC: &sysrc;
%if &sysrc"=0 %then %put failed2;

data _null_;
   put 'before sleep';
   call sleep(1,1);
   put 'after sleep';
run;

%put RC_MEANS INSIDE: &rc_means;
%put RC_FREQ INSIDE: &rc_freq;
```

```
%if %eval(&rc_means>0) or %eval(&rc_freq>0) %then %do;
   systask list;
   systask kill task_means task_freq;
   %end;

waitfor _all_ task_means task_freq;
%mend;

%spawn_analytic_modules;

%put RC_MEANS OUTSIDE: &rc_means;
%put RC_FREQ OUTSIDE: &rc_freq;

%macro test_analytic_modules;
%if %length(&rc_means)=0 %then %put The MEANS module did not complete;
%else %if &rc_means=1 %then %put A warning occured in the MEANS module;
%else %if &rc_means>1 %then %put An error occured in the MEANS module;
%if %length(&rc_freq)=0 %then %put The FREQ module did not complete;
%else %if &rc_freq=1 %then %put A warning occured in the FREQ module;
%else %if &rc_freq>1 %then %put An error occured in the FREQ module;

%if &rc_means=0 and &rc_freq=0 %then %do;
   %put Yay! Everything worked!;
   %end;
%mend;

%test_analytic_modules;
```

DATA _NULL_ 步骤需要等待 1s，以便有时间生成两个 STATUS 选项的返回码。如果 DATA_NULL 步骤不等待，STATUS 返回码就会因为没有被生成而始终为空，除非在 WAITFOR 语句之后对它们进行评估。

%TEST_ANALYTIC_MODULES 宏记录了可能发生的各种警告和错误的文本描述。在实际生产软件中，该逻辑将动态地改变程序流程，而不是将不太有用的消息（异常报告）记录到 SAS 日志。异常处理相较异常报告的好处在第 6 章“异常处理，而非异常报告”部分介绍过。

虽然没有演示，但 WAITFOR 语句 TIMEOUT 选项在异常处理中很有用。如果运行时间超过参数化阈值，TIMEOUT 将强制 SYSTASK 作业——包括其关联的 SAS 会话和 SAS 程序——终止。TIMEOUT 选项可用于自动防故障装置路径的启动，因为它可以终止超过运行时间阈值的流氓或失控的批处理作业，从而保留父进程的完整性（和控制）。TIMEOUT 在第 11 章“安全性”的“主动终止程序”部分介绍过。

从 Enterprise Guide 开始批处理

企业指南项目可以与 SAS 程序一样轻松地生成批处理工作。为了展示这一点，打开企业指南环境，将 SAS 程序 C:\perm\etl_engine.sas 拖到程序流窗口中，并运行该程序。在许多环境中，以这种方式运行程序与在 SAS 应用程序中运行程序是相同的。在其他环境中，基于 SAS 管理员设置的本地策略，SYSTASK 语句可能会被禁止，因为它会直接影响到 OS。如果用 SAS Display Manager 或 SAS Enterprise Guide 在尝试调用 SYSTASK 的过程中发生故障，SAS 从业人员应咨询其 SAS 管理员。

以批处理模式启动

在本书中，批处理作业表示以批处理模式运行的 SAS 程序（子进程）。如“以交互模式启动”部分所述，批量作业可以通过交互式运行的软件中的 SYSTASK 语句产生。当只有一个批处理模式存在时，各种路径都会导向它。还有几种生成批处理作业的方法在《SAS 9.4 Windows 指南（第 4 版）》（*SAS 9.4 Companion for Windows, Fourth Edition*）中进行了讨论，包括以下几种方法。

- 使用 SYSTASK 或 X 语句在 SAS 软件中以交互模式运行。
- 使用 SYSTASK 或 X 语句在 SAS 软件中以批处理模式运行。
- 在命令提示符下，通过调用 SAS.exe 并引用需要使用 SYSIN 参数运行的特定 SAS 程序。
- 在保存的批处理文件中，双击图标，在命令提示符下输入文件名，或以其他方式运行。
- 在操作系统中，右键单击 SAS 程序文件（或图标），然后选择“Batch Submit with SAS 9.4”。

到目前为止，只有第一种产生批量作业的方法已被证明。此列表还不包括其他可在 SAS Enterprise Guide 或 SAS Studio 中运行批处理作业的方法。前两种方法——

使用 SYSTASK 启动批处理作业的一个巨大优点是能够从父进程中获取信息和宏变量，并将它们通过 SYSPARM 参数传递给子进程。另一个优点是能够动态生成和调用 SYSTASK 语句。例如，第 11 章“刺激子进程”部分所述，可以通过迭代调用 SYSTASK 的宏循环来动态地调用 SYSTASK 语句的参数化数值。虽然 SYSTASK 语句可以从 Windows 和 UNIX 环境中生成批处理作业，但出于安全考虑，某些 SAS Enterprise Guide 的安装会限制 SYSTASK 和 X 语句的使用，从而不能通过调用 SYSTASK 来运行批处理作业。

生成批处理作业的其余 3 种方法每个都从头开始发起 SAS 会话，即直接从操作系统而非开放的 SAS 会话开始。因此，这些方法的主要限制是无法把宏变量和其他信息从父进程动态地传递给子进程。次要限制是无法动态运行 SYSTASK 语句，例如，不能在宏循环中调用 SYSTASK 语句的参数化数值。但是，仍可以通过 SYSPARM 选项将参数传递给批处理作业，这在“通过 SYSPARM 传递参数”部分进行了说明。直接从 OS 启动 SAS 批处理作业的主要优点是能够通过操作系统调度运行过程，从而无须 SAS 从业人员在场或在软件运行时对其密切关注。

虽然生成批处理作业的方法之间存在语法差异，但这些差异是次要的，每种方法的功能是相似的。每种方法提供一种串行或并行调用批处理作业的方式，可以暂停生成的作业，直到其他进程完成；还可以生成用于通过异常处理框架以促进质量保证的返回码。尽管这些功能大体上相同，但如果程序流程业务逻辑可以包括在 SAS 软件中（与批处理文件中的命令语法相反），将会增加程序流程和异常处理路径的多功能性。

从命令提示符开始批处理

通过调用 SAS.exe 从命令提示符运行 SAS 时，批处理模式总是被调用。在交互模式下，%SYSGET(SASROOT) 宏函数提供 SAS 可运行文件的位置，但从操作系统启动时，必须手动提供。Windows 使用的 SAS 9.4 中，SAS 可运行文件的默认位置如下。

```
C:\Program Files\SASHome\SASFoundation\9.4\sas.exe
```

因为“Program Files”中间有一个空格，所以当调用时，引号必须在命令外。如果命令后没有其他选项或参数，SAS 应用程序将以交互模式打开。指定 NOTERMINAL 选项启用批处理模式会导致 SAS Display Manager 关闭并将 &SYSENV 值从 FORE（前台）修改为 BACK（后台）。其他有用的选项包括 NOSPLASH、NOSTATUSWIN 和 NOICON，都可以防止窗口在批处理模式下被不必要地打开。

其他命令参数与前面“以交互模式启动”部分讨论的参数相同。SYSIN 引用正在运行的 SAS 程序，记录其日志文件，并打印其输出文件。在交互模式下，这些参数中的每一个都可以通过宏代码生成，例如，动态引用文件夹或程序名称。但是，从操作系统直接启动批处理作业时，必须对这些属性进行硬编码，如以下命令语句所示，该命令语句从命令提示符启动 Means.sas 程序。

```
"C:\Program Files\SASHome\SASFoundation\9.4\sas.exe" -noterminal
-sysin
   c:\perm\means.sas -log c:\perm\means.log -print c:\perm\means.lst
```

从“操作系统”开始的批处理作业调用与在 SAS 应用程序（通过 SYSTASK）中启动批处理作业并无区别，如“以交互模式启动”部分所述，主要区别在于缺乏 SYSTASK 语句本身用于控制程序流和启用异常处理的 STATUS 和 TASKNAME 选项。但是，因为 Means.sas 现在是直接从 OS 生成的，所以当它完成后，程序控制就返回给操作系统。因此，如果在批处理作业中遇到警告或“运行时错误”，由于没有 SAS 引擎在驱动程序控制，就不存在用于验证程序成功或检测其故障的异常处理框架。所以，程序流程尽可能由 OS 启动，由 SAS 软件控制。

如果 Means.sas 程序失败，出现警告或“运行时错误”，尽管不会有对此文件的任何分析，该信息仍将会被传达到日志文件 Means.log。因为自动化软件的主要职责之一是自动检测和处理异常和“运行时错误”，而上一个命令行调用确实产生了一个批处理过程，所以无法真正认为是自动化的。从命令行调用批处理作业的更可靠的方法是运行一个父进程，该父进程可以通过产生、控制和验证后续批处理来充当引擎。以下命令行语句从操作系统运行父进程 ETL_engine.sas（它依次通过 SYSTASK 调用 Means.sas 批处理程序）。

```
"C:\Program Files\SASHome\SASFoundation\9.4\sas.exe" -noterminal
-sysin
   c:\perm\etl_engine.sas  -log c:\perm\etl_engine.log  -print
   c:\perm\etl_engine.lst
```

父进程（ETL_engine.sas）——作为一个批处理作业，直接从操作系统调用——是一个更好的选择，因为它包含异常处理示例，不仅监视其自身的异常，还监视其子进程生成的异常。该方法还可以通过 WAITFOR 语句 TIMEOUT 选项（如有必要）终止子进程——如果它们超出运行时间阈值，这是非常有用的功能。

从批处理文件开始批处理

在本书中，批处理作业表示以批处理模式运行的 SAS 程序，无论它们是通过 SAS 软件被交互式调用，还是以批处理模式运行的 SAS 软件或是直接从操作系统运行。另外，批处理文件表示包含命令行语法的文本文件，命令行语法由操作系统环境而不是 SAS 应用程序解释。因此，尽管批处理作业始终是 SAS 程序，批处理文件却决不是 SAS 程序，但是可以通过命令行语句调用 SAS 应用程序来运行 SAS 程序。批处理文件通常带有“.bat”这一文件扩展名。

从批处理文件启动批处理作业可以克服直接从命令提示符启动批处理作业时产生的一些局限。例如，因为可以从单个批处理文件中生成多个子进程，所以批处理文件可以对其子进程进行初步控制，例如，暂停批处理文件的运行直到子进程完成。批处理文件还可以指定子进程是串行（同步）运行还是并行（异步）运行。

从批处理文件启动批处理作业（例如，从命令提示符启动批处理作业）的缺点是缺乏 SAS 软件中的动态程序控制和可用的异常情况处理能力。以下批处理文件生成的 Means 和 Freq 模块，应保存为 C:\perm\etl_engine.bat。

```
start "job1" "c:\program files\sashome\sasfoundation\9.4\sas.exe"
    -noterminal -sysin c:\perm\means.sas -log c:\perm\means_batch.log
    -print c:\perm\means_batch.lst

start "job2" "c:\program files\sashome\sasfoundation\9.4\sas.exe"
    -noterminal -sysin c:\perm\freq.sas -log c:\perm\freq_batch.log
    -print c:\perm\freq_batch.lst
```

该批处理程序可以以多种方式运行，可以在命令提示符下输入文件名（包括“.bat”扩展名），或者在 Windows 环境中，双击批处理文件或右击选择“作为管理员运行”。START 命令指示批处理作业应该异步运行，即 Freq 模块不需等待 Means 模块完成。当使用 START 时，必须命名特定的作业，因此，第一批作业被命名为 Job1，第二批作业被命名为 Job2。

相反，要串行（同步）运行这些进程，以下代码应该另存为批处理文件 C：\

perm \ etl_engine.bat 并运行。

```
"c:\program files\sashome\sasfoundation\9.4\sas.exe" -noterminal -sysin
    c:\perm\means.sas -log c:\perm\means_batch.log -print
    c:\perm\means_batch.lst

"c:\program files\sashome\sasfoundation\9.4\sas.exe" -noterminal -sysin
    c:\perm\freq.sas -log c:\perm\freq_batch.log -print
    c:\perm\freq_batch.lst
```

在这一修改后的示例中，Freq.sas 程序现在只在 Means.sas 完成后运行。可以使用在 START 之后指定的 WAIT 选项来实现附加的程序控制，但是当父进程是 SAS 程序而不是批处理文件时，复杂程度就会增加，使我们很难预测运行的结果。

为了进一步说明批处理文件固有的局限性，请考虑前面“批处理异常情况处理”部分规定的业务规则。这些规则要求父进程和子进程中生成的异常都要处理。然而，在上一个批处理文件调用中这些业务规则都无法实现，因为父进程是操作系统本身——现在是一个批处理文件而并非命令提示符——不是 SAS 软件。为了消除这些局限并提供一个使 OS 环境和 SAS 软件利益最大化的解决方案，以下批处理文件展示了从批处理文件调用 SAS 父进程的最佳做法，批处理文件应被保存为 C:\perm\etl_engine.bat。

```
"c:\program files\sashome\sasfoundation\9.4\sas.exe" -noterminal -sysin
    c:\perm\etl_engine.sas -log c:\perm\etl_engine.log -print
    c:\perm\etl_engine.lst
```

在此最终解决方案中，父进程 ETL_engine.sas 通过批处理文件直接从操作系统被调用。这使批处理文件能够通过操作系统调度，因此，可以根据需要被运行而无须进一步人机交互。但是，ETL_engine.sas 中的动态程序流程将被保留，以确保业务规则符合规定。因此，随着各个子进程的运行，它们可以在父进程内动态地运行，从而确保运行成功，“运行时错误”被识别和处理。这种父子范式可以说是 SAS 软件中实现强大可靠自动化的最常用的方法。

SDLC 的自动化

如果自动化决策是在软件规划过程中做出的，这将极大地影响软件设计和开发。

SAS 从业人员将能够了解到无论是主引擎还是父进程对驱动程序流程都是必要的，他们还能了解到有哪些参数、选项或其他信息将需要通过 SYSPARM 被传递给子进程。由于有时可以通过将子进程作为并行批处理作业运行来实现实质的性能提升，所以这种性能可能会促使人们决定将软件模块化为可以作为并行批处理作业生成的离散块。

在其他情况下，软件自动化的决定是在软件已经投入生产之后做出的。这个决定有时是由于软件意外运行成功。随着时间的推移，软件变得越来越重要，越来越有价值，因此，需要有相应的可靠性和可用性。为了实现性能的提高，包括自动异常情况处理和运行成功的验证，业务规则应在正常和异常条件下规定程序流程，这可通过强大的异常情况处理框架来实现。虽然在脑海中以自动化方式设计和开发软件总是更容易，但通常需要做出转换，而且在某些情况下，只需要几行额外的代码去实现。

自动化要求

无论人们何时决定自动化 SAS 软件，自动化都要求应该清楚地表明自动化的意图和程度。意图本质上是通过自动化获得具有某些价值的商业案例，这应该超过自动化中固有的附加代码复杂性的成本。例如，自动化意图表示正在实行 SYSTASK，以便可以异步产生并行进程以加快并行处理。这与其他旨在创建可以安排在 SAS 服务器上循环运行的批处理作业和批处理文件的通用意图大不相同。第一个目标本质上需要软件模块化和关键路径的分析，而第二个目标可以通过从操作系统调用 SAS 程序的单行批处理文件来实现。

第一个例子中的目标旨在通过减少运行时间来提高软件性能，该运行时间可以根据预自动化基线（如果存在）进行测量，并与自动化过程涉及的工作量进行对比。在第二个例子中，目标旨在降低 O&M 活动期间的员工工作量，所以这些减少的运营时间可以根据自动化和测试软件的开发时间进行测量。随着软件意图运行的频率的增加，自动化的相对收益也在增加，因为每次运行都会增加软件性能（或者支持软件操作的人员工作量减少）的累积影响。换句话说，稳定的软件被运行地越频繁，该软件的自动化就越有价值。

自动化程度也应符合自动化目标。例如，如果子进程正在使用 SYSTASK 进行自动化，以便它们可以并行运行，那么父进程就没有必要自动运行。因此，SAS 应用程序可能仍然必须手动启动，父进程已打开并运行后，各种父进程和子进程日志审查“运行时错误”。尽管效率低，而且没有完全自动化的解决方案，软件仍然可以从其子进程的有限自动化中获益。另一个常见的部分自动化示例涉及软件运行完全自动化，但异常处理无法自动化（或受限）。因此，软件可能会通过操作系统安排，在上午 6 点之前自动运行，然后 SAS 从业人员开始工作，但当天需要有人在软件自动运行后手动查看 SAS 日志。

在其他情况下，自动化真正意味着在软件循环操作过程中完全没有人机交互。OS 环境按计划间隔运行批处理文件，批处理文件依次运行 SAS 程序。该程序又在终止前依次运行串行或并行的后续批处理子进程。异常处理在父进程和子进程运行时检测异常、警告和“运行时错误”，单独的进程可以在程序运行后验证各种 SAS 日志，以再次保证程序运行成功。由于利益相关者可以选择对软件的哪些方面实行自动化运行，对哪些手动运行，并且由于他们可以在整个软件使用生命期间提高或降低自动化水平，因此，组织和特定软件产品之间的自动化将有很大差异。

自动化评估

评估自动化性能明显要取决于软件的自动化程度。软件自动化中最有说服力的指标之一是异常处理和故障通信交流自动化的程度。第一阶段我们可以安排 SAS 软件通过一个能够执行 SAS 软件的批处理文件循环运行。但是，如果自动化仅限于运行过程的自动化，而未实现质量控制和进程验证的自动化，那么当 SAS 文件日志被覆盖或忽略，或者尽管先决条件任务发生故障却仍然按计划运行任务时，这种自动化会使软件变得不可靠。因此，虽然自动化并不一定意味着自动化软件应该比手动运行的软件更可靠或更稳健，但自动化不应该通过屏蔽异常情况、“运行时错误”和可能无效的数据产品使软件变得不可靠或不稳健。

当连续运行计划作业时，如果软件的一个示例运行时间过长，就可能会出现性能故障，导致下一批计划作业运行时——在第一批作业还未完成时紧跟其后运行——造成软件出现功能性故障。在完全自动化的软件中，稳健的流程应该通过业务规则和动态的异常情况处理来预测和适当地处理这些常见的异常情况。在许多情况下，通过评估软件可靠性和可用性指标，可以评估全自动化软件的性能，因为软件故障通常会引发人为的交互以恢复并重启软件。可靠性和可用性在第 4 章“可靠性”部分有所讨论。

第 5 章“可恢复性”部分描述的可恢复性指标也可用于衡量自动化程度和成功率。TEACH 助记符称恢复应该是自动化的，因为恢复不仅应该尽可能地自动化，还应该促进智能恢复到能够最大化性能的有效检查点。因此，虽然有些软件预计可以在没有人工交互的情况下运行，但 SAS 从业人员可能会被期望在软件从故障中恢复的过程中发挥重要作用。在其他情况下，软件故障检测和恢复甚至也应自动化（尽可能），并且自动化还要通过软件在无须人为干预的情况下从故障中恢复的成功率和速度来衡量。

接下来要讲什么

软件自动化通常是硬化生产软件的最后一步，因此，本章的第一部分介绍了在软件运行时可以观察和评估的动态性能要求。然而，软件涵盖的内容可能与软件质量与动态特性相关。虽然在运行软件时不能直接观察到，但静态性能要求旨在确保可以轻松维护代码，并且通过模块化软件设计，该代码能被充分组织以便有益于诸如并行处理这类的动态性能技术。接下来的第 13 ~ 18 章将介绍提高生产软件可维护性的静态性能要求。

第三部分　静态性能

13 Chapter

第 13 章 可维护性

我坐在从秘鲁库斯科出发的通宵巴士上，长途的颠簸让人痛苦不堪，迷迷糊糊地睡了几觉，终于在破晓时分抵达了坐落于的的喀喀湖西部海岸的普诺市（秘鲁东南部的城市）。然而，在另一个毫无生气的巴士站内，有些疲惫不堪的孩子们躺在父母身上睡着了；有些人则眼睛睁得大大的，时刻保持警惕，生怕自己一不留神，行李就被偷走；另外有些人则对一切很茫然，惬意地躺在冰凉的水泥地上睡觉。

我半睡半醒着，按摩着我胳膊上看似永久的伤痕，这是我一整夜紧紧地抱着背包的结果。我跌跌撞撞地穿过巴士站，身体极度疲惫。双腿的疼痛，不知道是我所处的睡眠区域狭窄造成的，还是两天前去瓦纳比丘，进行为期 4 天的经由印加古道的艰苦跋涉造成的。那时，我找了搬运工人帮我搬运行李，但是在普诺市时，我无缘让搬运工人帮我背帆布背包。

我想寻找放松的机会，但是不知何故，面对着这么多要通宵的人，我变得更加疲惫。再过 14 小时，我将会乘坐另一辆通宵巴士，接着开始我的另一段通宵探险之旅，巴士将沿着危险的山腰进入阿雷基帕市。换句话说，假若你的生命中只剩下了 14 小时，你将会如何度过这段时光？

印加湖旅游公司就在附近，你只需要朝那边看一眼，就会听到热情的服务人员的呼喊。几分钟后，我坐上了一辆计程车，驶往码头，去乘坐水上的士，开启我一天的的喀喀湖探索之旅。

船出发不久，我就昏昏欲睡了。睡了一小会儿，我被身边晃动的影子和喊叫声吵醒，游客们都绕过我在拍照。啊，我想，此刻一定有什么值得看的东西吧，然后我就伸长脖子看，发现我们已经到达了乌鲁斯群岛。

一下船，我立刻感觉晕头转向。目光所及之处都是制作托托拉船的芦苇。他们的小帆船是芦苇做的，还有芦苇做的桅杆。他们的茅草屋也是芦苇铺就的地板、墙壁和屋顶。甚至岛屿上的公共厨房里，石制的壁炉也是芦苇环绕。这里再普通不过的玉米饼、豆子和米饭便是烹饪的主食。

乌鲁人（美洲印第安人）已经在湖上居住几个世纪了，以建造流动的芦苇岛而闻名，他们曾一度将这些岛作为防御堡垒。尽管维基百科可能告诉你，乌鲁人在岛上生活了不到几十年，但现在居住在普诺市和邻近的普韦布洛 [(美国西南部或墨西哥等）印第安人的村庄]。尽管如此，他们将自己的文化传承了几个世纪的能力还是惊人的。

毋庸置疑的是，乌鲁斯群岛不断地得到保护。它们只有几英尺（1 英尺≈ 0.3047 米）厚，并且大部分的岛屿和芦苇在水面下无法看见，像冰山一样，慢慢地分解，不断被吸入湖中。乌鲁人与这种缓慢的死亡一直在做斗争，每隔几周增加几层新的芦苇到岛上，以此来确保他们的村庄仍然漂浮在海面上。

几个世纪以来，对珩磨岛的保护让乌鲁人对保护岛屿的掌控更加精准，各个环节都在规划和编排中按部就班地进行。例如，他们不会急匆匆地添加一些潮湿的芦苇来加固岛屿。而是将芦苇暴晒几个星期，这样这些芦苇就变得很干燥、坚硬而且可以防水。

待这些芦苇晒干后，他们就会将几蒲式耳（重 10 ～ 15 磅，合 4.5 ～ 6.8 千克）的芦苇紧紧地捆在一起，然后放到岛屿的顶层。这种模块化的实践构建起了更小的芦苇束，防水性更强，承重性更强，更牢固，更有凝聚力。

吃完了的的喀喀湖特有的玉米饼，不知何故，我发现我是唯一一个用甜言蜜语从乌鲁人手里骗取了午饭的人。之后，导游妙趣横生地介绍了岛上的生活和当地特色的保护岛屿情况。导游拿起一捆新鲜的芦苇，认真地将其编织到岛屿的顶层。突然之间几个乌鲁人跳了起来，动作看起来好像是在跳木屐舞。他们的舞步与小岛浑然一体。

■ ■ ■

正是因为乌鲁人坚持可维护性原则，才使他们不断在本土文化和岛屿的保护方面取得成功并且获得保护本土文化和岛屿的能力。但是可维护性的第一步是要认识到可维护性是必然的，并且要对这种必然性欣然接受并做出规划。

在软件开发生命周期（SDLC）内，可维护性可以被认为是一种责任，但是需要确保软件更新、接收补丁，并继续满足客户的需求和要求。维护总是需要努力的，像乌鲁人保护芦苇岛一样，往往都是需要努力而且需要持续不断的努力。如果你不维护你的软件，它最终会被遗忘。

像生活中的其他一切事物一样，维护应该是更智能地工作，而不是更艰难。乌鲁人通过规划维护活动，以积极主动的态度而不是被动的态度来预测他们何时需要额外的芦苇束、何时需要收割芦苇并且将其晒干。在软件实际需要维护之前，软件维护同样应该在规划和设计过程中坚持可维护性原则。

但是维护也可能是非常紧急的。在软件开发过程中，还需要进行紧急情况维护和其他修正性维护，但也可以通过模块化软件设计、可读性和其他可维护性原则来实现。

模块化设计通过在进行修改时限制和集中工作范围，极大地促进维护工作的进行。乌鲁人不仅将芦苇束捆绑成易于可管理的模块，还要确保这些芦苇束能够与周围的芦苇完全融合，进而形成更加坚固的单板，足以承受上面物体的质量，并且可以抵挡下方的水分渗透。软件维护的最后一步也是融合，并且应该结合测试来验证——维护是否已经实现并且将继续实现其目标。

可维护性的定义

可维护性是软件产品可修复(恢复)性和可改进性的程度。国际标准化组织(ISO)进一步详述，可维护性包括在纠正错误方面进行的一系列改变，以及为促进附加性能(功能)以及改良的性能(功能)而进行的一系列改变。此外，可维护性不仅指的是代码的维护，还涉及软件需求中的技术规范的维护。因此，国际标准化组织对可维护性的定义更有广度。因为其他这些对可维护性的定义中只是提到软件可以很容易地被修复或者具有高可修复性。

像其他静态性能属性一样，可维护性并不会直接影响软件的功能或性能，而是使开发人员能够通过有效的理解和修改软件、要求来实现。例如，可维护性可以通过使开发人员能够更快速地检测异常并提出解决方案，从而提高可恢复性和可靠性，最终可以间接提高故障软件的平均恢复时间(MTTR)。尤其是对于那些具有长期使用寿命的软件，更应该引入可维护性原则，来提升代码的性能，从而帮助未来从事软件维护的开发人员。因此，可维护性可以视为对实现软件长期使用的一种投资。

基于可维护性原则可以促进软件维护，本章首先描述和区分软件维护类型、模式和最佳实践。无法主动维护软件可能会导致 SAS 从业人员需要不断“淘汰”不健康的操作环境，而不是主动设计稳定、长期的软件产品。然后描述从“以软件维护为重点的运行”转变为“以软件维护为重点的软件设计和软件开发”，从而促进更有效果和更有效率的软件维护。

维护

由于可维护性代表维护和修改软件以及软件需求的能力，因此对软件维护的介绍是有帮助的。如果软件的维护效果不好或维护计划具有防御性或保守性，那么可维护性原则永远不会被优先考虑在软件设计中，因为开发人员将专注于修复崩溃软件而不是创建更好的软件。

软件维护是为软件系统提供效能价格合算的资金支持所需的全部活动，包括软件修改、培训和操作帮助桌面。国际标准化组织将软件可维护性进行了分类，包括以下几个方面。

■ 适应性维护——软件产品的修改，在软件交付后开始，以保证软件产品在一个已经改变了的环境中或正在改变的环境中可以运行。

■ 修正性维护——软件产品的反应性修改，从软件交付后开始，进而修正已发现的问题。

■ 紧急情况维护——一小部分的修正性维护，即从事先未计划的修改开始，临时确保系统修正性维护运行。

■ 完善性维护——软件产品在交付后开始修改，旨在软件产品被定性为故障软件之前，及早检测和修正软件产品中的潜在故障。

■ 预防性维护——软件产品在交付后开始修改，旨在软件产品被定性为有运行故障的软件之前，及早检测和修正软件产品中的潜在故障。

软件维修是软件维护的一个组成部分，还有许多其他原因可以对软件进行修改。可以通过软件修改，修正现存的问题，预防新的故障或通过附加功能或性能改进软件。因此，可修复性（有时被错误地定义为与可维护性交互使用的软件质量属性）代表了软件可以被修复，仅用于修正性维护、预防性维护或完善性维护，但对于不断变化的环境或不断变化的软件要求则没有任何适应性。

修正性维护

修正性维护包括应急情况维护，可以消除软件功能或性能方面的故障。功能性故障可能与 SAS 报告一样不是那么重要，因为 SAS 报告以错误的字体打印；功能性故障也可能与 SAS 报告一样有害，因为数据模型失败导致了 SAS 报告传递的数据都是错误的。性能故障可以类似地从完成时间过慢的几秒的过程延伸到超过几小时的时间阈值的过程，或者到灾难性地独占系统资源的过程。也就是说，一些故障可能会在一段时间内被忽视，也许是遥遥无期，而另一些故障则需要立即解决。

由于以前未识别的漏洞或错误导致软件故障发生，这些故障也预示着新发现的产生。此时开发人员必须估算一下将以怎样的方式减轻或接受这些漏洞和未来产生故障的风险，于何时去做，以及是否要去做。当故障的出现对于开发人员来说完全是意料之外的，修正性维护便是唯一的选择。因此，将时间、精力和创造力投入到想象、调查、记录和缓解潜在的故障发生的原因上，要比被无法想象的故障的出现弄得措手不及以及被迫采取防御更好。

与缠绕在一起的“悠悠球”（Yo-Yo）或扭曲的螺旋弹簧玩具 Slinky 不同，软件故障并不代表产品已经彻底崩溃，而意味着软件通常可以重新启动并立即恢复运行。当一个程序占用了太多内存，运行卡住并且需要重新启动时，这种情况就会发生在 SAS 中。在许多情况下，软件将再一次正确运行，也许在本示例中，如果其他 SAS 程序首先被终止运行以释放更多内存，那么软件也会再一次正确运行。这种应急的解决办法可能足以恢复软件的功能，但是它不能消除导致故障发生的潜在漏洞或代码缺陷。

所有软件本身都有风险，利益相关者必须确定出可接受的风险等级。一旦发现软件缺陷或错误，风险本身就会增加。这种风险可以接受，并且也可以修改软件来减少或消除风险。预防性维护总是有利于修正性维护，因为它会在商业价值损失之前主动减少或者消除风险。

预防性维护

预防性维护旨在通过在商业价值受到不利影响之前，消除已知软件缺陷或错误来提升软件的可靠性和性能，进而控制风险。然而，如果软件故障已经发生，虽然维护活动可能相同，但是它们仍然是修正性维护而不是预防性维护。在理想情况下，在软件故障导致操作运行失败之前，软件故障在理论上可以被预测，故障原因可以被调查和记录，潜在的软件缺陷可以改正。

预测和避免软件故障的预防性维护始终优于故障出现后采取的修正性举措。它允许开发人员充分利用软件开发生命周期来规划、设计、开发、测试和实施那些可能更稳定、更持久和更需要在未来进行最少的、维护的解决方案。这与紧急情况维护形成了鲜明对比，紧急情况维护通常必须像海浪一样一波一波地实施，例如，对软件的快速修补工具。快速修补工具要求必须在提供的长期解决方案中分几个阶段修补崩溃的软件。在不受软件故障和软件即将到期的、威胁的情况下，能够进行规划和采取行动，这种能力始终是有益的。当应该进行预防性维护时，能够确定优先级并提前安排。

预防性维护的一个令人遗憾的事实是，利益相关者倾向于优先排除并延迟软件维

护，从而修正那些从未发生过的理论上的和未实现的软件故障。针对预防性维护，应该付出努力，或者是在软件开发生命周期（SDLC）中再增加投资，以增加更多的软件功能；抑或是通过紧急情况维护活动来处理修复崩溃的软件，尤其是在保守的环境中。然而，如果开发团队不主动访问和消除软件中的漏洞，他们便会创造这样一种环境，在这种环境中，他们将一直面临着不可克服的技术方面的问题（技术债务），在无法克服的“技术债务”下一直处于防御状态。“技术债务”在本章后面进行描述，而且这种“技术债务”只能通过一贯的修正性维护和预防性维护来消除。

适应性维护

变异性是数据分析发展的内在特征，必须与软件的灵活性之间实现平衡。变异性性可能包括数据源、数据类型、数据格式、数据数量、数据质量和数据速度的变化，开发人员可能无法预测或阻止这些变化。变异性也可以包括客户需求的不断变化和由此产生的技术要求方面的改变。变异性是 SAS 数据分析软件在尽管已经遵守软件开发生命周期（SDLC）和软件开发方法的最佳实践的情况下，甚至一度在软件制作生成方面需要持续维护的主要原因。在某些环境中，出于需要，数据的导入、数据的需求以及数据的要求不断发生变化，适应性维护和未来的开发活动之间的界限会变得模糊。尽管这在终端用户开发中是可以接受的，但显然意味着与软件产品的开发有很大的出入，因为这些软件产品预计将更加强大、更稳定，并且支持第三方用户群进行最小的修改。

例如，如果 SAS 数据提取 – 转换 – 加载（ETL）的过程的基础设施依赖于每日进行的事务性第三方数据集的收集，并且如果数据集的格式在一夜之间发生了翻天覆地的改变，开发人员则可能需要在第二天早晨争分夺秒地重写编码。尽管遵循诸如模块性和灵活性等可维护性原则可以减少这种工作量，但是并不能消除适应性维护，因为这种适应性维护必定会出现以适应这种新模式。在最佳情况下，开发人员已经预测出了这种数据变异性的来源，并且也已经制定了质量控制的标准用以检测异常和防止未处理的故障发生，也可能会通过停止相关过程并通知利益相关者来实现。然而，由于数据环境已经发生了变化，开发人员必须通过适应性维护和紧急情况维护立即恢复软件功能。

适应性维护很有必要，特别是在数据分析开发中。但是由于 SAS 软件必须经常被不断地修改来适应数据变化和其他的环境变化，因此，SAS 从业人员可以学着养成这个不怎么健康的习惯——不要最终定性生产软件。本书第 17 章“稳定性”重点讲述了维护静态代码以帮助其灵活地适应环境的重要性。而本书第 12 章“自动化”则讲述了自动化产品软件的重要性，产品软件只能通过一定的代码稳定性来实现。综合这些原则，目的是提供得以可靠运行的、完善的软件，不需要持续地对软件进行监督或修改。

要求的维护

虽然软件维护的核心是代码维护，但是要求维护也很关键，尽管它有时被忽略。随着软件产品在其使用期内的需求发生变化，其技术要求可能会被客户或其他利益相关者修改。因此，软件维护的总体概念包括代码维护和要求维护，以及通过修改软件及其要求，将实际软件的性能与所需性能进行平衡而采取的举措。由于大多数与软件维护相关的活动都需要修改软件以满足既定的技术规范，因此，本书仅讨论支持代码修改的可维护性原则。

在大多数情况下，无论是明示还是暗示，都是修改这些要求而不是修改软件。例如，随着时间的推移，数据源中的数据量随之增加，而且因为软件执行时间开始超过技术要求中规定的软件性能阈值，软件性能故障可能会产生了。一种情况是，SAS 从业人员可以实施程序化或非程序化解决方案，从而提高执行速度，并将实际性能与预期的性能重新调整。另一种情况就是，利益相关者可以承受软件执行时间变长的风险，而对于软件运行缓慢不采取任何措施。而后一种选择通常是一个可以接受的解决方案，但是它实际上修改了要求，因为利益相关者在考虑到数据量增加的情况下意识到他们愿意接受软件性能的级别稍低一些。

SDLC 的维护

在 SDLC 中，应进行软件的规划、设计、开发、测试、验证等环节，最后投入生产。软件开发完成后，软件产品应该能够满足其预期寿命内所具备的功能和性能的要求，或者是满足其预定更新前所具备的功能和性能的要求。在敏捷式的开发环境中，尽管软件的预期使用寿命可能是几年，当时软件很可能会在每次迭代结束时实现更新，而这可能只会持续几个星期。另外，在瀑布式环境中，软件在预定的软件版本发行时或

需要紧急补丁时不会经常更新。且不论提倡的软件开发方法如何，软件维护始终是软件开发过程预期的责任，也通常贯穿于整个软件操作过程中。

软件维护的核心是软件修正，它要纠正软件缺陷，提高软件功能或性能，并适应环境。软件维护活动可以通过软件产品生产计划的重要阶段、内部缺陷检测、外部故障检测或者软件用户和其他利益相关者的反馈来确定优先级。因此，虽然软件开发生命周期的维护阶段通常被描述为一个离散的阶段，但软件维护可以与其他阶段进行资源的激烈竞争，尤其是软件开发阶段。例如，SAS 从业人员可能需要在提供软件附加功能或修正现存的软件缺陷之间进行选择——这些竞争目标，每个都需要软件开发资源。

软件开发生命周期广泛适应于从阶段瀑布式的环境到敏捷式的环境的软件开发方法和实践。它更适用于传统的应用开发环境中。而在这些环境中，开发人员、测试人员、客户都起着离散的作用。同时，它也适应于终端用户开发环境，在这些环境中，开发人员也是主要用户。接下来的部分着重强调软件开发生命周期过程中软件维护的重要性以及在这些不同的环境中软件维护的重要性。第 1 章介绍了软件开发方法，并且介绍了和区分了敏捷式开发和瀑布式开发的方法。而最终用户开发在“最终用户开发维护”部分进行了描述。

瀑布式开发环境中的维护

瀑布式软件开发环境通常在软件开发生命周期内只循环一次。如果需要进行软件打补丁、更新或升级，则这些版本在软件维护阶段发布，而用户则在操作阶段操作软件，并且这两个阶段同时发生。然而，能够对修正软件缺陷、错误、漏洞或者威胁做出快速响应的软件补丁，也需要进行规划、设计、开发和测试，以此来确保补丁能够充分解决问题。一个短期的软件开发生命周期有时仅仅是在维护阶段发生。因为开发人员努力保证质量和软件的相关性，但他们也可能必须回到制图板上去设计、开发和测试解决方案。

在瀑布式开发环境中，软件已经投产后，软件维护便开始。因为瀑布式环境中开发出的软件，从定义上来看，是作为单一产品提供给用户使用的（而不是像敏捷式开发环境中的增量式那样），而所需的所有软件功能和性能都应包含在初始版本中。然而，尽管缺乏功能要素或者可以通过后续升级而实现软件性能，但是发布软件很有必要。在某些情况下，软件中存在的潜在缺陷已被周知，但这些缺陷包含在软件的初级版本中，其目的是将来在对软件打补丁或升级时进行修正。但在瀑布式开发的所有情况下，绝大多数的开发活动出现在开发阶段，只有小部分的开发活动发生在维护阶段。

因此，在瀑布式开发环境中，维护活动不太可能与开发活动展开直接的人才竞争。因为软件开发、测试和部署已经结束，开发人员没有必要在开发软件产品中的更多功能或维护该产品之间做出艰难的选择。通常在瀑布式开发环境中，维护软件的开发人员通常称为软件操作和维护（O&M）团队。而他们不一定是软件的创始人，这可以进一步预防人力资源的冲突和竞争。这一点与敏捷式开发环境形成鲜明的对比，将在下一节讨论敏捷开发环境，利益相关者一定会将维护活动放在开发活动之前。尽管敏捷式开发环境非常复杂，但它具有的其他众多优点吸引着大批软件开发团队。

敏捷式开发环境中的维护

敏捷式开发环境中的方法与瀑布式开发环境中的不同。这是因为它们是迭代和增量的，可以在计划、定期的基础上而不是单个产品的基础上发布更新的软件块。例如，用户可能会每两周或每月接收升级的软件版本，具体取决于软件开发周期的长短，通常称为迭代或冲刺的固定时间段。因为整个软件开发生命周期发生在每次迭代中，尽管软件的发布频率较高，但软件版本还是应该通过设计、开发、测试和验证活动来证明自己有着相匹配的质量。

在敏捷式开发环境中，软件的单一发布在迭代结束时并非意味着设计或产品的完成，因为随后的迭代将会接踵而来。因此，当开发人员提供了软件的第一个版本后，他们可能已经在另外的两周内为下一个版本的发布做准备了。由于发现了需要对意外的漏洞或缺陷进行维护，开发人员必须在这些额外增加的维护活动与其在软件开发方面担负的主要责任之间做出平衡。软件用户希望自己的软件正常运行，客户希望软件可以按时交付，而如果所有利益相关者对软件开发活动不采用统一的评估和软件维护的优先级，那么开发人员则会处于两难的境地。

因为软件维护和开发活动直接在敏捷式开发环境中竞争系统资源，所以有时会鼓励开发人员尽量减少维护活动。在某些环境中，维护减少了是因为维护活动没有得到优先考虑，所以技术方面的问题（“技术债务”）出现了，并且随着时间的推移，软件也出现越来越多的错误，直到它崩溃变得毫无价值。然而，在更加积极主动的环境中，维护减少是因为开发出了高质量的软件，需要的维护更少。在软件设计和开发过程中，遵循软件可维护性原则会促进软件的开发，此类软件需要较少的维护，因此，也可以促使软件更快速地脱离开发人员，使他们可以将更多注意力投放到软件开发方面，以更好地担负起他们在软件开发方面的主要责任。

应用程序开发维护

在传统的软件开发环境中，软件开发人员负责设计、开发软件。他们还经常担负着额外的软件测试责任，并且可以与致力于质量保证的由软件测试人员组成的团队进行合作。一旦软件得到开发、测试和验证，它将会被调配给运营该软件的第三方用户，而软件操作和维护（O&M）团队则可以单独维护该软件。在某些情况下，客户与用户群是等同的，已为即将要开发出来的软件提供了资助，并且会给该软件付款。在其他开发模式中，客户可以为另一组用户的软件开发提供方向的指引。然而，几乎在所有情况下，软件产品的开发人员都不是其主要的用户。

软件无论是在瀑布式环境还是在敏捷式环境中运行，维护在应用程序开发中可能会变得复杂，因为实际上开发人员不使用该软件。这有时称为“领域知识鸿沟”，其中，软件被专门设计出来以用于某特定领域（如医药或药品），这需要在该领域内具备特定的知识背景和储备。可能需要进行正规化的教育、培训、许可或者认证，以保证从业人员成为某领域的专家。例如，医学博士必须进行多年的在校学习，以获得领域内的专业知识，包括通过住院医师实习期和获得医学资格证书。这与其他许多职业类似。

然而，制作开发医疗软件的软件开发人员本身不可能是医生。他们中很少有人是医生，而大多数人会在从事相关软件开发项目时，获得一些医学领域的知识。这些软件开发人员和软件用户（医生或执业医师）之间将会存在明显的“领域知识鸿沟”。除了几个常见的应用程序，如谷歌邮箱，毫无疑问，谷歌的开发人员也在使用这些应用程序；大多数软件开发人员从不使用他们自己编写的软件。

这种情况对于在传统的应用软件开发环境中理解和进行软件维护至关重要。用户故事通常由开发人员或客户撰写，但是从用户的角度来写的。这样可以识别出软件功能或性能方面的缺陷，旨在帮助软件开发人员可以站在软件用户的立场上看问题。在这些环境中，业务分析人员通常会扮演着重要的中间人的角色，以确保将业务需求可以恰如其分地转移给开发人员，并确保软件产品能够满足其预期用户群的需求。业务分析师或类似的人员通常是必不可少的“翻译家”，因为他们具有足够的技术专长和领域知识，可以在这两个世界中进行交流。

虽然 SAS 数据分析开发很少提及要出售或分发给外部第三方用户的软件，但是 SAS 应用程序发展思路（或团队组织）可能存在，SAS 从业人员会将软件编写成由分析师或消费者在内部使用的软件。尤其是在分析师缺乏技术专业知识或用户权限，而不能修改其使用的 SAS 软件的情况下，正规化的维护计划和优先级排序会变得至关重要，并且应该确保其在适当的位置上，以确保软件用户在等待软件更新未成功时不会采用“习得性无助”的心态。

终端用户开发维护

终端用户开发是数据分析开发和绝大多数 SAS 软件编写的开发环境中的常见范例。这种情况的发生是因为 SAS 软件开发的目的并不是出售或分发，而是为了处理数据、回答分析性的问题，并向内部客户传授知识。最终所得的数据产品通常分布在原始团队、环境和组织之外，但软件本身通常不会被分发。我已经编写了数以千计的 SAS 程序，这些程序都执行过一次，随后被丢弃。究其原因，并不是因为它们失败了，而是因为它们成功地传达了我的团队所需的信息，进而可以创作出对我的客户具有最大商业价值的数据产品。

终端用户开发有效地消除了“应用程序开发维护”部分中讨论的“领域知识鸿沟”。当一名医术精湛的医生正在开发支持医学研究或其他医学相关功能的 SAS 代码时，那么开发人员和用户之间不需要解释说明，因为他们是同一个人。这位医生具有医学领域的知识，了解软件的总体需求，可以在 SAS 中设计和开发出软件解决方案，并可以在所有的软件产品的需求得到满足时获得感悟。然而这并不意味着终端用户的开发发生在独自工作的孤立的个体中，而是意味着专业人士对软件技术非常熟悉并且充当着合格的软件开发人员、测试人员和用户的角色。

理论上，维护终端用户的开发环境是很简单的。作为用户，SAS 从业人员了解软件的哪些功能和性能是最有价值的，因此，可以优先修正或完善这些领域的软件维护。不需要用户故事、业务分析师或其他中间人来促进软件的维护，因为用户通常可以在

几秒内打开代码并开始修正缺陷、添加软件功能或性能。是的，理论上，这是很简单的，但实际上是很困难且深不可测。

当终端用户开发人员制作完成软件时，他通常会立即优先使用该软件以达到某种特定的目的。在 SAS 开发中，这可能需要分析数据、创建数据产品以及在原始代码结果的驱动下，经常进行后续代码的开发。当在软件中发现缺陷时，他们的软件维护工作会与分析工作和其他工作（通常是预期的未来功能或是将要创建的后续的数据产品）展开竞争。因为专业的 SAS 从业人员在他们不能修正这些漏洞时，可以学习克服这些缺陷，因此，通常不会先去处理软件缺陷。

例如，一个同事曾经找我，并婉转地提到一个事情——如果一个参数被遗漏了，那么我开发的一个宏将会失败。当时我很轻率、很没礼貌地做了类似于如下的回答："需要我给你写一个便条，以防你忘记参数吗？" 在许多终端用户开发环境中，因为使用我们软件的一批人对软件很精通，所以我们就希望他们能够用智慧来消除软件的威胁和漏洞，而不是通过强大的软件设计和恰当的文档来实现。这种态度在许多环境中是有效的，可以减少不必要的维护，但也会增加软件操作的风险。

通常，终端用户开发人员也需要向第三方开发团队报告软件故障，因为他们自己负责维护活动。例如，如果修补一个非常明显的软件漏洞意味着我需要耗费大量的时间——尤其是修复一个我自认为可以避免在运行软件时遇到的漏洞，那么我可能会选择放弃归档或维护，去选择更有趣的任务。尤其是在数据分析开发环境中，因为这是通过数据产品传达商业价值的。而且，比起通过维护完善软件，终端用户开发人员（及其客户）往往更关心所产生的数据产品。

因此，在终端用户开发环境中，有一种很不恰当的做法——只修复最严重的漏洞。因为用户熟悉底层代码，所以他们通常都能够避开一些可能导致故障的误用，如果其他人使用该软件，则可能会遇到故障。因此，漏洞通常可以被识别出来，但是不能以任何方式消除。在终端用户开发环境中认可这种做法，并且任其存在于软件产品的生命周期内，所以你现在应该明白为什么终端用户开发往往会在软件开发文献资料中有着较差的口碑了。

在许多情况下，增加软件质量的维护是为了获得附加的软件功能。例如，SAS 从业人员可能会创建另一个数据产品或者发布一份附加的分析性报告，而不是进行修正性维护以消除漏洞。如果通过此功能可以赋予软件较高的商业价值，那么这通常会是一个明智的选择。然而，随着时间的推移，如果在维护上反复优先考虑其他功能，较早的软件版本或较低的软件成本，那么软件的质量可能会降低，这不仅不能满足软件性能上的要求，还不能满足软件功能上的要求。为了弥补这种不平衡，质量必须包含功能和性能方面，并且应当对维护工作进行评估，以利于将其纳入生命周期中。

由于终端用户开发环境更为自由和开放，SAS 从业人员经常可以摆脱开发捷径，减少软件的维护工作，而这不会增加软件故障的风险或者降低商业价值。然而，为了成功地达成目的，需要遵循以下两个原则。其一，不对软件的某些方面进行维护，这个决定应该是有目的的，并且所做的决定考虑到了风险和利益，就像原始决定不包括软件性能一样，也应该是有目的的。其二，利益相关者之间应该达成共识，他们应该致力于推动软件维护的评估及其机会成本，即，如果不进行软件维护，那么可以实现其他活动（或者是利益，或者是优惠时段）。通过这种评估和优先级排序，终端用户开发人员将能够恰如其分地理解什么是软件维护的最佳方式以及何时是维护软件的最佳时间。

软件开发生命周期的基本原则是要求使用产品软件，但不得在原位置修改软件。因此，软件维护发生在开发环境中的软件副本上。这种环境与用户操作的软件产品的环境或者作为自动批处理程序的软件产品的运行完全不同。实际上，终端用户开发环境通常将这些离散的理想想法合并到一个单一的开发 - 测试 - 生产环境中。虽然软件开发生命周期环境中的物理混合并没有引发严峻的后果，并且在许多组织中往往是必需的，但令人遗憾的是，所谓的软件产品被不断地修改从而引发了软件开发生命周期阶段的混合。尤其是在软件被修改后，而不进行后续的测试和验证时，以及在该软件立即被提供给用户时，这种冒失的编码方法降低了软件的完整性，并且极大地降低了在维护之前进行的任何软件测试或软件验证活动的有效性。因此，无论开发环境的结构如何，软件开发、测试和生产阶段的数据隔离都可以极大地提高终端用户开发和维护的质量。

软件维护失败

开发软件时考虑到可维护性并不表示立即修复每一个被识别的缺陷或错误。一些缺陷无须处理，因为它们只是较小的漏洞，可以把花费在修复这些漏洞上的精力更好地投入其他地方。如前所述，终端用户开发人员的软件可能具有更多潜在缺陷，因为他们允许操作此类软件可以避开这些漏洞。尽管软件开发环境和方法允许，但如果 SAS 从业人员未进行软件维护活动，从而导致软件预期性能与实际允许性能不符，那么“技术债务”将必然出现。

“技术债务”

“技术债务”描述了一段时间内所积累的未能消除的软件漏洞。一些漏洞包含代码中较小的错误，以及软件性能方面存在的相对来说不重要的漏洞，而其他漏洞则可能导致面临更大的风险。“技术债务”像金融债务一样，也会带来利益问题。随着软件漏洞数量的增加，软件功能和性能通常会偏离既定的软件需求和要求，这导致利益相关者不再相信软件可以恢复到可接受的质量水平。

“技术债务”可用作衡量软件当前质量以及预测软件质量轨迹的指标。只有在软件产品中发现的漏洞才包含在“技术债务”中；因此，在敏捷式环境中，一些软件模块已经发布出来，而其他模块仍然在开发中，只有在发布的软件中债务才应该被认定为漏洞。风险登记表可以捕获“技术债务”，并且基本上可以告知软件开发人员将软件从当前质量提升到可以通过技术规范所要求的水平的全部工作。

虽然“技术债务”的静态形式很重要，但更有说服力的是可以对显示债务速度的纵向分析做更多的描述。通过定期对漏洞的数量进行评估，利益相关者可以更好地了解其是否达到或者偏离预期的质量水平。这种类型的分析可以展示不正确的软件轨迹，其中“技术债务”会赶超开发人员软件维护的能力，并且可以使团队更好地确定软件维护活动的优先级。相反，“技术债务”会向利益相关者展示哪些软件产品需要消耗大量的资源来进行维护，因此，可以考虑放弃这些产品，而用新设计或新购买的软件。但要做出这样的决定，我们必须记录和分析债务。

“技术债务”不只会损害软件，还可能对软件开发和运营环境造成威胁。一旦漏洞导致性能下降或实际故障，那么用户可能会对软件满足其需求的能力失去信心。当“技术债务”成为质量恢复过程中看起来似乎难以想象或不可能的阻碍时，开发商们就会感到很沮丧。客户和其他利益相关者可能会因开发团队无法修复软件漏洞，以及无法将维护活动的优先顺序列入软件开发生命周期而对他们失去信心。

虽然消除“技术债务”最常发生于软件维护过程中，但“技术债务”也可以通过降低预期来消除，即要接受一个事实——崇高的或不切实际的软件需求应被放弃或延迟，以便于目标的实现。在前面的“终端用户开发维护”部分有提到过，如果由于未入文档的宏参数而导致软件故障，我告诉我的同事在他的计算机显示器上贴一个便条以作提醒。我的同事希望我通过编程化的解决方案，使宏更强大且更易读，从而减少“技术债务”，而我执着于通过接受风险更大的软件来减轻“技术债务”。最终，我们的客户做出了决定。但这表明并不是所有的漏洞、威胁或缺陷都应该被视为“技术债务”，尤其是那些已经被客户所接受，却从来不打算补救的债务。是的，像我的同事暴露的那些软件缺陷应该被记录在风险登记表中，但是这个登记表也应该指出客户对识别出来的风险的接受度。

可维护性在减少“技术债务”方面起着重要的作用，因为它使开发人员能够更有效地进行维护工作。“更高”意味着可以在相同的时间内消除更多的缺陷，从而促进软件可以以最佳性能水平运行或高于最佳性能水平运行。此外，当遵循可维护性原则时，开发商倾向于减少维护费用，因为维护工作是有效和有组织性进行的，而不是随意和有防御性进行的。

维护评估

因为还有其他静态性能的要求，所以很难直接评估可维护性，因为它是通过代码检查而不是软件性能进行评估的。因此，维护经常被用作可维护性的代理，包括已经进行的维护和尚未进行的维护，通常称为“技术债务”。维护水平通常只能根据具体的团队或软件产品进行评估，但是纵向跟踪时，维护水平可以得到海量关于软件质量甚至是软件开发环境质量的信息。

如果一个团队在维护软件的时间上与开发软件的时间上相比投入过多，那么，他们所制作的软件质量就会很低，会需要大量的修正性维护。然而，也许实际情况是，标准或要求正在迅速转变，进而导致相当数量的适应性维护，以确保软件能够继续满足客户的需求。高维护水平的另一个可能的原因是“镀金”，开发商继续修改和完善软件，甚至达到了超出技术规范的程度。因此，虽然技术需要和需求的波动性将影响软件产品的维护环境，但是通过进行一些软件开发最佳实践，可以减少软件维护，软件维护减少的程度将使开发人员能够将更多的时间投入到软件开发中，即软件的程序开发或数据产品的后续非程序开发。

评估维护水平的另一种方法是检查故障日志，第 4 章“故障日志”部分对此进行了介绍。所有被记录在风险登记表（第 1 章“引言”）中的故障都表示软件的漏洞。这些软件漏洞都已识别出来，但未被消除，并且后来这些漏洞又被利用，进而导致了软件故障。软件持续发生故障是由于已知的漏洞或错误造成的，这反映出缺乏对软件维护的投入以及由于缺乏可维护性原则而在软件维护方面可能面临的困难。另外，如果不要求软件强大、可靠，那么它就会由于已识别出的软件漏洞而出现故障。并且，如果尚未确定这些问题的优先级，那么这些问题就不可能被更正过来。

评估“技术债务”

“技术债务”是对预期维护进行的一种评估。它在对维护进行评估时，不考虑先前的软件故障或先前的软件维护水平。相反，“技术债务”代表已经确认的、计划优先完成但尚未完成的维护任务的总和。“技术债务”与开发任务不同，这些开发任务尚未完成或甚至可能还没开始。它实际上代表着“已完成”但被发现存在缺陷或错误的软件作品，或者是代表着“已完成”但实际上并未完成的软件作品。因为它缺乏预期的软件功能或性能。“技术债务”相当于用代码写一个欠条，在欠款付清之前，债务仍然存在。

例如，以下代码是从第 6 章“稳健性”的“具体的威胁”部分重复列出的。其中列出了大量对代码构成的威胁。其中一个威胁是，Original 数据集可能不存在，这暴露出了易损性，即 Original 数据集的先存性在其使用之前没有经过验证。如果软件要求中声明了软件要足够强大和可靠来克服软件故障，那么无论是否设计，这个代码都会产生“技术债务”。

```
data final;
    set perm.original;
run;
```

也许 SAS 从业人员完成了代码的功能组件，并打算在后期结合稳健性。也或许开发人员没有想到要测试 Original 数据的先存性，因此，感知不到威胁。无论是何种意图和动机，“技术债务”都出现了，但是都可以在某种程度上通过先验证 Original 数据的先存性来将其消除：

```
%if %sysfunc(exist(perm.original)) %then %do;
    data final;
        set perm.original;
```

```
run;
%end;
```

其他漏洞仍然存在，但是这使软件渐渐变得更加强大了，只要商业规则和额外的异常处理（未显示）进入忙等待周期或动态执行某些其他基于驱动程序流以外的操作。虽然“技术债务”通常通过软件维护（减轻或消除风险）来消除，但也可以通过接受风险和修改要求来消除。例如，开发人员可以预估出原始代码可能由于十几个原因而出现故障，但是他们也可以选择接受这些风险，这样就可以继续提供软件附加功能或其他商业价值。从本质上来说，该决定降低了软件预期的可靠性和稳健性，但是在许多环境中，这个决定会得到支持，因为这样做带来的风险更低，从而不会降低软件的价值。

就整个软件开发生命周期而言，“技术债务”概念化和开发任务概念化同样重要。如果发现潜在的缺陷，并且决定对其进行纠正（在某些时候），那么直到修正性维护完成前，缺陷会一直增加“技术债务”。然而，修正性维护不仅应包括代码的修改，还应包括执行软件开发生命周期内的其他相关的活动，例如，更新必要的文档、单元测试、集成测试、回归测试和软件验收等。在许多情况下，“技术债务”不是由于代码中的错误产生的，而是因为开发人员更加侧重于提供软件功能而不是更侧重于软件性能。在其他情况下，“技术债务”可能已经完全消除，但在通过测试和验证恢复软件的完整性之前，技术债务的完整解决方案尚未实现。

风险登记表仍然是计算“技术债务”最好的工具，但必须要进行自我维护。漏洞在被消除或接受之前不应该被删除，消除漏洞也应该总是表明：软件修改经过了适当的测试，并且，如果有必要，应该被充分地记录下来。第 1 章“引言”对风险登记表进行了介绍。实际上，风险登记表中所列的条目在解决后没有被删除，而是以某种方式被修改了，以此来证明完备化和静止性。风险登记表中的历史记录（包括已解析的和未解析的条目）可以展示出开发环境，以及有效管理、优先排序和进行维护的能力。

可维护性

必须对软件进行维护，这是所有软件产品的一个相当显著的事实。软件可以被有意图的设计来促进更有效和更高效的维护，这在某种程度上是一个谜，令人遗憾的是，

甚至对于一些开发人员和客户来说也是如此。维护的效果有时会立即被感知到，尤其是在需要进行修正性维护或紧急维护的地方。另外，开发可维护性的软件并不是随便修改任何东西，而是让软件在将来更容易被修复。因此，与其他静态性能要求一样，可维护性总是意味着对软件进行投资，并且具有无法立即被证明的内在好处。

从维护到可维护性

从注重维护到注重可维护性的思维定式的转变类似于从反应性的“灭火”的心态转变为主动防范火灾的心态。实现可维护性和其他静态性能的要求的部分原因是，虽然可以通过软件性能轻松确定动态性能要求的工作和效果，但静态性能要求的工作和效果通过软件性能却不能轻松识别出来。使软件更易于维护，不会增加其功能，不会使其运行更快，也不会改进其在软件运行时可以被评估出来的其他可测性状。可维护性的内在优点只能在未来可以看到，而且在只有软件一旦出现故障，或者需要被修改的时候才可以观察到。尽管如此，因为团队认为他们在软件维护中投入了大量的精力，他们坚信要减少软件未来维护的一个可靠方法就是要提高软件的可维护性。

可维护性原则

如果可维护的软件是减少维护困难的目标，那么如何实现这个目标，以及如何知道何时实现了这个目标呢？因为有着复合属性，可维护性不容易被定义，因为它代表了后续章节中讨论的其他静态性能特征的集合，包括软件质量的其他几个方面。

■ 模块性——模块化的软件更容易修改，因为它本身是由更易于管理和理解的离散组块构成的。这些模块是松耦合形成的，并且与有限的软件部分相互作用，所以维护变得更容易。

■ 稳定性——稳定的软件可以避免频繁修改，因为它可以灵活地适应环境。由于稳定的软件需要较少的维护，因此，在执行维护时，它可以以积极主动的、持久的方式进行。

■ 复用性——当软件可以重复使用时，包括在其他软件中对代码的独立模块进行重复使用和以新的目的重新使用，维护性可以得到改善，因为可以通过在一个位置更改代码来影响所有使用这些共享模块的软件以实现软件维护。

■ 可读性——易于理解的软件可以更容易修改，因为我们需要更少的时间来调查和学习代码中晦涩难懂的内容。这可以通过注释和文档编制、清晰的语法、标准的格式化和更小的单一功能模块来实现。

■ 可测试性——可测试的软件可以更容易地验证从而证明其成功以及显示异常或错误的结果。因为在维护过程中修改的软件必须随后在生产再开发之前进行测试和验证，所以测试变得相对容易，这可以加快维护工作的进度。

可维护性的复杂性

静态性能属性（如可维护性）对软件没有即刻的益处，尽管它们具有实质性的长期利益。利益相关者更有可能对软件可维护性的内在价值持反对意见，因为它很难定义和量化。最能深入理解潜在代码的技术复杂性的开发人员可能希望在软件需要修改之时通过可维护性原则来消除未来的软件维护。然而，他们可能会面临来自客户的反对，这些客户更重视软件功能的强弱，可以给他们提供即刻的、可观察到的好处。或者相反，最了解软件的愿景和长期目标的客户可能希望采用可维护性原则，但开发人员可能更侧重于短期的技术要求。因此，可维护代码的一条路径是要求所有利益相关者之间进行明确沟通，以确定其在软件中的真正价值。

在制定需求时，巨大的心理因素也可能会阻碍利益相关者在软件规划和设计中讨论其可维护性。在开展软件项目之初，讨论是前瞻性的，并且积极地关注于创建卓越的软件。在编写 SAS 代码之前，讨论开发人员的错误、软件漏洞、软件故障及其最终的成果可能是令人不舒服的。尽管有这种不适，可维护性原则至少应该在需求讨论中被考虑到，以确定是否可以实施这些原则从而有利于后续软件维护的成功和有效。如果没有其他的对话，关于预期软件寿命的讨论和决定至少将为 SAS 实践者和其他利益相关者提供关于可维护性在软件中应扮演什么样的角色的一些了解。

可维护性更进一层的复杂性在于其位于软件开发和运营服务的交汇点上。通常关于技术要求的文件会具体说明软件必须实现的功能和性能。然而，在许多环境中，软件的操作是由软件操作和维护（O&M）团队和开发团队分开管理的。在软件开发和运营团队分开的情况下，他们优先考虑的方面可能不一样而且有很强的竞争性。开发团队重点关注所提供的软件的初始功能和性能，而软件操作和维护（O&M）团队则主要负责软件维护。在所有环境中，开发人员都必须要了解软件操作和维护（O&M）的优先级和要求，以确保软件能够在发布后卓有成效地满足软件性能的要求，而暂不

去讨论这些优先级和要求是开发人员承担还是独立团队承担的责任。

可维护性的失败

软件维护的失败将导致其最终走向死亡，因为它可能成为漏洞或错误、不断变化的环境或要求和需求演变的牺牲品。另外，无法开发出可维护的软件会增加“技术债务”并降低软件质量，因为 SAS 从业人员必须付出更多努力来进行相应的维护。因此，可维护性的失败降低了开发人员可以为软件提供必要的修改的效率，并且在某些情况下，最终促成了不进行必要的软件维护的决定。

当没有进行软件维护时，软件功能性故障或性能故障通常被认为是不良维护实践的后果。例如，一旦软件出现故障，原因也确定了，而且风险登记表的检查结果显示四个月前就已经识别出该特定的漏洞时，利益相关者会突然问“为什么当时发现漏洞时没有进行修正性维护？”相反，当维护活动在极长一段时间无法完成时，软件可维护性的缺乏往往就会被重视起来。如果一个 SAS 从业人员必须需要几天的时间在十几个不同的地方修改软件，只是为了稍微改变一下软件的功能或性能，那么，缺乏可维护性（和模块性）可能是罪魁祸首。或者如果你的提取 – 转换 – 加载 (ETL) 过程软件出现故障，而出现故障的是一个小地方，而且其中的代码记录不全，你必须向创建此代码的前同事求助，那么这就意味着你当前可能会面临可维护性危机。

可维护性要求

可维护性难以在正式的需求文件中传达出来，因为它代表其他静态性能特征的集合。在记录技术规范时，通常更需要参考模块性、可读性或其他属性，同时要意识到它们都有利于软件可维护性。

在性能要求的文件中，影响软件包含可维护性原则的一个重要方面是软件的预期寿命。分析性软件可能运行几次，就被丢弃，故而该类软件不太可能需要维护。然而，具有更长预期使用寿命和尤其具有稳固的关键基础设施的 SAS 软件在其生命周期内将需要更多的累积式维护，这将有助于 SAS 执业者可以更快速、更轻松地进行软件维护工作。

重要的软件还经常需要更高的可靠性和可用性，如第 4 章“可靠性”中所述，而且高可用性要求软件在运行故障时可以快速恢复。在恢复期（软件功能丢失期间）需要进行修正性维护或紧急情况维护时，进行维护的难易程度和速度则表现出可恢复性，但由可维护性原则驱动的。因此，当技术规范要求恢复时间目标（RTO）（是指在故障或灾难发生之后，一台计算机、系统、网络或应用程序停止工作的最高可承受时间）或最大允许停机时间（MTD）时，这些目标的实现可以通过将静态性能要求纳入软件中得以推进。第 5 章“可恢复性的定义”部分对此进行了相关描述。

接下来要讲什么

在许多软件质量模型中，静态性能属性被纳入可维护性下，类似于动态性能属性可以被归入可靠性下。比起其他所有的静态性能属性，模块性可以通过提高软件可读性、可测试性、稳定性以及复用性，促进软件维护的进行。第 14 章将介绍模块化软件设计，其中包括离散功能、松耦合以及软件封装。

14
Chapter
第 14 章
模块化

我刚刚失手把一个有着 1500 年历史的玛雅陶瓷掉在地上了。

它早已经碎了，但我心里失望沮丧的感觉一直无以言表。在班克 · 维霍 · 德 · 卡门（Benque Viejodel Carmen）以南的马特兹农场的巨型茅草屋下，经过精心编排的考古舞蹈已经进行了几小时。

麦纳哈·伯利兹，已消亡的古典玛雅城市中心坐落于逊安图尼奇和卡拉科尔之间，看上去和玉米地里（玉米梯田和豆类梯田）杂乱的瓦砾堆差不多，但是，这里将是我们探险队这个夏天的挖掘场地。

我们调查和绘制出山坡图，选定挖掘地点，然后用棕榈建造了临时的雨棚，以保护我们免受热带太阳光的照射，保护我们的挖掘工程免受热带大雨的冲击。

白天开展考古工作——接连几小时的挖掘、测量、拍摄、画出轮廓图，并慢慢地挖平山坡。小铲子和镐不停地凿，之后我们用大筛子将泥土筛掉，弄掉瓦片、骨头、伯利兹小虫、瓶子上的土。如果挖掘到最后，你找到的是一个空的朗姆酒瓶，那么你这几小时的时间是白费了（最好不是几天）——很显然，这个地方是其他人挖过又填埋好的。

晚上是舞蹈时间。巨型的草棚因为煤油灯的闪烁而一片通红，里面进行着各种各样的活动。因为一天的“战利品”已经被擦拭过，并且经过了洗涤、冲洗、拍照、打字、记录并装袋运回美国的实验室。

每个人都有各自的工作。几个清洁工人把瓦片上的灰尘扫掉，然后一桶水接一桶水地清洗这些瓦片。

考古学家坐在另一个角落里，他们正在对这些陶瓷碎片、偶然发现的骨碎片以及雕刻的石头进行仔细的检查和分类。

但是，搬运工加速了这个过程的进行，他们可以将原材料运送到清洁工人那里，将洗涤过的砖瓦碎片运送到干燥架，将干燥的碎片运送给考古学家，同时还负责为这里的人们运输朗姆酒。

■ ■ ■

在马特兹农场表演的、精心编排的舞蹈，需要极好的沟通、合作和协调能力，与模块化软件设计所需要的能力非常相似。每个人在其中都有自己的作用，在减少混乱的同时，也会产生组装效率。软件的模块化也有类似的规定：即各个模块在功能上是

离散的，也就是说，每个模块应该只做一件事情。

我们的责任不仅是专门化的，彼此间的互动还是有限的。例如，运输工人给我带来了脏的陶瓷（和朗姆酒），并且可以将我清洁完毕的陶瓷运送到干燥架上，从而可以让我专注于工作，避免我无意中进入其他人的空间。模块化软件也应该是松耦合的，因为模块之间是通过有限的规定方法来实现相互链接的。

我的主要工作只是洗涤、冲洗和漂洗陶瓷，因为在这个领域内，我是专家。而且，如果考古学家想要验证或测试我的专业性，他们大可以轻松地去验证，因为我几乎没有任何责任，并且那些责任与我同事的责任没有瓜葛。与之相似的情况是，当模块功能分离和松耦合时，软件将更容易测试和验证。

我们的角色分工是明确的，同时，我们的交流通道也是详细规定的。负责收集碎片去清洗的脚夫不断地出入草棚，但他们主要是与草棚入口处的清洗工人打交道。我确切地知道他会把陶瓷扔哪里，也确切地知道在哪里可以让我的空可乐瓶再次填满朗姆酒，并且可以准确地知道他希望从哪里捡起我清洁完毕的陶瓷。当数据和参数通过精确的方法传输到子进程，并且当返回码被精确传输回父进程时，模块化软件也获得了改善。

但是一旦我们的角色发生了改变，一切就可能会变得混乱。例如，当我兼职做脚夫时，我就不得不学习了解一下，把什么文物带给什么人，将它们放置在何处，以及如何在草棚中避免与其他文物发生碰撞。而且，当你在错误的时间无意中进入错误的地方时，那么此刻就是真正古老的物品掉落和彻底毁坏的时候。类似的，软件模块化通过规定规则和通信模式来促进安全性，这些规则和模式都会指导软件成功运行。

模块化的定义

模块化是系统或计算机程序由离散组件组成的程度，使对一个组件的更改对其他组件造成的影响最小。软件模块通常被认为功能分离和松耦合的状态。功能离散通常描述的是按功能组织起来的模块，并且该模块应该运行一个且仅一个功能。松耦合描述的是模块应该以非常有限的、规定的方式相互影响并与软件交互。

模块化编程的第三个属性是封装，即一种软件开发技术，它包括对模块内的哪些数据的系统功能或哪些数据的一组数据集和操作进行隔离，并为该模块提供精确的规范。封装通过确保模块内的数据和信息不会意外泄漏到模块之外以及确保外部的无关信息不会无意中损害模块来促进安全软件。尽管模块化在面向对象编程（OOP），即第三代语言（3GL）中更为常见，并且更有益，但是像 Base SAS 这样的程序化第四代语言（4GL）在采用模块化设计时，可以实现提高软件质量这一目标。

本章通过功能上离散、松耦合和封装的 SAS 软件示例，介绍了软件模块化。这些核心概念在本书中重复引用，展示了模块化设计对质量各个方面的益处。第 7 章“运行效率”和第 12 章“自动化”展示了 SAS 并行处理模式，这一模式只能通过模块化软件设计来实现。

从单片集成到模块化

如引言中所述，数据分析软件通常与更传统的、以用户为中心的软件应用程序最终实现的目标非常不同。软件应用往往是交互的，经验通常是由通过用户输入所提供的变异性驱动的。数据分析软件应用程序由数据变异性驱动，因为数据传输一个或多个转变形式或分析形式。这两种截然不同的软件目标已经导致数据分析和其他软件之间的软件设计出现了巨大的不同。尽管面向对象的应用程序和以用户为中心的应用程序在过去几十年中已经逐渐演变为越来越模块化的设计，但是数据分析软件设计仍然主要是单片集成的，支持那些像小说一样从第一行读到最后一行的大规模程序。

数据分析软件所需的大部分功能都需要在按规定的、有序的步骤下进行序列化处理。例如，数据集需要以极其有序的步骤进行提取、转换并进行分析。然而，由于软件质量不仅需要实现软件的功能，还需要实现其性能，因此，模块化软件设计通常可以纳入数据分析软件的性能方面。例如，用于检测数据集可用性和有效性（从而提升软件性能）的质量控制机制可以由大量不相关的 SAS 程序模块化地建立起来，并实现重用。然而，那些习惯于序列化数据分析软件的开发人员常常坚持采用单片集成设计，即使正在融合的性能特征又可以实现模块化的时候，他们仍坚持这样的设计习惯。如本章所述，当 SAS 从业人员采用模块化设计时，软件质量通常可以得到提高。

单片集成软件

单片集成（Monolithic）来源于希腊语，意思是单一的石头（单一 + 石头）（Monos + Lithos）。单片集成软件描述了一种巨型的单程序软件产品。令人遗憾的是，这是仅在 Base SAS 和其他数据分析开发语言中流行的一款软件设计模式。单片集成软件有很多缺点：软件代码复杂度增加时，软件可读性会降低，代码维护变得更加困难、效率更低，因为只有一个开发人员可以一次性修改软件；由于错误的相关性，单片集成软件通常运行得更慢，这是第 7 章“执行效率”的“错误的相关性”部分所描述的一个缺点。

然而，SAS 软件设计的单片集成的特质并非没有道理。由于数据处理通常都有先决条件、相关关系、输入和输出，因此，这些原理建立了软件处理的自然的优先级，并且程序流程不能从其中偏离出来。例如，传递属性表明：如果 A 小于 B，而 B 小于 C，则 A 也小于 C。类似的情况是，在 ETL 软件中，如果转换必须先于分析，提取必须先于转换，则提取也必须先于分析，因此，规定了序列化的程序流。如图 14-1 所示，传递属性是数据分析软件中的功能趋向于序列化的原因。

```
IF  A < B < C THEN A < C
IF  ingest < transform < analyze  THEN  ingest < analyze
```

图 14-1 数据分析软件的传递属性

图 14-1 中的程序流程是典型的序列化 ETL 过程，按功能排序，可以使用以下代码进行模拟：

```
libname perm 'c:\perm';

* ingestion;
data perm.raw;
   length char1 $10;
   char1='burrito';
run;
*transformation;
data perm.trans;
   set perm.raw;
   char1=upcase(char1);
run;

*analysis;
proc means data=perm.trans;
   by char1;
run;
```

这种序列化在数据分析开发中至关重要，因为它提供必要的安全性和数据完整性。数据谱系可以很容易地从提取到转换再到最终的分析，从而为产品分析提供依据。

例如，可以在某种程度上信任被分析的数据，因为它们必须首先通过模块转换，然后才开始分析。从本质上讲，在数据分析开发中，没有预付卡，只能自己去赚那 200 美元。

由于无法更改软件功能的先决条件和输入，因此 SAS 软件通常被写成一个可以从第一行到最后一行循序读取出来的单片集成程序。我记得在我的 SAS 职业生涯的最初阶段，曾自豪地向同事展示一个运行超过了 2000 行的 SAS 程序。确切地说，我们非常享受写出这些极其美丽的程序的过程，因为每一步在程序中都是独立的。向上滚动，向下滚动，滚动到任何地方，并且在一处将完善的功能描述出来。虽然我们都坐在一起，并且致力于完成共同的任务，但是我的团队和我都是独立写代码的，很少与其他人开发的软件进行交互。尽管我们分享了一些在软件功能和性能方面所做出的努力，例如，提取相同数据集的进程或执行相同品质保证任务的进程，但是我们各自的程序没有相同的代码。在终端用户开发环境中，这是很令人遗憾的，但是对于单片集成的设计来说这又是非常常见的结果。

虽然数据分析软件中的功能组件通常必须具备先决条件和输入，而这些先决条件和输入需要连续的程序流程，但是当更仔细地进行检查时，通常可以提取出独立的功能目标和性能目标，并将其外推到其他地方。例如，从宏观角度看，ETL 过程似乎完全是独一无二的，有助于整体设计，而其中的序列化代码既不共享又不重复使用。然而，从微观角度，可以概括出一些共同的目标，例如，在（使用前）验证数据集的存在或删除 WORK 库的内容，通过将软件的这些方面模块化，多模块或程序可以从可重用的功能和性能中获益。在某些情况下，模块化设计甚至可以使模块并行运行，从而有助于加快软件的运行速度。

模块化的软件

模块化软件设计将软件组件拆分为离散的模块，并且是 OOP 语言及其软件产品中的标准设计原则。从高层面上来看，模块化设计在与传统的以用户为中心的应用程序进行交互时，稍微模仿了用户的经验。例如，当微软文字处理软件（Microsoft Word）开放时，你立即有数千个选项，包括开始在空白文档区输入内容；打开保存的文件；修改边距、字体或格式；或者其他各种活动。随着时间的推移，应用程序也随之发展起来，不仅功能不断增加，还可以通过多种方式访问一些特定的功能。例如，如果想要对文本进行加粗，你可以用鼠标光标选出要加粗的文本区域，再按快捷键 <CTRL><B>；或者可以右键单击文本并选择“B”图标 / 从标题菜单栏中选择“B”图标；或者单击 < 主页 > 选项卡，然后单击“B”图标；抑或输入 <ALT> <H> <1>。有很多方法来实现文字的加粗功能，而每个方法都必然会实现相同的功能。模块化软件设计利用这种多功能性，通过这些不同的方法实现相同的“字体加粗”的功能。

虽然 OOP 中的模块化软件设计机制明显比这种表示更复杂，但这种高层次的视角展现了以用户为中心的应用程序中的多方向性的特征，而且这有助于软件的模块化设计。数据分析软件永远无法完全摆脱连续的软件设计的控制，当然我们也不希望它会摆脱这种控制。一旦功能规定了程序顺序，这种有序的程序流程会有助于安全性和数据的完整性，并且永远不应该被谴责。毕竟，如图 14-1 所示，在提取数据之前，很难实现数据的分析。然而，甚至是在软件的功能必须排序时，采用模块化设计仍然可以确保软件更易读、更可重用、更可测试，最终可以更好地进行维护。而且，在需要更广泛的功能和性能的情况下，模块化组件可以更容易地运行，来支撑更大的软件运行范围。

模块化的原则

《SAS 9.4 宏语言（第 2 版）》（*The SAS 9.4 Macro Language, Second Edition*）建议用户“使用模块化、分层的方法来开发宏”，以减少软件缺陷，并促使更轻易地发现缺陷。该文档不断建议模块化开发，阐释了“对软件进行逐步地开发，分别测试每个过程，并将所有的过程组合在一起，而不是编写一个大的程序”。这个模块化的介绍，说明了它在促进软件更好地进行维护、更可读和更易测试性方面发挥的作用。然而，模块化设计的好处更多，并且在整篇文档中进行了描述。

在 SAS 软件开发中，SAS 宏通常称为或概念化为模块。虽然这可能是真的，但并不是所有的 SAS 宏都支持模块化软件设计，事实上，单片集成软件在 SAS 宏内或者没有宏的情况下都可以很容易地开发出来。模块化软件设计原则规定软件应该如下。

- 功能离散——一个软件模块执行一个仅且一个功能。
- 松耦合——一个软件模块可以以尽可能少的方式直接与其他模块进行交互。
- 封装——一个屏障保护软件模块和其他软件免受彼此间意外的交互。

虽然软件模块的规格大小通常不包含在模块化的典型特性中，但软件模块本身要小得多，因为它们在功能上是离散的、松耦合的和封装的。一些更多的坊间流传的参照模块化的说法，将模块定义为可以在一个屏幕上呈现的代码数量——20 ~ 40 行，而这取决于字体大小、屏幕尺寸和分辨率。因此，尽管建立功能离散代码是为了提高灵活性和复用性，但这种做法也会导致代码段明显更小。

松耦合和封装是相似的，一些文献甚至用相同的概念描述它们。这两者中的一个存在，经常表明另一个也存在，但是它们的目标和方法有所不同。松耦合的主要目标是促进灵活性，主要是通过切断父进程和子进程之间不必要的联系来实现。一个子进程总是需要依靠父进程，因为它必定是从某个地方被调用出来的，但是松耦合是为了确保子进程可以适当地从尽可能多的父进程中调用出来。例如，如果可以灵活地设计出一个模块，而这个模块又可以利用一个数据集中的文本，那么它便可以在具有任何数量的变量的情况下，对任意数据集进行动态的变换。在接下来的“功能离散”部分中，作者就对 %GOBIG 宏中的灵活性进行了说明。

封装的主要目的是通过通常称为黑盒子的设计来促进软件安全性。以此类推，有时，运行黑盒子是为了保护在子进程中出现的信息、方法或动作的机密性，但是，运行黑盒子经常是为了保护子进程、其父进程以及软件的完整性，也可能是为了保护软件环境。例如，应该对模块中的瞬态信息进行本地化的定义，因为要求瞬态信息产生某种结果，但后续不再需要跟进该结果，因而它就不能与软件的其他方面进行交互。例如，如果要求一台计数器在宏内产生某种结果，但是在进程完成之后，计数器的对应价值本身在宏之外并不重要，那么计数器就应该进行本地化定义并且应该仅限于该模块。因此，封装可以被概念化为安置在软件模块周围的黑盒子中，而松耦合则是盒子中的微小的针孔，通过该小孔，信息可以通过规定的通道进行传输。

功能离散

软件模块只能做一件事情，这与将尽可能多的功能推送到单个 DATA 步骤的习惯做法背道而驰。毕竟，为什么要将你可以在一个步骤内完成的任务，分割在两个 DATA 步骤中完成？一般来说，DATA 步骤不应该被分割开，因为这会不必要地降低执行速度和效率。在某种程度上，由于读取和 / 或写入观察报告的输入 / 输出（I/O）操作的固定成本，执行更多 DATA 步骤的操作总是比执行更少 DATA 步骤的操作更

有效。因此，要清楚的是，将 DATA 步骤分解成较小的单元后，会使其看起来简单一些，但不会将模块化设计演示出来。在 Base SAS 中，功能离散代码通常指的是可以增进软件功能性和性能的 SAS 宏语言模块。

新编码

新手编码人员编写新的代码——即从第一个 DATA 步骤到最后一个运行（RUN）语句的代码，它就像一部小说一样。如“单片集成软件”部分所述，当数据分析过程由于先决条件和 SAS 数据分析开发输入而被排序时，序列化设计是预期的且不可避免的。如“单片集成软件”部分所述，当数据分析过程由于先决条件和输入必须循序进行时，序列化设计是不可避免的。然而，SAS 从业人员可以如此习惯于软件单片集成的设计和开发，以致他们无法察觉到模块化设计将会改善程序流程或静态性能属性的机会。

以下代码模拟了单片集成 ETL 软件，此软件被保存为单一的程序，但被概念化为 3 个功能模块：

```
libname perm 'c:\perm';

*ingestion ;
data perm.raw;
   length char1 $10 num1 8 ;
   char1='burrito';
   num1=443;
run;

*analysis 1;
proc means data=perm.raw ;
   by char1;
run;

*analysis 2;
proc freq data=perm.raw;
   tables num1;
run;
```

在某些情况下，这种冗长的程序是不可避免的，并且，将数据流程分离成离散的模块——分离的程序，将对软件的动态性能或静态性能毫无裨益。例如，以下旨在将 ETL 代码进行模块化的尝试，确实会创建出一系列的宏，但是它不会改善软件的性能。

```
libname perm 'c:\perm';

* ingestion;
%macro ingest() ;
data perm.raw;
   length char1 $10 num1 8;
   char1='burrito';
   num1=443;
run;
%mend;

* analysis 1;
%macro anal1();
proc means data=perm.raw ;
   by char1;
run;
%mend;

* analysis 2;
%macro anal2();
proc freq data=perm.raw;
   tables num1;
run;
%mend;

%ingest;
%anal1;
%anal2;
```

所有代码仍然包含在单个程序中，并且该程序演示了所有步骤的循序处理过程。除了由于不必要的宏定义和调用造成了软件复杂性的增加，其他方面没有任何改变。在 SAS 软件中，通常可以观察到假的模块化，因为某些宏指令（如 %IF-%THEN-%ELSE 条件逻辑）只有在宏内部才可以运行。软件看似被分解成离散的功能块，但是这些描述通常是为了可以利用宏语句和逻辑而创建出来的。

在此例中，两个分析模块在理论上可以并行运行以提高性能。如第 7 章“执行效率”的“错误的相关性”部分所描述，因为 MEANS 和 FREQ 过程的每一步都只需要一个数据集上的共享文件锁，它们可以同时执行。直到单片集成代码被概念化为离散的功能元素而不是一个单一的实体时，模块化的优势才能实现。通过功能分解，该代码开启了其模块化的进程，在本章后面的“功能分解”部分也对此进行了描述。

极度复杂的代码

尽管 SAS 从业人员应该将尽可能多的功能填充到每个 DATA 步骤中，但是这种数据管理的最佳实践并不能转化为模块化设计。这没关系！如果你可以在单个 DATA 步骤中提取、清理和转换数据，那么没有任何理由用三块石头任意地杀死一只鸟，即保持单个的 DATA 步骤。但是，提取、清理和转换数据所需的某种功能，通常可以被扩展到其他软件，从而可以通过软件模块化和软件重用获益。

第 18 章“灵活性”部分对 %GOBIG 宏进行了描述，它会动态地利用数据集中的所有字符变量：

```
%macro gobig(dsnin= /* old data set in LIB.DSN or DSN format */,
dsnout= /* updated data set in LIB.DSN or DSN format */);
%local dsid;
%local vars;
%local vartype;
%local varlist;
%local i;
%let varlist=;
%let dsid=%sysfunc(open(&dsnin,i));
%let vars=%sysfunc(attrn(&dsid, nvars));
%do i=1 %to &vars;
   %let vartype=%sysfunc(vartype(&dsid,&i));
   %if &vartype=C %then %let varlist=&varlist %sysfunc(varname
      (&dsid,&i));
   %end;
%let close=%sysfunc(close(&dsid));
%put VARLIST: &varlist;
data &dsnout;
   set &dsnin;
   %let i=1;
```

```
    %do %while(%length(%scan(&varlist,&i,,S))>1);
        %scan(&varlist,&i,,S)=upcase(%scan(&varlist,&i,,S));
        %let i=%eval(&i+1);
        %end;
run;
%mend;
```

当执行以下代码时，一个新的 Uppersample 数据集将会创建出来，sas 和 rules 分别变为 SAS 和 RULES！ ：

```
data sample;
    length char1 $10 char2 $10 ;
    char1='sas';
    char2='rules!';
run;

%gobig(dsnin=sample, dsnout=uppersample);
```

动态宏能够利用所有文本变量中的值，并且可以在任何数据集上运行。然而，代码在功能上不是离散的，令人遗憾的是，它是高度耦合的。这在后面的“松耦合”部分进行了描述。

模块的单一功能要求动态地利用数据集中所有文本变量的值。而且，从非技术性的意义层面来说，这就是终端用户认为的功能性成果。例如，当我在 Microsoft Word 中，按住 <Ctrl> 键和 <b> 键时，所选中的文字就变成了加粗的文字，即单一功能性成果。然而，在后台，软件必须评估我是否在取消粗体或者设置为粗体、是否标出了文本或者是否想调整光标的位置和即将输入的文本。因此，尽管软件的功能要求有一个单一的功能性成果，但是它往往会包含有大量在本质上必要的功能性目标和性能目标。

%GOBIG 宏仍然可以分割得更细致。运行的第一个功能是打开数据集的流、检索变量的数量以及制作一个用“,”分隔开来的字符的变量名称列表。在模块化软件设计中，仅将该功能表示为单独的宏，并作为单独的 SAS 程序保存下来。下一个功能是可以动态地生成可以利用值的代码，然而令人遗憾的是，代码被包含在一个 DATA 步骤中，这减少了复用性，并且违背了模块化设计的松耦合原理。因此，虽然代码可能只有一个功能性的要求，但是实现此目标可能需要其他隐含的功能。下面将介绍功能分解，其目的是将单片集成软件和极度复杂的宏分离成真正离散的功能。

功能分解

功能分解描述了识别软件运行的单一功能，包括在技术要求中明确描述的功能和满足那些目标所隐含的要求的功能。在某些情况下，功能分解是一个理论练习，发生在编写任何代码之前的规划和设计过程中。这个实验包括明确的软件要求的分解，以实现必要的功能性和性能所需的隐含任务。在其他情况下，如后面所述，功能分解是将代码实际分解成更小的组块。例如，之前在“极度复杂代码”部分中引入的 %GOBIG 宏具有单一功能要求：即创建一个宏，可以动态地利用任何数据集中所有字符变量的值。然而，在软件规划和设计过程中，随着 SAS 从业人员开始对这将如何发生进行概念化，他们从功能上将目标分解为成功所需的附加功能步骤。如果软件需要稳健性，第一步可能是验证数据集的存在和可用性；第二步可能是创建一个空格分隔的字符变量列表；如果没有找到字符变量，第三步则可能是通过返回码退出；第四步可以是动态地生成代码行，以便利用 UPCASE 函数来估算这些值。

显而易见的是，该实验后，%GOBIG 展示了多样化而不是离散的功能。开发人员可能决定将一些功能合并到单个模块中，同时将其他功能分离成可以从重用宏程序中调用的外部宏。因此，作为理论练习，功能分解不需要模块化地构建软件，而只是用于识别复合软件的不同部分或要求的不同部分。功能分解在软件开发生命周期（SDLC）的早期非常有用，因为它可以使未来的开发工作基于总体的要求进而实现概念化、分配和安排。在项目管理中，功能分解同样描述了将项目分解成可以重构的离散任务，以便更全面地了解工作描述的广度和深度。功能分解也经常暴露出意料之外的流程的前提条件和依赖关系，这些可能会增加软件设计的复杂性，而这种复杂性在软件开发生命周期早期发现必然会好于在软件开发的过程中发现。

但是在软件开发过程中，功能分解不仅仅代表随意的谈话和白板图表理论，功能分解是将软件按字面意义切分成离散的组块，而且通常保存为单独的程序。例如，前面在“新编码”部分中展示的 ETL 软件分为 3 个独立的宏。然而，由于这些宏仍然被限制存于同一个程序中，因而这种局限的存在使性能很难得到提升。此种宏暗示了复用性，但是代码必须已经被剪切并粘贴到了其他软件中，并且这仅仅描述了代码的扩展或再利用，而不是重用。

在功能分解过程中，%GOBIG 要求的第二个确定的隐含任务是生成一个空格分隔的包含所有字符变量的列表。以下的 %FINDVARS 宏在运行更具体的任务：

```
* creates a space-delimited macro variable VARLIST in data set DSN;
%macro findvars(dsn= /* data set in LIB.DSN or DSN format */,
   type= /* ALL, CHAR, or NUM to retrieve those variable types */);
%local dsid;
%local vars;
%local vartype;
%global varlist;
%let varlist=;
%local i;
%let dsid=%sysfunc(open(&dsn,i));
%let vars=%sysfunc(attrn(&dsid, nvars));
%do i=1 %to &vars;
   %let vartype=%sysfunc(vartype(&dsid,&i));
   %if %upcase(&type)=ALL or (&vartype=N and %upcase(&type)=NUM) or
        (&vartype=C and %upcase(&type)=CHAR) %then %do;
      %let varlist=&varlist %sysfunc(varname(&dsid,&i));
      %end;
   %end;
%let close=%sysfunc(close(&dsid));
%mend;
```

%FINDVARS 宏其实做得更多！开发人员意识到可以添加一个参数并修改一行代码，以使宏不仅可以识别所有字符变量的名称，还可以标识所有数字变量名称或通常意义上来说所有的变量名称。通过这种附加的功能和模块化设计，%FINDVARS 宏是包含在重用库中的绝佳候选者，它可以确保其他 SAS 从业人员能够从其功能中获益，并可能随后改进其性能。

例如，尽管模块化，但是 %FINDVARS 宏不包含异常处理，因此，它很容易受到几种易识别的威胁。数据集可能不存在或可能被专门地锁定，这两者都会导致 %SYSFUNC(OPEN) 函数的失败。然而，此种失败不会传递到父进程，因为不存在返回码。如果调用宏来编译字符变量列表，并且没有找到任何字符变量，则代码也可能需要指定唯一的返回码。尽管存在这些漏洞，但是在重用库和重用目录中管理模块时，可以随时轻易地添加额外的性能，第 18 章“复用的构件”部分进行了介绍。

%FINDVARS 宏仅代表从单个功能要求下生成的 4 个隐含功能中的第二个功能。第 18 章“模块化”部分展示了将 %FINDVARS 宏并入 %GOBIG 宏的整个模块化解决方案。如果需要了解更强有力的解决方案，第 6 章“稳健性”的“异常情况继承”部分额外展示了异常情况处理的框架，其中包含异常情况继承。下一节将介绍并展示模块化设计的第二个原理——松耦合。

松耦合

松耦合通过将软件模块与其他软件组块分离开来增加软件模块的灵活性。分离并不意味着模块间不能通信，而是要求这种通信必须是有限的、灵活的，而且只能通过规定的通道进行。松耦合中最普遍的例子（对于 SAS 实践者）是通过 Base SAS 程序指定的结构。例如，SORT 过程是强大且极度万能的，但实质上需要参数来运行，这些参数作为 SORT 过程关键字或选项进行传达。

DATA 参数反映正在排序的数据集，而可选择的 OUT 参数则指定输出数据集的创建。BY 参数包括一个或多个变量。通过这些变量，可以对数据集进行排序，并且其他参数可以额外修改 SORT 程序的功能。因此，与 SORT 进行交互的唯一方法是通过这些预定的参数，并且任何偏差都会产生一个“运行时错误”——SORT 程序的返回码。

由于软件模块通常通过 SAS 宏在 Base SAS 中运行，因此，有限的耦合通过从父进程传递到子进程的参数来实现。如果宏定义存在于调用它的软件中，或者如果使用 %INCLUDE 语句来引用一个保存为 SAS 程序的外部宏，则参数可以通过宏调用传递给子进程。或者，当子进程表示使用 SYSTASK 语句而生成的外部批量作业时，执行该模块所需要的所有信息必须通过 SYSPARM 参数传递给 &SYSPARM 自动宏变量。

另举一个例子，国际空间站（ISS）是通过增量以及模块化生产建造的，并且展示了松耦合。尽管一些舱室的尺寸非常惊人，但是每个隔间仅通过指定的端口连接。这提供了结构的完整性，同时限制了精密连接的数量，这些精密连接必须在地球上生产，在太空组装。由于单个的隔间是由不同的国家建造的，所以连接端口必须精确和预先确定好，以便可以实现它们的分开构建但是无缝连接。此连接模拟了将参数传递到软件模块所需的精密度。

不仅国际空间站舱室之间相互联系的端口数量有限，那些端口还必须能够与俄罗斯联盟号航天器以及美国的航天飞机灵活对接。这种灵活性（松耦合）增加了国际空间站的实用性和复用性，因为它可以访问多个航天器和国家。像国际空间站一样，作为子进程一样运行的软件模块也应该被灵活设计，以便可以通过尽可能多的进程和程序来调用它，从而可以从其功能中受益。松耦合代表了可以促进这一目标实现的模块化原则。

松耦合宏

当模块化是通过 SAS 宏调用而不是通过能够衍生出新 SAS 会话的 SAS 批量作业实现时，松耦合的作用就尤其重要了。当新的会话生成时，SAS 模块会重新运行——自定义系统选项、全局宏变量、库分配和其他属性都不会影响该会话，因此，它更为稳定。然而，当一个模块是调用宏指令启用——无论是在程序内界定的还是外部界定的，通过 %INCLUDE 指令、SAS Antocall Macro Facility 或 SAS Stored Compiled Macro Facility 调用，该宏在当前的 SAS 会话中都比较容易受到其他因素和环境状况的影响。

耦合宏的远端是完全耦合的宏。例如，以下 %SORTME 宏完全依赖于在程序本身中创建但不通过宏调用的属性，即数据集名称和变量名称。宏墙，像筛子一样，期望这些信息从 DATA 步骤中过滤出来：

```
data mydata;
   length char1 $15;
   char1='chimichanga';
run;

%macro sortme();
%global sortme_RC;
proc sort data=mydata;
   by char1;
run;
%if &syscc>0 %then %let sortme_RC=FAILURE!;
%mend;
```

```
%sortme;
```

要将 %SORTME 宏与程序分离，则所有动态属性必须在宏调用过程中通过参数传递：

```
%macro sortme(dsn= /* data set name in LIB.DSN format */,
   var= /* BY variable by which to sort */);
proc sort data=&dsn ;
   by &var;
run;
%mend;

%sortme(dsn=mydata, var=char1);
```

现在宏可以从其他 SAS 程序中调用，因为除了传递的参数之外，它不依赖程序的主机特定信息。然而，原始宏还包括异常情况处理，该异常情况处理会测试全局宏变量 &SYSCC，用于警告或“运行时错误”，并且此逻辑也必须解耦。在 SAS 会话中，宏对于全局宏变量是相互关联的，即便是不相关程序中的宏也是如此。为了确保 %SORTME 不依赖于 &SYSCC 或 &SORTME_RC 的现存值以及不受 &SYSCC 或 &SORTME_RC 的现存值的破坏，必须给这两个宏变量在宏内部初始化：

```
%macro sortme(dsn=/* data set name in LIB, DSN format */;
   var=/* BY variable by which to sort */);
%let sysee=0;
%global sortme_RC;
%let sortme_RC=GENERAL FAILURE;
proe sort data=&dsn;
   by &var;
run;
%if &sysce=0 %then %let sortme_RC=;
%mend;

%sortme(dsn=mydata, var=char1);
```

%SORTME 宏现在也从其引用的全局宏变量中分离出来。所有信息都通过参数传递给宏，并通过单个返回码 &SORTME_RC 从宏传递出来。返回码被初始化为一般故障，以便宏的突然终止不会意外地报告一次成功的运行，这是第 11 章“安全性”的“默认为故障”中讨论的最佳做法。

当宏似乎从程序中分离出来时，修改 %SORTME 宏调用暴露出了另外一个弱点。当参数化数据集从 Mydata 更改为 PERM.Mydata，此时要求 PERM 库在宏中是可以使用的。虽然 PERM 的 LIBNAME 分配可能存在于当前的 SAS 会话中，但要假使 %SORTME 宏被保存为 SAS 程序且被称为批量作业，否则 PERM 库将不存在，除非 PERM 已经通过 SAS 元数据、Autoexec.sas 文件、配置文件或其他方法实现了全局定义。这说明了全局定义常用工具（如持久性 SAS 库和 SAS 格式）的重要性。

松耦合批量作业

有时可以通过调用批量作业，替换序列化的程序流来改善性能。调用批量作业可以促进并行处理并且可以减少运行时间。因为宏变量无法通过宏参数传递给批量作业，因此，所有必要的信息必须通过 SYSTASK 语句中的 SYSPARM 参数进行传递。例如，以下程序（父进程）现在在运行 Sortme.sas 程序，并将其作为批量作业（子进程）来运行：

```
libname perm 'c:\perm';

data perm.mydata;
   length char1 $15;
   char1='chimichanga';
run;

%let dsn=perm.mydata;
%let var=char1;
systask command """%sysget(SASROOT)\sas.exe"" -noterminal -nosplash
   -nostatuswin -noicon -sysparm ""&dsn &var"" -sysin
   ""c:\perm\sortme.sas"" -log ""c:\perm\sortme.log""" status=rc
   taskname=task;
waitfor _all_;
systask kill _all_;
```

以下子进程应保存为 C:\perm\sortme.sas：

```
libname perm 'c:\perm';
%let dsn=%scan(&sysparm,1,,S);
%let var=%scan(&sysparm,2,,S);
```

```
%macro sortme(dsn=,var=);
%let syscc=0;
%global sortme_RC;
%let sortme_RC=GENERAL FAILURE ;
proc sort data=&dsn;
   by &var ;
run;
%if &syscc=0 %then %let sortme_RC=;
%mend;

%sortme(dsn=&dsn, var=&var);
```

必须在子进程内分配 PERM 库，以便可以访问 PERM.Mydata 数据集。然而，使批量作业能够随着当前的 SYSTASK 的调用而运行，并不能保证后面引用不同库的调用会取得成功。回想一下，从某种程度上来说，松耦合的部分设计是为了确保可以从尽可能多的可以使用该功能的父进程中调用子进程。因此，这样的硬编码解决方案从未被提议过。此外，如果在批量处理过程中明确要求 SAS 系统选项，那么鉴于当前的模式，该请求也不能通过父进程传递给子进程。

为了提供必要的功能，传递和解析 SYSPARM 的方式必须变得更加灵活。以下更新的 SYSPARM 值现在将通过 SYSTASK——硬编码，从父进程传递出来，进而实现可读性，但是通过实际 SYSTASK 语句中的 SAS 宏变量实现传递：

```
opt=mprint * lib=perm c:\perm * dsn=perm.mydata * var=char1
```

在这个例子中，“*”用于将 SYSPARM 参数标记为单个参数（令牌），并且在每个令牌内，使用“=”将各个参数进一步标记为离散元件。例如，首先读取 OPT = MPRINT，之后 OPT 被标识为用于表示调用 SAS OPTIONS 语句的命令，而 MPRINT 被标识为要调用的特定选项。

更新的父进程如下，只有 SYSPARM 值被修改了：

```
libname perm 'c:\perm';

data perm.mydata ;
   length char1 $15 ;
   char1='chimichanga';
run;
```

```
%let dsn=perm.mydata;
%let var=char1;
systask command """%sysget(SASROOT)\sas.exe"" -noterminal
-nosplash
    -nostatuswin -noicon -sysparm ""opt=mprint * lib=perm c:\perm
    * dsn=&dsn * var=&var"" -sysin ""c:\perm\sortme.sas"" -log
    ""c:\perm\sortme.log""" status=rc taskname=task;
waitfor _all_;
systask kill _all_;
```

更新的子进程，再次保存为 C:\perm\sortme.sas，现在包含一个附加的 %PARSE_PARM 宏，该宏用于标记和解析 &SYSPARM 自动宏变量：

```
%macro parse_parm();
%local tok;
%let i=1;
%do %while(%length(%scan(&sysparm,&i,*))>1);
   %let tok=%scan(&sysparm,&i,*);
   %if %upcase(%scan(&tok,1,=))=LIB %then %do;
      libname %scan(%scan(&tok,2,=),1,,S) "%scan(%scan(&tok,2,=),
         2,,S)";
      %end;
   %else %if %upcase(%scan(&tok,1,=))=OPT %then %do ;
      options %scan(&tok,2,=);
      %end;
   %else %if %upcase(%scan(&tok,1,=))=DSN %then %do;
      %global dsn;
      %let dsn=%scan(&tok,2,=);
      %end;
   %else %if %upcase(%scan(&tok,1,=))=VAR %then %do;
      %global var;
      %let var=%scan(&tok,2,=);
      %end;

   %let i=%eval(&i+1);
   %end;
%mend;
```

```
%parse_parm;

%macro sortme(dsn=,var=);
%let syscc=0;
%global sortme_RC;
%let sortme_RC=GENERAL FAILURE ;
proc sort data=&dsn;
   by &var ;
run;
%if &syscc=0 %then %let sortme_RC=;
%mend;

%sortme(dsn=&dsn, var=&var);
```

当父进程运行并调用 Sortme.sas 批量作业时，%PARSE_PARM 宏可以动态分配一个或多个 SAS 库，从而确保此父进程不仅可以通过 PERM 库调用，还可以确保额外的、未指定的父进程能够传递不同的库定义。虽然冗余（因为 SYSTASK 语句本身可以指定 SAS 系统选项），但是 %PARSE_PARM 宏也可以识别出 SAS 系统选项，并使用 OPTIONS 语句详细解释这些选项。最后，代表数据集名称的宏变量 &DSN 和代表 BY 变量的 &VAR 仍然通过 SYSPARM 进行传递，尽管这种形式更加灵活。

这种类型的动态性看起来似乎是没有必要的，而且就许多意图和目的而言，新增的代码的复杂性（因为在设计、开发和测试解决方案上所花费的时间）可能无法保证其包含的商业价值。尽管如此，如果模块旨在作为单独的 SAS 程序保存下来并且作为批量作业运行，那么真正需要松耦合以支持单一模块的开发和重用的软件将需要这种大规模的解耦。

为了提高此示例的可读性，不会提供异常情况处理；然而，在软件生产过程中，所有参数都应该经过验证，并且随着每个连续级别的令牌化，额外的异常情况处理应该在遇到异常值时规定好程序流。第 6 章“稳健性”中演示了异常情况处理技术。第 11 章“安全性”的“宏验证”部分则讨论了宏参数和返回码的验证。

传递 SAS 全局宏变量

通过 SAS 宏调用来传递全局宏变量看起来似乎是不可思议的，但它是耦合代码的最终指标之一。例如，以下代码创建 PERM.Mydata，然后通过全局宏变量 &TIT1 提供的名称打印数据集：

```
libname perm 'c:\perm';
%let tit1=Mmmmm Mexican food;

data perm.mydata;
   length char1 $15;
   char1='chimichanga';
run;

proc print data=perm.mydata;
   title "&tit1";
run;
```

PRINT 程序模拟了一个更复杂的过程，所以为了推崇模块化设计，SAS 实践者可能会将此功能包含在宏模块中：

```
%macro print(dsn= /* data set name in LIB.DSN format */);
proc print data=&dsn;
   title "&tit1";
run;
%mend;

%print(dsn=perm.mydata);
```

现在可以在同一程序中定义和调用 %PRINT 宏，或者可以将 %PRINT 宏保存为单独的 SAS 程序，以便它可以供其他父进程使用。然而，第二个用法暴露了漏洞，即虽然全局宏变量 &TIT1 在此父进程中定义，但是它不一定会在其他父进程中定义。因此，如下面的代码所示，松耦合要求全局宏变量都应该通过宏参数明确地传递出来：

```
%macro print(dsn= /* data set name in LIB.DSN format */,
   title1= /* title */);
proc print data=&dsn;
   title "&title1";
run;
%mend;
```

```
%print(dsn=perm.mydata, title1=&tit1);
```

尽管这种额外的工作看起来似乎是多余的，但是它对于确保松耦合非常有必要。因为松耦合代表着黑盒子设计中的微小针孔，通过这个微小针孔，与模块的所有交互必须被规定和限制。如果 %PRINT 正在直接从全局宏变量（代替正确传递的参数）接收信息，那么宏完整性就被破坏了。此外，修改后的 %PRINT 宏现在可以保存为 SAS 程序，并可以由后面的独立父进程调用，由于其在宏定义中的存在，这将很容易地确定出传递参数 TITLE1 的必要性。

封装

松耦合和封装的目标是相似的，并且用于实现它们的许多技术也是相似的。然而，封装侧重在安全性方面，包括保密性和完整性，旨在保护模块及软件的其他内容。松耦合侧重在软件和模块的灵活性上，力图确保模块可以以尽可能多的方式重复使用并且可以被尽可能多的程序重复使用。总的来说，由于这两个目标之间存在重叠，因此，往往可以同时实现。

每个事物都有两面性，所以在表示一个封装模块的黑盒子类推中，封装扮演着双重角色。盒子的内表面旨在防止模块损害调用它的父进程或软件，而盒子的外表面旨在防止父进程及其软件环境损害模块。由于 SAS 全局宏变量不能自由地在黑盒子内外进行传递，所以它们通常是封装讨论的重点。第 11 章“安全性”的“宏封装”部分进一步讨论和演示了宏变量的封装。

封装父进程

软件封装的第一个测试是从没有运行代码的新 SAS 会话中运行软件。由于修改的 SAS 系统选项、全局宏变量、WORK 库数据集、开放文件流和锁定数据集在 SAS 会话终止之前都可以存留，因此，只有在新的 SAS 会话中才能确保运行环境的稳定、连贯、不受干扰。这种“新”是生成新的 SAS 会话中批处理作业的主要优点之一。

所有全局宏变量都必须单独命名以避免混淆、冲突和变动，这至关重要。由于某些全局宏变量具有类似的命名，或者在某些情况下重复使用宏变量名称，这都会造成软件可读性降低，进而导致混淆。当宏变量名称不唯一并以意想不到的方式进行交互时，可能会发生冲突和讹误。例如，以下代码最初创建了全局宏变量 &PATH 来表示 SASROOT 目录：

```
%let path=%sysget(SASROOT);
%put PATH: &path;
```

然而，当 %PATHOLOGY 宏被调用时，它会重新分配 &PATH，不知不觉中覆盖了原始值。

```
%macro pathology();
%global path;
%let path=pathogen;
%mend;

%pathology;
%put PATH: &path;
PATH: pathogen
```

想要克服这个漏洞——希望全局宏变量能持续使用，就要找一些不太可能被重复使用的宏名称，有时甚至需要使用一些冗长复杂的名称，以确保不会出现名称重复的情况。全局宏变量不是唯一的漏洞，本地宏变量也可能会干扰父进程。以下代码旨在将 ASCII 字符 65 ~ 69（A ~ F）写入两次：

```
%macro inner();* child;
%do i=65 %to 69;
   %put -- %sysfunc(byte(&i));
   %end;
%mend;

%macro outer();* parent;
%do i=1 %to 2;
   %put &i;
   %inner;
   %end;
%mend;

%outer;
```

但是，代码只迭代一次，并产生以下输出信息：

```
1
-- A
-- B
-- C
-- D
-- E
```

在本示例中，因为 %INNER 宏中的宏变量 &I 没有定义为本地宏变量，所以它会覆盖 %OUTER 宏中的 &I。当 %INNER 完成第一次迭代时，&I 的值为 70，当该值由 %OUTER 内的 %DO 循环语句进行评估时，%DO 循环退出，因为 70 大于阈值 2。为了弥补这个错误，必须至少在 %INNER 中定义为本地化，但是由于 %OUTER 本身也可以在某个时候作为子进程被调用，所以 %I 的两个实例都应该被识别为本地宏变量：

```
* CHILD;
%macro inner();
%local i;
%do i=65 %to 69;
    %put -- %sysfunc(byte(&i));
    %end;
%mend;

* PARENT;
%macro outer();
%local i;
%do i=1 %to 2;
    %put &i;
    %inner;
    %end;
%mend;

%outer;
```

虽然这些示例已经证明了宏变量创建和初始化的危险，但是子进程可能对父进程有其他意想不到的影响。例如，如果子进程无法解锁数据集（它已被明确锁定）、无法关闭数据流（已打开）、无法重定向日志输出（日志输出已经使用 PRINTTO 定向）或未执行 KILL（或 WAITFOR）SYSTASK 语句，一旦程序流程返回到父进程，这些事件中的每一个事件都会对功能和性能产生负面影响。在所有情况下，预防损害父进程的最好方法是将子进程开启为批量作业，同时限制损害的最佳补救办法是规定异常情况处理，以识别子进程中的异常情况和“运行时错误”，并将其传递给父进程。

批量处理可以消除调用子进程时存在的许多安全问题。例如，在黑盒子示例中，父进程提供输入给子进程并且可以从子进程接收输出信息和返回码，但是应该不知道其他子功能。例如，在通过 SAS 宏调用子进程时，该子进程可以改变全局宏变量或删除父进程所依赖的整个 WORK 库，因为父进程和子进程都在同一会话中运行。但是，当子进程被作为批量作业而启动时，新的 SAS 会话将无法访问父会话的全局宏变量、WORK 库或系统选项，进而提供针对多个威胁的保护。

在其他情况下，威胁是无法避免的，但是它们必须被检测到。异常处理框架可以检测和处理子进程中的异常情况和“运行时错误”，为父进程提供必要的异常继承，并且规定了故障保险装置路径（如果进程或程序终止很有必要），它是将子进程中的软件故障所导致的损害最小化的最佳方法。故障保险装置路径在第 11 章“安全性”的“自动防故障装置的路径”部分进行了进一步探讨。

封装子进程

没有人会把宝宝放在角落里，但有时你需要把宝宝放在一个大的“黑盒子”中。如之前的“松耦合”部分所述，宏易受 SAS 会话元素的影响，如全局宏变量、系统选项和 WORK 库数据集。因此，模块只应依赖于通过 SAS 宏参数或 SYSPARM 选项传递的信息。在某些情况下，模块功能将取决于 SAS 系统选项，如果用户权限允许在 SAS 会话中更改某些选项，那么这些选项可能早就被修改了。

保护子进程最有效的方法是确保它们从父进程收到必要的信息，无论这些信息是通过宏参数、SYSTASK 参数所传递的，还是通过其他一些模式所传递的。特别是在这些参数被动态传递的情况下，子进程内的质量控制程序应该验证参数，以确保有足够的（有效的）信息可以继续下去。第 11 章“宏验证”部分进一步讨论和演示了宏验证。

模块化的好处

模块化是软件开发最佳实践的核心，一些静态性能属性不仅受益于模块化软件设计，还需要模块化软件设计。大多数其他静态性能属性都主要被概念化为投资，因为它们支持软件可维护性，但不会直接地影响动态性能。然而，功能分解和模块化软件设计通常是落实并行处理解决方案的先决条件，这些方案可以提高的软件速度。在以下部分中，相对于软件质量的其他维度而言，对模块化的好处进行了讨论。

可维护性

如果将软件分成离散的模块并保存为单独的 SAS 程序，那么可以大大提高软件的可维护性。除了其比较庞大并且难以处理，单片集成软件产品代表了单一程序，由于多个开发人员不能同时编辑代码，因此，这些程序无法实现有效修改。当软件被分割为具有离散功能的模块时，多名 SAS 从业人员可以同时处理不同的维护活动，以实现更快速的维护，并且如果软件功能中断，则恢复期会更短。

可读性

当软件在一个屏幕上显示时，它本身会更易读。Ko 等的一项研究记录了软件开发人员的软件开发和维护任务，发现他们“35% 的时间都用在处理相关代码片段之间冗余但必要的导航的技术性细节上”。伴随着开发人员搜寻出依赖关系、先决条件、信息输入、信息输出和其他信息，以便他们可以执行开发任务，大量的时间只是被花费在了浏览软件上。这意味着模块化软件更易读，从而导致更有效的软件维护和管理活动。

可测试性

单元测试描述了在单个单元或者单个代码模块上完成的测试，该测试非常适用于模块化软件设计。因为功能离散的代码只是想做一件事情，所以这种功能的简单性就转化成了测试的简单性。此外，通过松耦合的方法减少模块交互，则可测试组件更容易被分离出来，并且它们的行为更容易得到验证，而松耦合的方法则规定了参数传递和返回码生成的精度。由于固有的复杂性和多功能性，单片集成代码很难通过具有测试用例的形式化的测试计划来实施测试。

稳定性

由于模块的松耦合，代码稳定性大大提高。如果需要修改一个组件，那么在许多情况下，软件的其他方面仍然可以保持不变。例如，“松耦合宏”部分中的 %SORTME 宏动态地将数据集进行排列并且将数据集名称和排序变量的给定参数进行排序：

```
%macro sortme();
%global sortme_RC;
proc sort data=mydata;
   by char1;
run;
%if &syscc>0 %then %let sortme_RC=FAILURE!;
%mend;
```

然而，如果维护需要使用等效的 SQL 程序排序或者散列对象排序来替代 SORT 程序，那么这些修改可以在 %SORTME 宏中进行，而不会影响甚或访问父进程。这种程度的稳定性有助于软件完整性，并在维护后减少文后的软件测试，因为相对较小的软件组块必须在维护工作中进行修改。

复用性

当软件模块功能分离并且松耦合时，其复用性就会更高。运行多个功能的模块有时可以在这些功能相关并且通常在一起使用时有效地捆绑在一起，例如，测定库是否存在，继而测定数据集是否存在，最后测定该数据集是否被解锁以及是否被访问。然而，每当功能被捆绑在一起时，就会存在这样的风险：功能的某些方面将不适用于可重用的情况。因此，需要开发类似但稍微不同的模块。在强大的软件中，松耦合也有利于软件重复使用，因为先决条件、信息输入、信息输出可以在异常情况处理框架内进行验证。

运行效率

将软件功能分解为功能性的离散元素是迈向关键路径分析的第一步，关键路径分析可以演示流程瓶颈所在的位置以及在何处实施并行处理以提高性能。通过将软件概念化为离散功能的一部分而不是一个复合的整体，SAS 从业人员可以更好地了解特定功能的个人需求、先决条件以及依赖关系，从而使他们能够在软件运行过程中更好地

管理程序流和系统资源。

接下来要讲什么

在接下来的几章中，对模块化软件设计的优点进行了描述，因为这些优点与软件品质的静态维度有关。第 15 章将介绍可读性，可以更容易和更快速地理解代码。可读性通常是所有性能属性中最容易消失的，它会随着其他动态维度的质量的增加而消失，这些动态维度本质上增加了容量和复杂性。因此，模块化和可读性的平衡是很重要的，因为通过模块化设计，即使并入附加的功能和性能，通常也可以实现最大程度的可读性。

15 Chapter

第 15 章 可读性

当机场移民局官员无数次审查我的护照时，我当时非常后悔之前没有按照原定计划搭乘 KC-135 飞机回美国。相信大家都很清楚，如果你好声好气地问他们，没准儿他们会让你操作机杆。

比起这种二次审查来说，一切本应会更好。但是，当我走神儿时，令我感到宽慰的是至少乳胶手套没被用到。

基多，厄瓜多尔。在这儿执行缉毒行动任务时，我利用免费的机票去了南美洲，为了休养生息，我徒步行走了一周。这期间，我爬上了哥特式大教堂的塔顶，还去了赤道碑 Mitad del Mundo（错位的赤道纪念碑），在那里跨了赤道线。另外，我还乘坐了长 13 000 英尺（约 3 962 米）的缆车 Teleférico。当然，我还去了 Gringolandia discotecas 俱乐部。所以，我当然一点儿都不后悔待在那里，但是这一切貌似正变得越来越荒诞。

我低声反抗道：“额，那些页是打不开的。”

回到现实中来，一名工作人员试图扯开我的护照，好像能发现一些被隐藏的金库似的。这时，他右侧的两名保安也同样检查我的军官证和军事令，两个人反反复复地将我的证件传来传去。我觉得他们可能认为他们正在以某种方式试图将我的证件合法化。可是，对着光检查我的军事令，他们也并没有发现一些秘密水印或者神秘纸张。

所有这一切都是关于一个小小的入境印。非本国公民移民到厄瓜多尔时需要出示这个入境印，可偏偏我的护照中没有，因为我搭乘 C-130 而来。因此，我这次所谓“神秘的”入境增加了他们的担忧。

“不是的，我并非潜入厄瓜多尔。我从未去过哥伦比亚。没啊，我也没有一张到达票。我认为座椅并没有被标上数字啊，但是我有可能弄错了……”

最后，我还是被我的萨尔萨舞和梅伦格舞技能所救。因为当时一位官员问我之前在哪待过时，我告诉他在 Gringolandia，这也就让人自然而然地想到诸如满是旅社的繁华商业街、Gringolandia discotecas 俱乐部以及通宵餐馆等一系列的东西。那一瞬间，我的证件突然就合法了而且 3 个工作人员当时就只想谈论商业街上他们最喜欢的酒吧。我很开心，因为自己学会了如何避免被动地接受（这一技能在将来的经历中将会更加得心应手），而且我也变得兴高采烈，因为我成功搭上了飞回美国的航班。

■■■

我在基多移民局遇到的部分难题是因为缺乏可读性这种能力。但是，缺乏理解能力也是不能忽视的。每个官员的英语水平有限，并且我的西班牙语水平也不高，再加上一些英文文件，所有这些都导致他们不能很好地与我交流和理解我的军事令。

在软件开发方面，有时也像是某个人正在用外语讲话或者解码。我还记得当时自己是怎样接触 SAS 宏语言的。虽然我很快就了解了这一语言，但是在我的宏语言事业的发展初期，也经历过很多困惑的时刻。

除了语言障碍之外，从总的层面来看军事令也并非容易理解。即便你有军事背景，并且非常熟悉军事方面的行话、系统命名法及缩略词，读懂一连串的军事命令也会耗费大量时间。软件开发也是如此：即使你能够理解每句话的内容，但是整体理解意思也会花费不少时间和精力。

不只是内容，军事令的呈现方式也会增加它们的理解难度，因为都是以大写字母的形式出现。并且在军事令中会尽量少出现形式化的东西以确保不引人注意。甚至对于那些水平高的 SAS 实践者来说，缺乏结构和标准化的代码也是很难理解的。

机场工作人员当时对我表现出的惊愕不仅仅是由于我的护照有问题，而是因为护照上没有他们所需要的通关印。同时，也是因为我的军事令，上面清楚地写着我的离开日期应该是一周前。在软件开发中，对于软件的理解不仅仅是源于对代码的理解，还源于一些外在资料，如技术需求。

倘若需求指的是一个东西，但是软件指的是另外一件事物，那么你可以打赌说当人们为了解决一些存在矛盾的问题时，额外的审查将会使可读性降低。正如机场工作人员反复将我的证明文件传来传去不断查阅，努力理解里面出现矛盾的地方一样，这其实花费了大量时间。同样，对于 SAS 实践者和其他的参与者来说，当软件同一些所陈述的功能和表现需求不一致时，如果他们一味地去审查代码和相关资料，其实也是在浪费宝贵的时间。

可读性的定义

可读性指的是阅读和理解源代码时的一种不费力的状态，尤其是以详细的语句的形式呈现时。一般情况下，可读性只是对于代码检验的一种描述，虽然为了获得对于软件内容和功能的更深层次的理解，研发者经常需要参考一些外在资料，如技术需求、

UML（Unified Modeling Language）图表、数据模型、数据词典，以及一些控制质量的约束条件。此外，关于软件的一些描述性话语经常被嵌入到代码中，同样也能放在一些外在的知识管理体系之中，如代码重用库和代码重用目录。因此，虽然全面理解软件需要考察一些外部资料，但是可读性是从代码自身中得出对于软件的理解的。

在研发初期，如果不考虑其他因素，只从简单性这一点来看，那么所有软件都是可读的。但是，随着代码逐渐成熟，软件的可读性经常会降低。尤其是在软件开发过程中，如果可读性要求高，那么在提升其他不同方面的品质时，二者将会出现不融洽的状态，因为这些不同领域自身不仅带有一定的复杂性，还被纳入考量的范围之内，也同时会增加代码的大小范畴。例如，通过特例控制框架来自动辨认和回应特例和错误的强大的软件，它们需要更多的，通常是一连串能促进这种功能的代码，而不是那些传达软件的首要功能的代码。

本章介绍软件的可读性，并且展示其和许多其他质量特性之间内在的协调和平衡。虽然软件自身存在复杂性，但是通过模型化的软件设计、清晰的语法以及连贯的结构和命名惯例，其可读性还是会实现最大化的。软件可读性是软件可维护性的关键部分，因为不能被理解的代码将会耗费更多的时间去修改和检测。尤其是当一个研发团队共同承担维护性职责时，可读性强的实践有利于商业价值的迅速恢复。

计划被巴士撞到

当我还是研究员时，经常和朋友托马斯开一些被车撞到的玩笑。在我的脑海里，衡量好的代码的标准是：在同伴被车撞到而没有人帮忙解码的时候，他有能力去操作他的软件。就像我们开玩笑说得那样，俄亥俄州中央交通局（COTA）的巴士对我们产生了影响，它促使我们写下一些在我们意外不当职时，更容易被别人所理解的软件（和文件资料）。

虽说很少有人会遭遇被巴士撞到的事件，但是更加现实的情况，如度假、生病、工作调动以及退休，每一种情况都会暂时或永久地让我们同我们所开发的 SAS 软件说再见。虽然诸如此类的事件可能会发生，但是很多用户开发人员仍然一如既往地写着软件代码，把他们自己当作目标观众。他们的这种态度会大大降低软件的持久性和可读性，尤其是当初期的开发者不能够去实施必要的主要维护工作时。在自己头脑中时刻想着巴士事故可能会在任何不经意的时刻发生在自己身上，这样会帮助我们形成一种现实的思考：代码标准化、代码注释以及其他相关资料等被看作是繁重的细节的东西，应该被当作软件开发的一部分，而不是作为软件开发完之后所思考的东西。

软件可读性

可读性受以下因素影响，命名传统、文本格式、行首缩进、纵横间距、注释，以及其他使软件混乱或明晰的一些相当主观的因素。虽然这些因素都影响可读性，但是它们只是非常简单地列举出来，因为它们所关注的是团队或组织层面上的一些精挑细选和完美化的美感问题。但是，本章将会关注可读性的更高层面的内容，包括模式化的代码设计、SAS 宏观定义、代码标准化以及其他能够促进缺陷识别和整体可维护性的方法。

为了全面理解软件，你必须首先理解它的目标，它的目标源自客户需要和要求。尤其是当阅读其他开发者的代码时，项目或产品视角以及技术规格设定了整个代码的基调，并且为解码软件提供必需的语境。虽然这一章从关注内部可读性开始，但是在我们审视软件，检验代码之前，应该查阅一些需求文档资料。如果不能一开始就决定所要求的质量水平，那么评估软件是否实现了它的功能和性能目标将会是非常困难甚至是不可能的事。

语法和结构

清晰不含糊的语法和良好的美感会促进代码更迅速地被阅读和掌握。由于开发者一般是会阅读和修改那些他们未编写的软件，因此，在一个团队、组织，甚至软件语言中，语法能够被标准化的程度有利于可读性。例如，此文本中的代码缩进表示存在于整个文献中约定的标准化的 SAS 水平间距，这对于可读性具有促进作用。但是，无论是在一个文本中还是在一个组织中，即使我们能够找出代码结构的替代物，但对于我们来说，更重要的是整个代码文本的标准化。

关于软件开发有这样一种说法：开发者不应该加上自己的注释以增加代码的可理解性。也就是说，如果代码不能被理解，那么代码就应该被简化。虽然这种说法本身是一种过度简单化的想法，但是在追求代码简化的过程中，这也是事实。而且有时，如果提高代码的可读性，也会出现动态软件性能降低的情况。简化可通过以下方式实现：模式化的软件设计（详见第 14 章“模块化”部分）以及减少嵌套循环、嵌套函数、复杂的分支、终止码和其他会导致混乱的因素。

因此，正如其他的软件性能属性一样，可读性所展现的是（并且被评估）更加宽广的领域而不是一个二分对立的结果。但是，同其他软件属性所不同的是，可读性经常与性能对应项反向相关。例如，下面这一清晰的语法是第 7 章“并行执行软件”部分的重现。它从控制表（PERM.control）中获取过程变量，并且依据商业逻辑分配 3 个宏变量（&INGEST、&MEAS、&FREQ）：

```
let ingest=;
%let means=;
%let freq=;
data control_temp;
    set perm.control;
    if process='INGEST' and not missing(start) then do;
        if missing(stop) then call symput('ingest','IN PROGRESS');
        else call symput('ingest','COMPLETE');
        end;
else if process='MEANS' and not missing(start) then do;
        if missing(stop) then call symput('means','IN PROGRESS');
        else call symput('means','COMPLETE');
        end;
else if process='FREQ' and not missing(start) then do;
        if missing(stop) then call symput('freq','IN PROGRESS');
        else call symput('freq','COMPLETE');
        end;
run;
```

这个商业逻辑具体说明：如果初始日期丢失，并且过程（Ingest、Means、Freq）未开始，那么一切都未被更新。如果初始日期存在，但终止日期丢失，并且过程正在进行，那么相应的宏变量会被更新为“正在处理”。如果初始日期和终止日期都存在，并且过程已经完成，这时对应的宏变量则被更新为“完成”。这种逻辑是简便易懂的，因为在代码内部，它能够被简单地阅读和解码。

但是，通过使用 IFC 函数，代码能够被简化。IFC 函数评估一个语句的逻辑真实性，由此来分配两个可能的字符值中的一项。如果一个逻辑语句通过评估是真实的，那么第一个字符值将会被赋值，如果一个逻辑语句被评估是错误的，那么第二个字符值将会被赋值：

```
data control_temp;
    set perm.control;
    if process='INGEST' and not missing(start) then call symput('ingest',
        ifc(missing(stop),'IN PROGRESS','COMPLETE'));
    else if process='MEANS' and not missing(start) then call
        symput('means',ifc(missing(stop),'IN PROGRESS','COMPLETE'));
    else if process='FREQ' and not missing(start) then call
        symput('freq',ifc(missing(stop),'IN PROGRESS','COMPLETE'));
run;
```

如果 CALL SYMPUT 语句的数量减半，那么代码则会变得简单很多。另外，因为 CALL SYMPUT 语句是混合的，所以前后的“IF–THEN”这一逻辑并非是必须的，这样代码块也就会消除。但是，如果更细致地审查代码，那么它能够被进一步地削减而去实现同样的功能。如果意识到过程变量值同样能被用作单独的宏变量名称，那么 DATA 步骤将能够从 15 行简化为 4 行。

```
data control_temp;
    set perm.control;
    if process in('INGEST','MEANS','FREQ') and not missing(start)
        then call symput(process,ifc(missing(stop),'IN PROGRESS',
        'COMPLETE'));
run;
```

但是，将代码变成以前的 1/4，会使它的可读性提高还是降低呢？注意这个问题并非是“它可读与否”而是“这是可读性的进步还是后退”。但是，如果可读性被设定，那么这一问题只能从个人层面或团队与组织层面去回答。在压缩代码的过程中，一个更大的代码体能够适用于一个独立的屏幕，这能够提高可读性和可维护性。但是，如果分析被压缩版本的嵌套功能比分解被扩大的版本的嵌套功能更直观，这会降低可读性。这并非说一个方法比另一个更好，而是说每一个方法在功能上都起相同的作用。但是，依据 SAS 实践者的专业水平以及代码可读性的优先次序，从个人、团队或组织的优先权和专业知识这些角度来看，一个版本可能会优于另外两个。

在这一例子中，对于可读性主观的解释主要是由语法和结构中的差异所造成的。但在其他情况下，可读性同动态特性之间更加清晰的一种权衡（如软件速度和效率）是有可能存在的。例如，一个团队应不应该将一个 SORT–SORT–MERGE 过程从双重 SORT 程序修改为一个更加复杂但相当高效的 SQL 程序呢？换句话说，如果动态特性被改善，但可读性却降低了，这算是一种胜利吗？结论是可以得出的，但是前提是要在个人或团队层面上依据软件需求，包括在软件整个生命周期，我们打算在多大程度上修改它和保留它。

个人知识

理解代码首先要理解 Base SAS 语法。在考虑软件上下文之前，必须先理解特定过程的限制、函数、语句、选项以及操作符的功能意图。开发者会逐渐获得这些知识，通过 SAS 语言资料、技术文献、博客、网络资源、培训，以及 SAS 用户的支持。但是，因为 Base SAS 语法的灵活性允许开发者通过不同的方法实现类似的功能，所以开发者经常会自然而然地被吸引到行之有效的方法上，而有可能忽略其他有价值的技术。

例如，SQL 存储过程可以代替许多 DATA 步骤和一些像 SORT 之类的存储过程，这样就能为许多共同的任务提供类似的功能。但是，对于不熟悉 SQL 存储过程的实践者来说，有多个步骤的 SQL 联合事实上可能是难以破译的，这就给代码可读性和可维护性带来了极大的障碍。倘若并不是所有的实践者都擅长宏开发，那么这种知识上的鸿沟也会出现在极大依赖 SAS 宏语言的开发环境中。因此，由于每个开发者的 SAS 词汇以及他们对于语法的理解是不同的，所以有些代码对于一些人来说是可读的，但是对于其他人来说是很难理解的。

评估软件可读性也要考虑那些必须同代码打交道的参与者。团队能够从倡导实用知识中获益，例如，通过要求 SAS 从业人员获得类似的认证证书，如 SAS 基础程序员认证、SAS 高级程序员认证，或者 SAS 临床试验程序员认证，来证明他们的专业能力。这些凭证的获得能够帮助设定 SAS 软件所期望的复杂程度的目标，这在某种程度上能够提升软件的可读性。

模块化

当软件从注重功能向注重品质转变时，它会包含功能和执行需求，这时软件的可读性会降低。例如，如果软件被设计得更加可靠和耐用，代码基数经常会加倍，这样软件将更难理解。然而，模块化软件设计可以通过简化软件设计来恢复一些可读性，通常可以使整个 SAS 模块立即在屏幕上完成。模块化软件设计通过以下模块化原则提高了可读性。

- 功能分离——由于每个代码模块旨在执行仅仅一项功能，模块比单片软件更紧凑和直观。

■ 松耦合——由于运行模块所需的信息通过指定的参数传递，SAS 从业人员可以检查单个位置（宏调用或 SYSTASK 语句）来了解模块输入。

软件模块化的程度将取决于功能复杂性、预期效益和个人偏好或团队标准。一些 SAS 从业人员喜欢查看数千行单行代码，并且他们的这种在程序语言中比较常见的做法是不会改变的。他们将模块化看作是远离而不是贴近软件可读性的一步，因为模块化可能需要将单片 SAS 程序分为 10 个或 20 个单独的程序。

在以对象为中心的第三代语言（3GL）编程的面向对象程序设计（OOP）方面，拥有更多经验的其他开发人员自然会倾向于模块化设计，因为他们对此更加熟悉，并且他们认识到其内在的优势。虽然模块化设计有利于可读性的这一优点在这里不存在争议——因为可读性本质上代表了某个人自己对于软件的理解——但是，模块化设计的确有利于更加稳定、更具测试性、更具复用性和更具可维护性的软件的开发。

代码结构

代码结构包括水平和垂直间距以及文本的一般排列。例如，以下 4 个 DATA 步骤都具有同等功能，但是水平和垂直间距不同。虽然第一个解决方案是 SAS 文档和文献中最常见的解决方案，但如果在团队或组织中采用单独的标准，那么所有利益相关者都应一直使用这一标准。

```
data final;
   set original;
run;

data final;
set original;
run;

data final;
   set original;
   run;

data final; set original; run;
```

与某些需要精确缩进的类似 Python 的语言不同，由于 Base SAS 与代码结构无关，

因此，SAS 从业人员表达他们的代码有更多的选择，例如：

- 垂直间距，包括声明语句、宏定义、宏调用和其他代码之前或之后的可选间距；
- 水平间距，包括代码块缩进、内联注释位置以及记号、运算符、变量和其他内容之间的可选间距；
- 在继续新的一行之前的最大线径；
- 使用分号终止前的最大线径；
- 每行的语句数；
- 分号的位置。

我们通常会修改垂直和水平间距，以实现主观上可读性更强的软件。例如，一些 SAS 从业人员喜欢加大字符前后的间距：

```
data words;
   set nouns;
   if noun in ('taco','burrito','chimichanga') then group='food';
   else if noun in('parrot','mallard') then group='bird';
   else if noun in ('California','Pennsylvania') then group='state';
run;
```

其他 SAS 从业者倾向于水平对齐，相信这会提高软件的可读性或专业性：

```
data words;
   set nouns;
   if noun in ('taco','burrito','chimichanga') then group='food';
   else if noun in('parrot','mallard')         then group='bird';
   else if noun in ('California','Pennsylvania')  then group='state';
run;
```

两种解决方案在功能上是相同的。然而，代码结构的重要性不应超过代码功能或可维护性。在水平对齐的例子中，如果这个列表的内容不断增加，但在 IN 集中的项目数量也在不断增加，那么结构和对齐可能变得难以维持，这就迫使开发者不断地移动“then”列的位置，这不仅是为了新的代码行，还为了现有的代码行。因此，虽然软件可读性应该被重视，但追求美观不应该降低软件修改或维护的效率。

命名规范

无论是明确定义还是衍生自常规做法，所有软件开发环境都存在命名条件。必须被命名的有变量、格式、信息、数组、宏变量、宏名称、SAS 数据集，SAS 库及其代表的逻辑结构。SAS 语言参考文献描述了 Base SAS 名称的实际限制，以及命名规范的最佳做法。以下命名规范的注意事项可以在开发环境中进行标准化处理。

- 要使用的最大字符长度（小于或等于 Base SAS 阈值）。
- 描述性与非描述性变量名称，包括每种变量被使用的状况。
- 使用大小写或下划线区分单词或文本。
- 名称中包含描述符，例如，要求所有数组以 ARRAY_ 开始。
- 识别临时信息，例如，数据集或准备使用后立即丢弃的变量，如通过 X_ 启动临时数据集。
- 执行唯一性，没有任何变量、宏变量、数据集或其他名称可以在软件中重复使用或重新利用。

在考虑命名规范时，简单性、描述性、唯一性和其他方面的竞争优先性也必须被评估。例如，一名 SAS 从业人员可能想要命名一个宏变量 &ReturnCodeForMyFavoriteMacro，虽然具体且唯一，但由于行的大小的增加，可能会降低代码的可维护性。然而，对于一个被命名为 %DOIT 而不是 %MYFAVORITEMACRO 的宏，宏变量的唯一性会降低，因为对于其他开发人员来说，该宏变量可以模糊地指代自己喜欢的任何宏。

因为全局宏变量可能无意中会从一个 SAS 宏或程序持续到下一个 SAS 宏或程序，所以在第 11 章中展示的最佳实践建议宏返回码以其宏命名。例如，因为只有一个名为 %DOIT 的宏可以存在于 SAS 会话中，所以在 SAS 会话中也只能存在一个宏变量 &DOIT_RC，以防止宏变量的混淆、冲突和损坏。这样标准化的命名实践，除了能够提高软件的安全性，还可以减少开发人员之间的混乱与困惑，从而提高可读性。

僵尸代码

僵尸代码包括不可能被执行的代码行或代码块。正如在后面介绍的“内联注释”，最常见的情况是，代码被注释掉后不执行。在开发、调试和测试过程中，代码经常会被暂时注释掉，以便在代码被更改时测试功能。然而，作为软件发布之前的代码强化的一部分，被注释的代码应该被删除。例如，以下代码中的第一个 ELSE 语句将永远不会执行，因此，它应从产品软件中被删除：

```
data words;
    set nouns;
    if noun in ('taco','burrito','chimichanga') then group='food';
/*   else if noun in('parrot','mallard') then group='bird'; */
    else if noun in ('California','Pennsylvania') then group='state';
run;
```

因为有些代码是不必要的、冗余的、有缺陷的、过去功能的残余遗漏或未来功能的愿景，所以当我们不清楚这些代码是否被注释掉的时候，可能会产生一系列的混淆。在一些敏捷或快速开发环境中，生产软件每周或每两周更新一次，在当前循环中无法完成和无法测试的功能元素，在接下来的循环中会被释放。尽管我们倾向于发布包含被注释掉的僵尸代码的软件（因为它仍在开发中），但僵尸代码在功能、测试和客户接受之前，不应该被包含在产品发布之中。

如果逻辑评估在数据、元数据定义或质量控制下被定义为虚假或不可能的，也可能导致僵尸代码产生。这种代码萎缩通常是由潜在的缺陷所造成的，而不是代码注释所引起的。例如，以下 %BADCODE 宏在评估表达式“1=2”时，将模拟一种条件逻辑评估，而这种评估总是错误的，这就出现了一个从来不运行的僵尸代码区：

```
%macro badcode();
%put this will print;
%if %eval(1=2) %then %do;
    %put this will never print;
    %end;
%mend;

%badcode;
```

这种做法类似于注释掉代码，使软件能够在跳过永远不会执行的一段代码时运行。虽然僵尸代码在开发和调试过程中可以被接受，但在生产软件的测试、验收和发布之前，应该被删除。

代码注释

在软件应用程序开发中，注释有助于软件开发、测试和维护。它们在软件操作过程中没有实用性，因为软件通常是加密的，因此，底层代码是不可访问的——用户不打算修改、维护，甚至了解软件的内部工作。尽管注释在运营阶段不会发挥作用，但在编译和加密过程中通常会保留在软件中，这样，单个未被编译版本的软件就可以被保留。在一些语言中，编译器会自动删除注释，以免它们不必要地增加编译软件可执行文件的大小。

这个示例与数据分析开发形成鲜明的对比，其中代码透明度至关重要。并且，终端用户不仅需要理解，还要经常修改产品软件。一些统计学注释描述那些通过代码检测推断出的直观功能，而我们应该避免这些统计学注释。但是，传达软件产品愿景、意图、要求、不足或缺陷的注释，在开发和维护过程中是非常可贵的。因此，当通过阐明那些在代码中找不到或不易收集的功能或意图来提高可读性时，注释是必不可少的。

像可读性的其他方面一样，规定注释的位置、类型、数量和冗长度的最佳做法是相当主观的。因为注释内容自身的原因，注释的标准化可以提高可读性。在一些开发环境中，注释不仅可以提供在线或程序级别的个人注释，还可以提供软件质量的定量分析。例如，本章后面的“软件中的象征主义”部分演示了标准化注释示例，可用于通过自动解析和编译软件注释来计算模块、程序或软件产品的“技术债务”。

项目备注

项目级备注的常见内容包括运行项目的指示说明（如果不是自动化）、可能存在的输入和先决条件以及注意事项或漏洞的简要说明——可以促进软件成功运行并有助于防止导致其失败的任何高级因素出现。在某些环境中，历史版本也可能会被记录下来，从而简要说明软件在整个生命周期内所做的更改。实质上，其内容涵盖多个程序的注释应被包括在项目级文档中，以消除多个程序文件或其他技术文档中的冗余部分。

在 SAS Enterprise Guide 中，项目和程序都可以被定义，并且项目级信息可以存储在 SAS Enterprise Guide 的工作区中可见的备注模块中。备注可以提醒用户一些漏洞，或者向用户提供执行指令或其他高级信息。但是，SAS Enterprise Guide 备注的功能是有限的，只能记录纯文本格式的文本。因此，项目备注通常可能包含过多关键信息，以至于不能转为一个微小的并且无明显特征的文本框。

使用 SAS Enterprise Guide 备注的另一个缺点是无法自动解析企业指南项目文件（.egp）来提取注释或其他相关信息。而 SAS 程序文件（.sas）以纯文本的形式被保存，而且可以容易地被解析，这样就能从程序中提取程序标题、注释和其他信息，项目文件也能被压缩为 .zip 文件。我们可以将 SAS Enterprise Guide 项目文件重命名为 zip 文件，打开文件，查询 Project.xml 文件，并且可以在文本中搜索所有的 <ElementType ="SAS.EG.ProjectElements.Note"> 标记，以检查所有注释元素的内容——但是我将为未来的白皮书保存该功能。SAS 程序文件中 SAS 注释的自动解析将在后面的“自动注释提取”部分进行介绍。

程序标题

程序开发人员会在程序标题中了解软件，以及其他可能无法通过代码审查传达的有用信息。标题通常是静态、动态、历史、技术和管理信息的组合，包括：

- 程序作者；
- 发展历程，如创建日期、测试日期、客户接收日期或软件生产发布日期；
- 修订历史，包括修订的日期和内容，以及类型（如适应性、纠正性、紧急性、完整性、预防性）；
- 程序目标，包括高层次目标和技术目标；
- 已知的“技术债务”漏洞和潜在缺陷；
- 程序先决条件，如必需的输入或已经被执行的程序；
- 程序依赖物，例如，依赖于程序执行的生成输出或后续程序。

在开发环境中，跨所有程序标题的结构和内容进行标准化的程度可以大大提高可读性和可维护性。特别是在标题格式标准化的情况下，自动程序可以被开发，而这些自动程序可以从标题中提取和编制元数据，以便包含在外部软件数据库和文档中。上面所述内容可参见本章后面的“自动注释提取”部分。

宏注释

SAS 宏是通过将单片程序的功能分解成更小的代码块来促进软件模块化的常用方法。正如程序标题可以向开发人员提供信息，以提高可读性和可维护性，宏标题在确保使用正确的参数来调用宏，并且满足所有先决条件方面是很重要的。宏注释还应包括可能导致意外误用或结果的已知限制、注意事项或其他漏洞。当然，如果这些信息已经通过风险登记表或其他数据库分开传达，则不需要进行重复。

以下宏定义包含一个描述其目标的注释：生成并打印数据集中出现的空格分隔的变量列表。DSN 和 TYPE 参数都是内联注释，它不仅可以使注释位置标准化，还能够在 SAS Enterprise Guide 中确保宏调用弹出窗口。例如，使用 SAS Enterprise Guide 程序文件中的宏定义，输入 %PRINT 将出现一个弹框，演示所有宏参数，并显示 DSN 定义“DSN：LIB.dataset 或数据集格式的数据集名称”：

```
*<DESC> creates a space-delimited list of variables in a data set;
***** does not validate existence of the data set;
***** assumes a shared lock can be obtained on the data set;
***** does not validate the TYPE parameter;
***** creates no return code to demonstrate macro success or failure;
%macro varlist(dsn= /* data set name in LIB.DSN or DSN format */,
   type= /* ALL, NUM, or CHAR - the type of variables returned */);
%local vars;
%local dsid;
%local i;
%global varlist;
%let varlist=;
%let dsid=%sysfunc(open(&dsn, i));
%let vars=%sysfunc(attrn(&dsid, nvars));
%do i=1 %to &vars;
   %let vartype=%sysfunc(vartype(&dsid,&i));
   %if %upcase(&type)=ALL or (&vartype=N and %upcase(&type)=NUM)
         or (&vartype=C and %upcase(&type)=CHAR) %then %do;
      %let varlist=&varlist %sysfunc(varname(&dsid,&i));
      %end;
   %end;
%let close=%sysfunc(close(&dsid));
&varlist;
%mend;


proc means data=&dsn;
   var %varlist(dsn=mydata, type=NUM); * creates list of numeric
```

```
        variables;
    run;
```

宏标题中还列出了几个漏洞，并用“*****”符号表示。这些并不一定表示代码中的错误或缺陷，而是一些可以被理解的内在缺点。如果技术规范被修改为要求更高的性能需求，那么这些内在缺点将可能减少或消除。标准化的注释惯例（例如，用“*” <DESC> 来表示宏描述或用“*****”来表示漏洞）可以通过自动化系统来使用，这些系统从 SAS 程序文件中提取注释以包含在外部文档中，而这些正如后面“自动注释提取”部分所述。

在支持模块化软件设计的生产环境中，%VARLIST 宏将被保存为单独的 SAS 程序，并由 MEANS 程序调用，通过 %INCLUDE 语句或 SAS 自动调用宏工具引用。因为可再次使用的宏与其他代码模块是分开的，并且因为它们可能在几周、几月或几年后被执行一些任务，所以宏标题和注释是确保持续适当使用宏的重要组成部分。

斜线与星号

内联注释与代码一起出现，并且经常被嵌入 SAS 语句中。它们在描述可能不太直观的性能或功能的方面很有用，例如，通过嵌套的条件逻辑所运行的复杂商业规则。内联注释也是编写代码缺陷和已知漏洞的首选方法，而这些漏洞又反过来与风险注册表中的条目相关联。内联注释通常被用于分段部分，并且提高可读性。

SAS 提供了 3 种方法去实行代码内的注释：星号（*）、斜线（/*）和宏注释（%*）。每种方法都有其利弊。“*”表示行尾（或填充整行）的注释，并且必须后跟“;”:

```
data test;
   set somedata; * this is a comment;
   * also a comment;
run;
```

“*”是包括手动注释的首选方法，它有助于代码的可读性，并且旨在通过开发和生产一直保留在软件中。这些注释不能包含不匹配的引号或分号，但这只是一个小小的局限。

相比之下，“/*”是将单行或大部分代码自动转换为注释文本以进行开发和测试的首选方法：

```
data test;
```

```
    set somedata;
run;

/*proc sort data=somedata;*/
/*    by char1;*/
/*run;*/
```

例如，SORT 程序最初是有效的代码，但是已经被自动注释掉，所以不会执行。自动注释是开发、调试和测试软件的一个高效的方法。要在 SAS 界面自动注释代码，请突出显示文本并输入 <CTRL> </>。要自动删除注释，请再次突出显示已注释的代码，并在 SAS University Edition 或 SAS Display Manager 中键入 <CTRL> <SHIFT> </>，或在 SAS Enterprise Guide 中键入 <CTRL> </>。

斜线也可用于手动将注释插入代码中：

```
proc means data=&dsn;
    var %varlist(dsn=&tab, type=NUM); /* comment */
run ;
```

SAS 中的自动注释功能与使用“*”进行手动注释的方法相互配合，相得益彰。但这种自动注释功能在斜线注释已经存在并二者相遇时，则会失败。例如，如果 SAS 从业人员想快速注释上述 MEANS 程序，则在 SAS University Edition 中添加自动注释会生成以下代码：

```
/* proc means data=&dsn; */
/*    var %varlist(dsn=&tab, type=NUM); /* comment */
/* run; */
```

但是，如果随后使用 <CTRL> </> 快捷键删除自动注释，则 SAS University Edition 将无法将代码还原到其原始格式，而是生成无效的代码，因为结束符 * / 缺失：

```
proc means data=&dsn;
    var %varlist(dsn=&tab, type=NUM); /* comment
run ;
```

在 SAS Display Manager 或 SAS Enterprise Guide 中对注释文本进行自动注释时，会发生一个不同的故障。请注意与 SAS University Edition 相比，在手动注释后额外增加了“* /”：

```
/* proc means data=&dsn; */
```

```
/*   var %varlist(dsn=&tab, type=NUM); /* comment */*/
/* run; */
```

因为此代码现在包含重复的注释分隔符，所以运行语句之后的任何代码将在 SAS 编译器上显示为仍然被注释；因此，它将不会执行。由于这些问题，通常建议“*”比“/*”更应该使用手动注释。SAS 文档中标示的一个例外情况说明，斜线是出现在宏定义注释中的首选方法，因为注释不会存储在编译的宏中，而星号注释会被存储。尽管有此建议，但在一些模块化和编写良好的宏中，出现在宏定义内部的注释的缺陷不会太大，以至于无法阻止开发人员使用任何方法——星号、斜线或宏注释。

在宏定义内部进行注释是唯一需要使用手动斜线的方法。例如，以下 %SORTME 宏定义包含两个参数，它们都在 %MACRO 语句中定义：

```
* sorts a data set;
%macro sortme(dsn= /* in LIB.DSN or DSN format */,
   var= /* variable by which to be sorted */);
proc sort data=&dsn;

   by &var;
run;
%mend;

%sortme(dsn=mydata, var=char1);
```

正如前面“宏注释”部分所述，在宏参数定义中使用斜线可以促进合规性，并且在 SAS Enterprise Guide 中执行时，它将出现一个弹窗，而这个窗口列出了每个参数及其相对应的定义。在宏结构中始终建议使用这种斜线。

非直观代码

有时，代码应该代表自身；如果可读性受到影响，那么代码应该被编得更简单一些。然而，在复杂的逻辑中，通常一些清晰简洁的代码乍一看也是令人费解的。一般来说，完善一个复杂的解决方案需要多次尝试以使其正确，如果这样来确定某些功能，或者需要咨询 SAS 或其他技术文档，那么一个注释是有必要出现在该部分代码中的。

例如，以下代码使用 RAND 和 BYTE 函数从 A ～ Z 随机生成大写字母。但是，除非你记住了 ASCII 字符表，否则可能需要几分钟的时间才能创建它，因此，流程就会帮助人们快速理解：

```
data mydata;
   length char1 $2;
   char1=byte(int(rand('uniform')*26)+65); *A through Z;
run;
```

自动注释提取

注释提取包括自动解析 SAS 程序文件，以提取元数据，如程序标题信息或关于软件功能或漏洞的注释。由于 SAS 程序被保存为纯文本，因此，可以使用任何语言（包括 Base SAS）来完成解析。为了有效地进行解析，SAS 标题（和其他注释）应尽可能地标准化，允许解析器容易地对分隔符进行标记，从而提取有意义的信息。

元素定义可以根据需要灵活定义，但团队或组织层面的标准化方法可以提高软件的可读性和注释提取的自动化。本章定义了以下 4 个元素：

- * <DESC>——程序、模块或宏的描述；
- ***——重构机会；
- ****——识别出的功能或性能不足；
- *****——识别出的可能导致功能或性能故障的漏洞或缺陷。

以下宏 %PARSE_SAS 表示 Windows 环境中的基本注释提取器。它迭代参数化的文件夹，打开每个 SAS 程序，并根据先前的元数据元素定义，从注释中提取元数据：

```
%macro parse_sas(dir=);
%local i;
%local fil;
filename f pipe "dir /b &dir*.sas";
data _null_;
   length filelist $10000;
   infile f truncover;
   input filename $100.;
   filelist=catx('',filelist,filename);
   call symput('files',filelist);
   retain filelist;
run;
data comments;
   length program $200 type $20 text $200;
run;
```

```
%let i=1;
%do %while(%length(%scan(&files,&i,,S))>1);
   %let fil=%scan(&files,&i,,S);
   filename ff "&dir&fil";
   data ingest;
      length program $200 type $20 text $200;
      infile ff truncover;
      input text $200.;
      if find(text,'*<DESC>','i')>0 then type='description';
      else if find(text,'*****')>0 then type='defect';
      else if find(text,'****')>0 then type='deficit';
      else if find(text,'***')>0 then type='refactor';
      if not missing(type) then do ;
      program="&dir&fil";
      output;
      end;
   run;
   proc append base=comments data=ingest;
   run;
   %let i=%eval(&i+1);
   %end;
%mend;

%parse_sas(dir=c:\perm\);
```

%PARSE_SAS 宏被执行时，来自 C : \ perm 文件夹中每个 SAS 程序的宏标题和附加注释将被提取到 Comments 数据集中。该数据集反过来可以通过 REPORT 过程打印，也可以保存为 PDF 或其他文件格式，以实现整个软件库的自动化文档编制。这种标准化和这样的结构有很多益处。例如，所有通过重构应该被改进的缺陷、漏洞、定义或元素，可以自动被积累和显示。同时，这可以让团队了解软件中未解决的问题，并且可以为团队提供通过重构改进软件的机会。

不同的开发团队可能会定义其他评价要素，其中包括每个程序的主要和辅助开发者。解析器可以使用这些要素生成一个矩阵，以便在需要时参与维护活动。但是，标准化注释解析的另一种使用可能包括定义代表历史软件版本控制的其他评价要素。此后，此信息可以被提取，以创建外部文档来记录软件的功能和性能。

自动注释提取是构建软件重用目录的强大工具，用于描述软件模块的意图、结构、格式和相对的质量水平。第 18 章“复用性”部分介绍了再使用库和再使用目录，并且再使用库和再使用目录可以提高现有软件再使用的有效性和效率。例如，当组织中的注释协议标准化时，SAS 从业人员可以在几秒内自动分析 SAS 软件的累积体，创建一个定义和描述所有程序和模块的报告，并查看此目录，以确定是否有任何现有模块可以受益于一个新的软件项目。

软件注释中的各种符号

软件注释中的各种符号可以简洁地传达含义，同时不会使软件包含大量代码或描述性文本。注释中的一些常见符号的例子包括描述逻辑错误、缺陷、漏洞或其他注意事项的指示符。例如，我使用 5 个星号（*****），紧接着是一个简洁的描述来演示代码中可能产生功能性故障的缺陷或漏洞。这时软件可读性和可维护性得到改善，因为利益相关者会立刻注意到这个符号，并且可以很容易地搜索到它。此外，通过软件象征性的标准化，我们可以通过解析软件并提取符号和含义的路径，来促进自动注释提取（在上一节中已进行描述）。

重构机会

重构涉及代码修改以提高性能而不影响功能。例如，如果 SAS 软件运行缓慢，开发人员可以重构代码以使其更快地运行，但同时不会影响结果或输出。特别是在敏捷和其他快速开发环境中，初始优先通常会生成一个工作原型，在此原型上额外性能会增强。由于性能最好的软件解决方案通常不是最初开发的，所以重构有助于提高软件整个开发过程中的性能和使用寿命。

例如，键入以下“语法和结构”的初始版本的代码，但 SAS 从业人员可能会意识到，通过执行 IFC 函数可能会有一个更快、更有效或更具可读性的解决方案。由于初始代码符合功能意图，因此，它最初可能会被放到生产环节中。然而，两个重构备注旨在提醒开发人员，可能存在一个更好的方法，并且在时间允许的情况下此方法应该被验证：

```
data control_temp; *** could be simplified with the IFC function;
   set perm.control; *** could make processes dynamic;
```

```
    if process='INGEST' and not missing(start) then do;
        if missing(stop) then call symput('ingest','IN PROGRESS');
        else call symput('ingest','COMPLETE');
        end;
    else if process='MEANS' and not missing(start) then do;
        if missing(stop) then call symput('means','IN PROGRESS');
        else call symput('means','COMPLETE');
        end;
    else if process='FREQ' and not missing(start) then do;
        if missing(stop) then call symput('freq','IN PROGRESS');
        else call symput('freq','COMPLETE');
        end;
run;
```

这种 3 个星号（***）的符号可用于表示正确运行但可重构以提高性能的代码。这提供了一个简单明了的方法来定位未来软件改进的地方。所选择的象征意义是无关紧要的，只要它可以一直适用于开发环境中的软件产品。

重构通常用于减少性能局限，其中，软件能满足功能需求，但不能满足性能要求。例如，这通常发生在软件产生有效结果的情况下，但是因为太慢或多次失败，因此，被认为是不可靠的。然而，在其他情况下，重构是为了提高软件性能，因为开发人员已经发现一个更快、更好、更有效或更可靠的方式。在进行重构并且不旨在达到规定的性能要求的情况下，如第 2 章“质量”的“避免画蛇添足”部分所述，团队必须彻底与画蛇添足的行为划清界限（画蛇添足即提交不需要的，并且未被评估的性能）。

赤字识别

本书仅关注性能，并且在所有示例中都假设软件的功能意图得以实现。但事实上，正如软件无法满足性能要求一样，由于它也无法满足功能需求，软件的质量很容易会下降。例如，数据分析软件的功能需求可能表明，它应该每天早上将指标上传到仪表板。该团队可能已经提交了一个初始解决方案，但是每天早晨以 PDF 格式生成静态报告，因此，无法满足功能要求。无论是引用有意的还是无意的原因来解释这种偏差，理由都是无关紧要的，因为无论如何都会引发“技术债务”。并且，在功能目标达到之前，这种债务仍然存在。

我们可以使用 4 个星号（****）符号来显示软件中存在的功能或性能赤字（而不

是缺陷），明确向 SAS 从业人员和其他利益相关者指出，未能达到目标已被标示出。如之后的“不用多说”部分所述，软件能够自动显示自身的错误、缺点或未完成的代码要比让客户或同事指出更好。赤字识别做到了这一点，通过强调需求与软件执行之间的差距，默认地说：“嘿，我们意识到这并不能完全满足软件的意图，但是我们正在解决这一问题。”

缺陷识别

重构只是为了提高软件的性能，赤字识别展示需要改进的地方，然而缺陷解决方案标识并消除对软件功能带来风险的漏洞。产品软件经常在被发布时带有潜在的缺陷和已知的漏洞，它们会单独或集体地对利益相关者构成可接受的风险。然而，这些缺陷和漏洞可以直接解析并直接转入风险登记表。

正如前面所述，我使用 5 个星号（*****）符号来表示软件中的缺陷或漏洞，提醒其他开发人员注意软件问题。而在出现一定的威胁时，这些软件问题会引起功能性或性能故障。例如，在第 10 章“环境变量”部分，以下代码基于 SAS 自动宏变量 &SYSSCP，动态分配宏变量 &PATH，该过程演示了执行 SAS 的操作系统环境（如 Windows、UNIX）：

```
***** could produce invalid PATH value if run outside of Display
   Manager, Enterprise Guide, or SAS University Edition;
%macro getcurrentpath();
%global path;
%let path=;
%if %symexist(_clientprojectpath) %then %do;
   %let path=%sysfunc(dequote(&_clientprojectpath));
   %let path=%substr(&path,1,%length(&path)-%length(%scan(&path,
-1,\)));
   %end;
%else %if &SYSSCP=WIN %then %do;
   %let path=%sysget(SAS_EXECFILEPATH);
   %let path=%substr(&path,1,%length(&path)-%length(%scan(&path,-1,\)));
   %end;
%else %if &_CLIENTAPP=SAS Studio %then %do;
   %let pathfil=&_SASPROGRAMFILE;
   %let  pathno=%index(%sysfunc(reverse("&pathfil")),/);
```

```
    %let path=%substr(&pathfil,1,%eval(%length(&pathfil)-&pathno+1));
    %end;
%else %put Environment Not Defined!; ***** does not provide return
    code
    if other OS;
%mend;

%getcurrentpath;
```

该软件已在 SAS Display Manager（Windows）、SAS Enterprise Guide（Windows）和 SAS University Edition 中进行了测试和验证；然而，它并不表明其他 SAS 认可的操作系统（如 z/OS 或 VMI）的性能。因此，如果软件在 Windows 或 UNIX 以外的环境中运行，倘若没有遵循这 3 条条件路径，那么 &PATH 宏变量可能保持为空。更糟糕的是，如果软件错误地遵循条件路径，那么可能会产生意外的无效结果。因此，用“*****”来警告 SAS 从业人员在操作软件中注意这些风险。

处于仅在 Windows 机器上运行 SAS 应用程序的环境中，这种潜在缺陷不构成风险。但是由于所编写的软件只是被 3 个特定的 SAS 界面进行测试，因此，如果有可能在未经测试的环境中出现代码，则可能需要对该漏洞进行一些描述。因此，尽管对此漏洞是否进行注释将取决于可移植性要求，但一般来说，使用已建立的象征可以更容易地提醒利益相关者注意风险。

对于 SAS 软件中缺陷的识别进行标准化处理，不仅对于代码的手动可读性很重要，还能够促进自动注释提取。由于“技术债务”可能包含未解决的缺陷、漏洞、性能不足和功能欠缺，因此，SAS 程序的自动解析可以通过标准化符号来识别这些不同的问题，这样可以自动建立有效的质量控制报告。这种自动性在之前的“自动注释提取”部分已进行阐释说明。

“不用多说”

“不用多说，去做就对了”。初始软件很少是完美的；即使它能够满足全部功能意图，但是通常可以通过持续重构来改进它，使它更快、更有效、更易读等。在其他情况下，软件在发布时会包含潜在的缺陷，但是由于时间就是金钱，所以比起性能较高或功能更强大的软件来说，较早的发布日期会被优先考虑。将不太完美的软件发布到生产环节，无论理由是什么，都应投入精力以记录软件问题，尤其是那些会引起操作风险的问题。

如前面三部分所展示的一些简单的注释，这些注释不仅使开发人员注意到自己的代码中的漏洞，还会使那些可能不太熟悉此代码的其他 SAS 从业人员注意到。此外，对开发人员、客户或正在审查代码的其他利益相关者而言，文档不仅展示了开发人员的技术能力（如果代码被认为是错误的，那么它们可能是有问题的），还对风险管理原则做出了明确的承诺。即使没有查看技术要求或了解软件旨在展示的相对质量水平，利益相关者也可以查看代码，并知道开发人员已经意识到威胁、漏洞、缺陷以及可能影响软件的其他问题。有了这些知识，利益相关者可以更容易地将那些识别、计算和沟通风险的 SAS 从业人员同那些无意中写出错误软件的 SAS 从业人员区分开。

外部可读性

虽然可读性描述了代码本身可以被阅读和理解的简单性，但真正理解软件通常需要了解软件意图和目标。需求文档可以展示软件的首要目标和要求，而设计文档包含程序流动信息和描述这些目标在技术上如何实现的图表。因为数据分析软件可以从数据注入中继承相当程度的变异性，所以数据文档（如实体关系图、数据字典、数据完整性制约）在获得对软件的全面了解方面是有益的（如果不是必需的）。

需求文档

在审查代码之前，我的第一个问题总是“规范在哪里？”换句话说，促成这个软件的商业需求是什么，以什么技术要求来衡量？ 没有这一基本信息，你或许可以在技术层面上解释软件做什么，但是你不会知道它是否在做它应该做的事情。即使缺乏正式的技术要求，但是高层次的目标也可以帮助修复软件意图，并提供破译代码和评估其质量所必需的上下文。

设计文档

软件设计描述（SDD）代表为了推动分析、规划、实施和决策而创建的软件。软件设计描述被用作沟通交流软件设计信息的媒介，可以被看作是系统的蓝图或模型。SDD 概述了软件需求和要求如何得到满足。通常，它可以包括统一的建模语言（UML）图、数据程序流动，以及需要设计的软件的其他呈现方式。SDD 通常会被保留以用于较大的软件项目，较大的软件项目需要具备一个详细的处理计划，列出处理特定技术要求的方法。

数据文档

由于 SAS 数据分析软件本质上依赖数据源作为动态注入，因此，我们通常需要了解软件及其所处理的数据。例如，引用变量 CHAR1 的 DATA 步骤可能是有效的，但是如果该变量未存在于输入数据集中，则它也可能代表一个错误。常见的以数据为中心的文档包括数据字典、数据完整性限制和实体解析图（ERD）。数据字典描述数据集或更大的数据集合，包括数据对象、结构、格式、外部关系以及数据质量的方方面面。数据完整性限制可以在文档（如数据字典）中定义，也可以通过执行数据质量标准的质量控制来编程。ERD 展现数据集和其他数据对象之间的关系，这使 SAS 从业人员能够对数据进行建模、转换和表示。

接下来要讲什么

通过静态分析代码，可读性有助于更快、更全面地了解软件。随着软件被制作得更加模块化和清晰化，软件模块可以被更加容易和彻底地进行测试，以增加可靠性和准确性。第 16 章将会介绍可测试性，它会描述软件测试的容易性。由于软件测试是 SDLC 的一个关键阶段，在这一环节中，将展示软件功能和性能，所以软件的可测试性程度越高，其质量就会越好。

16

Chapter

第 16 章 可测试性

我当时并不知道我的右膝半月板撕裂了。

4 天，26 英里（约 42 千米），日夜兼程，最终到达 13 000 英尺（约 3 962 米）的印加古道顶端——这不是一场马拉松赛事，但也绝非是件容易的事。

我们通过 SAS 旅行社报名参加了这次徒步旅行。当然了，这是一家明星旅游公司，但它与北卡罗来纳州的卡里市没有任何关联。虽然几个月的背包客生活比较悠闲，但我认为对于这次跋涉我已经训练有素。

在危地马拉，我进入安提瓜健身房锻炼，这是一座被改建过的 17 世纪西班牙殖民地风格住宅。即使这是一个开放的庭院，人们也会将一些油布搭放在中央桅杆上，看起来像是一个巡回马戏团的大顶部。奇怪的是，如今这个重归平静的古老石膏喷泉似乎已成为现代健身器材中的主角。

尽管在行程之初我体能充沛，但乘坐汽车从危地马拉到秘鲁的这段超过 4000 英里的路程，几乎耗尽了我全部体能。在到达厄瓜多尔基多的时候，我就知道我的体力已经透支了，因为在海拔 12 000 英尺（约 3 657 米）的小镇上只是随便走走我就上气不接下气了。

跋涉本身就是难以形容的：要翻山越岭，攀悬崖，过桥梁，走过破损的石阶和已存在了几个世纪的泥泞小道。我们夜以继日的赶路，步伐坚定，与驮行李的驴子为伴，只有拍照、小憩和上厕所时才会短暂停留。

起初，我们都穿着雨衣，认为塑料可以防水从而不会被淋湿。然而，即使在少有几次的较为干燥的徒步环境中，笼罩在半透明雾中的我们还是感到浑身潮湿。到了第二天，我索性连一件衬衫都不穿了。

搬运工穿着较少，却要背着比自己还要重的行李赤脚走在这崎岖不平的路上，嗒嗒的脚步声像是发来疲惫的信号，但是他们不能停下来休息。

终于熬到第四天：跋涉的最后一天。我们进入马丘比丘，这里的景色美到你拿着相机都不知道要拍哪里才好。无论你把相机放在哪里，你都会发现相机里的画面比真实的景色还要美丽，就像是一幅画。

尽管我的膝盖疼痛不已，但我们还要征服最后的高峰——华纳比丘——一座会出现在每张马丘比丘经典照片中的锯齿状山峰。也许在这之后的一个星期里，我将依靠止痛药和冰敷来治疗我受伤的膝盖，甚至要接受手术治疗。但不管怎样，我们终究无所畏惧地征服了华纳比丘。

■ ■ ■

在计划这次印加古道的徒步旅行时，我以为自己通过慢跑训练、爬楼梯以及相当频繁的日常锻炼活动就可以变得训练有素。训练不仅可以增强体质，还可以让人们更好地了解自己的弱点——通过疲劳、压力或伤害来测试可能更容易被发现的弱点。

与其相类似的是软件开发，只是软件不会仅仅通过被运行而变得更加强大，当测试显示可靠性时，这可以增加利益相关者的信任。此外，测试可能会暴露造成操作风险的漏洞。如果你的双腿在上坡慢跑一英里后感到疼痛，那么你一天步行 7 英里就很有可能承受不住了。

任何训练（或测试）方案的一个重要条件是确保在现实环境中完成。跑步和爬楼梯是进行心血管训练的必要方式，而我所面对的实际地形是非常复杂的：没有任何关于道路状况、地质构造或行进速度的信息。如果之前接受过这种相关的训练，我的膝盖也就不会受伤了。

在其他情况下，风险是可接受的。例如，在基多，我意识到我将会遇到一些高海拔缺氧的问题，然而与其把一个高寒吸氧面罩绑在脸上，我更愿在遇到这种问题的时候选择面对它，因此，我接受风险。同样，在软件开发中，可能会有一些组件测试会受阻，甚至测试成本超过了利益，即使这样，这些风险仍将被人们所接受。

除了复杂的地形，徒步旅行的时间也很短暂。在健身房锻炼一小时——即使一台机器可以以某种方式模拟艰苦的攀登环境——仍然只有一小时。也许这可以实现肌肉训练和力量训练，但不能实现让身体适应整天爬上爬下的耐力训练。同样，数据分析测试不仅要考虑数据的变异性，还要考虑数据的大小。模拟预期操作环境的程度越高，测试越有效。

我的背包已经背在身上好几个月了，所以我非常清楚我的装备：质量完全分配，肩带舒适，几乎感觉不到它的质量。至于其他人，也许背包是刚买的还不习惯，要不断调节背带或重新分配物品来调节质量。

在软件开发中，还必须测试所构建的设备。模块独立执行的状况是否良好？与其他软件集成时，性能是否良好？起初，徒步旅行者也许会抱怨背包的质量差，但事实上是他们从来没有将背包一同作为他们训练的一部分。

可测试性的定义

可测试性是指系统、产品或组件能够建立测试标准的有效性和效率的程度，并且能够执行测试，从而确定是否符合这些标准。可测试性决定了功能测试、性能测试、负载测试、压力测试、单元测试、回归测试和其他测试可以成功实施演示技术要求的轻松程度。在很多情况下，都需要进行正负测试，因为测试不仅要证明软件在做它“应该”做的事情，还要证明它没有做“不应该”做的事情。

测试计划通常是在软件规划、设计同时结合生成技术需求的环境中创建的。通过纳入测试案例，利益相关者不仅能够有力地列举出软件验收必须满足的功能和性能要求，还能够具体说明在软件发布之前如何明确地显示和测试这些要求。可测性原则如模块化和可读性能够促进测试清晰度，并可以产生更有效地演示软件成功并遵守测试计划和测试用例要求的测试。

由于软件测试——特别是通过正式的测试计划进行的测试——在许多终端用户开发环境中绝对不存在，所以本章介绍的是如何区分和演示多种软件测试的模式，也进一步介绍形式化测试的好处，包括它们在软件质量保证计划中的关键作用，以及它们在创建一组能够共同演示软件测试成功用例中的作用。虽然可测试性是高性能软件应该具有的质量特征，但前提是必须存在软件测试的文化，以确保从更多的可测试软件中获益。

软件测试

软件测试是指在一组特定的测试用例中，从无限执行域中适当地选择一个程序的行为，以对预期行为进行动态验证。测试可以做到两件事情：一是证明软件正常的功能和性能，二是识别软件漏洞及其存在的潜在威胁。由于测试在软件开发中起着关键作用，SDLC 总是包含一个可以根据用户需求验证软件的测试阶段。

测试的主要作用是验证软件是否符合功能和性能目标。因为 SAS 从业人员力求纠正缺陷并提高性能以满足软件目标，所以测试不包括在软件开发过程中自然发生的优化和重构。例如，SAS 从业人员可能会先编写一个依赖 SORT 程序来排列数据集的处理方法，但在“测试”之后，可能会将其重构并用数据集索引来代替。该类型的经验测试可以看作开发过程的一部分，但并不能代表 SDLC 的测试阶段。相反，测试检查则被认为是完整的并且能实现验证的软件或软件模块。

测试的次要作用是确保软件对故障源的稳健性，因此，测试通常需要正常或异常的注入和环境特性。也就是说，测试的目的是发现所有对软件构成风险的漏洞，包括系统缺陷、软件错误以及技术要求错误等。不要仅仅满足于知道软件在做正确的事，确保它没有做错事同样重要。

测试者

大量的软件开发文献中提到，软件测试通常是由质量保证团队的一些优秀的测试人员操作的。虽然这种情况确实存在，但实际上，许多软件测试是由兼任软件测试职责的开发人员操作的。这种交互功能通常是敏捷（Agile）开发寻求的目标，可以有效提地高开发人员和整个团队的技能。

然而，软件测试人员的工作效率取决于开发人员能否提出新的观点。专注点不应再是软件质量的开发，而是要重点转向研究破坏、对抗和以其他方式威胁软件的解决方法。当一个团队完成软件制作时，他们要相信自己创造了一个杰作（一个能够激发客户同时满足软件预期使用寿命的所有需求和要求）的软件。如果在发布时，软件确实还存在潜在的缺陷或漏洞，则开发人员应把它们在代码或风险登记表中记录下来，同时要让客户知情并接受其所构成的风险。

另外，专业的软件测试人员除了接收代码、审查软件要求并确保这两者能正常运行外，将不再做任何事情。在充分具备技术规范的环境下，软件正面（或正确）行为的演示可以是直观的，但测试人员也必须能识别出软件的负面行为。如此一来，测试人员必须要对软件进行破解——假设漏洞存在，不但要找到这些漏洞并记录下来，还要提出相关的补救措施。软件测试人员的工作不是要试图创造出无缺陷的软件，而是要试图把它破解成碎片进行分析。但他们的角色和态度是至关重要的。

软件开发人员可以成为优秀的测试人员，但不一定是他们自己开发软件。由于软件开发后须立即进行测试，这就要求 SAS 从业人员要对他们刚刚创建的杰作进行恶意攻击，由此开发和测试之间的冷静期可以更具客观性。然而，由于这种延迟会阻止业务价值和期限，同行代码审查提供了一种测试方式，开发人员交换代码（以及各自的需求文档）以进行更直接的质量保证审查。

在终端用户开发环境中，SAS 从业人员既是软件开发人员又是软件用户。这类环境常常与 SDLC 最佳实践大相径庭。例如，在没有正式的软件测试阶段或草案的团队中，开发人员经常可以做到“即时修复”。此外，在终端用户开发环境中，开发人员建立的信任和友谊与正式的测试和测试文档相比较而言，前者将更有利于把软件完整性传达给客户和其他利益相关者。然而，即使在终端用户开发环境中，SAS 从业人员也可以从形式化的软件测试计划和方法中获益。因此，终端用户开发人员除了可同时作为开发人员和用户外，还可以扮演软件测试人员的角色。

测试计划

测试计划是描述预期测试活动的范围、方法、资源和时间表的文档。测试计划是有益的，因为它肯定了 SDLC 中测试的重要性，表明了对所有利益相关者的质量承诺。虽然技术要求表达了软件必须实现的目标，但正式的测试计划传达的是方法和指标，以确定那些目标能否实现。

综合测试计划应参考具体的软件需求。例如，一个需求可能表明：在不超过系统资源阈值水平的情况下，一个软件模块应该能有效地处理 1 000 万次观察。在开发环境中，模块将被执行，但不一定与软件操作中所预期的数据吞吐量的体积或变异性有关。在测试计划中指定负载测试是必需的，实际的 1 200 万次观察结果允许测试人员向利益相关者证明软件将根据需要进行充分的扩展。

许多测试计划都需要进行自动化测试，其本质是为了测试和验证正在开发的实际软件而额外进行的 SAS 程序。自动化测试是首选，因为结果是要开发出一款可重复、可防御的产品，最终可以提交给客户使用的软件产品。如果测试计划需要提交给客户或为后期的重用，测试数据和测试用例也应使用自动化测试对软件进行存档。

测试用例

测试用例是为某个特殊目标而编写的一组测试输入、执行条件以及预期结果，以便测试某个程序路径或核实是否满足某个特定需求。测试用例是用已知有限的内容测试未知。因此，虽然软件面临的总体变异性可能是多方面且近乎无限的（包括环境因素和数据变异性在内），但是当累积执行时，仍应提取一组限定的测试用例以充分确保软件的各个部分被测试。

测试用例允许开发人员保持对软件设计和开发的自主权，但最终要提供一个用于判断该软件的官方标准。测试计划通常包括对要验证和接受的软件必须展示的测试用例的枚举。例如，SAS 注释可以以“*”开头，以下测试计划摘录演示了软件开发人员或测试人员在完成测试计划后，可用于检查的测试用例：

```
* TEST: demonstrate an existent data set succeeds with ALL type;
* TEST: demonstrate an existent data set succeeds with CHAR type;
* TEST: demonstrate an existent data set succeeds with NUM type;
* TEST: demonstrate an existent data set succeeds with the type
missing;
* TEST: demonstrate an existent data set fails with GIBBERISH type;
* TEST: demonstrate a missing data set fails;
```

在后面的“单元测试”中，这些测试用例将被扩展为测试代码，用于证明每个测试的成功或失败。除此之外，正式的测试计划还包括为成功和失败的情况创建的特定返回码。

测试数据

虽然测试用例指的是软件必须成功定位以验证技术要求的正负条件，但测试数据指的是在测试过程中验证软件功能和性能的评估数据。在以用户为中心的软件应用程序中，这些数据通常也表示用户输入以及在软件中传递的其他信息。因此，传递给 SAS 宏模块的参数或从子进程返回的代码都可表示用于验证测试用例的测试数据。例如，要用一个参数验证宏，可能需要几个测试数据，且每个数据表示不同的参数条件——正确的值、不正确的值、无效值和缺失的参数。

在数据分析开发环境中，测试数据更常见地表示为提取的数据集或被处理的数据输入。在某些环境中，特别是在具有低容量数据的环境中，真实数据可能会被用作测试数据。如同在具有相对较小样本量的临床试验环境中，这都是常见的现象。使用真实数据来测试软件的第一个风险是：真实数据（特别是数量较小时）可能不会显示由数据模型或其他业务规则描述的有效数据的全部变异性。例如，业务逻辑可能会规定 SAS 软件在遇到癫痫患者病例时采取某些措施。然而，如果数据集中不存在癫痫病患者，则数据不足以验证测试用例。

使用真实数据来测试软件的第二个风险是：可能不会存在足够的无效数据（代表负测试用例的数据）。例如，如果业务规则指定患者的性别必须是数据集中的 M 或 F，并且数据约束通过条件 SAS 逻辑来强制执行此规则，则该逻辑只能在处理有效（M 和 F）和 无效（H 和 J）数据时被测试。虽然真实数据可能是建立测试数据集的良好基板，但仍须经常通过添加额外的数据从而确保所有正负测试用例都被充分显示。当真实与虚拟的数据相混合时，应更加小心谨慎，以防测试数据与实际数据混淆或集成。

虽然 Base SAS 不直接支持数据库的数据关系，但通常会构建数据集以表示关系数据库表。因此，完整性约束和其他业务规则可以有效地创建 SAS 平面数据集之间的等效关系结构。数据集的复杂关系决定了测试数据的复杂性。例如，如果两个数据集中的主键和外键之间存在一对多关系，则测试数据不仅要表示出有效值和无效值，还要表示出相应数据集之间的有效和无效关系，从而确保质量控制对无效值做适当地标记、清除、删除或修改。

随着时间的推移，测试数据集会因额外的变化而在操作数据集中被发现或并入。例如，开发团队在初始规划和设计过程中可能不会考虑如何处理特定数据集中的重复（无效）值的问题。当首次遇到重复值时，错误会被检测到，于是利益相关者就会建立错误处理的业务规则、创建测试用例、修改包括异常数据的测试数据，以便更新的软件可以证明其识别和处理重复数据。因为测试用例和测试数据的数量会在软件发布后随着时间的推移而不断增加，当生产软件被验证时，使用软件将测试代码、测试用例、测试数据和测试结果归档是有益的。这种版本化允许利益相关者在必要时重新创建历史测试需求、条件和结果。

测试方式

在重多的软件测试模式中，多数模式都在意图、功能和技术上彼此重叠。大多数的测试活动都发生在 SDLC 的测试阶段。在无法完全复制开发和测试环境的情况下，有些测试仍将继续进行软件操作。根据国际标准化组织（ISO）的定义，常见的软件测试类型如下。

- 非正式测试——未经客户、用户或指定管理层审核和批准的测试计划和程序而进行的测试。
- 正式测试——按照客户、用户或指定管理层审核和批准的测试计划和程序进行的测试。
- 自动化测试——通过可重复程序对任何类型软件进行的测试，旨在验证原始软件的功能或性能是否有效。

- 单元测试——①由开发人员或独立测试人员对各程序和模块进行的测试；②为排除分析或编程错误对各个程序或模块进行的测试。
- 分支测试——旨在执行计算机程序中每个决策点的结果。
- 功能测试——忽略了系统或组件的内部机制，仅专注于响应所选输入和执行条件生成的输出；旨在评估具有指定功能要求的系统或组件的合规性。
- 性能测试——旨在评估具有指定性能要求的系统或组件的合规性。
- 负载测试——按预期的负载、需求或使用水平评估组件。虽然压力测试的 ISO 定义包含负载测试，但许多软件文本将负载测试区分为测试，但不会超过预期的数据量、需求、用户或其他属性。
- 压力测试——对某一系统或组件在其要求的限度内或超出其限度进行评估。
- 集成测试——对软件组件、硬件组件或二者组合进行的测试，旨在评估组件之间的交互作用。
- 回归测试——系统或组件的选择性测试，旨在验证修改没有造成意想不到的影响，确保系统或组件仍符合规定要求；测试需要确定系统组件的更改没有对软件的功能、可靠性或性能产生影响，也没有引入额外的缺陷。
- 验收（交付）测试——确定一个系统是否满足其验收标准，并使客户能够决定是否接受该系统。

非正式测试

在对非正式测试与正式测试的 ISO 定义中，二者的不同仅在于前者的测试计划和测试程序是未经“客户、用户或指定管理层审查和批准的”。虽然在某些环境中可能并非如此，但这类假设的测试计划和程序仍是存在的。特别是在终端用户开发环境中，非正式测试可以帮助开发人员在理想的条件下通过理想的数据注入方式检查某些过程的输出。这种人工检查虽然实现了表面效度但导致完整性缺失。也就是说，除了在另外说明的情况下，软件本就该按照它最初设定的方式运行。

非正式测试满足于某些目的和环境，但它是否具备方便性则取决于软件自身的缺陷和缺点。当非正式测试没有被文档化时，开发人员、客户和其他利益相关者就必须接受代码“看起来正确”或“运行正常”的说法，只是这种非正式过程既不可重复，又不可维护。例如，如第 15 章“可读性”的“计划被巴士撞到”部分所述，当托马斯无法正常工作时，他的测试计划和测试结果无法记录在案，所以必须重复执行测试。当测试文档不存在时，利益相关者就只会相信开发人员执行的测试，而不会再考虑 SDLC 的完整性和正式测试的程序了。

不同的测试程序评审及批准过程是 ISO 区分非正式和正式测试的标识。软件规划中对技术要求的规范旨在确保所有利益相关者对所需功能和性能保持一个清晰、明确的视角。但是，如果性能要求指定软件必须有效处理 1 000 万次观察结果，并在 SAS Display Manager 和 SAS Studio 环境之间进行移植，那么应该存在一个能将这些要求细节展示给客户的测试计划。在这个案例中，测试计划不一定是冗长的文档；一条单一语句就可能实现在两个 SAS 环境中产生相同结果和性能的需求软件。在正式测试的环境中，测试用例需要对如何定义和测量等效的功能和性能进行详细的说明。

正式测试

正式测试不仅认定了测试计划和程序的存在，同时也证明了测试计划已被利益相关者接受。在满足软件技术要求和客户接受软件的环境下，软件的正式测试可以通过提供测试性能的具体方法和度量来促进验收过程。此外，那些执行测试的人将理解他们的工作是一个有组织的过程的一部分，因为他们执行了测试计划。因此，正式的测试过程确保了开发人员、客户和其他利益相关者在评估软件是否完成的方法上达成一致——通常指的是作为完成的定义。

自动化测试

自动化测试（或测试自动化）是指用于测试其他软件的软件，其中包括第三方开源代码或商业现货（COTS）测试软件，以及由开发人员或测试人员自主研发的测试软件。自动化测试有很多优势，而且在许多开发环境中，“测试”是“自动测试”的代名词，因为所有的测试都必须是自动化的。自动化测试运行简便，并能提供有结构、可重复、可防御的方法，从而验证软件或发现缺陷、漏洞。此外，可以通过代码和测试数据对自动化测试进行存档，以便在必要时对测试条件（和结果）进行复制。

自动化测试是第三代程序设计语言（3GL）的标准，如 Java 或 Python。虽然能够被大众认可，但部分 Base SAS 不能兼容第三方测试软件，且在 SAS 文献中有关自动化测试的描述很少，所以只能在规模有限的少数环境中实现。然而，SAS 软件的质量却可以通过自动化测试大大提高：一是因为测试可以找出软件漏洞，二是因为自动化测试能够帮助 SAS 从业人员通过对软件的计划、设计和发展而培养一种可测试性思维方式。处于支持自动化测试研发环境下的 SAS 从业人员，甚至要在研发之前就清楚软件要经过哪些测试，这将有助于程序的框架设计和开发活动。

单元测试和功能测试是两种最常见的自动化测试。单元测试旨在检查软件的单个模块，通常与其他软件元素或功能无关。例如，SAS 宏的单元测试可以验证程序块如何处理有效或无效的数据和输入参数。尤其是在被测试的单元代表一个 SAS 宏时，单元测试可以被概念化为假父进程，调用 SAS 宏来验证特定的测试用例。相反地，不管中间发生什么，功能测试只是检查软件输入和输出。从某种意义上说，功能测试描述了软件级别的单元测试。自动化单元测试和功能测试将在后面的“单元测试”和“功能测试”部分分别介绍。

作为测试优先开发和测试驱动开发（TDD）环境中的核心内容，自动化测试的编写工作可在软件开发之前完成，或与软件开发同时进行，或在软件完成单独的测试之后立即完成。但是在敏捷（Agile）和其他快速开发环境中，自动化测试的编写通常是在软件开发后立即进行的，因为软件组件的设计、开发、测试、验收以及发布都必须在固定的迭代周期内完成。这与阶段式瀑布环境形成对比，自动测试可能在软件开发出现几周或几个月后完成。

无论实施自动化测试的方式如何，只要软件被验证和接受，那么所有的自动化测试就是有效的。在使用自动化测试的环境中，软件在整个 SDLC 中的变化程度也会影响自动化测试的改进，从而确保在软件验收之前能够准确地表示软件行为。例如，如果 SAS 宏的功能意图在生产后被更改，或者宏增加了其他参数，则这些更改信息应同时反映在更新的自动化单元测试中。

单元测试

单元测试旨在测试软件中最小的功能模块。在软件模块化的原则下，模块应该是功能分离的、松耦合的和封装的。因此，从理论上来说，单元测试是简单易行的，因为它测试的是一小部分缺乏复杂性的代码。单元测试通常被称为白盒测试，因其模块的内部机制是可视的且能被验证的，这与功能测试（也称为黑盒测试）相反。然而，要明确的一点是，白盒测试还可以指其他种类的测试，如分支测试、集成测试或回归测试。

在 SAS 的开发环境中，只要支持模块化设计原则，那么单元测试通常指对单个宏、DATA 步骤或批处理作业的测试。然而，如果你设计的宏是 150 行，其中包括的功能可能是混合的，而不是离散的，是一种更接近于代表整体的而不是模块化的设计。虽然可以对单片代码进行功能测试，但绝对不可能使用复合功能对复杂的软件模块进行单元测试。就像预期模块化软件是松耦合的一样，单元测试也应尽可能少地依赖于其他单元测试。在第 14 章“模块化”中已经讨论过如何利用模块化软件设计和功能分解来识别软件离散功能的问题，在此不加赘述。

考虑 %VARLIST 宏，第 15 章“宏注释”部分中演示过：

```
creates a space-delimited list of all variables within a data set;
***** does not validate existence of the data set;
***** assumes a shared lock can be obtained on the data set;
***** does not validate the TYPE parameter;
%macro varlist(dsn= /* data set name in LIB.dataset or dataset
format */,
    type= /* ALL, NUM, or CHAR, the type of variables returned */);
%local vars;
%local dsid;
%local i;
%global varlist;
%let varlist=;
%let dsid=%sysfunc(open(&dsn, i));
%let vars=%sysfunc(attrn(&dsid, nvars));
%do i=1 %to &vars;
    %let vartype=%sysfunc(vartype(&dsid,&i));
    %if %upcase(&type)=ALL or (&vartype=N and %upcase(&type)=NUM) or
          (&vartype=C and %upcase(&type)=CHAR) %then %do;
        %let varlist=&varlist %sysfunc(varname(&dsid,&i));
        %end;
    %end;
%let close=%sysfunc(close(&dsid));
%mend;
```

单元测试规定了应测试最小的模块，但未规定正在执行的测试类型。例如，如果条件逻辑分支发生在一个单元内，则分支测试可能会作为单元测试的一部分执行。功能测试通常也包括在内，即使它们只是作为子进程被调用，但单元应该具备某些功能或用途。单元测试与许多其他类型的测试一样，在很大程度上都与测试模式有所重叠，但每个模块仍要进行彻底的测试。

以下代码演示了 %VARLIST 宏预期输出的 3 个单元测试：

```
*TEST GROUP: pass existent data set with valid and invalid data types;
libname test 'c:\perm';
%macro test_varlist;
data test.test_dsn;
   length char1 $10 char2 $10 num1 8 num2 8;
run;
*TEST: demonstrate an existent data set with ALL type;
%varlist(dsn=test.test_dsn,type=ALL);
%if &varlist=char1 char2 num1 num2 %then %put ALL: PASS;
%else %put ALL: FAIL;

*TEST: demonstrate an existent data set with NUM type;
%varlist(dsn=test.test_dsn,type=NUM);
%if &varlist=num1 num2 %then %put NUM: PASS;
%else %put NUM: FAIL;

*TEST: demonstrate an existent data set with missing type;
%varlist(dsn=test.test_dsn,type=);
%if %length(&varlist)=0 %then %put Missing TYPE: PASS;
%else %put CHAR: FAIL;
%mend;

%test_varlist;
```

如果测试结果显示 FAIL，这表明模块中存在错误。在这个例子中，展示了 3 个测试用例。前两个用例是正常操作（正测试用例），而第三个表示省略了 TYPE 参数的异常用例（负测试用例）。虽然还需要进行其他单元测试才能对该模块进行全面的测试，但这也代表了一个正确方向的开始。

单元测试的作用是极大的，因为它测试了软件功能的离散模块。从理论上说，单元测试应该相互分离，使其能够遵循它们验证的代码。例如，如果开发了一个模块

化的 SAS 宏，并且具有足够的灵活性，因此，它需要包含在重用库（第 18 章“复用目录”部分）中——不仅仅是宏，还有其单独的单元测试代码和日志都可以编入重用库中，以便将来再次使用。为了在软件验收过程中更快地验证软件功能，有时也会将单元测试代码和单元测试结果（同完成的软件一起）提供给客户和其他利益相关者。

分支测试

分支或路径测试旨在测试较为复杂的条件逻辑语句。理论上，所有的分支都应该进行测试，但在分支表示环境属性而不是传递参数的情况下，测试所有分支是很难实现的。例如，一个分支被检测到它只在 UNIX 环境中运行，那么在 Windows 环境中进行测试时就不能运行。

为了演示在“单元测试”部分中描述的 %VARLIST 宏的分支测试，当 TYPE 参数丢失或无效时，可以添加两个额外的单元测试来演示程序流程：

```
* TEST: demonstrate an existent data set with the type missing;
%varlist(dsn=test.test_dsn,type=);
%if %length(&varlist)=0 %then %put Missing: PASS;
%else %put Missing: FAIL;

* TEST: demonstrate an existent data set with an invalid type;
%varlist(dsn=test.test_dsn,type=BLAH);
%if %length(&varlist)=0 %then %put Missing: PASS;
%else %put Missing: FAIL;
```

当这些附加测试在 %TEST_VARLIST 宏的结构中运行时，它们演示的是空 TYPE 参数或无效的 TYPE 参数将产生一个空的全局宏变量 &VARLIST。与前面的 3 个单元测试一起，这 5 个测试共同证明分支测试已经通过。

分支测试最重要的一个作用是测试故障安全路径，从而能够确保软件安全正常地运行。故障安全路径在第 11 章“安全性”的“自动防故障装置的路径”部分进行了讨论，且当稳健性软件遇到运行错误或其他无法恢复的异常时，就需要进行故障安全路径测试。例如，当软件发生故障时，可能会出现数据集锁定、文件流被打开、临时或无效的数据集被创建等情况——每个故障都需要在故障安全路径中进行一些操作，以确保软件返回到安全状态。分支测试故障安全路径如同既定的业务规则一样，是解决软件故障的唯一方法。

功能测试

功能测试旨在测试软件的输入和输出，并不会测试其他文件流。因为软件（或开发人员）不能查看模块内部，只有输入和输出是可视的，所以功能测试通常也被称为黑盒测试。“单元测试”和“分支测试”部分中的测试用例都可看作模块级功能测试的用例。然而，功能测试一般是对具有复合功能的大型软件产品的测试。

在以下用例中，%GET_MEANS 宏运行 MEANS 过程，并将一个或多个变量的平均值保存到数据集。调用 %VARLIST 宏为 MEANS 过程中的 VAR 语句提供输入，最后在 Means_temp 数据集中生成输出：

```
data final;
   length num1 8 num2 8 char $10;
   char="n/a";
   do num1=1 to 10;
      num2=num1+10;
      output;
      end;
run;

* saves mean values of one or more variables to a data set;
%macro get_means(dsn=);
%varlist(dsn=&dsn,type=num);
proc means data=&dsn noprint;
   var &varlist;
   output out=means_temp;
run;
%mend;

%get_means(dsn=final);
```

对 %GET_MEANS 宏进行功能测试，不需要直接测试 %VARLIST 过程的输入、输出或其他任何方面。%GET_MEANS 的功能测试应只评估宏本身的输入（Final 数据集）和输出（Means_temp 数据集）。%GET_MEANS 中的 %VARLIST 宏和其他功能基本上都发生在黑盒中，如以下功能测试所示。

```
*TEST GET_MEANS;
*show means in output data set are accurate;
proc means data=final noprint;
    var num1 num2;
    output out=test_get_means;
run;
%get_means(dsn=final);
proc compare base=test_get_means compare=means_temp;
run;
```

COMPARE 过程验证了 MEANS 过程与 %GET_MEANS 宏产生的结果相同。如上所述，当被测试的功能是单一的，正如在 %GET_MEANS 宏的测试中，测试本身可能会比较长甚至长于被测试的代码。然而，随着程序的复杂性的增加，功能测试代码将保持相对较小的状态，因为它仅依赖于初始输入和输出，并且不会引用或利用次级输入或输出。

某些技术要求指定的功能只能通过对软件及其附属产品的测试验证来实现。例如，在数据分析开发环境中，如果 REPORT 过程使用 OUT 语句来创建可测试数据集，那么在一定程度上可以通过自动测试来检查诸如 SAS 报告的数据产品。至于如格式和排版等其他的功能要求，则只能通过手动检查来验证。

性能测试

性能测试旨在测试性能而不是功能，包括负载测试、压力测试以及与运行速度、效率和可扩展性相关的所有测试。因为数据具有变异性，包括测试数据和生产数据之间存在的基本差异，所以性能测试在数据分析开发中发挥着重要作用。在后面的章节对负载测试和压力测试进行了相关描述，在第 7 章“运行效率”、第 8 章“效率”和第 9 章“可扩展性”中分别描述了如何提高软件速度、效率和可扩展性的方法。

性能测试通常涉及能够处理阈值的测试软件，该阈值对应于一个系统或组件所指定的最小或最大的输入、内部或输出的值。阈值可用于促进软件安全，例如，通过检测错误输入可以发现缓冲区溢出错误或其他故障。与数据分析开发更为相关的是，在技术需求中通常会使用阈值来确定软件必需的数据量或运算能力。负载测试不同于压力测试，因为前者是在边界极限范围内进行测试，而后者则是要超过边界极限进行测试。换句话说，负载测试应在软件验收之前进行，而压力测试则是将软件置于测试环境，查看软件何时会发生可能或不可避免的故障。

性能测试有时被概念化为可靠性测试，但这取决于贯穿功能和性能测试的灰色区域。如果软件功能不可靠，则当数据产品、输出或解决方案的可用性受到破坏时，其功能也会被削弱。例如，如果数据集完全由另一个用户或进程锁定，那么在前面“功能测试”部分中演示的 %GET_MEANS 宏就会失败，这将对软件的顽健性和可靠性构成威胁。

为了检测异常锁定的数据集，可开发一个附加模块（%DSN_AVAILABLE）用于测试数据集的存在性和可用性。如果数据集不存在或已被锁定，OPEN 函数将返回 &DSID 宏变量的 0 值：

```
*tests existence and shared lock availability of a data set;
%macro dsn_available(dsn= /* data set in LIB.DSN or DSN format */);
%global dsn_available_RC;
%let dsn_available_RC=;
%local dsid;
%local close;
%let dsid=%sysfunc(open(&dsn));
%if &dsid ^ =0 %then %do;
   %let dsn_available_RC=TRUE;
   %let close=%sysfunc(close(&dsid));
   %end;
%else %let dsn_available_RC=FALSE;
%mend;
```

因为不能在缺失或锁定的数据集上调用 MEANS 程序，所以增强稳健性要在 %GET_MEANS 程序中实现宏，并尝试在 MEANS 程序之前立即测试 &DSN_AVAILABLE_RC 返回码的值。然而，软件仍被终止，软件的可靠性并没有得到改善，而且一旦数据集被锁定，也会损失商业价值。虽然软件已经对一种类型的异常产生了稳健性，但为了使其更加可靠，需要额外的异常处理来等待数据集被解锁，或提供重复数据集以进行故障转移，或提供一些能够保证实现商业价值的其他解决措施。

以下为修改后的包含 %DSN _AVAILABLE 质量控制的 %GET_MEANS 宏：

```
*saves mean values of one or more variables to a data set;
%macro get_means(dsn= /* data set in LIB.DSN or DSN format */);
%dsn_available(dsn=&dsn);
```

```
%if &dsn_available_RC=TRUE %then %do;
%varlist(dsn=&dsn,type=num);
    proc means data=&dsn noprint;
        var &varlist;
        output out=means_temp;
    run;
    %end;
%else %put DATA SET MISSING OR LOCKED;
%mend;

%get_means(dsn=final);
```

将新的模块集成到 %GET_MEANS 宏后，集成测试应确保软件功能能够按预期的方式运行。这将在本章的“集成测试”部分进行介绍，提示一下：测试会发现 %GET_MEANS 宏中的逻辑错误。

负载测试

负载测试是对软件要求中描述的数据量或需求（使用）进行的测试。虽然负载（需求）测试旨在测试一个软件应用程序，以确保软件能够有效地被 50 个用户（如果这是预期的用户量）同时使用；鉴于本章的写作目的，只对负载测试关于数据吞吐量的预期容量和速度测试进行了讨论。例如，正在开发一个提取 – 变换 – 加载（ETL）系统，并且每天需要处理至多 2 000 万个观测值，那么在某一时间点软件要对该预测量进行负载测试。然而，在开发或早期测试的过程中，通常使用少量的数据来运行和测试软件，从而能够更快地验证软件性能和测试结果。

然而，负载测试不应被误解为仅对要求中指定的预期数据的测试。例如，如果预期的数据量是 2 000 万个，那么负载测试可能会以该数值的 125% 来测试软件，演示软件将如何处理这种变化。在其他情况下，如果预测负荷随着时间的推移而增加，也应进行负载测试。例如，其他要求可能不仅规定了每天 2 000 万个观测值的初始量，而且规定了此后每年还需要另外提供 500 万次的观测值。在第二种情况下，负载测试可能会执行到 5 年的预期标准 ——即 4 500 万次观测——来确定软件将如何处理最终的负载。如果测试结果表明软件并不能随着数据的增加而满足性能要求，那么超出当前负载量的负载测试可以使利益相关者能够为未来规划程序或非程序性解决方案。

负载测试通常表现出软件在数据量和速度方面的扩展能力——从测试环境到生产环境，甚至还有其他理论上的未来环境。根据 ISO 的定义，负载测试被纳入压力测试，二者并无差别。然而，在软件开发文献中通常会在这两个概念，这也是本书的理论支撑。正如“测试数据”部分所述，测试数据也应具有变异性，以显示正负测试用例的广度；只不过变异性通常不是负载测试的重点。

压力测试

压力测试旨在验证软件在预期负荷内或超出负荷时的性能。然而在本书中，负载测试和压力测试是不同的：压力测试更倾向于暴露软件缺陷、性能故障或功能故障，因而能够有选择性地测试超过其操作能力的软件。在某些情况下，压力测试是根据需求规范中确定的统计阈值进行的。例如，如果要求规定软件每天必须处理 2000 万个观测值，那么压力测试用例的数值可能会是该值的 500 倍。

在其他情况下，除非软件遇到功能或性能故障，压力测试一般表示增量测试。例如，压力测试可能会创建越来越大的测试数据集，直到程序的某些组件耗尽内存或出现其他运行错误。这等同于功能压力测试，因为它可以针对一个或多个压力源（如数据量）来测试整个软件产品。第 8 章“效率”部分演示了 SORT 程序从执行效率低到执行失败的压力测试。第 9 章“可扩展性”的“低效弯管”部分演示了 FULLSTIMER 性能指标（用于帮助性能和功能故障预测）的使用方法。

在应用程序开发中，恶意方可以通过使用代码注入或缓冲区溢出攻击实现软件覆盖，从而对软件构成威胁，因此，压力测试是保证软件安全性的重要组成部分。虽然软件攻击超出了本书的写作范围，但在处理大量的输入、注入或数据吞吐量时，压力测试仍然是确保和验证软件不会失败的关键步骤。一定程度上来讲，压力测试旨在测试数据验证的局限和其他质量控制，以确保软件能够正常运行。

环境压力测试旨在验证软件将如何应对变化的环境。在硬件压力测试中，这可能涉及在极端高温、寒冷、潮湿或面对其他物理威胁的环境下，测试设备所表现出的性能。然而，在软件压力测试中，更常见的环境威胁包括系统资源的减少，如低内存环境。例如，压力测试可能会通过对 SAS 应用程序中可用内存量减半的方式，测试软件在低内存环境中的运行情况。完整的压力测试将继续减少可用内存，直到软件出现功能或性能故障，从而生成将来可用于阻止和检测此类故障的阈值。

真正的压力测试通常是软件无法通过的一种测试。特别是在压力测试会引起软件故障的情况下，可以理解，故障将是显而易见的，而测试旨在记录发生故障的边界。在某些情况下，如果压力测试显示故障阈值与预期数据负载相近，则可能需要额外的重构，以确保软件在正常使用情况下不会失效。在其他情况下，压力测试将产生如此高（或低）的阈值，在软件的实际操作中并不会实现，因此，不存在任何风险。

在某些情况下，开发人员实际上是在测试软件语言自身的局限。例如，SAS 文档描述了 SYSPARM 命令行选项，但对于可传递字符串的最大长度等上限问题并未做任何说明。因此，以下子进程可以保存为 C:\perm\stress.sas，在父进程传递之后对 &SYSPARM 宏变量的长度进行了评估：

```
libname perm 'c:\perm';

%macro test;
%if %sysfunc(exist(perm.stress))=0 %then %do;
   data perm.stress;
      length text $10000 len 8;
   run;
   %end;
data perm.stress;
   set perm.stress end=eof;
   output;
   if eof then do;
      text=strip("&sysparm");
      len=length(text);
      output;
      end;
run;
%mend;

%test;
```

当执行以下父进程时，它会从 1 ~ 100 个字符迭代地测试 SYSPARM 的长度：

```
%macro sysparm_stress_test();
%local var;
%do i=1 %to 100;
   %put &i;
```

```
    %let var=&var.1;
    systask command """%sysget(SASROOT)\sas.exe"" -noterminal -nosplash
       -sysparm ""&var"" -sysin ""&perm\stress.sas"" -log
       ""&perm\stress.log"" -print ""&perm\stress.lst"""
       status=stress_status taskname=stress_task;
    waitfor _all_ stress_task;
    %end;
%mend;
```

部分结果表明，在第 83 次迭代时，因为 SYSTASK COMMAND 语句使用的引用长度超过了 BASE SAS 阈值，所以系统达到了 SYSTASK 语句本身的一个阈值（这是预期的测试目标，而不是 SYSPARM 选项）：

```
82
NOTE: Task "stress_task" produced no LOG/Output.
83
WARNING: The quoted string currently being processed has become
more than 262 characters long.
          You might have unbalanced quotation marks.
NOTE: Task "stress_task" produced no LOG/Output.
```

尽管发出警告消息，但对 PERM.Stress 数据集的检测显示：SYSTASK 语句继续执行，SYSPARM 长度继续增加，因此，该警告未构成实际的限制或威胁。进一步的压力测试（未演示）将会表明：在长度为 8076 个字符的环境下，SYSTASK 语句本身开始失效，同时产生编号为“104”的 STATUS 返回码，但在日志中并没有警告或“运行时错误”的记录。这不仅证明了压力测试的重要性，还证明了在异常处理中成功验证关键过程的重要性。在第 12 章“自动化”中已对 SYSTASK 语句和 SYSPARM 选项进行了充分讨论。通过压力测试实现了新的信息（和系统边界），SAS 实践者可以更有信心地实现 SYSTASK 和 SYSPARM 参数。

集成测试

一旦代码模块被单独测试并集成到一个更大的软件系统中，一定要了解所有组件将如何组合在一起。集成测试通过表明模块一起工作，并在其集体实施中不会产生额外的漏洞来实现这一点。在前面“性能测试”部分中展示的 %GET_MEANS 宏包含了一个逻辑错误，使其容易受到丢失或锁定数据集的攻击——这也是额外异常处理试图消除的两个漏洞！

虽然 OPEN 函数可以证明数据集存在且未被排除锁定，但是随后 %DSN_AVAILABLE 宏将使用 CLOSE 函数关闭数据集。一旦关闭，在另一个 SAS 会话中运行的独立的程序可能会潜入系统，删除或完全锁定数据集。因此，尽管 &DSN_AVAILABLE_RC 返回码显示为 TRUE，但在 MEANS 程序执行时，数据集可能被锁定或删除，从而导致 MEANS 程序失败。这证明了集成测试的重要性，因为在表面价值上，%DSN_AVAILABLE 宏确实验证了数据集的存在和可用性这两个目标。但是，当软件在这个宏下运行时，并不能排除所有风险。

为了解决这个问题，在 MEANS 程序执行时，数据集的 I/O 流必须保持打开状态，从而防止 SAS 的并发会话删除或完全锁定数据集。一旦 MEANS 程序终止，CLOSE 函数应该从 %GET_MEANS 模块中执行，而不是从 %DSN_AVAILABLE 宏中执行。此修改还要求将 &DSID 宏变量从本地宏变量更改为全局宏变量，以便它可以被 %GET_MEANS 宏读取：

```
*tests existence and shared lock availability of a data set;
%macro dsn_available(dsn= /* data set in LIB.DSN or DSN format */);
%global dsn_available_RC;
%let dsn_available_RC=;
%global dsid;
%let dsid=%sysfunc(open(&dsn));
%if &dsid ^ =0 %then %let dsn_available_RC=TRUE;
%else %let dsn_available_RC=FALSE;
%mend;

*saves mean values of one or more variables to a data set;
%macro get_means(dsn= /* data set in LIB.DSN or DSN format */);
%dsn_available(dsn=&dsn);
%if &dsn_available_RC=TRUE %then %do;
%varlist(dsn=&dsn,type=num);
   proc means data=&dsn noprint;
      var &varlist;
      output out=means_temp;
   run;
   %let close=%sysfunc(close(&dsid));
```

```
    %end;
%else %put DATA SET MISSING OR LOCKED;
%mend;
```

虽然更新后的代码实现了功能意图，并且产生了能够应对丢失或完全锁定数据集的稳健性，但不幸的是，软件模块化终究还是降低了。所以文件流必须在子进程中被打开，为了减少松耦合和封装，应在父进程中关闭文件流。子进程执行的任务是有风险的：要打开后需要的 %SYSFUNC（CLOSE）函数的文件流，但无法保证文件流由父进程关闭。然而，如果需要保护进程免受外部 SAS 会话的侵扰，那么这种权衡就会失去静态性能（模块化），从而获得动态性能（稳健性）。松耦合和封装已在第 14 章“模块化”中讨论过。

回归测试

集成测试将一个模块添加到一个更大的代码体中，然后设法确保复合（合成）软件仍能按照需要的功能运行。然而，如“集成测试”部分所述，这可能需要对模块进行或多或少的更改，例如，要想纠正逻辑错误就必须对 %DSN_AVAILABLE 宏进行彻底检查。从另一个角度来说，回归测试只有在模块被修改后进行，才能确保软件当前的功能或性能不会降低。例如，在稳定的软件生产中，可重用模块——如 %DSN_AVAILABLE 宏——可能已被保存在 SAS 自动调用宏工具或外部 SAS 程序中，并使用 %INCLUDE 语句进行引用。测试模块的这种稳定性有助于其重用和对其他软件和解决方案的普适性。

但是，由于宏必须被修改，所有引用它的其他软件都需要进行测试，以确保宏仍然能够在这些不同的用例中运行。而且，由于 CLOSE 语句必须被删除，所以对 %DSN_AVAILABLE 宏的修改很可能会导致它在引用原始版本的软件中失败。因此，回归测试旨在证明修改后的模块或软件具备后向兼容性，以确保旧版本的使用没有被破坏或无效。

相反，更安全（和后向兼容）的解决方案修改 %DSN_AVAILABLE 宏用于 %GET_MEANS 而不牺牲其原始设计（包括 CLOSE 语句）。这种更具顽健性的修改通过支持后向兼容性进行回归测试：

```
*tests existence and shared lock availability of a data set;
%macro dsn_available(dsn= /* data set in LIB.DSN or DSN format */,
```

```
    close=YES /* default closes the data set, NO keeps the stream
    open */);
%global dsn_available_RC;
%let dsn_available_RC=;
%global dsid;
%let dsid=%sysfunc(open(&dsn));
%if &dsid ^ =0 %then %do;
    %let dsn_available_RC=TRUE;
    %if &close=YES %then %let close=%sysfunc(close(&dsid));
    %end;
%else %let dsn_available_RC=FALSE;
%mend;
```

该函数现在向后兼容，因为它用一个额外的参数 CLOSE 来重载宏调用，表示是否关闭 %DSN AVAILABLE 数据流。旧代码仍然可以通过以下代码调用宏，这将在宏退出之前关闭 I/O 流（默认为 CLOSE = YES）：

```
%dsn_available(dsn=&dsn);
```

或者，按照 %GET_MEANS 宏的要求，%DSN_AVAILABLE 宏可以通过包含 CLOSE = NO 参数来重载，这将使 I/O 流保持打开状态，以便父进程（而不是子进程）可以在 MEANS 程序完成后关闭：

```
* saves mean values of one or more variables to a data set;
%macro get_means(dsn=);
%dsn_available(dsn=&dsn, close=NO);
%if &dsn_available_RC=TRUE %then %do;
%varlist(dsn=&dsn,type=num);
   proc means data=&dsn noprint;
      var &varlist;
      output out=means_temp;
   run;
   %let close=%sysfunc(close(&dsid));
   %end;
%else %put DATA SET MISSING OR LOCKED;
%mend;

%get_means(dsn=final);
```

特别是开发团队或组织在整个软件生产中使用稳定代码库时，应尽力确保模块在修改后具备后向兼容性，以便这些模块的现有调用和使用不必被单独修改。回归测试是软件可维护性的一个重要方面，因为当仅需要修改软件的一小部分时，它有效地减少了系统的修改范围。

批处理作业的回归测试

批处理作业是自动生成的 SAS 程序，是在由命令提示符、SAS 交互式环境或其他批处理作业启动的自包含会话中生成的。如第 12 章“自动化”的“使用 SYSPARM 传递参数”部分所述，使用 SYSPARM 可以将一个或多个参数从父进程（或 OS 环境）传递到批处理作业。在批处理作业中，&SYSPARM 自动宏变量接收 SYSPARM 参数，该参数可被解析为一个或多个参数或值。

因为批处理作业已经经过测试、验证、自动化，并且经常调度调试，所以 SAS 生产软件能够确保可靠的执行。然而，即使是最可靠的批处理作业，也必须加以维护并时常对其进行修改，这样才能保证其能够兼容环境中的各种需求与变化。此外，由于开发和测试都发生在交互环境而不是批处理环境中，所以可通过手动运行批处理作业执行回归测试的方式，确保二者是否已具备应对交互环境的后向兼容性。

为了演示后向兼容性缺失，以下纯文本批处理文件保存为 C：\ perm \ freq.bat：

```
"c:\program files\sashome\sasfoundation\9.4\sas.exe" -noterminal
    -nosplash -sysin c:\perm\freq.sas -log C:\perm\freq.log -print
    c:\perm\freq.lst -sysparm "dsn=perm.final, table_var=char1"
```

批处理文件调用 SAS 批处理作业 C：\ perm \ freq.sas，在 SYSPARM 内部 DSN 参数中指定的数据集上运行 FREQ 过程。为了确保数据集是可用的（仅在此模拟中），LIBNAME 语句应在 DATA 步骤生成 PERM.Final 数据集时对 PERM 库进行分配。以下代码应保存为 C：\ perm \ freq.sas：

```
libname perm 'c:\perm';
data perm.final; * produces required data set;
    length char1 $10;
    do i=1 to 10;
        char1="obs" || strip(put(i,8.));
        output;
        end;
```

```
run;

*accepts a comma-delimited list of parameters in VAR1=parameter
   one, VAR2=parameter two format;
%macro getparm();
%local i;
%let i=1;
%if %length(&sysparm)=0 %then %return;
%do %while(%length(%scan(%quote(&sysparm),&i,','))>1);
   %let var=%scan(%scan(%quote(&sysparm),&i,','),1,=);
   %let val=%scan(%scan(%quote(&sysparm),&i,','),2,=);
   %global &var;
   %let &var=&val;
   %let i=%eval(&i+1);
   %end;
%mend;

*retrieves the parameters DSN (data set name) and TABLE_VAR
   (variable name to be analyzed);
%getparm;
proc freq data=&dsn;
   tables &table_var;
run;
```

该 Freq.sas 程序在批处理中运行，但当执行交互（包括 SAS Display Manager 或 SAS Enterprise Guide）时，软件将失败，因为 &SYSPARM 宏变量为空且并未传递 SYSPARM 参数。为了确保后向兼容性，软件应该能够从交互模式和批处理模式中实现手动运行。以下插入的代码用于测试 &SYSPARM 宏变量，如果测试结果为空，则将默认值分配给全局宏变量，否则这些变量将被 %GETPARM 宏所创建：

```
*REMOVE IN PRODUCTION! * initializes SYSPARM for testing environment;
%macro testparm();
%if %length(&sysparm)=0 %then %let sysparm=dsn=perm.final,
   table_var=char1;
%mend;

%testparm; * REMOVE IN PRODUCTION!;
```

在 %MEND 语句和 %GETPARM 调用之间插入此代码将 &SYSPARM 分配给默认值，从而允许以交互的方式执行 %GETPARM 宏。因为插入的代码可以屏蔽错误，所以在软件生产中必须将它删除，例如，批处理作业在没有 SYSPARM 参数的情况下就会被错误地调用。然而，通过插入这个简洁的测试代码，开发人员就能够在交互环境中完成对软件的运行、修改和测试。这部分内容在第 12 章“自动化”的“批处理反向兼容性”部分做了详细说明。

验收测试

与其说验收测试是一场实际测试，不如说是一次向客户、用户或其他利益相关者展示软件性能的表演。验收测试主要演示软件的功能和性能，在正式验收测试期间，利益相关者可以与软件一起审核需求文档，以验证该软件是否已经展示了所有的技术规范。通过对测试用例的验证，客户或其他利益相关者可以确信软件不仅满足了功能和性能要求，还满足了正式的测试要求。

但在数据分析开发环境中，商业价值通常不是通过软件产品（或敏捷文献中提到的原型“可释放代码”）传递的，而是通过生产的数据产品传递的。此外，与以用户为中心的应用程序不同的是：这可能包括一个请求利益相关者交互的图形用户界面（GUI），Base SAS 软件产品以精确和快速的方式获得价值，而不会做表面文章。事实上，因为一个共同的最终目标是实现自动化生产的批处理作业，SAS 软件悄悄地在后台运行，在许多情况下，甚至不会有一个可以提供给客户的 SAS 日志，因为它可以以无法识别的速度滚动。

软件应用程序开发和数据分析开发之间的根本区别可能体现在这样一个鲜明的对比中：客户是否会在验收测试过程中考虑软件的功能和性能要求。在商业价值仅通过衍生数据产品传递的情况下，比如必须由 SAS 软件生成的数据导出的报告，某些客户甚至不能承认软件的完成，因为他们无法从中获得商业价值。例如，我曾经对客户说：“我完成了新数据流的 ETL 软件”，暗示他可以查看软件产品了。“完成报告后再拿给我”，这是他唯一的答复，因为只有衍生数据产品才能带给他价值。

在其他情况下，客户可能已经意识到软件成品的内在价值，但仍会显露出一副“我只在乎能否满足功能目标”的样子。还有一些客户可能会注重软件的动态功能或性能，而对于静态性能并不做过多要求。无论软件的开发环境以及业务价值来源如何，如果软件性能和质量足够重要，并且在计划和设计的讨论中也包含软件需求的重要性，那么它们应该被视为软件验收的一部分进行确认和验证。

测试失败

测试会失败。有时会因为某些功能或性能元素并未在软件需求中指明或被故意省略，从而导致测试失败。例如，如果软件需求对于数据集存在的测试（在引用数据集之前）并未做任何要求，那么稳健性就会丢失，但是在数据集不可能丢失或数据集已丢失但构成的风险不大的环境下，这种情况仍是可以被接受的。因此，如果自动化测试只是为了演示在软件中数据集丢失会导致什么样的结果，而不是为了验证其顽健性，那么这种创建工作无疑是在浪费时间。当利益相关者表示接受风险时，无须开发测试来演示这些故障——如有必要，可以将其记录在故障日志中。

有时，在软件测试中会意外检测到不可预见的漏洞，这同样会导致测试失败。毕竟，软件测试的目的是识别已知的和未知的漏洞。被检测到的错误或漏洞要对其进行修补，但是如果要大量修改代码或要改变支持软件的开发环境和方法，那么维护工作就要由客户或其他利益相关者授权。如果发现了新的风险，也可以通过纠正软件缺陷来清除，因为暴露的漏洞对软件造成的风险很小，或者因为附加功能或软件发布计划优先于软件维护，所以客户通常也能够接受测试失败的结果。

在许多情况下，软件测试能够充分识别软件中以前未知的缺陷，而这些缺陷必须通过维护加以纠正；而在其他情况下，缺陷将被记录在风险登记表中，或被接受或被忽略。测试不是为了迫使软件增加不必要的性能，而是要在软件达到期望的功能和性能以及可接受风险水平的情况下，能够识别存在的漏洞并确保软件发布。

可测试性

对可测试性的转变首先要对软件测试做出承诺。如果软件测试在开发团队或组织中并不能作为优先考虑项，或者未能出现在 SDLC 测试阶段，那么可测试性原则仍会以其他方式使软件受益，但不会突然促使利益相关者实施测试。只有在充分了解了软件利益和成本的情况下，才能做出在软件中实现形式化测试的决定。因此，尤其是在需要软件审计这种高性能软件支持的情况下，接受可测试性原则将有助于提高软件的质量。

可测试性原则

可测试性原则有助于提高软件质量，因为软件将更容易、更可靠地显示出功能和缺陷。前面列举的形式化测试方法也许对于那些依靠非正式手工代码检查来实现软件验证的 SAS 开发环境来说是陌生的。尽管测试的强度和形式差异很大，但从形式化测试计划到非正式代码检查的所有软件测试都受益于可测试性原则。

从某种程度上来讲，单模块软件的创建通常是由大型且单一的程序软件产品实现的，所以 SAS 数据分析开发环境不太可能会实现形式化的软件测试。同时，这种设计实践也会增加 SAS 从业人员对程序理解的难度，因此，在操作上会更容易出错，而且更难对软件进行调试、测试和验证。对软件进行解码，不仅可以增加对软件的理解，还可以更容易地将软件功能和性能与技术要求进行对比。

技术要求

所有的测试都是从技术需求的定义和文档开始的。在理想的情况下，测试不仅要指定软件“应该”做什么，还要指定软件“不应该”做什么。有了这个基础，无论是否创建了正式的测试计划，以后的测试都能够根据这些技术规范进行测量。在缺乏技术需求的软件开发环境中，因不存在对软件功能或性能的期望，软件测试几乎不可能实现，因此，也不存在能被验证的软件定义或软件验收标准。

模块化

正如在“单元测试”部分所介绍的，即使是功能离散且相对简单的小代码模块也存在多个应被测试、记录和消除的漏洞。虽然单独测试不会减轻或消除漏洞，但是可以发现漏洞并引起开发人员和利益相关者的注意，从而确保漏洞已记录在风险登记表中，这将为以后的软件维护提供帮助。如果没有模块化的软件设计，测试将因其固有的复杂性而变得更加困难，而在具备复合功能且测试用例不被破解的单元测试中，这种情况将是不可能存在的。

可读性

软件可读性提高了软件测试的效率和有效性。第 15 章“可读性”中描述的可读软件主要是指代码理解的简便性。在需求文档、项目文档、数据文档或其他可以更全面描述软件的文档中，这些组件也可以进一步得到理解并可能被数据分析软件所需要。当软件需求达到了软件应该实现的目标，并且代码清晰简单时，测试用例在遵循需求或软件使用的情况下，软件测试将会得到推动。通过消除需求和软件中的干扰项，对满足要求的软件进行评估可以变得更加容易。

接下来要讲什么

软件测试的目的是证明软件的有效性，它是根据技术要求进行评估的。一旦通过测试、验证和接受，软件就可以投入到生产中，那时的软件应该足够稳定，可以在不经常修改或维护的情况下运行。第 17 章将着重对软件稳定性的优点进行阐述和论证，如此可以促进更多代码的复用和再利用。

17

Chapter

第 17 章 稳定性

在横穿中南美洲的 8 000 英里（约 12 875 千米）的徒步旅行中，你懂得这样一个道理：除了改变是不变的，几乎没有什么是你能够想当然的。

如果你经历过在公交车站的水泥地上过夜，你就会知道睡在所谓的头等（一等）公交车上是多么舒服的一件事。然而，这不是偶然会遇到的窘况，而是有时让人感到疲惫的持续变化。

虽然萨尔瓦多和厄瓜多尔是使用美元的国家，但当我到达其他国家所做的第一件事仍是兑换或提取当地的货币。在离开一个国家的时候，我经常会剩余少量不值得兑换的钱币，于是我就把这些货币慢慢积攒起来。

在许多城市，我只是停留一个晚上，旅店对于我来说无非就是一个可以安全睡觉的地方。在入住之后你会有种到达的兴奋感，你不知道在这里会遇到谁，也许你会花一整晚分享你的冒险经历，但你永远不会有一种归属感。

无论是单人间、双人间，甚至是青年旅社，都会在你入住的时候让你感到惊喜，因为为你保留床位的行为有时比实际的契约更让人安心。大多数旅馆都会提供 Wi-Fi，但在 50 位客人同时使用 Skype 的情况下，也就只能拨号上网了。

几乎所有的旅馆都会配备存放贵重物品的木制或金属柜子，但每次当我确信终于买到一把适用于所有储物柜的锁时，最终都会发现总有一个是不适用的。当然了，你可以花 5 美元（有时是房费的一半）在任何一家旅馆买到一个适合他们品牌的储物柜的锁。

手机运营商和手机服务也是不同的：危地马拉和萨尔瓦多支持 Tigo，哥伦比亚支持 Claro，秘鲁支持 Movistar。因而我要快速切换手机和 SIM 卡，而且由于充电设备是与国家电力供应相匹配的，所以把三四个转换器和适配器连接到一部手机上充电的情况是很常见的。

当走过巴塔哥尼亚，穿过潘帕斯草原，最终到达布宜诺斯艾利斯时，我入住了一家旅馆，在飞往美国之前，我在这个城市停留了一周。虽然可能错过了一两次艰难的冒险，但我很满足于停留在南美洲的“巴黎”：一种货币、一张床、一间浴室、Wi-Fi、一个储物柜和一部手机，所有的一切都让我感到兴奋。缺乏变化……就是一种变化。

■ ■ ■

当到达布宜诺斯艾利斯时，我已经收集了 5 把锁、4 部手机、几台适配器和转换器、两磅硬币还有保存在笔记本电脑里的 100 多个 Wi-Fi 密码。这些东西对我来说都是美好的回忆，也代表着在这 12 875 千米路程上我遇到的所有变异性、低效率和风险。

我曾买过一个全球通用的适配器（转换器）和手机，曾带着一串锁在旅行。寻求代码的稳定性也应该是软件开发的一个目标。虽然有些变化是不可避免的，比如在边境口岸要兑换钱币，但软件维护常常可以通过灵活的设计、开发和测试来避免。

低效率是变异性的一个弊端。比如晚上 10 点你在街上闲逛，想要找到一家仍在营业的商店（小卖铺）去买一把锁，这在时间利用上是低效率的一件事；而且当你被告知一次至少要买 5 把锁的时候，这在经济角度上也是低效率的。不稳定的软件通常需要在情况最糟的时候进行纠正和紧急维护，而这将导致延续其他开发事项和降低开发人员的工作效率。

变异性的另一个弊端则可能带来风险：如同身在一个陌生的国家，在黑暗的屋子里你试图把适配器插入不匹配的电源，等待你的将是照亮夜晚的电火花。对于熟悉的东西，人们会本能地认为它是安全的。就像最后一周在布宜诺斯艾利斯的旅行，我会越来越信任周围的环境，同样，软件利益相关者也会慢慢相信那些能够在一段时间内正常运行且不需要维护的软件。

因为厌恶风险，所以我们会采取行动减少风险。在旅馆里，你不能很快地与你共用转换器的 19 个人建立信任，所以你买了一把锁将行李锁在柜子里，甚至把护照藏起来，晚上睡觉可能也不会安心。

软件测试和验证也可通过暴露软件中的漏洞和确保软件最终满足的需求与要求降低软件的风险。如果软件在测试和验证之后被修改，则会失去稳定性，风险会再次发生，直到软件再次被测试和验证。

稳定性的定义

稳定性可以定义为软件在不降低质量的前提下能够保持静态、抵御修改或维护的程度。因此，稳定性描述了软件能持续满足需求和要求的能力，但并不代表没有被维护的且随着时间的推移其性能和质量降低的软件。为了避免预防性和校正性维护，稳定的软件应该不存在错误和缺陷。为了阻止适应性维护，稳定的软件应尽可能灵活地适应各种环境和变化。然而矛盾的是，软件的灵活性越高，运行也会越稳定。

软件的稳定性对于传统软件开发来说是不可或缺的，它往往是一种不言而喻的期望。在开发人员和用户两者分离的情况下，软件的修改需要重新进入 SDLC，软件补丁和软件升级须经测试、验证后再发布给用户。由于稳定性须具备一定成本和复杂性，所以软件修改通常只通过计划的、定期的更新来实现。然而，在终端用户开发环境中，因为终端用户开发人员通常具有对底层代码的无限制访问权限，所以他们可以根据软件需求每天或每小时对其进行修改。虽然这种灵活性具有一定的优势，但不断的修改会极大地降低 SDLC 的测试和验证效果，同时也会降低软件的完整性。

在许多方面，稳定性代表了从软件开发到软件操作的网关；一旦软件稳定了，它就可以自动、定期运行，并且在没有进一步交互的情况下能够可靠地运行。此外，稳定的软件首先需要测试来验证其功能和性能，由此产生的完整性会促进代码重复使用和其他软件的修改。本章阐述了实现 SAS 软件灵活性的方法，可用于 SAS 宏语言、Autoexec.sas 文件、配置文件、外部文本文件以及控制表中实现软件动态的驱动性能，从而给客户提供一种无须修改代码的自定义软件操作技能。

实现稳定性

稳定性阻止变化。文献中将软件稳定性定义为软件输出或结果的不变性。从这个意义上讲，稳定性与可靠性在功能上类似，因此，它是动态的而不是静态的。在第 4 章“一致性”部分描述了这种稳定性，但在本章中没有进一步讨论。因此，本节使用的术语“稳定性”指的是可以在满足需求和要求的情况下，不需要修改或维护的静态代码。

如第 1 章“引言”所述，稳定的软件需要稳定的要求、无缺陷代码和适应性的变通力。缺少这些元素中的任何一个都可能导致软件不稳定，因此，需要对软件频繁进行维护。如果在不稳定的软件上进行维护，当软件开始失效或不能满足既定要求时，可靠性会急剧下降。这样往往会造成稳定性与可靠性相互排斥或相违背的局面；然而，只要通过适当的规划、设计、开发和测试，质量的这两个维度就都可以实现了。

稳定性要求

在软件开发项目中，尤其是在支持敏捷开发方法和原则的环境中，稳定的技术要求是很难做到的。即使在支持重初步规划和设计的瀑布式开发环境中，软件要求通常也会为了防止以后的设计变更会在软件生产中被修改，从而达到提高性能或增加额外的功能的目的。例如，SAS 分析模块可能被开发为在一个数据流上执行，但是在成功执行两个月后，客户可能会要求对其进行修改以支持额外的数据流。

开发人员可能无法预测这种重用性，因此，需求的变化并不代表软件缺陷。然而，一旦满足了需求，自适应维护必须重新更改软件的用途以涵盖其扩展目标。因此，在 SDLC 的设计阶段能够确定最终需求的程度将有助于软件的稳定性和软件开发环境中的效率。

软件的稳定性有时被更多地概念化为能够实现预先大量设计（BDUF）的瀑布式开发方法。毕竟，《敏捷软件开发宣言》确实强调“响应变化高于遵循计划”。尽管对灵活性做出了承诺，但敏捷方法仍然期望软件需求能够在迭代过程中保持稳定。虽然前进的道路可能会根据新的目标和商业机会或曲折或平坦，但开发人员在当前的迭代中总是对目前的工作量有一个明确、稳定的愿景。

正式的书面要求有助于更好地记录软件的意图、目标和技术规范，从而有助于软件的稳定。软件要求不仅为开发人员提供了功能意图，还为软件的开发质量提供了条件。此外，一旦开发完成，利益相关者可以将软件产品与技术需求进行比较，并在实施时将其进行形式化的测试计划。如果没有正式的要求，软件项目可能会受到较小的影响，因为随着新功能或性能要求的不断增加，软件创建可能永远不会完成。

无缺陷代码

无缺陷代码可能永远无法实现，但是在需要高性能软件的情况下，SDLC 的实施可以提高软件性能。软件的设计、开发和测试应该是有计划的，而不是临时的，这样将减少缺陷和错误。软件测试是促进代码准确性的关键，并且在有正式测试计划的环境下，能够进一步验证软件是否符合测试要求。

由于正式的测试计划是由开发人员、客户或者其他利益相关者一致通过的可测试元素组成的，所以成功完成的测试计划可以清楚地演示软件运行状况。但即使在软件规划和设计的过程中，关于测试计划和测试用例的讨论也可以说明需求和要求的不确定性，这可能导致在后期的软件开发中出现错误。因此，在提出衡量技术规格的度量标准后，客户就可以在 SDLC 初期确保这些要求能否充分判定软件成功与失败。

软件升级和更新是 SDLC 操作和维护（O & M）阶段所必需的。使用传统软件应用程序的用户习惯于定期在后台安装补丁和其他下载内容，以纠正缺陷、提高安全性，或者提供额外性能或功能。但是，修正维护所需的软件更新程度会缩短开发人员投入其他开发活动的时间。通过充分测试软件并减少纠正性维护，可以提高代码稳定性。

动态适应性

这种灵活、动态的软件有利于促进稳定性，虽然第一次出现时可能会被误认为错误代码，但实际上刚性代码是非常不稳定的。在 SAS 软件中，灵活性通常是通过 SAS 宏语言实现的，继而宏语言通过动态编写数据库部分代码，使软件更有效地开发。最值得注意的是，使用 SAS 宏的异常处理可以灵活地应对环境的变化、数据吞吐量和其他变化的要求和需求。

通过 SAS 宏实现灵活性通常发生在序列上。一般来说，刚性软件在硬编码是时一般不考虑灵活性。例如，以下是被硬编码后的 DATA 步骤和 FREQ 过程：

```
data temp;
   length char1 $10;
   char1='pupusas';
run;

proc freq data=temp;
   tables char1;
run;
```

灵活性可以通过将软件的动态方面表示为可扩展的宏变量来实现。这种灵活的中间方法在 SAS 软件中是常见的，因为它可以使 SAS 应用程序通过分配宏变量这些变量通常位于软件标头或通过宏调用参数化来修改软件功能（或者是性能）：

```
%macro doit(dsn=, var=);
data &dsn;
   length &var $10;
   &var='pupusas';
run;

proc freq data=&dsn;
   tables &var;
run;
```

```
%mend;

%doit(dsn=temp, var=char1);
```

对于许多软件目的而言，这种程度的灵活性是足够的；然而，必须在软件真正保持静态的情况下，才可以通过移除代码中的参数赋值并通过外部传递来获得额外的灵活性。以下代码可以保存为 C:\perm\doit.sas，并通过使用 SYSPARM 选项的批处理作业调用数据集名称和变量名称参数：

```
%let dsn=%scan(&sysparm,1,,S);
%let var=%scan(&sysparm,2,,S);

%macro doit(dsn=, var=);
data &dsn;
   length &var $10;
   &var='pupusas';
run;

proc freq data=&dsn;
   tables &var;
run;
%mend;

%doit(dsn=&dsn, var=&var);
```

现在，由于所有变异性都发生在模块外部，因此，可以以稳定的格式保存在软件重用库中。不同的用户和程序可以通过使用 SYSPARM 参数动态调用批处理作业，传递表示数据集名称和无须修改变量名的任何值。这种更具动态性代码的一个原理是通过软件测试之后生成的校验和值来验证该软件将来不会被改变，如第 11 章“趋于软件稳定性”部分所述。在本章后面的“自定义配置文件”部分，通过外部文件对宏变量的赋值将会进一步演示。

模块化

本章的其余部分演示了模块化在支持软件稳定性方面的作用。模块化将软件分解成可独立开发和测试的离散块，但最终必须合成一个整体。因为模块在功能上是离散的，只能执行一个或有限的操作，所以它们更容易抵制变化。例如，如果将软件从某个单片程序中分解并另存为 5 个不同的独立模块，在许多情况下，软件维护可以在一个模块上执行，同时不会影响其他模块的稳定性。

这种方法可以做到 5 个模块中的 4 个同时保持不变，这就极大地提高了稳定性。另外，修改后的模块都需要进行功能测试或单元测试，还要通过集成测试以确保它继续与其他 4 个模块正常运行，然而这些未更改的模块因其完整性未遭破坏，则不再需要进行单独测试。这种整体增加的稳定性便于更快速的修改和更有效的维护。

稳定性及超出稳定性

下面演示的是软件模块化在支持稳定性和复用性以及可扩展性方面所起的作用。%DEL_VARS 宏从数据集中删除所有字符变量，并模拟从父进程调用的典型子进程：

```
* deletes all character variables *;
%macro del_vars(dsn= /* data set name in LIB.DSN or DSN format */);
%local vars;
%local dsid;
%local i;
%local vartype;
%local close;
%local varlist;
%let dsid=%sysfunc(open(&dsn, i));
%let vars=%sysfunc(attrn(&dsid, nvars));
%do i=1 %to &vars;
   %if %sysfunc(vartype(&dsid,&i))=N %then %do;
      %let varlist=&varlist %sysfunc(varname(&dsid,&i));
      %end;
   %end;
%let close=%sysfunc(close(&dsid));
data &dsn (keep=&varlist);
   set &dsn;
run;
%mend;
```

为了演示 %DEL_VARS 宏，以下 DATA 步骤和宏调用模拟在父进程 %ETL 中使

用 %DEL_VARS。在 PRINT 过程的第二次调用中，字符变量 CHAR1 和 CHAR2 已从 Final 数据集中删除：

```
data final;
    length char1 $10 char2 $10 num1 8 num2 8;
    char1='lower';
    char2='case';
    num1=5;
    num2=0;
    output;
run;

%macro etl(dsn=);
proc print data=&dsn;
run;
%del_vars(dsn=&dsn);
proc print data=&dsn;
run;
%mend;

%etl(dsn=final);
```

在该环境中，%ETL 宏旨在模拟已经通过批处理进行测试、验证、自动化并计划重复运行的更广泛的生产软件。当执行 %ETL 宏时，要修改 Final 数据集，以便仅保留数字变量。这些功能将在下面几节中进行讨论和拓展。

稳定性促进可重用性

由于“稳定性及超出稳定性”部分中的 %DEL_VARS 宏已通过测试和验证，因此，可以从 %ETL 程序的主体中删除并保存到共享位置，这样团队或组织内的所有 SAS 从业人员就可以访问并利用它了。SAS 软件也就可以使用 SAS Autocall 宏工具或 %INCLUDE 语句引用 %DEL_VARS 宏。

如果 SAS 从业人员在后期需要创建一个依赖于数字变量的定量分析过程，那么他们可以通过 %DEL_VARS 宏来减少浪费在处理多余字符变量的输入 / 输出（I/O）资源。因为 %DEL_VARS 具备此功能并且代表稳定的测试代码，所以可以轻松实现

%DEL_VARS。以下是使用 MEANS 程序模拟的分析过程。

```
data final;
    length char1 $10 char2 $10 num1 8 num2 8;
    char1='lower';
    char2='case';
    num1=5;
    num2=0;
    output;
run;

%macro analysis(dsn=);
%del_vars(dsn=&dsn);
proc means data=&dsn;
run;
%mend;

%analysis(dsn=final);
```

请注意，在此示例中，子进程 %DEL_VARS 不需要修改，因此不需要进行单元测试，只需要通过集成测试确定宏如何与父进程实现交互。像子进程 %DEL_VARS 一样，当它们代表独立的、模块化的、测试的、稳定的组件时，SAS 宏和模块将更有可能被重用。

稳定性促进可扩展性

在“稳定性促进可重用性”部分所模拟的环境中，在开发人员注意到软件功能可以扩展为仅保留数字变量时，SAS 开发人员已经成功地将 %DEL _VARS 模块实现在各种软件产品中。这是一个常见的软件扩展示例，只是添加了功能，并不是从现有的扩展代码中创建新的软件。

在可能的情况下，保持对模块当前使用的后向兼容性是非常重要的，因此，设计和测试应该试图保持默认功能。在这种情况下，模块仍然可以从数据集中删除所有字符变量。软件可扩展性说明了对软件的重新定位或在旧的东西中构建新的东西。然而，在扩展性同时包含后向兼容性的情况下，可以在维护单个模块或代码的基础上添加新功能，这将有利于软件的开发。

升级后的 %DEL_VARS 宏可实现和展示可扩展性和后向兼容性。

```
* deletes either all character or all numeric variables *;
%macro del_vars(dsn= /* data set name in LIB.DSN or DSN format */,
   type=C /* C to drop character vars, N to drop numeric */);
%local vars;
%local dsid;
%local i;
%local vartype;
%local close;
%local varlist;
%let dsid=%sysfunc(open(&dsn, i));
%let vars=%sysfunc(attrn(&dsid, nvars));
%do i=1 %to &vars;
   %if %sysfunc(vartype(&dsid,&i))=%upcase(&type) %then %do;
      %let varlist=&varlist %sysfunc(varname(&dsid,&i));
      %end;
   %end;
%let close=%sysfunc(close(&dsid));
data &dsn (drop=&varlist);
   set &dsn;
run;
%mend;

data final;
   length char1 $10 char2 $10 num1 8 num2 8;
   char1='lower';
   char2='case';
   num1=5;
   num2=0;
   output;
run;

%macro etl(dsn=);
proc print data=&dsn;
run;
%del_vars(dsn=&dsn, type=N);
```

```
proc print data=&dsn;
run;
%mend;

%etl(dsn=final);
```

新的 %DEL_VARS 宏现在已被重载，同时还接受了由 C 或 N 表示的可选 TYPE 参数，达到了删除字符或数字变量的目的。因此，%DEL_VARS 的新调用可以利用 TYPE 参数的附加功能，并不包含 TYPE 参数的现有调用（如“稳定性促进可重用性”部分的演示示例），当 TYPE 参数不存在时将会默认仅删除字符变量，由此保持软件的既定功能。重载在第 16 章“可测试性”的“回归测试”小节中进行了演示，它通常会促进宏的向后兼容性，继而提高软件的稳定性。

如果 %DEL_VARS 宏不能在具备后向兼容性的前提下（如在模拟环境中完成的那样）成功实现功能扩展，则必须采取相应的措施。模块的原始版本可以保持完整，从而支持各种程序中的当前运行，而新的宏可以作为一个新模块来创建，从而满足新的功能和需求。或者，宏仍然可以被修改以满足新的功能要求，但这将使现有的其他用途失效。

因此，在不能实现后向兼容性的情况下，开发人员必须在代码稳定性和可维护性之间做出选择。他们可以修改两个单独的（且类似的）代码库，但每次需要维护时会产生效率低的情况；或者可以修改所有已更改模块的当前程序，尽管这只能起到维护单个软件模块的作用。每种方法在特定的情况下都是必要的，因此，必须权衡成本和收益。

稳定性延长软件寿命

第 4 章“可靠性”的“使用期限”部分介绍了软件的使用寿命，软件的预期使用寿命是软件需求中最基本的一项说明。软件的预期使用寿命能够帮助开发人员决定是否要设计一些临时的或永久的战略解决方案。当软件趋于稳定时，就能通过稳定的、可重用的代码来简化软件的维护程度。

在“稳定性促进可扩展性”部分，修改后的 %DEL_VARS 模块已在 ETL 软件中重复使用多次，其功能已被扩展，因此，可以保留字符或数字变量。由于该模块是稳定的，并且已经被大众所接受，加之因其在维护中投入了大量精力，使许多软件产品或项目受益，因此，它更可能得到全面的维护。如果开发人员已经建立了一个新的宏（仅删除数字变量），那么除了 %DEL_VARS 之外，这个宏还必须被单独维护，只有这样才能有效地降低每个宏的值。由于维护对于软件保持持久性是至关重要的，因此，使用现有的、经过测试的、可信赖的稳定模块来构建新的 SAS 软件的程度，这将有助于重用模块的软件寿命。

稳定性提高软件效率

稳定代码的另一个好处是：在对软件模块进行修改时，虽然这些更改是在一个位置进行的，但对所有调用该模块的程序都会有好处。例如，定义 %DEL_VARS 宏是无效的，是因为无论是否删除任何变量，数据集仍然会被读取和重写，同时还需要 I/O 资源。但是，如果代码试图在字符变量不存在时进行删除工作，会产生什么结果呢？模块不会再重建 Original 数据集，不会再保留所有变量。

更有效的解决方案将会代替所有变量都被维护的类似情况——因为 Original 数据集是纯数字或纯字符的，并跳过不必要的 DATA 步骤。该逻辑在后续版本的 %DEL_VARS 中表达：

```
* deletes either all character or all numeric variables *;
%macro del_vars(dsn= /* data set name in LIB.DSN or DSN format */,
   type=C /* C to drop character vars, N to drop numeric */);
%local vars;
%local dsid;
%local i;
%local vartype;
%local close;
%local varlist;
%local empty;
%let empty=YES;
%let dsid=%sysfunc(open(&dsn, i));
%let vars=%sysfunc(attrn(&dsid, nvars));
%do i=1 %to &vars;
   %if %sysfunc(vartype(&dsid,&i))=%upcase(&type) %then %do;
      %let varlist=&varlist %sysfunc(varname(&dsid,&i));
```

```
      %let empty=NO;
      %end;
   %end;
%let close=%sysfunc(close(&dsid));
%if &empty=NO %then %do;
   data &dsn (drop=&varlist);
      set &dsn;
   run;
   %end;
%mend;

data final;
   length char1 $10 char2 $10 num1 8 num2 8;
   char1='lower';
   char2='case';
   num1=5;
   num2=0;
   output;
run;
%macro etl(dsn=);
proc print data=&dsn;
run;
%del_vars(dsn=&dsn, type=C);
proc print data=&dsn;
run;
%mend;

%etl(dsn=final);
```

如果模块不稳定或未经测试，那么可能不会优先考虑通过完善的维护改正低效的策略；但是，由于该模块在此软件和其他软件中已被重用，所以通过维护使模块增效的决定还是较容易得到支持的。稳定的、可重用的代码通常会更有价值（因此更有可能被重构），因为它的价值不仅来自一个软件产品，还来自实现它的多个程序。

但是，软件中存在着因违反模块化软件设计而导致的更明显的低效率。虽然 %DEL_VARS 宏生成了能够删除（&VARLIST）的空格分隔的变量列表，还实现了 DATA 步骤，但不是功能离散，也不是松耦合。因为 &VARLIST 可以在 MEANS 程序中直接实现，所以 %DEL_VARS 宏中的 DATA 步骤是自由的。这种低效率在“稳定性促进可重用性”部分得到证明：

```
%macro analysis(dsn=);
%del_vars(dsn=&dsn);
proc means data=&dsn;
run;
%mend;
```

为了弥补这种低效率，同时确保代码保持后向兼容，以下 %DEL_VARS 宏需要进行 3 次修改。首先，DEL 参数应添加到宏定义中，在不删除无偿 DATA 步骤中的那些变量的前提下，演示宏可以随意选择生成 &VARLIST 宏变量。第二个更改是为了方便父进程访问，需要将 &VARLIST 从本地变量更改为全局宏变量。最后，评估是否执行无偿 DATA 步骤的条件逻辑应该检查 DEL 参数的值。这些更改在下面的代码中完成：

```
* deletes either all character or all numeric variables *;
%macro del_vars(dsn= /* data set name in LIB.DSN or DSN format */,
   type=C /* C to drop character vars, N to drop numeric */,
   del=Y /* Y to delete from data set, N to generate VARLIST only */);
%local vars;
%local dsid;
%local i;
%local vartype;
%local close;
%global varlist;
%local empty;
%let empty=YES;
%let dsid=%sysfunc(open(&dsn, i));
%let vars=%sysfunc(attrn(&dsid, nvars));
%do i=1 %to &vars;
   %if %sysfunc(vartype(&dsid,&i))=%upcase(&type) %then %do;
      %let varlist=&varlist %sysfunc(varname(&dsid,&i));
         %let empty=NO;
      %end;
   %end;
%let close=%sysfunc(close(&dsid));
```

```
%if &empty=NO and &del=Y %then %do;
    data &dsn (drop=&varlist);
        set &dsn;
    run;
    %end;
%mend;
```

现在执行以下语句，再次删除 PRINT 第二次调用中的所有字符变量。但是因为 DROP 语句发生在 PRINT 过程中而不是在 %DEL_VARS 宏中，所以它演示了离散功能，同时避免了引用该宏的新程序中的无偿 DATA 步骤：

```
data final;
    length char1 $10 char2 $10 num1 8 num2 8;
    char1='lower';
    char2='case';
    num1=5;
    num2=0;
    output;
run;

%macro etl(dsn=);
proc print data=&dsn;
run;
%del_vars(dsn=&dsn, type=C, del=N);
proc print data=&dsn (drop=&varlist);
run;
%mend;

%etl(dsn=final);
```

通过重载，修改后的 %DEL_VARS 宏效率提高了，同时也向后兼容了两种以前的用法——仅用 DSN 参数的原始用法和同时用 DSN 和 TYPE 参数的第二种用法。这是在支持稳定性的同时构建软件的一种有效方式；但是，也应该将原始的模块化设计纳入这种类型的可扩展性中。因为 DATA 步骤被困在原始的 %DEL_VARS 宏中，所以仍能与该宏的原始意图保持后向兼容性。虽然稳定性应该作为一个目标而存在，但并不能一味地追求软件稳定性。因此，当已遭淘汰的或处于不安全状态的低效率软件模块出现时，往往会被人们放弃使用。

稳定性促进安全性

CIA（机密性、完整性和可用性）中的“I”表明了完整性的重要性。信息要做到准确无误，并且在可能的情况下，应创建一个可以跟踪数据起源的数据谱系，就像收集犯罪现场证据的法医文档一样。完整性是数据分析开发中的一个共同目标，因为业务价值来源于数据产品，因此，数据的准确性是至关重要的。

然而，由于信息描述的不仅是数据，还有对软件的操纵和分析，所以信息安全策略也应被考虑到软件的应用中。在应用程序开发中，安全策略有助于确保软件不会被计算机病毒、代码注入或其他攻击恶意修改。因为数据分析软件产品更有可能在系统内部使用，所以受到的攻击会大大减少。换句话说，因为无法预测软件会遇到何种类型的恶意攻击，所以大多数 SAS 从业人员不会从一种前瞻性的角度去编写软件。而软件通常是依靠系统安全、身份验证、物理控制和其他方法来防范恶意威胁的。

然而，在数据分析软件中，对软件完整性的威胁并非全部来自恶意攻击，像是一些无意或有意的代码修改也会对软件造成一定的影响。软件版本存在的部分原因是确保正确修改、测试、集成和执行软件副本。当新版本被创建后，旧版本将被存档，而且为了将来重用，仍要保持旧版本的稳定性。存档的稳定性至关重要，因为它代表时间戳，是对软件历史的记录。例如，如果开发人员想要利用软件在两个月前展示的功能和性能来运行软件，那么在所需数据和其他文件已存档的情况下，新版软件将提供完整性和稳定性来实现这一操作。

在使用软件版本控制的许多环境中，当前软件版本的完整性是通过对代码的简要检查或最后一次保存的时间戳来传达的。然而，通过在软件测试和验证之后对稳定的 SAS 程序文件生成校验和，就可以实现更大的完整性。校验和使用加密散列函数来执行 SAS 程序（或任何文件）的位级分析，以创建只表示每个文件的十六进制字符串。通过在执行软件之前获得的校验和并根据其基准值对其进行验证，可以确保利益相关者执行的软件是安全的，同时也能确保软件在测试和验证过程中未被修改。该技术在第 11 章“安全性”的“校验和”部分进行了介绍。

超出宏指令的模块化

虽然模块化是稳定软件的一个标志，但目前为止的所有示例仅在功能意义上演示了使用模块。因此，父进程调用子进程（一个 SAS 宏）来执行某些函数，之后会通过程序流返回到父进程。虽然这是支持稳定性的模块化设计的常见用法，但它并没有深入探究划分模块化可以促进稳定性的方式。

例如，下面模拟了一个提取、清理、转换和显示数据的 ETL 进程。在接下来的几节中，我们将对初始代码进行改进，演示如何将模块化和灵活性注入软件以从代码中删除动态元素，从而达到提高软件稳定性的目的。要提高可读性，一般不需要进行异常处理；然而，在稳健性软件的生产中，则需要通过异常处理框架来修补大量漏洞。

以下为保存在 C：\ perm \ candy.sas 中的 3 段代码配置选项、加载数据及分析。在第一段代码中，定义了 SAS 系统选项并初始化了 PERM 和 OUTPUT 两个 SAS 库。但是，如果需要修改或添加选项，则必须更改软件。此外，如果需要修改任一库的逻辑位置，例如，从 C:\perm 到 C:\permenant，也必须更改软件。更多的动态初始化方法将在后面的"Autoexec.sas"部分进行演示：

```
options dlcreatedir nosymbolgen nomprint nomlogic;
libname perm 'c:\perm';
%let outputloc=c:\perm\output;
libname output "&outputloc";
```

下一个模块模拟了 ETL 软件中的数据采集，并创建了 PERM.Raw_candy 数据集。CANDY 值的拼写变化包括：

```
data perm.raw_candy;
   infile datalines delimiter=',';
   length candy $20;
   input candy $;
   format candy $20.;
   datalines;
Almond Joy
Almond Joys
5th Avenue
Fifth avenue
Reese's
Reeses
Reeces
KitKat
```

```
Kitkat
Kit Kat
Snickers
Twixx
Twix
;
```

第三个模块 %CANDY_CLEANER 模拟了清理和标准化数据的质量控制步骤：

```
* ingests candy data from data set;
%macro candy_cleaner(dsn= /* data set in LIB or LIB.DSN format */);
data perm.clean_candy;
   length clean_candy $20;
   set &dsn;
   * standardize spelling variations;
   if strip(lowcase(candy)) in ("almond joy","almond joys") then
      clean_candy="Almond Joy";
   else if strip(lowcase(candy)) in ("5th avenue","fifth avenue") then
      clean_candy="5th Avenue";
   else if strip(lowcase(candy)) in ("reese's","reeses","reeces") then
      clean_candy="Reese's";
   else if strip(lowcase(candy)) in ("kitkat","kit kat") then
      clean_candy="KitKat";
   else if strip(lowcase(candy)) in ("snickers") then
      clean_candy="Snickers";
   else if strip(lowcase(candy)) in ("twix","twixx") then
      clean_candy="Twix";
   else clean_candy="UNK";
run;
%mend;
```

很显然，如果使用更多样化或大量的数据，这种质量控制方法可能会变得复杂且容易出错。然而，更重要的是，随着数据中新的值的增加并且必须将它们分类到正确的标准化格式中，所以必须每次都要修改代码。即使 SAS 内部实现了更灵活的质量控制方法（如 PERL 正则表达式），仍然需要在软件自身中维护这些表达式。由于这些限制的存在，这个模块在本章后面的“业务逻辑”部分会变得更具动态性。

FORMAT 程序创建了一种基于糖果的主要成分进行分类的格式，但很明显，原始值与先前的质量控制条件逻辑静态相关，因此，该逻辑中的更改可能会导致 FORMAT 过程完全失败或产生无效结果。并且由于 FORMAT 程序在软件中是硬编码的，所以对格式逻辑的任何修改都需要软件修改。例如，如果分析师想通过质地而不是成分对糖果进行分类，这将如何实现？此外，如果需要同时维持两个竞争的糖果模型来满足不同利益相关者的需求，情况又该如何呢？此功能在后面的“SAS 格式化”部分将更加灵活：

```
proc format;
    value $ candy_class
    "Almond Joy" = "chocolate"
    "5th Avenue" = "chocolate and caramel"
    "Reese's" = "chocolate and peanut butter"
    "KitKat" = "chocolate"
    "Snickers" = "chocolate and caramel"
    "Twix" = "chocolate and caramel";
run;
```

%CANDY_DISPLAY 模块按其分类和名称组织糖果，并通过 HTML 报告中的名称显示糖果数量。在 REPORT 过程中，为了突出显示最常见的糖果，频率大于 2 的糖果会被显示为红色高亮。但是，如果分析师想使用其他颜色突出显示，添加标题或将报告保存到其他位置，这该怎么办？需要对每一个软件进行修改：

```
* creates an HTML report that organizes and counts candy by
    classification;
%macro candy_display(dsn= /* data set in LIB or LIB.DSN format */);
ods listing close;
ods noproctitle;
ods html path="&outputloc" file="candy.htm" style=sketch;
proc report data=&dsn style(report) = [foreground=black
    backgroundcolor=black] style(header) = [font_size=2
    backgroundcolor=white foreground=black];
    title;
    column clean_candy=candy_class clean_candy n dummy;
    define candy_class / group "Classification" format=$candy_class.;
    define clean_candy / group "Candy";
    define n / "Count";
    define dummy / computed noprint "";
```

```
    compute dummy;
        if _c3_>2 then call define("_c3_","style",
            "style=[backgroundcolor=light red]");
        endcomp;
run;
ods html close;
ods listing;
%mend;

%candy_cleaner(dsn=perm.raw_candy);
%candy_display(dsn=perm.clean_candy);
```

正如演示的那样，许多自定义都需要更新软件，但在某些情况下，有些将无法有效地要求维护多个软件实例。因此，通过预测软件在运行时可能需要的定制方式，开发人员可以将动态性和灵活性编码到 SAS 软件中。下面演示了对这段代码的增量更改，进一步将这个单一程序模块化为可以更好地支持软件稳定性的多个文件。虽然这些更改只会附加到辅助文件，并不会对 SAS 核心软件本身造成威胁，但是维护或自定义仍然需要在保持稳定和安全的前提下进行修改。

Autoexec.sas

Autoexec.sas 文件是一个可用于初始化 SAS 会话的可选文件，能够在执行任何程序之前指定系统选项或执行 SAS 代码。Autoexec.sas 在《Windows SAS® 9.4 指南（第 4 版）》中有详细描述，在这我们只介绍它在稳定软件方面的重要性。在 SAS Windows 显示管理器中，Autoexec.sas 的默认位置为 C：\ Program Files \ SASHome \ SASFoundation \ 9.4，但默认值可能因环境、SAS 界面和服务器配置而异。在许多环境中，此目录会被限制在特定用户身上，所以 SAS 应用程序也会搜索 Autoexec.sas 文件的其他位置。可以从命令提示符调用 AUTOEXEC 选项以启动批处理会话，并指定特定 Autoexec.sas 文件的位置，从而克服此限制。

为了演示此技术，以下定制的 Autoexec.sas 文件可以保存到 C:\perm\autoexec.sas 文件中：

```
libname perm 'c:\perm';
options dlcreatedir nosymbolgen nomprint nomlogic;
```

SAS 使用的初始 Autoexec.sas 文件没变；但是，当批处理调用指定 AUTOEXEC 选项并引用 C:\perm\autoexec.sas 时，为了确保分配必需的库并初始化系统选项，调用的应该是新文件而不是 SAS Autoexec.sas 标准文件。在活动的 SAS 会话期间无法修改的 SAS 系统选项可以在 Autoexec.sas 文件中设置。

因为 SAS 程序 Candy.sas 现在已出现在 Autoexec.sas 文件中，所以不再需要 LIBNAME 或 OPTIONS。作为一个黄金法则，可以在初始 Autoexec.sas 文件中完成在环境中应用于所有 SAS 软件的定制或初始化，而一个程序的特定选项应通过单独的 Autoexec.sas 文件或配置文件完成，如以下批处理所示：

```
"c:\program files\sashome\sasfoundation\9.4\sas.exe" -sysin
   c:\perm\candy.sas -autoexec c:\perm\autoexec.sas
   -noterminal -nosplash -log c:\perm\candy.log -dlcreatedir
```

从软件中删除 LIBNAME 语句并将其放入 Autoexec.sas 中，可以在逻辑位置更改的情况下使代码更加灵活。例如，PERM 库可能会引用 SAS 服务器的 IP 地址，如果该地址改变，则可以在 Autoexec.sas 中一个单独的位置进行修改，从而在允许所有 SAS 软件保持稳定的情况下仍能实现新位置的引用。在支持元数据的环境中，在元数据结构中永久地定义 SAS 库始终是最妥善的做法，这样它们就可以在所有的软件中使用。

业务逻辑

数据标准化是 SAS 数据分析开发中的一个常见主题，例如，质量控制技术可以消除在分类数据中可能出现的缩写、缩略词、拼写错误和其他变化。然而，这通常是通过不可维护的硬编码逻辑来实现的，在每次更改数据模型时都需要进行修改。

模块化软件设计中的一个目标应该是从软件中删除业务规则（或数据模型），这样就不需要对两个相关软件同时进行更改了。除了清理和标准化值之外，该逻辑还可以包括将值组织到矩阵或层次结构。要从软件中删除逻辑，应该在可以解析的结构中运行，如 SAS 数据集、Excel 电子表格、XML 文件或纯文本文件。以下是保存在 C:\perm\candy_cleaning.txt 的以逗号分隔的文本文件，列出了第一个位置的标准化值，右侧附加了拼写变体。文本文件通常被认为是最直观也是最容易维护的单一数据模型：

```
Almond Joy,almond joy,almond joys
5th Avenue,5th avenue,fifth avenue
Reese's,reese's,reeses,reeces
KitKat,kitkat,kit kat
Snickers,snickers
Twix,twix,twixx
```

接下来，%CANDY_CLEANER 宏使用 I/O 函数打开 DATA 步骤中的文本文件，并将拼写变量拼写到数组 VARS 中，再将数组 VARS 与 Raw_candy 数据集中的实际值进行比较。该代码可以以多种方式进行操作，其中就包括对 I/O 函数的 %SYSFUNC 调用或能够捕获所有糖果类型变体的多维数组：

```
* ingests candy data from data set;
%macro candy_cleaner(dsn= /* data set in LIB or LIB.DSN format
*/); filename ref "c:\perm\candy_cleaning.txt";
data perm.clean_candy (keep=candy clean_candy);
    length clean_candy $20;
    set &dsn;
    *standardize spelling variations;
    length var $100 var2 $30;
    f=fopen("ref");
    rc1=fsep(f,",");
    do while(fread(f)=0);
        rc3=fget(f,var);
        array vars{5} $30 _temporary_;
        do i=1 to dim(vars);
            vars{i}="";
            end;
        i=0;
        do while(fget(f,var2)=0);
            i=i+1;
            vars{i}=var2;
            end;
        if strip(lowcase(candy)) in vars then clean_candy=var;
        end;
    if missing(clean_candy) then clean_candy="UNK";
run;
%mend;

%candy_cleaner(dsn=perm.raw_candy);
```

使用严格的 I/O 函数读取外部数据模型的一个优点是：由于值不会转换为宏变量，所以它们可以包含特殊字符和复杂引用，而无须在 SAS 中专门处理这些值。尽管 IF-THEN 条件逻辑已被用于提高代码的可读性，但软件性能仍要通过 FORMAT 过程或散列对象查找表来获得。

这种追求卓越的做法恰恰突显了将业务逻辑与软件引擎本身分离的重要性。想要重构该软件并实现更高效的散列对象查找以清理和标准化数据的 SAS 从业人员，只需通过修改 %CANDY_CLEANER 模块来实现，而不用涉及数据模型，从而促进其稳定性和安全性。另外，只想修改数据模型及逻辑但不想修改软件的分析师也可以这样做，就不用担心意外修改 %CANDY_CLEANER 的情况出现了。这两个元素是分开的且不同的。

此外，如果分析师维护的是不同的或竞争性的数据模型，则可以通过更改 SAS FILENAME 来替换软件中的各种模型。因此，更具模块化和灵活的解决方案需要将数据模型（当前硬编码为软件中的 C：\ perm \ candy_cleaning.txt）作为参数传递，这样数据模型就可以在不接触代码的情况下实现更改。特别是在数据模型预期敏捷的经验和研究环境中，该模块化方法支持这种灵活性目标，而不会影响底层软件的完整性。在不同的开发团队中，开发人员专注于软件，分析师则专注于数据分析；该设计模式允许开发人员负责软件维护，而分析人员负责数据模型的维护，从而促进软件的稳定性和安全性。

SAS 格式化

SAS 格式代表了一种清理和标准化数据值的常用方法。以下 FORMAT 过程可以从 %CANDY_CLEANER 模块中的初始业务规则中大量复制。当被保存到一个单独的 SAS 程序并从 %CANDY_CLEANER 引用 %INCLUDE 语句时，格式化也代表一个可以超越代码本身驱动业务规则的模块化解决方案：

```
proc format;
    value $ clean_candy
    "almond joy","almond joys" = "Almond Joy"
    "5th avenue","fifth avenue" = "5th Avenue"
    "reese's","reeses","reeces" = "Reese's"
    "kitkat","kit kat" = "KitKat"
```

```
    "snickers" = "Snickers"
    "twix","twixx" = "Twix"
    other = "UNK";
run;
```

由于必要的引用，格式的维护标准略高于原始文本文件，但如后所述，一旦实现后，则可以更加直观。下面的宏代表了前面在“业务逻辑”部分介绍的一个可选的 %CANDY_CLEANER 模块。请注意：当格式化旨在永久清理或更正数据（而不是临时更改其格式以用于显示目的）时，通常应创建一个单独的变量，以确保格式不会意外地被删除或修改。这也有助于比较原始（未格式化）和变换（格式化）变量：

```
%macro candy_cleaner(dsn= /* data set in LIB or LIB.DSN format */);
data perm.clean_candy;
    set &dsn;
    length clean_candy $30;
    clean_candy=put(lowcase(candy),$clean_candy.);
run;
%mend;
```

在其他情况下，格式化只是为了临时显示而改变数据的表示形式。因此，FORMAT 函数可以直接应用于 REPORT、PRINT、MEANS、FREQ 或其他过程中的变量，且仅在过程中修改变量显示。

FORMAT 过程中的 CNTLIN 选项允许使用一个控制表（SAS 数据集）来填充 SAS 格式，但它的实现标准是非常严格的。例如，CNTLIN 选项的目的是将多个字符串分组为单个值，所以无法容纳诸如 CANDY_CLASS 这样的格式。为了解决这个问题，可以通过将逗号分隔的文本文件转换为 SAS 格式的方法，从而实现一种模块化的可重用的解决方案。这有点类似于“业务逻辑”部分演示的方法，但它并不是动态地创建条件逻辑，而是动态地创建一个 SAS 格式。

首先，将业务逻辑保存在以逗号分隔的文本文件 C:\perm\format_candy_ordering.txt 中。与前面一样，第一个项目代表了对后续值转换到的分类值。因此，在 Almond Joy 或 KitKat 出现在数据中时，当调用 CANDY_CLASS 格式时它们将在 HTML 报告中归类为巧克力：

```
chocolate, Almond Joy, KitKat
chocolate and caramel, 5th Avenue, Snickers, Twix
```

```
chocolate and peanut butter, Reese's
```

现在，不用再像以前一样对 REPORT 过程进行硬编码，而是在一个可重用的宏 %INGEST_FORMAT 中动态完成的，这些宏需要控制表和格式名称的参数：

```
* creates a SAS format that categorizes or bins character data;
%macro ingest_format(fil= /* location of comma-delimited format file */,
    form= /* SAS character format being created */);
filename zzzzzzzz "&fil";
data ingest_format (keep=FMTNAME START LABEL);
    length FMTNAME $32 START $50 LABEL $50;
    fmtname="&form";
    f=fopen("zzzzzzzz");
    rc1=fsep(f,",");
    do while(fread(f)=0);
        rc3=fget(f,label);
        label=strip(label);
        do while(fget(f,start)=0);
            start=strip(start);
            output;
            end;
        end;
run;
%mend;
```

所创建的 CANDY_CLASS 格式与之前在“超出宏指令的模块化”部分创建的 CANDY_CLASS 格式完全相同，唯一的不同是：在格式中找不到基本值时 OTHER 选项未指定默认值。如果需要使用 OTHER 选项，则可以在 Format_candy_ordering.txt 文件中额外添加一行，同时在 %INGEST_FORMAT 宏中进行解析以创建其他选项。这两种不同的方法都是通过 SAS 代码中删除业务规则和数据模型，从而促进了 SAS 生产软件的稳定性。下一节将通过配置文件进行额外的定制。

自定义配置文件

自定义配置文件是促进软件稳定性的灵活代码的最强有力支持之一。例如，在原来的 Candy.sas 程序中，HTML 报告的位置是硬编码的；要改变这一点，修改代码是必要的。为了动态地分配这个库和逻辑的位置，应在配置文件中分配 &OUTPUTLOC

宏变量。因此，&OUTPUTLOC 赋值已从代码中删除，并且 LIBNAME 语句可独立存在：

```
libname output "&outputloc";
```

第二个硬编码元素是报告名称。因为报告总是保存为 Candy.htm，每个软件的执行将覆盖以前的报告。将来，SAS 从业人员可能会逐一对这些报告进行命名，从而保证较新的报告不会覆盖较旧的报告，或者分析师可能希望同时运行该软件的独立副本。因此，第二个修改是通过软件调用动态分配报告文件名实现的：

```
ods html path="&outputloc" file="&outputfile" style=sketch;
```

第三个可以从灵活性中受益的硬编码属性是 REPORT 过程的 COMPUTE 语句中的停止光阈值和停止光色。为了使这些元素具有动态性，分析人员要巧妙地修改报表的样式和意图，无须修改任何底层的 SAS 代码，即相关的配置文件：

```
if _c3_>&thresh then call define("_c3_","style",
   "style=[backgroundcolor=&highlight]");
```

要表示这些自定义，须创建文本配置文件 C：\ perm \ config_candy.txt：

```
This configuration file is required to execute the candy.sas
program.
Last updated 12-21 by TMH

Note that the OUTPUT_FILE should NOT include the file path.

<OUTPUT_LIBRARY>
c:\perm\output
<OUTPUT_FILE>
candy_output.html
<REPORT_STYLE>
thresh: 2
highlight: light brown
```

指定的 3 个配置类别（如 <OUTPUT_LIBRARY>）要以大写形式括起来。在每个类别下生成的是要转移到宏变量的原始数据或进一步解析的标记值。例如，在包含 &THRESH 值和 &HIGHLIGHT 值的 <REPORT_STYLE> 下，可以按任何顺序读取。

通过 %READ_CONFIG 宏读取配置文件并解析数据，初始化 OUTPUT 库，分配在 Candy.sas 中使用的全局宏变量 &OUTPUTLOC、&THRESH 和 &HIGHLIGHT。应该在软件中先启动 %READ_CONFIG 宏，就像 SAS 应用程序最初在启动时读取自己的配置文件一样：

```
* reads a configuration file necessary for Candy.sas execution;
%macro read_config(fil= /* logical location of configuration
 file */);
%global outputloc;
%let outputloc=;
%global outputfile;
%let outputfile=;
%global thresh;
%let thresh=;
%global highlight;
%let highlight=;
data _null_;
   length tab $100 category $8;
   infile "&fil" truncover;
   input tab $100.;
   if strip(upcase(tab))="<OUTPUT_LIBRARY>" then category="lib";
   else if strip(upcase(tab))="<OUTPUT_FILE>" then category="fil";
   else if upcase(tab)="<REPORT_STYLE>" then category="rpt";
   else do;
      if category="lib" then call execute('libname output
         "' || strip(tab) || '";');
      else if category="fil" then call symput("outputfile",strip(tab));
      else if category="rpt" then do;
         if strip(lowcase(scan(tab,1,":")))="thresh" then call
            symput("thresh",strip(scan(tab,2,":")));
         if strip(lowcase(scan(tab,1,":")))="highlight" then call
            symput("highlight",strip(scan(tab,2,":")));
         end;
      end;
   retain category;
run;
%mend;
```

```
%read_config(fil=c:\perm\config_candy.txt);
```

前面的演示有意不包含异常处理以提高可读性。然而，在实际的配置文件中，异常处理对于捕获在创建或修改文件时可能发生的输入错误至关重要。配置文件的一个好处是可以进行简单的构建、理解和修改。然而，即使在配置文件中有合适的文档，它们的优点也是它们的弱点，因为不适当的修改会导致相应的软件崩溃。

例如，如果省略了 <REPORT_STYLE> 标题、THRESH 或 HIGHLIGHT 参数，这些参数就不会被读取，从而导致将空值分配给各自的全局宏变量。为了克服此漏洞，可以在 %MEND 语句发生之前插入以下代码，从而测试宏、THRESH 和 &HIGHLIGHT 的长度，并在没有分配宏的情况下设置默认值：

```
%if %length(&thresh)=0 %then %let thresh=2;
%if %length(&highlight)=0 %then %let highlight=light red;
```

在消除这两个漏洞的同时，还存在着需要在生产软件中减少的其他多个漏洞。例如，如果输出位置的值不存在，该怎么办？如果 THRESH 参数给出的是一个字符值而不是数字，该怎么办？如果 HIGHLIGHT 参数包含非彩色值，该怎么办？最后，在参数中检测到特殊字符时会发生什么？

然而，一旦这些漏洞被消除，软件就会变得更加稳健和稳定，同时能够通过配置文件进行修改。有了这样的稳定性，灵活性和安全性也会得到提高：分析人员可以对数据产品稍微进行风格改变，而无须打开或修改生产软件。

整合

虽然最后生成的代码更长、更复杂、更不易读，但它提供了帮助 SAS 从业人员在不修改软件的情况下自定义执行和输出的灵活性。在需要稳定代码的环境中，如具有专制变更控制策略、正式测试和验证的环境，从软件中移除动态元素并将其外插到外部 Autoexec.sas 文件、配置文件、控制表和数据模型的环境将促进软件的稳定。

以下代码表示软件更新后还需要的外部文件 C:\perm\autoexec.sas、C:\perm \config_candy.txt、C:\perm\candy_cleaning.txt 和 C:\perm\format_candy_ordering.txt：

```
%include "c:\perm\autoexec.sas";

data perm.raw_candy;
```

```
    infile datalines delimiter=',';
    length candy $20;
    input candy $;
    format candy $20.;
    datalines;
Almond Joy
Almond Joys
5th Avenue
Fifth avenue
Reese's
Reeses
Reeces
KitKat
Kitkat
Kit Kat
Snickers
Twixx
Twix
;

* reads a configuration file necessary for Candy.sas execution;
%macro read_config(fil= /* logical location of configuration file */);
%global outputloc;
%let outputloc=;
%global outputfile;
%let outputfile=;
%global thresh;
%let thresh=;
%global highlight;
%let highlight=;
data _null_;
   length tab $100 category $8;
   infile "&fil" truncover;
   input tab $100.;
   if strip(upcase(tab))="<OUTPUT_LIBRARY>" then category="lib";
   else if strip(upcase(tab))="<OUTPUT_FILE>" then category="fil";
   else if upcase(tab)="<REPORT_STYLE>" then category="rpt";
```

```
    else do;
       if category="lib" then call execute('libname output
          "' || strip(tab) || '";');
       else if category="fil" then call symput("outputfile",strip(tab));
       else if category="rpt" then do;
          if strip(lowcase(scan(tab,1,":")))="thresh" then call
             symput("thresh",strip(scan(tab,2,":")));
          if strip(lowcase(scan(tab,1,":")))="highlight" then call
             symput("highlight",strip(scan(tab,2,":")));
          end;
       end;
    retain category;
run;
%if %length(&thresh)=0 %then %let thresh=2;
%if %length(&highlight)=0 %then %let highlight=light red;
%mend;

* ingests candy data from data set;
%macro candy_cleaner(dsn= /* data set in LIB or LIB.DSN format */);
filename ref "c:\perm\candy_cleaning.txt";
data perm.clean_candy (keep=candy clean_candy);
   length clean_candy $20;
   set &dsn;
   * standardize spelling variations;
   length var $100 var2 $30;
   f=fopen("ref");
   rc1=fsep(f,",");
   do while(fread(f)=0);
      rc3=fget(f,var);
      array vars{5} $30 _temporary_;
      do i=1 to dim(vars);
         vars{i}="";
         end;
      i=0;
      do while(fget(f,var2)=0);
         i=i+1;
```

```
            vars{i}=var2;
            end;
        if strip(lowcase(candy)) in vars then clean_candy=var;
        end;
    if missing(clean_candy) then clean_candy="UNK";
run;
%mend;

*creates a SAS format that categorizes or bins character data;
*must include at least two comma-delimited items;
*the first of which is the new format and the second (or
additional);
*which will be converted to the first value;
%macro ingest_format(fil= /* logical location of format file */,
    form= /* SAS character format being created */);
filename zzzzzzzz "&fil";
data ingest_format (keep=FMTNAME START LABEL);
    length FMTNAME $32 START $50 LABEL $50;
    fmtname="&form";
    f=fopen("zzzzzzzz");
    rc1=fsep(f,",");
    do while(fread(f)=0);
        rc3=fget(f,label);
        label=strip(label);
        do while(fget(f,start)=0);
            start=strip(start);
            output;
            end;
        end;
run;
proc format library=work cntlin=ingest_format;
run;
%mend;

*creates an HTML report that organizes and counts candy by
    classification;
```

```
%macro candy_printer(dsn= /* data set in LIB or LIB.DSN format */);
ods listing close;
ods noproctitle;
ods html path="&outputloc" file="&outputfile" style=sketch;
proc report data=&dsn style(report) = [foreground=black
   backgroundcolor=black] style(header) = [font_size=2
   backgroundcolor=white foreground=black];
   title;
   column clean_candy=candy_class clean_candy n dummy;
   define candy_class / group "Classification" format=$candy_class.;
   define clean_candy / group "Candy";
   define n / "Count";
   define dummy / computed noprint "";
   compute dummy;
      if _c3_>&thresh then call define("_c3_","style",
         "style=[backgroundcolor=&highlight]");
      endcomp;
run;
ods html close;
ods listing;
%mend;

%read_config(fil=c:\perm\config_candy.txt);
%ingest_format(fil=c:\perm\format_candy_ordering.txt,
  form=$candy_class);
%candy_cleaner(dsn=perm.raw_candy);
%candy_printer(dsn=perm.clean_candy);
```

接下来要讲什么

稳定性是软件实现自动化和调度的前提，因为只有稳定的、经过测试的软件才能避免不必要的维护，从而能够可靠地运行。提高稳定性的另一个好处是软件模块将来可以被复用。第 18 章将介绍软件的复用，并描述可以更有效地促进团队和组织中的软件复用的复用原则和组件。

18

Chapter

第 18 章

复用性

在流动的熔岩中烘焙棉花糖……人生清单——完成！

安提瓜，危地马拉。再次回到这里，我和朋友丽莎早已参观了城里的所有大教堂，于是我们决定花一天的时间去帕卡亚火山，这是最接近城市的一座活火山。

帕卡亚火山在 2014 年 3 月的那次爆发让它一夜成名，在整个危地马拉的中部地区，空气中都弥漫着数千英尺（1 英尺≈ 0.3047 米）的火焰和烟雾，灰烬中还夹着雨水。但是，在没有爆发的时候，这是一个徒步旅行和野餐的好去处。

我们买了公交车票，在等公共汽车的时候，我在手机网页上看到了一篇博客文章，说的是一个人声称在帕卡亚可达的熔岩流中烘烤了棉花糖。嗯……

这似乎是荒谬的——美国公园管理局一直没有允许我在夏威夷做这件事情，但是，我们奔向了超市，发现不仅是棉花糖，还有烤饼干和巧克力棒。

我们乘坐汽车（一辆小巴士）大概花了一个半小时的时间才驶向山脚，在那里我们下车并沿着砾石路出发。所有生命和植被的迹象都使位于崎岖的火山地貌似乎在远处显得很平滑，但触摸起来是那么粗糙。然后，在一个波峰上，我们看到了许多红色的熔岩块！

那里一定会有警示告牌，提示你熔岩会像玻璃那样锋利，硫磺会有毒，但是我正和身边的狗玩得开心，对这些危险丝毫没有在意。那条狗还以为我会从包里掏出食物喂它。

为棉花糖找一根棍子很容易，但是想要站在流动的熔岩旁则考验的是一种耐力。后来在看照片的时候我会想，为什么当时没有想到用衬衣绑在我起水泡的指关节——那可是会有自燃的危险。

我为丽莎和自己烘焙了足够的棉花糖，作为当时唯一一个敢这样做的人，我将剩余的棉花糖分给了其他游客。

失望和恐惧交织在一起，我们看着其他游客花钱请当地的小孩子去烤棉花糖，而不是自己去烤。好在小孩子们得到了自己应得的那份棉花糖加饼干，更重要的是没人受伤。

■ ■ ■

复用的情况是不同的，需要投入不同程度的精力来实施。我一直有这样一个疯狂的想法，一个我从没想到会实现的目标。在软件开发中，代码复用会反复出现在从外部源——文本、白皮书和 SAS 文档提取（若不是复制）的技术方法或功能的情况中。

其他复用可能需要更少甚至不需要任何努力。懒惰的游客受益于丽莎和我买的并带到帕卡亚的物品。此外，在一个经典的“创建或购买”的决定中，游客们把烤棉花糖的工作外包给了 7 岁的孩子。特别是复用的软件模块在组织内维护的情况下，软件复用的目的是方便地将过去的功能引用到未来的软件中。

虽然有几个游客似乎对把麦芽糖、巧克力和格拉汉姆放在一起的做法感到不满，但大多数人很快就开始对这些东西垂涎三尺——你知道，因为你已经尝试了（测试）全部食物，所以他们是不可思议的。软件测试也极大地鼓励软件复用，因为软件的完整性和流行度会随着利益相关者的理解而增加。

复用也受益于模块化。我没有带棉花糖来参加聚会——而是带了更多的原材料，如 fixin、麦芽、巧克力和格拉姆。所以当一些人只需要一个烘焙棉花糖，而另一些人只想吃巧克力的时候，这些需要仍可以满足。模块化软件设计同样地提高了复用性，因为越小的功能分立组件越有可能被复用。随着代码复用在一个组织中变得越来越普遍，复用的好处就会更容易识别，软件设计中的复用原则也会开始出现。在旅行中，我也经常学习旅游博主，以获得其他可以借鉴的独特体验。如果想让一大群羊驼成为你的朋友，并非常情愿地跟随你，那么你就带着香蕉到马丘比丘吧。因为羊驼喜欢香蕉！

复用性的定义

复用性是一个资产可以在多个系统中使用的程度，或者是构建其他资产的程度。国际标准化组织（ISO）将复用软件定义为“为一次性开发但具有其他用途的软件产品，或专门用于多个项目或多个角色的一个项目开发的软件产品”。一次复用主要软件时，同一开发人员、团队或组织将内部开发的代码集成到未来的软件产品中。二次复用还包括采用和使用外部软件，包括从教科书、白皮书、软件文档和外部团队、组织派生的代码和技术方法。因此，表现出复用性原则的软件将鼓励其自己的开发团队或组织进行一次复用，并由外部团队或组织进行二次复用。

软件复用是软件开发中常见的目标，因为它可以大大提高开发过程的速度和效率。在测试的地方，存在可以立即放入软件的稳定代码模块，可以在其他地方进行重要的设计、开发和测试工作。复用性的目的是开发复用的软件，而不是仅通过临时或偶然的实现复用软件。软件复用性通常会在设计、开发、测试和验证方面带来更高的成本。尽管这种额外的努力可能无法使软件的初始实施者受益，但它代表了通过软件重用来支付股息的投资。然而，在许多情况下，复用性原则（如模块化软件设计）可以在初始软件使用中立即受益于功能和性能目标。

本章介绍软件复用，包括两个知识管理工具——复用库和复用目录——可以通过记录和组织复用的代码和复用实现来使团队或组织受益。它进一步探讨了复用性的要求，并通过连续的 SAS 示例演示了灵活性、模块性、可读性、可测试性和稳定性如何能够独立和共同提高软件的复用性。此外，在代码模块位于中心但普遍实现的地方，本章演示了当一个版本的软件可以在多个软件产品上实现时，将如何维护软件的可维护性。

复用

软件复用在软件开发中经常发生，而且常常是自主实现的。整个产品和代码片段以及它们的基本概念、设计、技术和逻辑知识都会随着软件的开发而不断地被纳入软件中。当考虑到诸如 Base SAS 文档、白皮书或其他技术来源的外部代码来源时，如果没有一些复用组件，则开发软件几乎是不可能的。尽管代码复用本身就是软件开发的目标，但代码复用的净值将取决于代码是否可以有效地被引入。

当缺乏软件的质量或文档，或者没有计划地实现复用时，软件复用实际上可能是一种低效和令人不满意的体验。通过将复用性原则纳入软件，开发人员对质量维度的重视程度将会带来更高的前期成本，但在软件模块未来的复用中可以得到相应的回报。例如，通过支持开发过程中软件的可测试性，SAS 从业人员可以更轻松、有效地复用代码，因为这会实现更完全的测试。复用性原则不仅有利于最初编写的软件，还有利于未来复用模块的软件。然而，要明确的是，软件的大部分功能是特定的，不适合软件复用。

软件使用是软件复用的固有先决条件。因此，在软件可以复用之前，应该通过 SDLC 的设计、开发、测试和验证阶段。当软件被复用时，可以避开 SDLC，使第二个和后续的实现比原来的更有效。软件复用的第二个先决条件是初步使用的意识，包括对软件目标、优势、弱点、漏洞、演示质量、测试结果和性能指标的掌握程度。利用这些信息，开发人员可以比较优势软件复用的风险与新设计和开发的成本。

从用户的角度来看

从用户的角度来看，软件复用描述了采用或购买的整个软件产品，如开源、商业现货（COTS）或政府现货（GOTS）软件。有些软件产品是用于特定领域的，用户也会理解它们的局限性和使用范围。例如，客户购买用于改造厨房的建筑软件，一旦改装完成，他就会认为该软件不再有价值了。然而，当他异想天开地决定挖一个 10 000 加仑（约 37 800 升）的池塘时，他突然意识到该软件还具有景观设计功能，仍可以重复使用。因此，即使在小众市场，软件能够灵活地满足用户多样化需求的程度，也会增加其复用的潜力。

除了终端用户打算修改的开源产品外，大多数用户会“按原样”购买软件，但其功能仅由软件开发人员控制。定期的软件维护——通过补丁或更新发布给用户——可以通过延长软件使用寿命来进一步促进软件复用。此外，要鼓励软件复用，定期升级扩展软件功能，响应不断变化的客户需求，并与其他新的和不断开发的软件产品竞争市场份额。

从开发人员的角度来看

从开发人员的角度来看，软件复用描述了将现有的代码模块合并到软件中。开发人员不能接受或拒绝整个软件，而要从它的组合特性、保留和复用有用的元素来实现和受益。除了灵活性、可扩展性、可靠性和其他性能属性之外，现有软件是否可以被集成到以后的软件中去则取决于它的功能。此外，软件文档，包括全面和成功的软件测试的演示，都可以向开发人员灌输信心，认为软件将具有足够的质量来实现其预期的复用。

复用的用户和开发人员的观点大不相同。用户会从最终功能、创建架构设计能力和某些产品的角度来考虑构建软件产品，从而额外设计多余的水景。开发人员将软件功能视为一组分立组件。例如，架构软件可以包括 9 个最近使用的平面布置图文件的列表，并在下拉菜单中显示它们。设计不相关的音乐编辑软件的开发人员可能能够复用最近的文件功能，以在音乐软件中重新创建相同的菜单项。因此，虽然终端用户可能会感觉到这些极度不同的软件应用程序的整体功能之间没有相似之处，但开发人员仍可以查看不同的软件产品，根据各自的功能分解为组件级别，从而提取在不同软件产品中可以复用的功能和代码。功能分解在第 14 章“模块化”的“功能分解”部分讨论过。

外部代码复用

代码可以从外部来源获取，如教科书、技术白皮书、软件文档、博客或用户论坛。如果幸运，开发人员在设计和开发软件并灌输复用性原则时会考虑复用。也许这其中包括介绍软件功能和漏洞的文档，使后续开发人员能够更好地了解软件的意图和质量，从而对是否以及如何复用做出更明智的决定。软件模块化也支持复用，因为后续的开发人员可以选择功能独立的组件，而不必像连体婴儿那样分开它们。

关于复用性原则的知识能够使 SAS 实践者受益，因为他们可以更准确地评估、集成、测试和实现代码所需要的工作量。想象一下你接触过的经验丰富的总承包商，让他给你一个浴室改造的预算。简单地说，他应该能够确定哪些东西可以保留，哪些东西可以被修改，哪些东西必须被替换。也许可以把古董爪式的浴缸放在合适的地方，然后再围绕它进行改造——但在其他情况下，这可能会显得非常笨拙和低效，因为要把它敲碎去掉之后，再安装一个替代品——如此就会大大降低成本。

因此，虽然开发人员不能提高已经在外部开发的软件的质量或复用性，但是他们对复用性原则的认识有利于代码的集成和复用。一个熟练的工匠或精明的 SAS 从业人员应该能够检查外部代码，并更准确地决定是否以及如何最好地复用软件。此外，对于那些由于缺乏复用性原则而受到影响的人来说，复用软件的区别和好处将是显而易见和有价值的。

内部代码复用

在前面的每个复用例子中，软件开发人员评估并复用代码，但由于软件已经由第三方开发，因此，无法影响其复用性。然而，随着 SAS 开发人员开发新的软件，复用性原则的加入支持复用，并且不仅有利于当前的软件产品，还能使未来的软件产品受益。

复用内部代码的主要好处与外部代码相同，因为代码已经通过了 SDLC，从而减少了设计、开发和测试工作。但内部代码复用的主要优点之一是能够规划和预测复用。当一个 SAS 从业人员想要创建，但又不想从头开始设计的复杂的 REPORT 程序的解决方案时，他可能会发现解决方案在多个白皮书中出现。他吸取知识和技术，并以特别的方式制定和实证测试软件，直到满足要求。

这种特殊的复用方法与有意的代码重用形成了鲜明的对比，在有意的代码复用中，即使在开发或使用之前，也可以预期将来的代码的使用。例如，在计划和设计会议中，团队可能会讨论用于 ETL 基础设施的特定数据清理算法的开发。一名 SAS 从业人员可能意识到，他也可以在正在开发的独立的 SAS 分析程序中使用清理模块，因此，要求模块的开发尽可能地动态化。虽然这种额外的动态特性可能不会直接使原始的 ETL 软件受益，但它可以极大地提高开发后期分析软件的效率。

在其他情况下，软件模块在相同的软件中被开发和复用，从而可以重新使用，以便立即受益于开发模块的原始软件产品。这通常发生在底层功能（如基本 I/O 函数或基本数据操作）中。例如，如果在软件规划过程中，决定 SAS 软件需要对丢失或锁定的数据集具有稳健性，则可以开发复用的宏来确认数据集的存在和可用性。特别是通过将软件目标功能分解为离散的模块，SAS 从业人员将更好地准备识别可以从复用（从现有模块）中受益的软件功能，以及在软件中实现复用性原则以支持最终的复用。

复用的构件

虽然本文关注的是软件质量，而不是软件开发环境的质量或特定的软件开发方法，但是一些开发构件和最佳实践是非常有益的，因此，它们被要求包含在其中。软件复用库和复用目录提供了一种经过验证的方法，可以组织、发现和归档组织中的软件模块，从而提升代码的安全性、复用性和总体可维护性。例如，如果没有一些知识管理方法来跟踪哪些软件产品和代码模块被复用，就不可能维护代码模块的意图和完整性，因为它们的功能可能会随着时间的变化而变化。

复用库

复用库是允许搜索、浏览和提取的资产的分类集合。资产可以表示软件本身、附带的文档，更抽象地说，甚至是软件框架或模板。库不是从国家安全层面上进行分类（需要测谎器来读取它）的，而是在架构和组织层面上进行分类的——想一下杜威十进制系统，而非 Treadstone 或 Blackbriar。因此，复用库将包含模块化、可读、经过测试、稳定的软件的实例，这些软件经过充分的组织和记录，以确保快速发现和理解。复用库还可以包括其他附带的文档，如测试计划、测试用例或测试结果。

在复用库中存在着无数个用于组织软件的知识管理软件应用程序。它们的范围从极其复杂的到较通用的中档解决方案，如 SharePoint——保存在服务器上的组织结构。在 SAS 环境中，复用库可以像目录结构的隔离部分那样简单，只要其具有搜索和检索功能，就可以确保其内容有足够的安全性和稳定性。如果 SAS 从业人员没有对复用库的只读访问权限，或者无法在其中有效地定位软件，则库的实用程序就无从谈起。

在某些情况下，生产代码可以直接在复用库中运行，但是在支持软件模块化的开发环境中，大多数代码模块不会单独运行，而是由父进程调用。因此，不要期望在复用库中找到一个 ETL 系统，因为它是为特定的目的而开发的。但是，ETL 程序可能会使用多个 SAS 宏，这些宏包含在复用库中并从复用库中调用。例如，将逗号分隔的文本文件转换为 SAS 格式的宏将具有 ETL 软件以外的值，因此，在理想的情况下，它可以被动态地创建，以便被引入复用库中。一旦宏模块生成、测试、稳定并保存为不同的 SAS 程序文件，它就可以被包含在复用库中，这样就可以使未来的软件受益。

以下是第 17 章“稳定性”的“SAS 格式化”部分重新创建的代码，以逗号分隔的文本文件创建 SAS 字符格式：

```
*<DESC> creates a SAS format that categorizes or bins character data;
*must include at least two comma-delimited items;
*the first of which is the new format and the second (or additional);
*which will be converted to the first value;
%macro ingest_format(fil= /* logical location of format file */,
   form= /* SAS character format being created */);
filename zzzzzzzz "&fil";
data ingest_format (keep=FMTNAME START LABEL);
   length FMTNAME $32 START $50 LABEL $50;
   fmtname="&form";
   f=fopen("zzzzzzzz");
   rc1=fsep(f,",");
   do while(fread(f)=0);
      rc3=fget(f,label);
      label=strip(label);
      do while(fget(f,start)=0);
```

```
            start=strip(start);
            output;
            end;
        end;
run;
proc format library=work cntlin=ingest_format;
run;
%mend;
```

避免重复开发的程度至关重要，因为它减少了开发人员的工作量。首先，它减少了最初的开发过程，因为代码只需要编写和测试一次；其次，它极大地提高了代码的可维护性，因为只有一份代码需要进行修改、重新测试，并在需要维护时重新集成到软件中。在没有实现单独的知识管理软件来组织一个正式的复用库的终端用户开发环境中，团队可以通过在模块标题中增加代码描述来促进代码组织和搜索能力。在软件标题格式由自动化过程进行标准化和解析的情况下，软件复用性将大大提高。

例如，如果注释以“* <DESC>”或其他符号形式开头，而不是仅使用一个“*”，则代码解析器可以快速获取并解析复用库中的所有软件，并自动创建足够的文档从而允许快速搜索、发现以及理解所有模块。通过这种方式，开发人员应该能够区分包含在复用库中的注释，以便从只在软件本身内部查看的注释进行搜索和检索。这种类型的自动注释解析在第 15 章“自动注释提取”部分进行了说明。

复用库不仅可以包含代码，还可以包含在代码中定期实现的通用软件需求的模板。例如，每次在 Base SAS 中引用数据集时，必须满足多个假设，如数据集的存在、数据集的可访问性以及数据集的有效结构。当这些假设无法满足时，则证明存在威胁；在第 6 章“具体的威胁”部分列举了对 DATA 步骤的常见威胁列表。通过将这些威胁识别和保存为复用库中的威胁模板，SAS 从业人员可以复用这些模板来识别未来软件产品中的威胁。

复用库中不常见的元素包括测试计划中使用的测试数据集——用于证明软件能够满足功能和性能要求。通过形式化的通用测试数据集，测试计划可以引用这些测试数据集，从而确保它们充分覆盖数据的必要用例，并且开发人员不会浪费时间重新创建测试数据集。此外，如果在测试数据集中发现漏洞，例如，没有被充分识别的软件用例，就可以对这些依赖于数据集的所有软件进行重新测试，以确保在附加测试时仍能满足测试要求。

复用目录

复用目录是一组资产的描述，具有参考资源或指向实际资产的位置。当资产（通常是软件模块）存储在重用库中时，复用目录展示模块的意图和内容的简要描述，并枚举在软件中实现模块的每个实例。复用目录通常包含以下一些基本信息：

- 代码模块名称；
- 简介；
- 要求（如果模块与其他模块或数据相耦合）；
- 输入（如果耦合到参数或数据集）；
- 漏洞；
- 作者；
- 文件位置；
- 创建日期；
- 修改日期；
- 测试日期；
- 程序文件校验和。

具有软件的创建日期、修改日期和测试日期通过表明遵守 SDLC 和测试方法，从而使代码模块具有可信度。结合对软件和已知漏洞（如果包含）的描述，这些信息使 SAS 从业人员可以快速搜索和调查现有的代码模块，以确定其相关性，以及它们的相对质量和风险。可选的校验和使用散列函数来创建 SAS 程序文件的加密表示。除了检查修改和测试日期之外，SAS 从业人员还可以进一步比较软件复用目录和可能存在的其他代码副本之间的校验和值，从而进一步验证软件的完整性。这种质量控制方法在第 11 章“校验和”部分进行了讨论。

复用目录的最重要的一点是实现每个代码模块的 SAS 软件程序的全面列表。该列表不仅提供了可以在团队或组织内计算主要软件复用的度量，还确保了模块在修改时能够识别所有已知用途。没有这个记录，SAS 从业人员可能会因为一个目的和程序就修改整个核心软件模块，从而破坏该模块在无关软件产品中的功能。因此，通过跟踪所有使用（复用）的共享和集中管理的软件模块，SAS 从业人员可以确保修改后向

兼容性。通过在软件模块中进行彻底和标准化注释，复用库和目录可以（并且应该）通过接收和解析 SAS 程序文件自动生成。

复用性

软件复用可以消除冗余的软件设计、开发和测试，从而提高软件开发过程的效率。然而，在没有中心管理的情况下，复用往往以没有计划的方式发生。例如，软件块可能在其他存在的软件内部被掠夺，（因其）但不是在中央存储库中维护的软件的单一副本，所以没有维护将软件的两个用途链接起来的记录。如果对一个模块进行改进或修改，则它们将不会使双重性和差异进入环境中，这会阻碍软件的可维护性。

由于软件复用能使多个软件产品受益，所以，复用通常在团队或组织层面上实现。因此，可以采用诸如复用库或复用目录之类的复用工具作为组织内的最佳实践，以确保 SAS 从业人员在开始开发新的软件之前都注册复用代码模块并调查复用库（以查看是否存在任何现有模块将是有益的）。

复用性原则进一步确保了在可能的范围内软件模块可以在原始程序或未来软件中有效地复用。通过将这些原则编入软件设计和开发中，并与复用构件相协调，SAS 从业人员可以编写软件，而不需要进行软件修改就可以复用它们。这些原则包含其他静态性能属性，将在后面进行讨论。

灵活性

复用的代码必须是灵活的。刚性硬编码的 SAS 软件更难实现复用。在 Base SAS 中，SAS 宏语言通常通过启用动态编写基本 SAS 代码的宏代码来促进灵活性。为你编写代码的代码——这听起来像是那些懒惰的、害怕熔岩的游客的想法！

假设开发人员需要将特定数据集中的所有字符变量转换为大写。样本数据集在以下代码中创建，其中包括字符变量 Char1 和 Char2，之后硬编码的 DATA 步骤将变量手动转换为大写：

```
data sample;
   length char1 $20 char2 $20 num1 8 num2 8;
   char1="I love SAS";
   char2="SAS loves me";
```

```
run;
data uppersample;
   set sample;
   char1=upcase(char1);
   char2=upcase(char2);
run;
```

代码很简单，至少在这个范围内是高效的。但是，随着变量数量的增加，开发人员可能希望实现一个更为可扩展的解决方案，将所有变量动态转换为大写。此外，如果变量名称可能发生变化，动态解决方案也是有价值的。而且，对于复用性而言，一个动态的解决方案将使未来的软件产品能够利用该模块，而不考虑变量的数量或名称或数据集的名称。

%GOBIG 宏动态确定所有变量类型，并将字符变量转换为大写。

```
%macro gobig(dsnin= /* old data set in LIB.DSN or DSN format */,
   dsnout= /* updated data set in LIB.DSN or DSN format */);
%local dsid;
%local vars;
%local vartype;
%local varlist;
%local i;
%let varlist=;
%let dsid=%sysfunc(open(&dsnin,i));
%let vars=%sysfunc(attrn(&dsid, nvars));
%do i=1 %to &vars;
   %let vartype=%sysfunc(vartype(&dsid,&i));
   %if &vartype=C %then %let varlist=&varlist
      %sysfunc(varname(&dsid,&i));
   %end;
%let close=%sysfunc(close(&dsid));
%put VARLIST: &varlist;
data &dsnout;
   set &dsnin;
   %let i=1;
   %do %while(%length(%scan(&varlist,&i,,S))>1);
      %scan(&varlist,&i,,S)=upcase(%scan(&varlist,&i,,S));
```

```
        %let i=%eval(&i+1);
        %end;
run;
%mend;

%gobig(dsnin=sample, dsnout=uppersample);
```

%GOBIG 宏可以在任何数据集上运行，而与变量的数量和名称无关。这代表了一个更灵活的解决方案，但仍然可以通过引入额外的可重用性原则来改进，如下所述。

模块化

模块越小，被复用的可能性就越大。模块化软件设计的核心原则之一是离散功能：模块应该做的唯一一件事就是要做到这一点。这个原则间接限制了模块的大小，因为一个模块只能占用这么多的空间。此外，离散功能最大限度地提高了模块的通用性，因为较小的组件可以灵活地放置到更多的软件中。

%GOBIG 宏在某种程度上是模块化的，因为它可以从 SAS 代码中删除，保存到 SAS 程序文件，并通过 SAS Autocall Macro Facility 或 %INCLUDE 语句成为其中的一部分。然而，它的功能并不是离散的，因为 %GOBIG 打开数据集的 I/O 流创建一个字符变量列表和关闭流，最后执行 DATA 步骤。该功能可以进一步分解成一个独立的模块，该模块只创建数据集中所有字符变量的列表。该模块可以随后用于动态地填充数据集 DROP 或 KEEP 语句中的变量。

为了通过使 %GOBIG 功能离散化来提高模块性，以下代码将识别所有字符变量的函数并与将它们转换为大写的函数解耦。此外，还可以通过使用所有数字变量、所有字符变量或任何类型的所有变量创建 VARLIST 来提高灵活性：

```
* creates a space-delimited macro variable VARLIST in data set DSN;
%macro findvars(dsn= /* data set in LIB.DSN or DSN format */,
   type=ALL /* ALL, CHAR, or NUM to retrieve those variables */);
%local dsid;
%local vars;
%local vartype;
%global varlist;
%let varlist=;
```

```
%local i;
%let dsid=%sysfunc(open(&dsn,i));
%let vars=%sysfunc(attrn(&dsid, nvars));
%do i=1 %to &vars;
   %let vartype=%sysfunc(vartype(&dsid,&i));
   %if %upcase(&type)=ALL or (&vartype=N and %upcase(&type)=NUM) or
         (&vartype=C and %upcase(&type)=CHAR) %then %do;
      %let varlist=&varlist %sysfunc(varname(&dsid,&i));
      %end;
   %end;
%let close=%sysfunc(close(&dsid));
%mend;

* dynamically changes all character variables in a data set
   to upper case;
%macro gobig(dsnin= /* old data set in LIB.DSN or DSN format */,
   dsnout= /* updated data set in LIB.DSN or DSN format */);
%local i;
%findvars(dsn=&dsnin, type=CHAR);
data &dsnout;
   set &dsnin;
   %let i=1;
   %do %while(%length(%scan(&varlist,&i,,S))>1);
      %scan(&varlist,&i,,S)=upcase(%scan(&varlist,&i,,S));
      %let i=%eval(&i+1);
      %end;
run;
%mend;

%gobig(dsnin=sample, dsnout=uppersample);
```

%GOBIG 宏调用可能发生在一些更大的代码中——父进程调用 %GOBIG 作为其子代。因此，增加的模块化的（另一个）附加价值是后向兼容性，因为宏调用与先前的“灵活性”部分相同。%FINDVARS 宏的功能也得到了改进，现在读取 TYPE 参数，以确定是否将任何类型的所有字符、全部数字或所有变量保存到 &VARLIST 宏变量中。

模块化设计的第二个原则规定软件模块应松耦合。然而，%GOBIG 宏包括一个限制模块实现方式的 DATA 步骤。例如，考虑到软件的初始目标不仅是将字符变量转换为大写，还可以在 DATA 步骤中执行其他功能。以下 DATA 步骤通过任意分配 NUM1 的值来模拟附加功能：

```
data uppersample;
   set sample;
   char1=upcase(char1);
   char2=upcase(char2);
   num1=99;
run;
```

因为当前的 %GOBIG 模块包含一个 DATA 步骤，所以 num1 = 99 语句必须包含在一个独立的 DATA 步骤中，这在一定程度上需要提供当前宏配置的无偿 DATA 步骤。换句话说，包括 DATA 步骤的任何宏都不能从另外一个 DATA 步骤中运行。以下代码表明缺少松耦合和无偿 DATA 步骤：

```
%gobig(dsnin=sample, dsnout=uppersample);

data uppersample;
   set uppersample;
   num=99;
run;
```

更高效、更少耦合的解决方案将使 %GOBIG 能够在任何地方运行，从而消除其对 DATA 步骤的依赖。这在以下 %GOBIG 宏中演示，该宏现在动态创建 UPCASE 语句，而不是执行 DATA 步骤。

```
*dynamically changes all character variables in a data set
   to upper case;
%macro gobig(dsn= /* old data set in LIB.DSN or DSN format */);
%local i;
%findvars(dsn=&dsn, type=CHAR);
%let i=1;
%do %while(%length(%scan(&varlist,&i,,S))>1);
   %scan(&varlist,&i,,S)=upcase(%scan(&varlist,&i,,S));;
   %let i=%eval(&i+1);
   %end;
%mend;
```

```
data sample;
    length char1 $20 char2 $20 num1 8 num2 8;
    char1="I love SAS";
    char2="SAS loves me";
run;

data uppersample;
    set sample;
    %gobig(dsn=sample);
    num1=99;
run;
```

该修订的代码说明了一个更灵活的解决方案，支持可复用性原则。由于它们具有多功能性，所以 %GOBIG 和 %FINDVARS 宏都可以保存为 SAS 程序文件，并包含在复用库中，以备后续在软件产品中使用。在生产环境中，可能会包含异常处理以支持更强大的执行，如第 6 章“稳健性”的“异常处理框架”部分所述。

可读性

软件可读性提高了复用性，因为易于理解的软件更有可能被实现。如果 SAS 从业人员混淆了语法的意图、逻辑或漏洞，那么他们将不太可能复用它，更有可能找到或开发另一种解决方案。随着代码变得更加模块化，软件本身就会变得更小，则更易于理解。但是，随着模块更新，通过在“模块化”部分对 %GOBIG 宏进行的连续修改进行模拟，还应更新软件注释。请注意，%GOBIG 宏的最后两个实例包含相同的标题，但第一个实例执行了 DATA 步骤，而第二个实例仅生成动态代码——两个完全不同的结果却具有相同的注释：

```
*dynamically changes all character variables in a data set to upper case;
```

应该提高可读性，并附加注释，说明应用两个 UPCASE 函数的方式：解耦或耦合到 DATA 步骤。此外，随着开发和测试揭示了软件模块中的漏洞，这些问题也应该在代码中阐明，以便那些试图复用它的人可以深入了解其预期的质量，也可以通过在软件中提取标准化注释（如程序标题）的自动解析器来提高可读性，如“复用库”

部分所述，并在第 15 章“可读性”的“自动注释提取”部分进行了说明。当有疑问时，最好不要涉及任何过时的或不正确的注释，因为这些注释会使利益相关者感到困惑，从而降低软件的可读性，因此，最好的做法是不添加任何软件注释。

可测试性

软件测试旨在证明软件满足既定的客户需求和要求。此外，它可以暴露出软件的缺陷和漏洞，帮助开发人员决定是否减轻或消除软件故障的风险。通过全部测试并已通过正式测试计划记录下来的软件更具有复用性，因为寻求使用该软件的 SAS 从业人员将理解其所记录的质量以及对其功能或性能的威胁。

这并不是说所有或任何漏洞必须被消除，只是识别出这些漏洞后才能促进软件复用。例如，在“模块化”部分介绍的 %FINDVARS 宏中，如果数据集由另一个用户或 SAS 会话专门锁定，OPEN 语句将失败。为了消除锁定数据集导致的故障风险，锁定状态将需要进行测试，通过返回码传递给 %GOBIG 宏，然后传递给父 DATA 步骤，因此，需要一个广泛的异常处理框架检测和消除这种单一的威胁。

如果引导开发人员构建 %FINDVARS 模块的初始要求大大优先于功能而不是性能，从而既不要求可靠性也不要求稳健性，则不需要进行额外的异常处理，因为它不会提供额外的业务价值。例如，如果代码由可以快速修复常见故障（如锁定的数据集）的终端用户开发人员运行，那么这种增加的稳健性将被浪费。然而，无论软件所需的性能如何，仍然可以创建正负测试用例来验证模块功能。

例如，因为 %FINDVARS 宏现在是功能离散的，所以当设置为 CHAR 时，单元测试可以验证 TYPE 参数。以下正单元测试验证 %FINDVARS 的部分功能：

```
* TEST FINDVARS: test CHAR=TYPE one variable;
data test;
   length char1 $10;
   char1='taco';
run;
%findvars(dsn=test, type=char);
%put FINDVARS: char1 --> &varlist;
```

输出（结果）表明，变量 CHAR1 是按预期的方式被发现的，即使宏被稍后重构以提高性能或重新利用并提供额外的功能，同样的测试用例也可以被复用，从而显示一致的正确功能。例如，在包含异常处理的更具稳健性的宏中，还应包含验证宏参数负单元测试的质量控制。负测试可能会使用无效值“other”调用 TYPE 参数，以调用演示失败的返回码。第 16 章“可测试性”部分讨论了单元测试和其他测试。

稳定性

曾经有一个开发团队等待我正在完成的 SAS 模块，以便应用于他们各自的程序中。我们正在集体开发一个综合的 ETL 基础架构来处理大量的数据，而我负责的是一个可以提升的自包含质量控制模块。由于处理的数据的多样性，该模块构建以被多个程序使用。随着软件复用的临近，我意识到并专注于复用性原则，包括软件测试和可测试性。

我完成了代码，并进行了一些初步的测试，但是为了加快代码交付给同事的速度，在所有测试完成之前我将其放入中央存储库。此后，我继续测试这个模块，当然被迫做出实质性的改变——生成一个额外的返回码。当我通过全部测试的代码替换初始代码时，我的团队并不满意（高兴），因为我的细微修改促使每个开发人员在各自的软件中进行了后续修改。在软件复用是可能的或预期的情况下，代码稳定性是必不可少的。只要有可能，对已复用代码的修改应确保后向兼容性，以便当子进程需要维护时，不必修改依赖于软件模块的现有父进程。没有代码的稳定性，修改将破坏软件的复用和复用性——SAS 从业人员将会重新使用集中式代码模块，以便对其不稳定性进行提前预测。此外，如果所在的环境不支持复用，那么复用性原则可能对软件没有什么价值。

如果有规范的 SDLC 程序，稳定性则会增加。在我早期发布代码时，所有的软件测试都是临时的，因为没有正式的测试计划或测试用例。如果已经创建了一个正规的测试计划，且该计划软件规划过程中被利益相关者接受并囊括在需求规范中，那么我将在考虑同行评审或将代码发布到中央存储库之前，就会明确知道自己要检查哪些内容。然而，由于没有这些质量控制要求，SAS 从业人员很容易错过一些最佳操作，匆忙地发布一个质量欠佳、影响稳定性、后期（或即刻）需要修改的解决方案。

从复用性到可扩展性

软件复用通常被认为是整个软件模块，这些模块可以从复用库或其他存储库中轻松获取，并直接用于（或引用）软件中，而无须修改代码。实际上，在使用 %INCLUDE 语句或 SAS 自动调用宏工具来引用 SAS 程序文件或宏的情况下，这种复用只需要指向软件模块的指针，并展示了几乎毫不费力的复用。这种原型复用还提供了安全性，因为当模块集中保持在安全位置时，模块不会被意外修改，因此（从而）通过测试提供的完整性在后续软件中被复用。然而，在其他情况下，复用带有“掠夺”和“侵吞”的色彩，因为现有的代码被拆分，并且仅有部分被编入新的软件中。虽然这仍然构成代码复用，但这通常被称为软件的再利用，因为其功能被修改、改进或扩展。例如，假设一个初始的 %FINDVARS 宏仅用于检索数据集中的变量列表：

```
%macro findvars(dsn= /* data set in LIB.DSN or DSN format */);
%local dsid;
%local vars;
%local vartype;
%global varlist;
%let varlist=;
%local i;
%let dsid=%sysfunc(open(&dsn,i));
%let vars=%sysfunc(attrn(&dsid, nvars));
%do i=1 %to &vars;
   %let vartype=%sysfunc(vartype(&dsid,&i));
   %let varlist=&varlist %sysfunc(varname(&dsid,&i));
   %end;
%let close=%sysfunc(close(&dsid));
%mend;
```

执行时，%FINDVARS 宏显示参数化数据集中的所有变量。

```
data mydata;
   length char1 $10 char2 $10 num1 8;
run;

%findvars(dsn=mydata);
%put VARLIST: &varlist;
VARLIST: char1 char2 num1
```

然而，如果后续软件产品需要类似的功能，还需要区分字符和数字变量类型，则可以开发一种可以复用模块的解决方案，同时允许向后兼容现有的用途。复用的

%FINDVARS 模块在本章“模块化”部分进行了说明。因为 TYPE 参数的默认值为 ALL，所以可以使用或不使用 TYPE 参数来调用更新的模块。复用软件同时确保向后兼容性便于维护，因为只需要维护一个版本的软件。

重新安装软件以增加功能的能力描述了软件的可扩展性，软件复用的组件通常被描述为独立的性能特征。由于本节中原始 %FINDVARS 宏的模块化、结构化、动态特性，因此，只需通过几项更改即可轻松转换，以提供附加功能。下一节进一步描述了可扩展性，包括可以促进软件复用的方法。

可扩展性定义

可扩展性由 ISO 定义为系统或组件可以轻松修改以增加其存储或功能能力。仅讨论了第二次使用可扩展性，展示了软件扩展功能的复用性。因此，可扩展性建立在现有代码的基础上，以满足新的或不断变化的需求和要求。在某些情况下，当可以实现后向兼容性时，附加的功能可以并入现有的软件中。在其他情况下，可扩展性不仅表示一些现有代码的复用，还表示与该代码进一步区分以产生附加功能。

可扩展性可以看作是着眼于未来的软件动态性。代码复用性原则旨在使软件灵活，因此，它可以在多种情况或环境中提供相同的功能，并且相对于数据分析环境，可以提供多种可能不可预测的数据注入。相反，代码扩展，提供新的或可变的功能，以满足新的目标或功能要求。因此，可扩展性原则旨在创建足够灵活的软件，以便通过最小化或有时不改变现有代码库进行重新调整。

促进可扩展性

可扩展性不需要你预测软件将来会如何复用，但预想一下确实有利于这项工作。由于扩展性常常难以确定，因此，类比是非常不错的选择。几年前，我的一个朋友建造了一个 3 层小楼，令人兴奋的是，他每周都会一边设计一边工作，因为他每周都会对地板、照明、橱柜和房屋的设计做出选择。在地下室，建筑商让他选择安装一个可选的洗手间、小厨房、主卧套房或默认的“娱乐室”，这是一个未定义的矩形空间。

他选择了娱乐室，因为这是最可扩展的选择。尽管这个房间很简单，但它的设计是为了让房主可以方便地定制或改造房间。在一个壁橱里，供水和排水管道已经运行，最后可能会安装厕所和淋浴。在另一堵墙上，安装了 30A 的电力设备，以防需要将洗衣机 / 烘干机从一楼搬到地下室。

事实上，如果没有大面积的建筑，浴室、卧室和厨房都可以扩展，这样整个地下室就可以单独居住或出租。建筑商的设计和建造具有可扩展性，采用了一些额外的成本和劳动力，使房主能够更容易地修改和重新利用空间，不必拆下地板或墙壁来运行 PVC 或使用天然气和电力线路，因此，未来的功能（包括尚未选择或规定的功能）将在最少的工作下加入。

在这种情况下，房屋建筑商有一个优势，因为他们不仅知道房主可能要求什么常见的改造，还已经为几种选择制定了建筑设计。在软件开发中，SAS 从业人员可能不知道所有未来功能或软件性能的具体范围或程度，但通常有能力预测未来软件可能被复用或扩展的方式。

例如，如果设计了一个基本的 ETL 过程，但不包括用于清理所提取的数据的质量控制模块，那么如果随着时间的推移，该过程越来越不稳定，将来我们要进行功能扩展。同样，如果一个基本的子进程最初不需要稳健性，则创建一个占位符返回码——一个初始化但不分配或验证全局宏变量的代码——可以促进未来的性能扩展。无论哪种情况，对未来可能的功能或性能的细微暗示都提供了一些基础，在此基础上可以进行后续改进。

接下来要讲什么

以下从软件质量鉴定、评估和实现 3 个方面来讲。

质量鉴定。已经对软件质量的多个维度进行了描述，并对其进行了演示。对这些方面的认识和理解是提高软件质量的关键的第一步，下一步就是鉴定。了解软件质量的状况和命名有利于识别和区分软件性能，从而为评估和衡量软件质量特性提供了一个结构化的质量模型。通过这些知识，包括关键但复杂的配对，如可靠性和稳健性、速度和效率，以及模块化和单片设计——利益相关者可以确定软件性能特征在软件中还是在软件需求中被包括或排除的程度。

质量评估。软件质量的价值从未凭空进行评估，而是针对项目范围（包括功能）、进度和成本的优先顺序。特别是在数据分析开发环境中，软件质量也必须与数据质量和数据产品质量相称。虽然软件性能的鉴定倾向于客观性，但问题是这个软件是否可靠？软件性能的评估提出了更主观的（和实质性的）问题：这个软件如何变得可靠？评估迫使利益相关方认识到软件性能包含的好处以及软件性能排除的风险，并规定了现实的技术要求，指定软件应实现的功能和性能目标。

质量实现。你了解了软件质量，识别了软件质量维度，也已经将软件质量功能和性能划分为软件需求。质量的实现是最后一步：即软件开发实现和可衡量地展示功能和性能目标。虽然本书的重点是展示软件产品质量模型来识别和推动这些目标，但是简短地介绍了软件开发最佳实践（如敏捷开发方法、风险管理和 SDLC）和软件开发工具（如风险注册、故障日志、复用库、复用目录、测试计划和测试数据），可进一步加快实现软件质量目标。软件质量可以而且应该允许在任何环境中蓬勃发展。